APA GUIDES

Konzeption Hans Höfer

SÜDINDIEN

Herausgegeben von Manjulika Dubey
und Bikram Grewal
Fotografiert von David Beatty u.a.

APA PUBLICATIONS

ZU DIESEM BUCH

Indien verheißt unvergeßliche Reiseerlebnisse. Die südlichen Staaten besitzen alles, was der Besucher sich nur wünschen kann: abwechslungsreiche Küsten am Arabischen Meer und dem Golf von Bengalen, die sich am Kap Comorin zum Indischen Ozean vereinigen; einsame Strände, dichte Wälder und Naturschutzgebiete mit einer ungeheuren Vielfalt an Tieren und Pflanzen; reißende Flüsse und mächtige mäandrierende Ströme, die sich zum Meer wälzen, dazu noch die wunderschönen Nilgiri- und Annamalai-Berge.

Grewal

Das Team der Apa-Indienredaktion wurde für diesen Band erweitert. **Bikram Grewal,** der für die sieben Apa Guides über indische Reiseziele verantwortlich zeichnet, konnte **Manjulika Dubey,** die schon für verschiedene Verlage tätig war, als verantwortliche Redakteurin gewinnen.

Zu den „alten Hasen" im Team gehört **Kamala Seshan**, Geologin und Dozentin am National Council for Educational Research and Training (NCERT). Sie hat ein Kapitel über die Geographie der indischen Halbinsel beigesteuert.

Der Historiker **B. Chattopadhyaya** gibt einen panoramaartigen Überblick über Südindien und seine bewegte Vergangenheit. Chattopadhyaya hat mehrere maßgebliche Werke zur Geschichte Indiens verfaßt und lehrt heute an der Jawaharlal Nehru Universität.

Ravindranath

Sushila Ravindranath, Sozialwissenschaftlerin und Redakteurin eines Wirtschaftsmagazins, zeigt in einer Studie die politische und wirtschaftliche Entwicklung Südindiens in den vergangenen drei Jahrzehnten auf.

Srinivas

M.N. Srinivas ist Vorsitzender des „Institute for Social and Economic Change". Der international anerkannte Anthropologe und Autor zahlreicher Bücher hat sich sein Lieblingsthema ausgewählt: Gesellschaft und Kultur Südindiens.

Pattabhiraman

N. Pattabhiraman hat über die darstellende Kunst in diesem Teil Indiens geschrieben, ein Thema, das ihn seit Jahren beschäftigt. Er ist Gründer und geschäftsführender Gesellschafter der Sruti Foundation, die die klassischen Tänze fördert und das Monatsblatt *Sruti* herausgibt.

Shobita Punja ist im Kultusministerium tätig und hat zwei Bildbände herausgegeben, *Indian Museums* und *Khajuraho*. Er hat an der Stanford University Kunstgeschichte studiert und vermittelt einen umfassenden Eindruck von Malerei, Bildhauerkunst und Architektur Südindiens.

Jaya Jaitly, die bereits für den *Apa Guide Indien* einen Beitrag über indisches Kunsthandwerk schrieb, arbeitet momentan an einem Buch über Textilwesen. Sie bringt ihre umfassenden Kenntnisse über das Handwerk und die Textilindustrie in ihren Artikel über die handwerkliche Tradition Südindiens ein.

V. Abdulla

V. Abdulla hat unter anderem zwei Spielfilme in seiner Muttersprache Malayalam produziert und die Asienabteilung des Longman-Verlags in Madras geleitet. Außerdem befaßt er sich mit der Übersetzung von Malayalam-Klassikern ins Englische. Für dieses Buch schrieb er die Kapitel über Tamil Nadu und Kerala.

U. Abdulla

Seine Frau **Ummi Abdulla** ist eine phantastische Köchin und nicht nur Autorin zweier erfolgreicher Kochbücher und Diplomandin des All India Catering Institute; sie führt auch eine kleine Firma, in der Masala Powders und Konserven hergestellt werden.

Nirmal Gosh arbeitet in der Werbeabteilung einer der führenden Tageszeitungen Indiens, liebt aber auch die Fotografie und das Leben in der Natur. Seine Fotografien erschienen in mehreren großen Zeitschriften.

Uzra Bilgrami

Uzra Bilgrami ist in Hyderabad geboren und von Beruf Metallschmiedin. Sie schreibt über ihren Heimatstaat Andhra Pradesh, den sie im Rahmen ihrer Arbeit für Dastkar, eine Institution zur Förderung des Handwerks, intensiv bereiste.

Prasad Bidapa und **John Abraham,** ein kreatives Architekten-Gespann, das in Bangalore zahlreiche Bauten entworfen hat, sind für den Text über Karnataka verantwortlich. Bidapa stammt aus Coorg und läßt sich oft von seinem Heimatstaat inspirieren. Er hat im Rahmen seiner vielen Projekte Karnataka so gut kennengelernt, daß er einfühlsam darüber schreiben kann.

Abraham ist von Haus aus Werbetexter und Journalist. Für dieses Buch hat er sich mit Bangalore, Mysore, Bijapur, Badami und Umgebung befaßt. Er lebt in Bangalore und schreibt viel darüber. Schon als Kind lernte er die übrigen Gebiete und die Gegenstände seiner Artikel kennen, die ihm durch seine berufliche Tätigkeit noch vertrauter wurden.

Muthiah

S. Muthiah schreibt seit vielen Jahren Reisebücher und hat viel von Südindien gesehen. Er kennt sich besonders gut in Madras aus, über das er mehrere Bücher sowie zwei wichtige kartographische Werke veröffentlicht hat. Er arbeitete an den Kapiteln über Kerala und Tamil Nadu mit.

S. Krishnan

S. Krishnan, der zusammen mit Muthiah über Tamil Nadu schrieb, lebt in Madras. Er arbeitet als freier Journalist und schreibt für mehrere nationale und internationale Zeitungen und Zeitschriften.

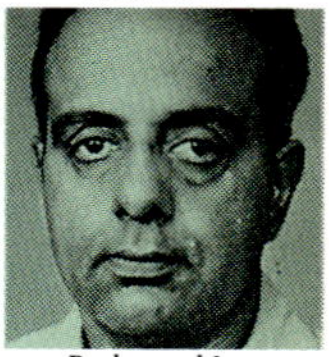
Padmanabhan

K.S. Padmanabhan, geschäftsführender Direktor einer der größten Buchvertriebsorganisationen Indiens, ist seit 1962 im Verlagsgeschäft. Er schrieb über Lakshadweep, den Korallenarchipel vor der indischen Küste.

Rajam Krishnan, Verfasserin der Kapitel über Chidambaram und Madurai, hat in ihrer Heimatstadt Madras englische Literatur unterrichtet und danach beim Rundfunk und als Textautorin gearbeitet. Sie hat Tamil Nadu gründlich bereist und sich in den Orten, die sie hier beschreibt, längere Zeit aufgehalten.

Unser besonderer Dank gilt auch **Naomi Meadows** und **Ashok Ranganathan** für ihre Unterstützung. **Toby Sinclair** half nicht nur bei der Auswahl der Karten und des Bildmaterials, sondern beriet die Herausgeber bei der Komposition des Buches.

Der *Apa Guide Südindien* wurde von **Bernd Symons** für die Ausgabe von 1997 aktualisiert. Symons verbringt jedes Jahr mehrere Monate in Südindien und organisiert dort Gruppenreisen.

INHALT

Karten

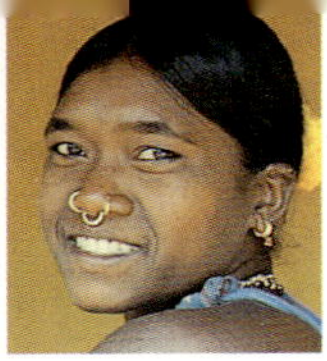

REISETIPS

Landeskunde

Reiseplanung

Wissenswertes

Unterwegs

Unterkunft

Essen & Trinken

Unternehmungen

Literaturhinweise

WILLKOMMEN

Die Vindhya- und die Satpura-Gebirgsketten bilden die geographische Grenze zwischen Nord- und Südindien. Während der britischen Kolonialzeit bezeichnete man Südindien als „Provinz Madras“ mit den angegliederten Fürstentümern Hyderabad, Mysore, Travancore und Cochin. Nach der Integration dieser Fürstentümer und einer Neuordnung der politischen Karte nach Landessprachen im Jahre 1956 wurden die modernen Unionsstaaten Andhra Pradesh, Karnataka, Kerala und Tamil Nadu geschaffen.

Was diese Staaten und die Gangesebene vor allem unterscheidet, die Sprache und Besoderheiten der Geschichte. Die Sprachen des Südens haben kaum Ähnlichkeit mit den Hauptsprachen des Nordens, obwohl sie alle durch das alte Sanskrit miteinander verbunden sind. Und: Trotz traditioneller Handelsbeziehungen und der Öffnung zum Meer hin blieb der Süden von den wiederholten Invasionen fremder Mächte, die den Norden erschütterten, weitgehend verschont. Selbst während des Höhepunkts der islamischen Besatzung blieben weite Teile Südindiens außerhalb des islamischen Einflusses, wenn auch in Andhra Pradesh und Karnataka über Jahrhunderte muslimische Enklaven bestanden. Es ist eine der Ironien der Geschichte, daß Mitte des 18. Jahrhunderts die britische Besatzung ausgerechnet in Tamil Nadu ihren Ausgang nahm.

Die relative Isolation des Südens führte zur Entwicklung einer eigenständigen Architektur und verschiedener Formen der Musik, des Tanzes und des Schauspiels, die sich von jenen des übrigen Landes unterscheiden. Sogar zwischen den einzelnen Staaten des Südens bestehen große Unterschiede. Der größte Teil von Karnataka sowie weite Teile von Andhra Pradesh, die Hauptstädte Bangalore und Hyderabad eingeschlossen, liegen auf dem Hochland des Deccan. Tamil Nadu und Kerala bestehen zum großen Teil aus tropischen Küstenregionen, auch wenn die Western Ghats, die zerklüfteten Ränder des Plateaus, sich über beide ausdehnen. Kerala, das am meisten dem Einfluß des Südwestmonsuns ausgesetzt ist, besitzt eine grüne tropische Region und den einzigen in Indien noch bestehenden Regenwald. Andhra Pradesh, Karnataka und Tamil Nadu sind sehr von künstlicher Bewässerung abhängig, hauptsächlich mit Hilfe von Staudämmen, Wehren und Talsperren, die an den Flüssen Krishna, Godavari und Kaveri gebaut wurden.

Die südlichen Staaten verfügen über alles, was ein Besucher sich nur wünschen kann: abwechslungsreiche Küsten entlang dem Arabischen Meer und dem Golf von Bengalen, die sich am Kap Comorin zum Indischen Ozean vereinigen; viele einsame Strände, dichte Wälder und Tierreservate mit einer ungeheuren Vielfalt an Tieren und Pflanzen; reißende Flüsse und breite Ströme, die sich gemächlich zum Meer schlängeln, und schließlich die wunderschönen Nilgiri- und Annamalai-Berge.

Vorherige Seiten: Willkommen in Tamil Nadu / *Gopurams* am Tempel von Madurai / Für das Pooram-Fest in Trichur geschmückte Elefanten / Gläubiger Junge in Sravanabelagola / Yoga-Übungen in Kalaripayattu, Kerala / Bei der Zuckerrohrernte nahe Madras (Chenney) / Gefärbtes Garn aus Kokosfasern, Cochin. Links: Teilnehmer am Thaiyyam in Kerala.

Die Deccan-Halbinsel liegt zwischen dem 8. und dem 15. Grad nördlicher Breite und dem 75. und 86. Grad östlicher Länge. Sie ist das Überbleibsel eines ehemals großen und stabilen Hochplateaus. Ganz in der Nähe und parallel zur Westküste liegen die Western Ghats, eine Reihe von stufenförmigen Terrassen und windgepeitschten Hügeln, die sich vom Tal des Flusses Tapti im Norden bis zum Kanniya-kumari an Indiens südlichstem Punkt erstrecken. Sie bilden die westliche Begrenzung des Deccan-Plateaus, das sich sanft ostwärts zu den östlichen Ghats der anderen Küste der indischen Halbinsel erstreckt. Die westlichen und die östlichen Ghats vereinigen sich bei den Nilgiris ganz im Süden, gleich einem großen Knoten in einem Halsband, das sich um die indische Halbinsel windet.

Südindiens Landschaft ist sehr abwechslungsreich. An der Westküste, vom Distrikt Nord-Kanara in Karnataka bis zur Spitze der Halbinsel, reihen sich einige der ältesten Häfen Indiens, von denen viele nicht mehr benutzt werden. An der Spitze eines schmalen Landstrichs liegt Karwar, ein Fischerhafen; mittlerweile werden dort Schiffe gebaut. Kleine, schnellfließende Flüßchen durchziehen diese Region.

Reiche Flora und Fauna: Der Küstenstreifen breitet sich nach Süden aus und birgt einige der schönsten Strände des Landes. Landeinwärts an den westlichen Ghats in Kerala und Karnataka gibt es immer noch große Regenwälder, die durch die steilen und zerrissenen Hügel vor menschlicher Ausbeutung geschützt werden. Dort blüht und gedeiht eine reiche Flora und Fauna, besonders exotische Schmetterlinge und wilde Elefanten. Einige seltene Arten wie den löwenschwänzigen Makaken findet man nur dort. Die Pflanzen in diesen Wäldern sind bis heute nicht vollständig katalogisiert worden. Dies ist auch die Gegend, in der große Mengen von Kardamom, Tee und Kaffee angebaut werden.

Die Küste von Malabar am südwestlichen Ende hat zahllose und große Schlammbänke. Am Fuß des Plateaus findet sich Laterit-Erde und dahinter das Hochland aus glitzerndem, granitem Gestein. Das alluviale Tiefland wird immer wieder durch miteinander verbundene Flußtäler durchbrochen. Das Leben in diesen Gegenden – ob es nun der Transport ist oder das Einweichen von Kokosnußschalen oder das Trocknen von Fischen und Garnelen – spielt sich rund um diese malerischen Seitenarme ab.

Weiter im Inland liegen der Vembanad-See und die Annamalai-Hügel, die der Periyar durchschneidet, um sich durch den Palghat Gap ins Meer zu ergießen.

Die nördlich gelegenen, wolkenverhangenen, zwischen 1800 und 2440 Meter hohen Nilgiris sind die höchsten Hügel auf der Halb-

insel. In den dichten Wäldern dieser tropischen Region wachsen viele Farne und wilde Beeren sowie die aromatisch riechende Nilgiri-Lilie. Aus diesen Hügeln, die im Bereich des Südwest-Monsuns liegen, kommt das Wasser für die Flüsse Vaigai und Periyar.

Plateaus und Schluchten: Das Innere der Halbinsel hat verschiedene voneinander getrennte Hochlandregionen, die zum Lavagebiet des Deccan gehören sowie zu den älteren azoischen Graniten. Das Telengana-Plateau im Norden ist ein trockenes Gebiet, das nur vom Godavari durchflossen wird. Im Süden, zwischen Bhima und Godavari, liegen weitgestreckte, ausgewaschene Täler, die mit Felsen übersät sind, „als ob Riesen hier sich mit kindischen Spielen die Zeit vertrieben hätten" (*Hyderabad Gazette,* 1909). Hier gibt es meist nur Gestrüpp und in den etwas feuchteren Gebieten Dattelpalmen. Südwestlich fließt der Pennar mit seinen Nebenflüssen durch das Land der Stufen und Dämme und mündet bei Nellore in die See. Die fruchtbaren Laterit-Ebenen sind mit großen Teichen übersät.

Die Flüsse Krishna und Pennar und deren Nebenflüsse bilden lange Täler, die sich wie silberne Fäden durch die felsengesprenkelte Landschaft ziehen, ihr Flußbett führt meist Sand. In diesen Tälern finden sich die größten Teiche – hauptsächlich an der Bahnlinie Madras-Bombay – und die großen Wallfahrts-

zentren von Renigunta und Tirupati. Die Landschaft ist grau und mit Mangohainen durchsetzt.

Seen, Deltas und Täler: Der obere Teil der Ostküste wird von den riesigen Deltas des Krishna und Godavari beherrscht, die einen der produktivsten Landesteile dieser Region bewässern. An den Mündungen gibt es Mangroven und Sanddünen. Zwischen den beiden Deltas liegt der Colair-See, der sich zur Fischzucht besonders eignet. In diesem Bereich liegen die legendären Häfen Machilipatnam und Kakinada. Einst wurden von hier die berühmten bedruckten Stoffe exportiert, heute wird hier hauptsächlich Bauxit verladen. Dieses reiche Küstengebiet von Andhra Pradesh wird oft von Zyklonen heimgesucht und während des Monsunregens überflutet.

<u>Vorherige Seiten</u>: Die Hogenakkal-Fälle in Tamil Nadu. <u>Links</u> und <u>rechts</u>: Die üppigen Nilgiris und verschlungene Flußseitenarme in Kerala.

Weiter südlich, entlang des Tirupati-Abbruchs, erstreckt sich die Ebene von Nellore. Hier beginnt die Coromandel-Küste, die in Richtung Süden bis Tamil Nadu reicht. Diese Gegend ist für ihre großen Reisfelder berühmt und für die produktiven Nellorekühe mit ihren charakteristischen Hörnern. Die Salzwasserlagune bei Pulicat, nördlich von Madras, ist besonders interessant.

Die Küste von Tamil Nadu, dem Land der Cholas, ist ein Tiefland, das sich bis ins Meer erstreckt. Hier fließen kleine Flüsse in die Täler des Adyar Cooum und Korteliyar. An der mit Kasuarinas gesäumten Küste gibt es reiche Vorkommen von Flußsand, Kalksteinbrüche und Salzablagerungen.

Weiter westlich liegt das Coimbatore-Plateau, das durch Bhavani, Amravati und Annamalai, Nebenflüsse des Kaveri, begrenzt ist. Der Kaveri fließt vom Krishnarajayar-Staudamm über mehrere Fälle und ergießt sich bei Sivasamudram in diese Ebene. Die Thanjavur-Ebene hat sich durch den Kaveri gebildet. Dort bauten die Cholakönige einen großen Damm, um seine Wassermassen zu bändigen. Das große Delta des Kaveri ist ungefähr 10,35 km^2 groß und breitet sich zwischen Portonovo und Point Calimere aus. Hier befindet sich die Reiskammer von Tamil Nadu, deren Reichtum sich auch in den majestätischen Tempeltürmen von Thanjavur widerspiegelt.

Südöstlich erstreckt sich der Baumwollgürtel der Distrikte Madurai, Ramanathapuram und Tirunelveli, die fast ausschließlich künstlich bewässert werden. Im Nordwesten sind die Palanihügel, aus denen der Vaigai entspringt und sich ins Varshugrad-Tal ergießt.

Die ganze Halbinsel ist vom Regen abhängig. Durch die Satpura- und Vindhyaberge von den nördlichen Ebenen getrennt, bietet die Halbinsel eine große Zahl von Landschaftsformen – Ebenen, Plateaus und Hügel. Die Flüsse sind vielleicht nicht so breit wie die nördlichen Gewässer, aber fast ebenso lang. Es ist ein geographisches Gebiet mit charakteristischen Eigenarten, die Heimstatt einer reichen drawidischen Kultur und Zivilisation.

Wenn man von Südindien spricht, drängt sich eine Reihe von Bildern auf: das zerklüftete Deccan-Hochland, die eindringliche Musik, die verschiedenen Tanzstile, die majestätischen *gopurams* (Tore) der Tempel, die sich über die Kokosnußhaine erheben, und die Skulpturen aus Bronze und Stein. Diese Bilder stehen tatsächlich in Beziehung zu etlichen Facetten einer jahrhundertealten Tradition; sie deuten auf die Stadien einer ungebrochenen Geschichte hin, in der viele kulturelle Ströme zusammenflossen und sich zahllose regionale Variationen formten.

Archäologische Perspektiven: Wie auch im übrigen Land, muß man die kulturellen Anfänge Südindiens zurückverfolgen in eine Zeit, als es noch keine schriftlichen Aufzeichnungen gab. Die frühesten kulturellen Formen zeigen sich in dem reichen archäologischen Material, das – manchmal durch Zufall und manchmal im Zuge gezielter Ausgrabungen – zu Tage gefördert wurde. Im Jahre 1863 entdeckte Robert Bruce Foote ein Keilmesser bei Pallavaram in der Nähe von Madras (neuer Name: Chenney); seitdem wurde viele steinzeitliche Fundstücke in Südindien geborgen. Die Entdeckung von Steinäxten bei Attirampakkam nahe Madras deutet darauf hin, daß sich auch im äußersten Süden ähnliche kulturelle Muster fanden. Hier entwickelten sich primitive Kulturen von Sammlern und Jägern vom frühen Steinzeitalter bis zu dem Stadium, als die Anfänge der Landwirtschaft und der Tierhaltung für große Veränderungen in den Lebensbedingungen der frühen Menschen und ihrer sozialen Beziehungen sorgten.

Man kann diese Stadien anhand von Ausgrabungen verfolgen, die die Archäologen in Karnataka, Andhra und Tamil Nadu gemacht haben. In den Anfängen dieser Kulturen wurden die Werkzeuge immer noch aus Stein hergestellt, aber mit einer neuen Technik. Der Mensch war nicht länger nur Jäger, er hatte gelernt, Tiere wie Kühe, Ziegen und Schafe zu halten. Er hatte begonnen, Ton zu brennen und Terakottafiguren herzustellen und Dörfer zu bauen auf Hügeln aus Granit, auf geebneten Terrassen oder auf Plateaus.

Diese Veränderungen begannen am Ende des dritten Jahrtausends v. Chr. und erstreckten sich bis zum Beginn des zweiten Jahrtausends. Der weitere Fortschritt war langsamer, trotz der Einführung von Metall in der Mitte des zweiten Jahrtausends v. Chr. Aber es erschienen neue kulturelle Elemente: Rundhütten, ähnlich denen, die noch heute bei bestimmten lokalen Stämmen üblich sind; verschiedene Arten von Kichererbsen und Hirse wurden angebaut; womöglich wurde auch in dieser Zeit das Pferd domestiziert, und man begann, metallene Werkzeuge zu gebrauchen.

Die Anfänge der Geschichte: Im Norden, besonders im Gangesbecken, waren bereits die *janapadas* und *mahajanapadas* mit ihren Dörfern, Marktplätzen und urbanen Zentren aufgetreten. Man hatte bereits ein ausgedehntes Netzwerk von Straßen gebaut, die verschiedene Regionen verbanden und es dem Magadha, einem *mahajanapada* von Süd-Bihar, ermöglichten, zwischen dem vierten und dritten Jahrhundert v. Chr. ein fast pan-indisches Reich zu bauen. Der felsige Süden war nicht vollständig von diesen Veränderungen ausgeschlossen. Man glaubt, daß es den *mahajanapada* von Asmaka im Godavari-Tal bereits im sechsten Jahrhundert v. Chr. gab. Aber die Verbindung zu den Gebieten im Norden war schwierig, und das Interesse des magadhanischen Reiches am Süden war vielleicht dadurch motiviert, daß man Ressourcen zu erschließen gedachte. Kautilya, der berühmte Autor der politischen Abhandlung *Arthasastra,* hob die Vorteile von *dakshinapatha* hervor. Dieses Wort bezeichnet sowohl die südliche Route als auch die ganze Region. Der Magadhan-Herrscher Asoka Maurya schrieb Bullen sowohl für den Deccan, der Teil seines Reiches war, als auch für eine größere Stadt Suvarnagiri (Goldhügel). Daneben erwähnte Asoka die Cholas, die Pandyas, die Cheras und die Satyaputras; hierbei handelte es sich nicht um bestehende Staaten, aber um wichtige Gemeinschaften, und man sieht daran, daß er zwischen dem Deccan und der südlichen Region der Cholas, Pandyas, Cheras und Satyaputras unterschied, daß die geschichtliche Entwicklung der beiden Gebiete sich in unterschiedlicher Weise vollzog.

Die Einbeziehung des Deccan in das Magadhan-Reich war nicht nur ein politisches Phänomen. Sie resultierte auch in der Bewegung von Menschen und Ideen. Zwei bedeutsame Entwicklungen ergaben sich dadurch, daß der Staat von einem Monarchen regiert wurde und von bestimmten Ideen, die mit der buddhistischen und brahmahnischen sozialen und religiösen Ideologie verbunden waren. Ursprünglich bildeten sich in verschiedenen Gegenden des Deccan herrschende Eliten, die man von den Münzen kennt, die denen aus dem Norden nachgebildet waren. Sie nannten sich selbst *rajas*, *maharathis*, und die Zentren ihrer Macht entwickelten sich gleichzeitig zu Städten, in denen man Handel trieb und religiöse Denkmäler baute, besonders buddhistische *stupas* und *viharas*. Seit dem Ende des ersten Jahrhunderts v. Chr. wurden diese kleinen Machtzentren in das Reich der Satavahanas integriert. Sie kamen von Maharashtra und nannten sich, weil sie im Zenit ihrer Macht standen, *Dakshinapathesvaras* (Herren von *Dakshinapatha*). Bereits im zweiten Jahrhundert n. Chr. hatten sie sich durch den gesamten Deccan bis zur Küste von Andhra Pradesh im Osten ausgebreitet und bis Vidarbha im Norden. Die Satavahanas vollzogen vedische Opfer, lebten nach brahmahnischen Normen, verteidigten das *varnadharma* (das Prinzip der Teilung der Gesellschaft in vier *varnas*)

Steinskulptur des Buddha in Sankaran im Distrikt Visakhapatnam.

und sorgten für die buddhistischen Mönche (*bhikshus*), indem sie ihnen steinerne *viharas* (Klöster) bauten und ihnen Land gaben. Es waren diese verschiedenen Gesellschaftsschichten einer regierenden Elite von Kaufleuten und Laiengläubigen, die durch ihre Förderung großartige Stätten mit *stupas* schufen, wie z. B. Amravati an der Küste von Andhra und die aus den Felsen gehauenen Höhlen, die sich in der Nähe der Pässe befinden, welche die Westküste mit dem Deccan-Plateau verbinden. Sowohl in Karnataka als auch in Andhra entwickelten sich Städte, wie z. B. der berühmte historische Ort Nagarjunakonda an der Küste von Andhra.

Dravidadesa (das Land der Tamilen) lag weder auf dem Gebiet des Reiches von Magadhan im Norden noch auf dem des Reiches von Deccan. In den frühen tamilischen Gedichtanthologien, den *Sangam*, werden jedoch die gekrönten Könige der Cholas, der Pandyas und der Cheras neben den Stammeshäuptlingen von Tamilaham, dem Land der Tamilen, erwähnt, das die heutigen Provinzen Tamil Nadu und Kerala umfaßte. Zwar gab es noch keinen Staatsapparat, aber die Autorität der gekrönten Könige, die man eher mit Häuptlingen vergleichen kann, wurde in ihren jeweiligen Herrschaftsgebieten anerkannt. Die Cholas regierten in Cholamandalam, das die Region Coromandel einschließlich des Kaveri-Beckens umfaßte. Der Herrschaftsbereich der Pandyas schloß die Regionen Madurai, Tirunelveli und Ramanathapuram ein, die vom Vaigai und vom Tamraparni entwässert werden, die Cheras hingegen herrschten in Kerala. Die Gedichte des *Sangam* entwerfen das Bild einer Übergangsgesellschaft. Die Brahmanenreligion existierte schon in Ansätzen, und wer Geschenke an die Barden und Brahmanen machte, galt als besonders tugendhaft. Einige kurze Niederschriften, Tamil-Brahmi-Schriften genannt, gehen auf diese Zeit zurück. Sie beziehen sich auf Gaben an die Jainas, die zur Zeit der frühen Christenheit eine ideologisch einflußreiche Gruppe in Tamil Nadu darstellten.

Ein völlig anderes Bild zeichnet das tamilische Epos *Silappadikaram* und seine Fortsetzung *Manimekalai*. Diese Texte erzählen von einer Gesellschaft, die der Handel reich gemacht hat. Das Handelsnetz, das sich im Deccan und im äußersten Süden während der ersten beiden Jahrhunderte christlicher Zeitrechnung entwickelte, umfaßte den Land- und den Seeweg. Die Expansion Magadhans lockte Kaufleute und andere soziale Gruppen aus dem Norden an, die sich für seine Schätze interessierten. Das Ende des ersten Jahrhunderts vor Christus bescherte dem Land einen weiteren Aufschwung, denn mit dem neuentdeckten Wissen über die Monsunwinde des Südwestens konnten auch Kaufleute aus dem römischen Weltreich die indische Küste befahren und Gewürze einkaufen. Die dortige Literatur erwähnt den Handelsaustausch zwischen Römern und Indern. In tamilischen Texten ist auch die Rede von Niederlassungen javanischer Kaufleute in der Hafenstadt Puhar und in Musiripattinam in Kerala. Die wichtigsten Befunde über diesen Handelsaustausch stammen jedoch aus den Schriften westlicher Autoren und aus den Ergebnissen der Archäologie. Ein unbekannter griechischer Seemann, der an der Westküste entlanggesegelt sein muß, hinterließ ein Logbuch mit dem Titel *Der Periplus des Erythräischen Meeres*, in dem nicht nur eine Liste der wichtigen Handelszentren beider Küsten, sondern auch Handelswaren aufgeführt sind, die quer durch den Deccan zur Westküste befördert wurden. Die *Geographie* des Ptolemäus, die ungefähr ein Jahrhundert später, zur Mitte des zweiten Jahrhunderts vor Christus entstand, ergänzt diese Ausführungen und läßt den Schluß zu, daß die Handelszentren an der Ostküste an Zahl und Wichtigkeit zugenommen hatten. Den archäologischen Beweis für den Handel zwischen Indien und Rom liefern nicht nur Funde römischer Münzen, sondern auch römische Töpferwaren und kunsthandwerkliche Gegenstände, die bei Ausgrabungen an historischen Stätten auf dem indischen Subkontinent regelmäßig auftauchen.

Die Pallavas und die Chalukyas: Die Königreiche der Halbinsel und ihre städtischen Zentren erfuhren im dritten und vierten Jahrhundert nach Christus einen Niedergang, eine Entwicklung, die auch Städte in anderen Teilen Indiens durchmachten. Das heißt aber nicht, daß die Kultur auf eine primitive Stufe zurücksank. Ab dem sechsten Jahrhundert etwa gewannen zwei größere Regionalkönigreiche mit stabiler landwirtschaftlicher Grundlage allmählich Bedeutung; in Tamil Nadu waren es die Pallavas und in Karnataka die Chalukyas. Von den Pallavas wissen wir zunächst aus den Prakrit-Inschriften im südlichen Andhra und in Tamil Nadu. Auf der Höhe ihrer Macht verwendeten sie dann das Sanskrit und das Tamilische in ihren Niederschriften. Der Kern dieses Königreichs war Tondaimandalam im Palarbecken mit dem Zentrum Kanchipuram. Die Entwicklung Kanchis zu einem bedeutenden politischen und religiösen Mittelpunkt, wo über viele Jahrhunderte Tempelanlagen gebaut wurden, war eng verbunden mit der wachsenden Macht der Pallavas. Das gleiche gilt für Mamallapuram oder Mahabalipuram, ein bedeutendes Zentrum jener Epoche, das an der Küste lag. Begründet wurde dieser Einfluß unter der Herrschaft Simhavishnus im sechsten Jahrhundert, fortgeführt wurde er von Mahendravarman I., Narasimhavaraman I. und Paramesvaravarman. Seinen Höhepunkt fand er im siebten und achten Jahrhundert. Damals kam es auch zu großen Konflikten mit den Panyas im südlichen Tamil Nadu und den Chalukyas von Badami in Karnataka. Die Chalukyas, die die Höhlen von Badamai aus dem Stein schlugen und die Tempelanlagen von Pattadakal und Aihole in Karnataka bauten, hatten um die Mitte des siebten Jahrhunderts ihre Macht so konsolidiert, daß ihr Herrscher Pulakesi II. (610-642) einen Sieg über Harshavardhana erringen konnte, dem mächtigsten Potentaten Nordindiens in jener Zeit.

Trotz der ständigen kriegerischen Auseinandersetzungen und der damit verbundenen Auszehrung des Landes machte die Kultur auf dem indischen Subkontinent während des Aufstiegs dieser beiden Reiche wichtige Entwicklungsschritte. Auf politischer Ebene stand zwar ein Monarch an der Spitze des Staates, dieser mußte sich aber ständig mit seinen Lehnsherren arrangieren. Sowohl bei den Pallavas als auch bei den Chalukyas gab es Vasallen, die in ihren Domänen die autonome Herrschaft beanspruchten, und in den Auseinandersetzungen zwischen den Königreichen kam solchen Lehnsfamilien, etwa den Gangas und Kadambas in Karnataka oder den Banas in Andhra und Tamil Nadu, eine Schlüsselrolle zu. Zum anderen aber wurde in dieser Epoche die Landgabe an Brahmanen (*brahmadeya*) und Tempel (*devadana*) zu einer festen Einrichtung. In späteren Epochen der südindischen Geschichte sollte diese Praxis noch beträchtliche Ausmaße annehmen. Auf diese Zeit geht auch die Entstehung von *Agrahara*-Siedlungen zurück, in denen die Brahmanenfamilien einen maßgeblichen Einfluß ausübten. Das wiederum führte zur Verbreitung der brahmanischen Ideen und ihrer Institutionen. Dies alles muß man in Zusammenhang sehen mit einem allgemeinen Niedergang des Buddhismus und der Jaina-Religion.

In Tamil Nadu steht dieser Niedergang in direktem Zusammenhang mit zwei Faktoren. Der eine war die zunehmende Wichtigkeit des puranischen Hinduismus, in dem verschiedene Gottheiten verehrt werden, aber eine davon jeweils im Vordergrund steht, zum Beispiel Shiva im Shivaismus oder Vishnu im Vishnuismus. Auch in den Tempel- und Höhlenanlagen der Chalukyas im Deccan wurden vor allem Shiva und Vishnu verehrt. In Tamil Nadu fiel dieser Niedergang zusammen mit dem Aufstieg der Bhakti-Bewegung, die die totale Hingabe an einen persönlichen Gott betonte. Die Nayannars (Shiva-Heilige) und die Alvars (Vishnu-Heilige) komponierten in den Tempelzentren die Hymnen, mit denen sie ihren jeweiligen Gott priesen. Traditionsgemäß wird dem König von Pallava, Mahendravarman, die Komposition der Sanskrit-Komödie *Mattavilasaprahasana* zugeschrieben; er hatte sich ursprünglich zum Jainismus bekannt, war aber unter dem Einfluß des Shiva-Heiligen Appar zum Shivaismus übergewechselt. Die Gesänge der Shivaiten und Vishnuiten wurden deshalb so populär, weil sie in Tamilisch abgefaßt waren. In dieser Epoche erschienen das Tamilische, das Kanaresische und das Sanskrit zum erstenmal auch in offiziellen Dokumenten, zum Beispiel in Landschenkungsurkunden.

Die Cholas und ihre Zeitgenossen: Dynastien waren in Südindien sehr kurzlebig, und genauso kurzlebig waren Bündnisse zwischen Mächten, die in ihren Regionen schon jahrhundertelang fest im Sattel saßen. In rascher Folge lösten in Karnataka und im westlichen Deccan Badami Chalukyas die Rashtrakutas und diese wiederum die Chalukyas von Kalyana ab, und so weiter. Es entstanden aber auch größere Staatsgebilde, die einzelnen Großregionen über Jahrhunderte hinweg einen politischen Zusammenhalt verschafften und ihre Kultur prägten. Nach der Herrschaft der Pallavas und Chalukyas entstanden mehrere solcher Staatsgebilde. Unter ihnen sind besonders die Staaten der Cholas in Tamil Nadu, der Hoysalas im südlichen Karnataka und der Kakatiyas in Andhra zu erwähnen.

Die Cholas waren ursprünglich Vasallen der Pallavas; als solche kontrollierten sie bis Mitte des neunten Jahrhunderts das Kaveri-Becken und begannen dann, sich in andere Gebiete auszudehnen. So eroberte Prantaka I. in der ersten Hälfte des zehnten Jahrhunderts das Land der Pandyas im Süden Tamil Nadus und nannte sich fortan *Maduraikonda* (der

Rituelles Bad früher Buddhisten in Schildkrötenform, Nagarjunakonda.

Eroberer Madurais). Die bekanntesten Herrscher der Cholas, Rajaraja I. (985-1016) und Rajendra I. (1012-1044), trieben die Expansion weiter voran. Rajaraja brachte nicht nur das gesamte Tamil Nadu unter seine Kontrolle, sondern schickte auch militärische Expeditionen nach Andhra, Kerala, Sri Lanka und auf die Malediven. Rajendra unternahm einen Feldzug nach Nordindien und drang bis ins Herz Bengalens vor. Damit sollte aber kein permanenter Gebietsgewinn erzielt werden. Diese eher symbolischen Taten sicherten den Herrschern der Cholas den Titel eines *Chakravarti* (Universalmonarchen). Die Macht der Cholas wuchs weiter unter Kulottunga I. (1070-1122), der seine Familie mit den Vengi Chalukya, den Herrschern des Küstenstaates Andhra, liierte. Bis zum zwölften Jahrhundert war der Herrschaftsbereich der Cholas sicher das stabilste Staatsgebilde Südindiens.

Ein bemerkenswerter Begleitumstand dieser Expansion bestand darin, daß Herrscher wie Rajendra und Rajaraja die Notwendigkeit einer starken Seestreitmacht erkannten. Der Überseehandel hatte sich erholt, und die starke Nachfrage nach Textilien, Gewürzen und Edelsteinen hatte zur Folge, daß sich an der indischen Küste mehrere arabische Handelsniederlassungen etablierten. Über Südostasien erstreckte sich der Seehandel bis nach China. Das Interesse der Cholas an diesem Handel wird daran deutlich, daß sie zahlreiche Botschafter nach China und eine Schiffsexpedition nach Südostasien entsandten. Die Entstehung eines weitläufigen Handelsnetzes, das sich auch auf den Deccan und Kerala ausdehnte, wird durch zahlreiche Inschriften dokumentiert, die Handelsgesellschaften auf dem ganzen Subkontinent und bis nach Sumatra hinterließen. Die Schiffsexpeditionen der Cholas waren oft nichts anderes als Raubzüge, die immense Beute brachten; auf Inschriften finden sich genaue Verzeichnisse der Schätze, die die Chola-Herrscher und andere Mitglieder der königlichen Familie den Tempeln stifteten. Der Brihadisvara-Tempel in Tanjore, den Rajaraja erbaute, und der Gangaikondacholapuram-Tempel Rajendras empfingen großzügige Geschenke in Form von Ländereien, Bargeld, Goldschmuck und anderen Kostbarkeiten.

Obwohl der Chola-Staat kein kohärentes Staatsgebilde war, und die Souveränität des Königs nur symbolisch, quasi auf der Ebene des Rituals bestand, gab diese Herrschaft dem Süden doch einen gewissen politischen und kulturellen Halt. Vieles, was sich im kulturellen und administrativen Leben des Chola-Reichs zu einer festen Form kristallisierte, fand seine Nachahmung in anderen Teilen des Subkontinents. Trotz eines wachsenden Handelsnetzes hatte das Reich der Cholas doch seine stabile Grundlage in der Landwirtschaft. Die kleinsten Verwaltungseinheiten in diesem Bereich waren die *nadus*, die jeweils mehrere Dörfer umfaßten. Diese *nadus* wurden in größeren Einheiten wie den *valanadus* und den *mandalams* zusammengefaßt, und diese Verwaltungshierarchie gewährleistete, daß die Güter auch sicher dem Staat zuflossen.

Die Hoysalas waren ursprünglich ein Stamm im südwestlichen Karnataka. Als Vasallen der Chalukyas von Karnataka begann ihr Aufstieg, nachdem sie die Westlichen Gangas aus Südkarnataka vertrieben hatten. Von der Regierungszeit Vishnuvardhana I. (1110-52) bis zu Ballala III. (1291-1342) waren sie die führende politische Macht im Süden Indiens. Ihre zentrale Basis lag im Distrikt von Hassan. Trotz wiederholter Konflikte mit anderen politischen Mächten in Südindien, wie den Cholas und den Chalukyas, dehnte sich das rein landwirtschaftlich orientierte Gebiet der Hoysalas ständig aus. Wie die Cholas waren auch sie große Baumeister. In ihrer Hauptstadt Dorasamudra legten sie um den majestätischen Shiva-Tempel weitere Tempelbauten an. Die Vishnava-Tempel befanden sich in Belur und Somanathapura, und auch sie wurden von der Familie des Königs und von untergeordneten Fürsten reich beschenkt.

Die Kakatiyas, ebenfalls Lehnsherrn der Chalukyas von Karnataka, machten zu Beginn des 12. Jahrhunderts das karge Gebiet von Warangal, nordöstlich von Hyderabad, zum Ausgangspunkt ihres unabhängigen Reiches. Zwischen dem 12. und 14. Jahrhundert hatten sie einige fähige Führer. Diese unterstützten nicht nur die landwirtschaftliche Expansion und den Überseehandel, sondern strukturierten auch die Verwaltung um.

An verschiedenen Orten gab es eine ganze Anzahl anderer Herrschaftsfamilien, die sich entweder mit den Hauptmächten arrangierten, oder, wie die Pandyas im südlichen Tamil Nadu und die Kulasekharas in Kerala, mit ihnen im ständigen Kampf um ihre Unabhängigkeit lagen. Dies änderte jedoch nichts daran, daß zwischen dem 9. und 13. Jahrhundert, als die Reiche der Pallavas und Chlaukyas zur Blüte kamen, viele der wichtigen Institutionen in Südindien ihre entscheidende Ausformung erhielten. Wiederholte Landschenkungen zeigen, daß Tempel und Brahmanenklöster zu integrierenden Faktoren der Gesellschaft wurden. Auch die Anlage von Bewässerungsbehältern in großem Stil brachte verschiedene Teile der Gesellschaft zusammen, denn nicht immer ging die Organisation vom königlichen

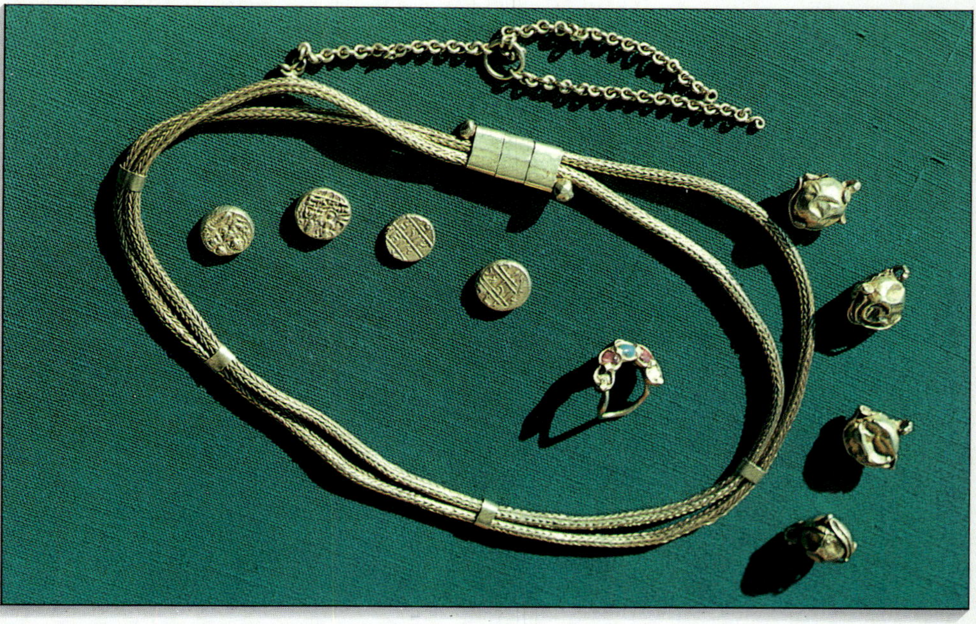

Ganz links: Geschnitzte Türbalken im Madhukeswara-Tempel. Links: Die Tempel-Höhlen von Badami. Oben: Fundstücke aus Hampi.

Hofe aus. In Südindien existieren viele solcher Seen heute noch, und einige von ihnen sind so groß, daß sie von den Indern *samudram* (Ozean) genannt werden.

Dieser gesellschaftliche Integrationsprozeß war natürlich auf vielen Ebenen von Konflikten begleitet. So gab es in dieser Epoche unter den Brahmanen ideologische Auseinandersetzungen, die in heftige philosophische Debatten ausarteten. Dies dokumentieren die Werke von Sankaracharya, Ramanuja und Madhavacharya. Abspaltungen einzelner religiöser Gruppen führten häufig zu Kämpfen und Verfolgungen. Die allmächtige Herrschaft der Brahmanen und das alles überschattende Kastensystem führten zu Protestbewegungen wie dem Virashaivismus oder der Sekte der Lingayaten, die in Karnataka ihren Anfang nahmen und sich von dort in andere Teile Südindiens ausbreiteten. Viele Spannungen in der Gesellschaft Südindiens haben ihren Ursprung in jener Zeit.

Die Verbreitung des Islams: Gegen Ende des 13. Jahrhunderts waren die großen Staatsgebilde dem Zusammenbruch nahe. Dies ist nicht direkt auf das Eindringen der moslemischen Mächte von Norden zurückzuführen, obwohl viele große Reiche des Südens angegriffen und besiegt wurden. Am Ende des 12. Jahrhunderts hatte sich mit der Herrschaft der Türken in Delhi zugleich eine ganz neue politische Regierungsform etabliert, und zu Beginn des 14. Jahrhunderts, zur Regierungszeit von Aladdin Khilji, gab es die ersten Einfälle in die Königreiche der Kakatiyas und der Hoysalas und Pandyas von Mabar (südliches Tamil Nadu). Auf diesen Vorstößen, die Malik Kafur zwischen 1303 und 1311 führte, wurden immense Reichtümer erbeutet und dem Sultanat in Delhi weitreichende Tributversprechungen gemacht. Die Überfälle setzten sich fort, aber erst mit der Schaffung des Königreichs von Bahmani wurde der Islam zu einem integralen Bestandteil der Kultur im Deccan. Dieses Königreich, das 1347 von Hasan Gangu, einem rebellischen Ministerialen des Herrschers Muhammad-bin-Tuglaq, gegründet wurde und bis ins frühe 16. Jahrhundert existierte, umfaßte den ganzen Norden Deccans bis zum Fluß Krishna. Ein berühmter Herrscher Bahmanis war Firuz Shah Bahmani. Er war nicht nur mit der islamischen Literatur und der türkischen, arabischen und persischen Sprache vertraut, sondern auch mit verschiedenen Zweigen der Wissenschaft und einheimischen Sprachen wie Marathi, Telugu und Kanarasisch. Indem er Gelehrte aus Persien und dem Zweistromland an seinen Hof zog, machte er sein Königreich zu einer der wichtigsten kulturellen Regionen im Deccan.

Eine weitere Blütezeit erfuhr das Bahmanireich gegen Ende des 15. Jahrhunderts, als

Mahamud Gawan, ein persischer Kaufmann, zum Premierminister ernannt wurde. Er stärkte den politischen Einfluß des Staates und gab ihm eine neue Verwaltungsform.

In jener Zeit fungierte das Königreich Bahmani als kulturelle Brücke zwischen dem Norden und Süden. Schließlich aber zerbrach es an inneren Schwierigkeiten und fiel in fünf Einzelreiche auseinander: Bijapur, Golconda, Ahmadnagar, Bidar und Berar. Nachdem Berar von Ahmadnagar und Bidar von Bijarpur annektiert worden war, verblieben nur noch drei. Diese Bahmanireiche hatten keine einheitliche Kultur entwickelt, vielmehr ist uns von ihnen ein reiches und vielgestaltiges Erbe erhalten, das sie in Form religiöser, militärischer und ziviler Architektur hinterlassen haben und in dem sich zahlreiche Elemente verbinden.

Südlich des Krishna schloß sich das Reich von Vijayanagara, dem Erzfeind Bahmanis an. Sein Mittelpunkt war Hampi (bei Hospet in Karnataka), eine blühende und glanzvolle Stadt an den Ufern des Tungabhara, die auf Granit gebaut war und in einem Gebiet lag, das in dem Sanskrit-Epos *Ramayana* als Kishkindha erscheint. Der Legende nach geht die Gründung diese Reiches auf zwei Brüder zurück, Harihara und Bukka, die anfänglich Vasallen der Kakatiyas waren. Sie verbündeten sich mit der islamischen Macht im Deccan und traten sogar zum Islam über, wurden aber dann zu Schülern des Weisen Vidyaranya und gründeten 1336 das Reich Vijayanagara, das zu einer Bastion des Hinduismus im Deccan wurde. Das Reich von Vijayanagara, das von vier Dynastien regiert wurde, den Sangam, Saluva, Tuluva und Aravidu, war ein Vielvölkerstaat und nahm trotz des wachsenden Einflusses hinduistischer Brahmanen auch Moslems und Europäer in seine Dienste. Die Hauptstadt zog berühmte Besucher aus fernen Ländern an, wie Abdur Razzak, Nuniz und Paes. Das meiste, was man heute über das Leben in jener Zeit weiß, stammt aus ihren Berichten.

Links: Hebräische Schriftrolle aus Leder (Synagoge von Cochin). Oben: Blick auf Bijapur (19. Jahrhundert).

Der größte Monarch von Vijayanagara war Krishnadevaraya (1509-29). Er errang nicht nur zahlreiche Siege über die Bahmanis sowie über Orissa und andere Gegner, sondern war auch ein fähiger Organisator, der die Bedeutung des Binnen- und Überseehandels erkannte und so den Reichtum seines Landes vermehren konnte. Zur Bevölkerung Vijayanagaras gehörten auch Juden und Parsen.

Liest man Berichte von Reisenden aus dem 16. Jahrhundert, zum Beispiel von Varthema, Barbosa, Ralph Fitch, in denen auch Handels-

A MAP OF INDIA, on the West Side of the GANGES, Comprehending the Coasts of MALABAR, CORMANDEL, and the ISLAND CEYLON.
KINGDOM OF GOLCONDA
KINGD. OF VISIAPOUR
CONCAN
BAG-LANA
BALA-GATA
KINGDOM OF CARNATA
KINGDOM OF GINGI
KINGD. OF MAIS SOUR
KINGDOM OF MADURA
Km. OF TANJAOUR
MARAVA
KINGDOM OF CANARA
COAST OF MALABAR
COAST OF CORMANDEL
ISLE OF CEYLON
This country produces Diamonds and other precious Stones.
Bombay I. to Eng.
GOA to Portugal
Madras or Fort S. George
St. Thomas or Meliapour
Pondichery
COCHIN to Portugal
C. Comorin
Jafanapatan
CANDY
Colombo
Pic Adam
Mamala I.s
Mount Gatis

aktivitäten in Kerala, Golconda, Andhra und den Königreichen Vijayanagara und Bahmani beschrieben sind, so wird klar, daß ein territoriales Vordringen der Moguln aus dem Norden schließlich unvermeidlich war, und daß über kurz oder lang auch die europäischen Mächte ihre Handelsinteressen in Südindien anmelden mußten.

Die Moguln: In dem Maße wie die Moguln ihre Macht im Norden konsolidieren konnten, begann ihr Einfluß auf die politischen Regionen des südlichen Indiens. Den Anfang setzte Akbar (1556-1605), der bedeutendste Mogulherrscher, der Teile von Ahmadnagar eroberte, das unter dem Shah Jahan vollends annektiert wurde. Auch Bijapur und Golconda unterwarfen sich der Herrschaft der Moguln, und Aurangzeb, der Sohn des Shah Jahan, wurde Gouverneur im Deccan. Eine völlige Integration in das Mogulreich fand jedoch nie statt, denn die Moguln wurden im Deccan von der wachsenden Macht der Marathas im Westen bedroht. Als Aurangzeb zur Herrschaft gelangte, mußte er große Armeen nach Deccan entsenden, um Shivaji, das Oberhaupt der Marathas, in Schach zu halten, dessen Vater noch ein Vasall des Sultans von Bijapur gewesen war. Für das Deccan wie auch für andere Teile Indiens bedeuteten die Raubzüge der Marathas eine ständige Gefahr, und auch die Tributzahlungen, die die Marathas außerhalb ihres Gebietes erhoben, verschlechterten die Lebensbedingungen im Deccan. Eine wichtige Folge des Eindringens der Moguln war jedoch die Gründung des unabhängigen Staates Hyderabad durch Nizam-ul-Mulk, einen mächtigen Adeligen und ehemaligen Wesir am Hof der Moguln. Dieser Staat bestand von 1724 bis in die Mitte des 20. Jahrhunderts.

Auch die Ausdehnung europäischer Handelsinteressen gegen Ende des 15. Jahrhunderts auf Indien markierte eine wichtige Entwicklung. Für die aufstrebenden europäischen Mächte des 15. bis 16. Jahrhunderts waren direkte Handelsbeziehungen mit Indien unerläßlich, konnten sie doch nur auf diesem Wege das Monopol der Araber und Venezianer im Indienhandel und das Reich der türkischen Osmanen umgehen. Verzweifelt wurden alternative Handelsrouten gesucht, und die Ankunft des Portugiesen Vasco da Gama im Jahre 1498 im Hafen von Kalicut in Kerala läutete ein neues Zeitalter ein, nicht nur für Südindien, sondern für den ganzen Osten.

Europäische Handelsinteressen: Das Monopol im Handel mit dem Orient ging nun für ein Jahrhundert auf die Portugiesen über, aber die Engländer, Holländer und Franzosen waren ihnen auf den Fersen. Ihr Handel wurde zunächst von „Fabriken“ aus geführt, die mit kleinen Siedlungen umgeben waren und keiner Konzession der Moguln oder einheimischer Herrscher bedurften. Allmählich wuchs jedoch die Konkurrenz unter den europäischen Handelsgesellschaften, die sich schließlich auch um territoriale Rechte stritten. Die Portugiesen beschränkten sich bald auf mehrere Zentren an der Westküste. Die holländische Ostindiengesellschaft, die weitgehende Interessen in Südostasien verfolgte, besaß unter anderem Handelsposten bei Cochin, Nagapatnam in Madras und Masulipatam an der Küste von Andhra, konnte sich aber gegen die englische Ostindiengesellschaft nicht behaupten und verlagerte ihre Aktivitäten nach Indonesien.

Die heftigste Rivalität herrschte zwischen Franzosen und Engländern, die von ihren Basen im Deccan und im Süden, vor allem von Fort St. George in Madras den Franzosen sehr zusetzten. Trotz der brillanten Manöver des Gouverneurs von Pondicherry, General Dupleix, beschränkte sich der Einfluß Frankreichs ab der Mitte des 18. Jahrhunderts auf Pondicherry.

Die Versuche der Briten, ihr Territorium auszudehnen, waren anfangs wenig erfolgreich, machten aber nach der Besetzung Bengalens im Jahre 1757 und der Einrichtung fester Stützpunkte in Madras und Bombay schnelle Fortschritte, zumal das Reich der Moguln allmählich zerfiel. Im Deccan und im Süden endeten die fortgesetzten Kämpfe gegen Hyder Ali, den Sultan von Mysore und die Marathas mit einem Sieg der Briten. Nach dem Fall von Seringapatam, der Hauptstadt Tippu Sultans im Jahre 1797, wurde zwar die alte Raja-Familie von Mysore wieder in ihre Macht eingesetzt, aber wie die anderen Oberhäupter „indischer“ Staaten waren auch sie nur Popanze der Briten. Und so waren die Briten, die als Kaufleute gekommen waren, bis zur Mitte des 19. Jahrhunderts die wahren Herren in Indien geworden. Auch die Existenz vieler einheimischer Rajas konnte nicht darüber hinwegtäuschen, daß Südindien völlig unter britischer Herrschaft stand.

Die politische Gliederung Südindiens zur Mitte des 18. Jahrhunderts.

Der britische Imperialismus: Um die Auswirkungen des britischen Imperialismus von einer gesamtindischen Perspektive aus zu verstehen, muß man einige wichtige allgemeine Punkte im Auge behalten. Erstens: Der Charakter der wirtschaftlichen Ausbeutung Indiens durch die Briten nahm im Laufe der Zeit verschiedene Züge an. Ab dem Ende des 18. Jahrhunderts machten die Briten Indien zu einem Absatzmarkt für ihre eigenen Produkte und mißbrauchten das Land als reinen Rohstofflieferanten. Dies war der Niedergang traditioneller einheimischer Industrien. Zweitens wurde Indien nach dem großen Aufstand von 1857 nicht mehr von der Ostindienkompanie verwaltet, sondern fiel an die britische Krone; damit konnte diese ihre kostbarste Kolonie direkt verwalten. Und drittens bedeutete der Imperialismus nicht nur wirtschaftliche Ausbeutung, sondern auch eine ideologische Herrschaft.

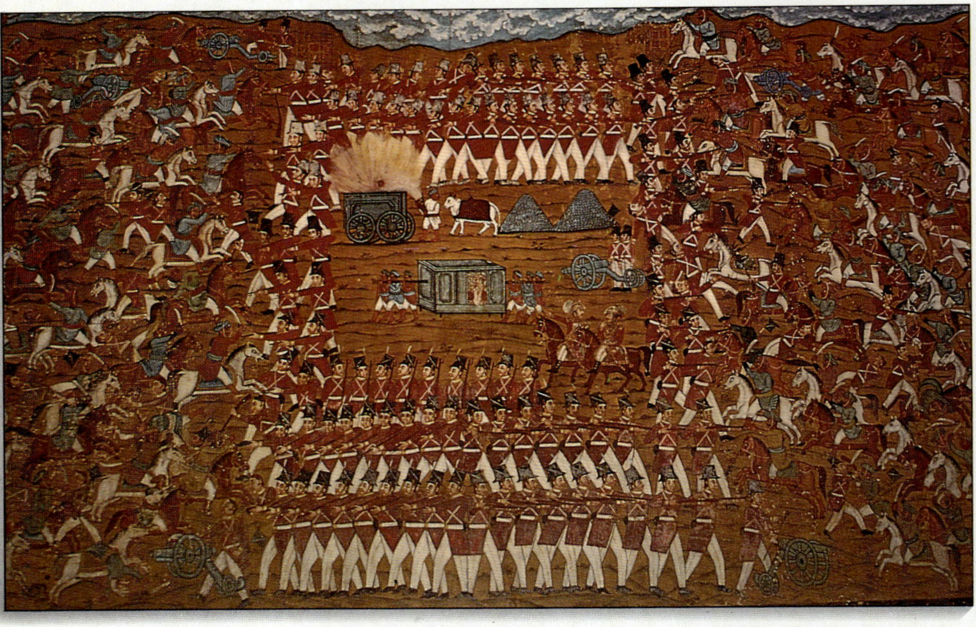

Der wachsende Unmut gegen den Würgegriff der Briten fand seinen Ausdruck auf zwei Ebenen: Spontane, vom Volk ausgehende Rebellionen und ein panindischer Nationalismus, der von der Mittelklasse getragen wurde. Für Befreiungsbewegungen gibt es zahlreiche Beispiele: Die tapferen Stammesrebellionen in den bergigen Waldgebieten von Andhra Pradesh vom Ende des 19. Jahrhunderts bis ins frühe 20. Jahrhundert; die Bauernaufstände der Moplahs von Malabar in Kerala in der zweiten Hälfte des 19. Jahrhunderts; der massive Telengana-Aufstand in Andhra zwischen 1946 und 1951, an dem 3000 Dörfer in einem Gebiet von über 25 600 km² beteiligt waren und der auch von den Kommunisten mitgetragen wurde.

Die Beteiligung Südindiens an der breiten nationalen Bewegung steht in Zusammenhang mit der Entstehung einer Mittelklasse, die eine englische Ausbildung genossen hatte. Nach dem großen Aufstand von 1857 ebbte die britische Begeisterung für soziale Reformen in Indien merklich ab, aber die Universitäten von Madras, Kalkutta und Bombay waren schon eingerichtet. Die Bildungspolitik der Briten, die darauf abzielte, eine des Lesens und Schreibens kundige soziale Klasse zu schaffen, die sich völlig in ihre Dienste stellte, zeitigte überraschende Ergebnisse: Westliche Erziehung und westliches Gedankengut förderte bei den Indern die Bildung eines nationalen Bewußtseins, eine kritische Auseinandersetzung mit den Mißständen in ihrer Gesellschaft und ein Bemühen um die Wiederentdeckung des eigenen kulturellen Erbes.

Zunächst artikulierte sich dieses Bewußtsein in Form von verschiedenen regionalen Zusammenschlüssen sowie von Publikationen, die in Englisch und in den Sprachen der jeweiligen Regionen erschienen. So wurde die

Madras Native Association, die es schon Mitte des 19. Jahrhunderts gegeben hatte, 1881 von der Madras Mahajan Society abgelöst. Das Hauptquartier der Theosophen befand sich ebenfalls in Madras. Es wurde von Mrs. Annie Besant geführt und hatte beträchtlichen Einfluß, wie auch später die von ihr gegründete Home Rule League. Veröffentlichungen wie *Hindu, Swadeshmitran, Andhra Patrika* und *Kerala Patrika* trugen wesentlich dazu bei, nationalistisches Gedankengut zu verbreiten, ein übriges taten die Schriften solch unentwegter Kämpfer wie Subrahmanya Bharati. Überall gab es Ansätze zu sozialen Reformen. In Andhra Pradesh bewiesen Organisationen wie Virasalingams Rajahmundri Social Reform Association (gegründet 1878) und die Hindu Social Reform Association sowie Publikationen wie Natarajans *Indian Social Reformer,* daß man die gesellschaftlichen Mißstände jener Zeit ernsthaft anzugehen entschlossen war.

Die Bildung des Indischen Nationalkongresses im Jahr 1885 wurde im Süden begeistert begrüßt. Prominente Persönlichkeiten wie Subrahmanya Aiyar und Ananda Charlu nahmen an den ersten Sitzungen teil. Die verschiedenen Abschnitte des Freiheitskampfes – die Aufkündigung der Kooperation, der Aufruf zu zivilem Ungehorsam und das Quit India Movement – wurden während der Gandhi-Zeit auch im Süden von breiten Massen getragen, wenn auch mit unterschiedlich starker Beteiligung. Dabei konnten sich Persönlichkeiten wie Pattabhi Sitaramayya, Sarojini Naidu und Chakravarti Rajagopalachari profilieren.

Es wäre jedoch falsch, die nationalen Bewegungen, selbst auf den südindischen Kontext begrenzt, als eine Einheit anzusehen, innerhalb derer man immer am gleichen Strang zog. In den einzelnen Regionen verfolgte man oft eigene Ziele. Als Beispiele wären zu nennen: die Anti-Brahmanen-Bewegung, die von der Gerechtigkeitspartei zwischen 1920 und 1930 in Tamil Nadu angeführt wurde, oder die Forderung nach einem eigenen Staat, die Andhra Mahasabha im Namen aller vorbrachte, die Telugu als Muttersprache hatten. Das Jahr 1947 brachte die Unabhängigkeit und damit auch die Integration solcher Fürstentümer wie der Domäne Nizam oder des keralischen Staats Travancore in die Indische Union. Aber die neuen Führer Indiens waren noch lange mit den Problemen konfrontiert, die die Epoche des britischen Imperialismus und die Kämpfe gegen diesen hinterlassen hatten.

Links: Fresko in Srirangapatnam, Palast von Tippu Sultan. Oben: Der britische Gouverneur-General der Madras-Präsidentschaft mit Gästen und lokalen Größen, spätes 19. Jahrhundert.

GOD IS TRUTH

Am 15. August 1947, dem Tag der Unabhängigkeit, sah die politische Landkarte Südindiens noch anders aus als heute. Sie bestand aus dem riesigen Verwaltungsbezirk von Madras, den Fürstenstaaten Cochin, Travancore, Mysore und Hyderabad und einer ganzen Anzahl kleinerer Fürstentümer. Die Oberhäupter aller dieser Staaten erkannten die Realität eines indischen Gesamtstaates an und traten der Indischen Union bei, nur der Nizam von Hyderabad sträubte sich.

Die Nizams waren Abkömmlinge eines Gouverneurs, den der Mogul Aurangzeb eingesetzt hatte, und regierten neun Domänen mit Hyderabad als Hauptstadt. Der 1947 im Amt befindliche Nizam war ein schillernder Charakter, bekannt als einer der reichsten Männer der Welt, aber auch einer der geizigsten. Er hielt mehr als ein Jahr stand. Als sich 1948 das Volk gegen seine Herrschaft erhob, besetzten Regierungstruppen sein Land, und Hyderabad wurde in die Indische Union integriert. In der Zeit nach der Unabhängigkeit gewannen die Regionen im Süden ein neues Selbstwertgefühl. Es gab allerdings beträchtliche kulturelle Unterschiede, die vor allem auf das Vorhandensein unterschiedlicher Muttersprachen zurückgingen. Tamil, Telugu, Malayalam und Kannada waren die gebräuchlichsten Sprachen in der Großregion. Vor allem im Süden gewann deshalb der Vorschlag, das Land nach Sprachgruppen neu zu ordnen, zunehmend Fürsprecher. Angeheizt wurde die Lage, als der telugische Patriot Potti Sriramulu im Laufe eines unbegrenzten Hungerstreiks starb, mit dem er der Forderung nach einem eigenen Staat für die telugisch sprechende Bevölkerung Nachdruck verleihen wollte. Noch im gleichen Jahr entstand mit Andhra Pradesh der erste Bundesstaat Indiens auf rein sprachlicher Basis. Ihm wurde auch das ehemalige Hyderabad einverleibt.

1956 wurde ein Gesetz zur Reorganisation aller Bundesstaaten auf sprachlicher Grundlage verabschiedet. Der Süden teilte sich danach in vier Staaten auf. Alle Gebiete, in denen Telugu gesprochen wurde, gingen an Andhra Pradesh; der Teil, in dem Kannada die vorherrschende Sprache war, wurde zu Mysore (später in Karnataka umbenannt); aus den Landstrichen, wo man Malayalam sprach, wurde Kerala, und wo das Tamilische dominierte, blieb Madras als Verwaltungseinheit erhalten; das Gebiet heißt heute Tamil Nadu.

Jawaharlal Nehru, der erste Premierminister Indiens und ein Mann mit großem Weitblick, mißbilligte diese sprachgebundene Einteilung, weil er der Meinung war, daß dadurch dem Separatismus und letztlich einer Aufteilung des Landes der Weg geebnet würde. Seine Befürchtungen haben sich weitgehend bestätigt. Es ist jedoch fraglich, ob diese Neuordnung auf lange Sicht hätte verhindert werden können.

Vorherige Seiten: Gäste bei einer Hochzeit der Thomas-Christen in Kottayam, Kerala. Links und rechts: Indiens Lastwagen sind der Stolz ihrer Besitzer und oft prächtig bemalt.

Außer in Kalkutta und Bombay gab es nirgends im Land Industrie, auch nicht im Süden. Im heutigen Tamil Nadu hatten sich industrielle Ansätze in kleinem Maßstab entwickelt; es wurden Textilien, Zucker und Zement hergestellt. Madras hatte einen einigermaßen entwickelten Hafen. Viele britische Handelshäuser wie Parry's, Best & Co., Spencers und Gordon Woodroffe hatten dort ihren Hauptsitz. Auch im Staat Mysore existierten dank einiger weitsichtiger Männer wie Sir M. Vishveshwaraiya bescheidene industrielle Ansätze. Am Kaveri wurde der Krishnaraja-Sagar-Damm gebaut, dessen Kraftwerk bei Sivasamudram steht. Ein Eisen- und Stahlwerk entstand in Bhadravati. Andhra Pradesh und Kerala hingegen konnten beim Eintritt in die Unabhängigkeit keinerlei industrielle Grundlagen vorweisen.

In den fünfziger Jahren entschied sich die indische Regierung, die einheimische Industrie zu entwickeln und Importe mit hohen Zöllen zu belasten. Es wurden Fabriken errichtet, die die neuen Industrien mit Rohstoffen wie Eisen und Stahl beliefern sollten.

Firmenzusammenschluß, der Kraftwerke für den öffentlichen Sektor herstellt) und die Madras Fertilisers Limited (Düngemittel) sind einige der großen Projekte, die aus dieser Phase stammen.

Das einheimische Unternehmertum erfuhr in dieser Zeit ebenfalls einen Aufschwung. Investiert wurde vor allem in die Fahrzeugindustrie und in den Maschinenbau, der die Zucker- , Textil- und Zementindustrie ausrüsten sollte. Der Auto- und Autozubehörsektor wuchs so rapide, daß man Madras schon das „Detroit Indiens“ nannte. In den vergangenen Jahren ist Tamil Nadu ein wichtiges Zentrum für den Lederexport geworden. Die Hersteller haben den Schritt von rohem, ungefärbtem

Tamil Nadu: Erstaunlich an der Entwicklung dieses Bundesstaates ist, daß er sich als Industriestandort eigentlich kaum empfehlen kann. Er besitzt keine eigenen Rohstoff- oder Mineralvorräte, und die Märkte für seine Produkte sind weit entfernt. Dank einer wachen Staatsführung jedoch, die die volle Unterstützung der Zentralregierung genoß, konnten sowohl der private wie auch der öffentliche Sektor innerhalb von zwei Jahrzehnten einen gewaltigen Zuwachs verzeichnen. Die Neyveli Lignite Corporation, die Integral Coach Factory (Waggonfabrik), die Madras Refineries Limited (Ölraffinerie), eine Unterabteilung der BHEL (Bharat Heavy Electricals, ein

Leder zu hochwertiger Ware wie Schuhen und Modeaccessoires vollzogen. Ein Unternehmer hat sich darauf spezialisiert, Mausoleen aus Granit in den Westen zu exportieren. Am Handel und Export handgewebter Stoffe ist Tamil Nadu maßgeblich beteiligt.

Aber auch die Landwirtschaft konnte verbessert werden, und noch immer nimmt sie den ersten Platz unter den Erwerbsquellen ein. Der Reisanbau hat mit einem Ertrag von 2,5 Tonnen pro Hektar einen neuen Standard erreicht und rangiert in der Spitzengruppe des Landes. An der Weltspitze liegt Tamil Nadu in der Zuckerproduktion, der Hektarertrag liegt bei 100 Tonnen. Gegenwärtig experimentiert der Staat erfolgreich mit der Kultivierung von Sojabohnen.

In Tamil Nadu wurden auf vielen Gebieten echte Fortschritte erzielt, vor allem in der Landwirtschaft und in der Grundschulerziehung. Die Männer, die in den ersten beiden Jahrzehnten nach der Unabhängigkeit an der Spitze standen, sind inzwischen zu legendären Figuren geworden: K. Kamaraj, R. Venkataraman (der ehemalige Präsident Indiens) und C. Subramaniam. Aber diese Zeit war keineswegs eine reine Idylle. Die Dravida Kazhagam (DK), eine Partei, die von dem Sozialreformer „EVR", E. V. Ramaswamy Naickar gegründet wurde, kämpfte unter anderem für die Aufwertung der unteren Kasten. Nach der

Unabhängigkeit weigerte sich EVR, in die Politik einzutreten; einige seiner Anhänger gründeten daraufhin 1949 die Dravida Munnetra Kazhagam (DMK).

Einer der Gründer der DMK war der populäre Schriftsteller D. N. Annadurai. Er war einer der ersten Politiker, die die staatlichen Medien und später auch das Kino für die Zwecke ihrer Partei nutzten. Die DMK nahm sich der Tamilen an. Die Tatsache, daß Neu Delhi unendlich weit entfernt war, und der Großteil des Landes von der Hindi sprechenden Bevölkerung kontrolliert wurde, erzeugte unter den Tamilen eine gewisse Verunsicherung. Schnell wuchs das Gefühl, daß die Führer der Kongreßpartei, die die Mehrheit im Staat hatte, wenig Verständnis für die Eigenheiten der Tamilen zeigten. Diese Befürchtungen konnte die DMK allzuleicht schüren und für ihre Zwecke nutzen. So erhielt die Kongreßpartei bei den Wahlen 1967 eine gehörige Abfuhr. Die DMK erzielte eine große Mehrheit, und Annadurai setzte sich an die Spitze der Staatsregierung.

Links: **Indira Gandhi hat ein** ***darshan*** **bei einem nackten Jaina-Mönch.** **Oben**: **„NTR", Held in Hunderten von mythologischen Telugu-Filmen und ein führender Politiker.**

Andhra Pradesh: Auch in Andhra Pradesh wurden nach der Unabhängigkeit große Projekte in Angriff genommen, um der Industrialisierung den Weg zu ebnen. Der Konzerngigant BHEL eröffnete ein Werk in Hyderabad, die Electronics Corporation of India (ECIL) wurde gegründet, der Kohleabbau in Singareni weiter vorangetrieben. In Vizag wurde ein Stahlwerk gebaut, und die Hafenanlagen der Stadt wurden verbessert.

Bis in die späten siebziger Jahre gab es jedoch hier kein Privatunternehmen, und bis heute ist Andhra ein landwirtschaftlich orientierter Bundesstaat geblieben. Wegen seiner Überschußproduktion wird es als die „Kornkammer des Südens" bezeichnet. Extensiv werden neben Reis auch Tabak, Baumwolle, Zuckerrohr, Erdnüsse und Chilischoten angebaut. Andhra Pradesh ist eines der größten Tabakanbaugebiete des Landes, für Virginiatabake hält es sogar eine Monopolstellung, der Großteil geht in den Export.

Bis in die frühen achtziger Jahre blieb die Kongreßpartei in Andhra an der Macht, denn der Bevölkerungsanteil, der telugisch sprach, schlug sich nach und nach auf die Seite der Familie Nehru und verehrte vor allem Indira Gandhi. Immer wieder jedoch kam es zum Ausbruch von Unruhen. Sie resultierten vor allem aus der Tatsache, daß Andhra in drei völlig verschiedene Regionen geteilt ist – die Küstenregion, die aus acht Distrikten besteht, das eigentliche Andhra, die Binnenregion, die in vier Distrikte aufgeteilt ist und auch Rayalaseema heißt, und die Region von Telengana mit der Hauptstadt Hyderabad, um die sich neun Distrikte gruppieren.

Jede dieser Regionen hat ihre ureigenen Interessen. Zwischen 1969 und 1972 kam es in Telengana und Andhra wegen einer geplanten weiteren Aufteilung des Bundesstaates zu

Unruhen. Schließlich arbeitete die Premierministerin Indira Gandhi eine Kompromißformel aus, die von der Bevölkerung akzeptiert wurde und dem Bundesstaat den Frieden brachte. Obwohl zwei große Flüsse, der Krishna und der Godvari durch Andhra fließen, und der Südwestmonsun große Regenfälle bringt, ist die Region Rayalaseema ständig von Dürre bedroht. Die Bevölkerung dieses Landesteiles hat sich seit jeher benachteiligt gefühlt. Auch die Naxaliten, eine Organisation der extremen Linken, hatten in den späten sechziger und frühen siebziger Jahren großen Zulauf in Andhra.

Karnataka: Wenn einer der Staaten des Südens von der Zentralregierung kräftig begünstigt wurde, dann war dies Karnataka. Nach der Unabhängigkeit wurde das Stadtbild Bangalores von den Fabrikanlagen des öffentlichen Sektors bestimmt. Nicht zuletzt auf Grund des gemäßigten Klimas siedelten sich große elektronische Betriebe wie Bharat Electronics Limited und die Indian Telephone Industries in Bangalore an. Inzwischen hat Karnataka ein solides industrielles Fundament geschaffen, vor allem in den Bereichen Elektronik und Werkzeugmaschinenbau. Und als in den achtziger Jahren die Elektronik in allen industriellen Bereichen ihren Siegeszug antrat, wurde Bangalore zur „Boomtown", besonders auch für Software-Firmen.

Abgesehen von seiner industriellen Basis stellt Karnataka 85 % der gesamten Seidenproduktion des Landes her. Im Lebensmittelbereich ist es der bedeutendste Kaffeelieferant des Landes und produziert 49 % der *ragi*-Ernte. Im Distrikt Coorg gibt es unzählige kleine Kaffeeplantagen. Politisch war Karnataka bis 1980 ein sicherer Hort der Kongreßpartei, doch in jüngster Zeit haben die anderen Parteien an Einfluß gewonnen.

Kerala: Als kleinster Staat im Süden hat Kerala die höchste Bevölkerungsdichte und die niedrigste Analphabetenzahl. Es kann sich rühmen, im Jahre 1957 als erster Staat der Welt eine kommunistische Regierung frei gewählt zu haben. Seitdem gleicht das Auf und Ab der Politik in Kerala einer Achterbahn. Die kommunistische Regierung, geführt von EMS Namboodiripad, wurde 1959 von der Zentralregierung aufgelöst. Während seiner kurzen Amtszeit wurde in Kerala eine Landreform durchgeführt, die den Großgrundbesitz abschaffte. Heute ringen hier etwa 32 verschiedene politische Parteien um die Wählergunst, die Regierung wird abwechselnd von der Kongreßpartei, den Marxisten und diversen Bündnissen gestellt.

Wegen seiner großen Bevölkerungszahl hat Kerala Probleme im Bereich der Lebensmittelversorgung, der Beschäftigung und im Wohnungsbau. Industriell ist es von allen

Staaten des Südens am wenigsten entwickelt. Sicher gibt es den Hafen von Cochin, eine Düngemittelfabrik, ein staatlich geleitetes Elektronikunternehmen, ein Aluminiumwerk in Privathand und das Vikram Sarabhai Raumforschungszentrum. Aber Kerala steht auch im Ruf, eine militante Arbeiterschaft zu haben, was potentielle Investoren abschreckt. Hinzu kommen bisher nie dagewesene Trokkenperioden, die die Wasserkraftwerke in diesem einst so reich mit Energie gesegneten Land einfach stillstehen lassen.

Aus historischen und klimatischen Gründen entwickelte sich der Staat zu einem bedeutenden Hersteller von Anbaufrüchten, die für den Verkauf, aber nicht für den direkten Verzehr bestimmt sind. Kerala liefert 92 % der indischen Kautschukproduktion, 70 % des Kardamoms, 70 % aller Kokosprodukte, 70 % des Pfeffers und 80 % des Tapioka. Nur 50 % der benötigten Lebensmittel werden im eigenen Staat hergestellt.

Die letzten drei Jahrzehnte: Als die DMK in Tamil Nadu 1967 an die Macht kam, ahnte man noch nicht, daß der gesamte Süden in den folgenden zwei Jahrzehnten von regionalen Parteien geleitet werden würde. Die DMK-Regierung in Tamil Nadu machte sich gegen die Zentralregierung und gegen den Hinduismus stark. Nach ihrer Machtübernahme sank die Investitionstätigkeit der Zentralregierung in diesem Bundestaat erheblich. Auch kümmerte sich die DMK in den Anfangsjahren kaum um die Industrie, begegnete ihr vielmehr eher mit Mißtrauen. Aber diese Haltung änderte sich, als M. Karunanidhi die Nachfolge des verstorbenen Annadurais antrat. Er ist ebenfalls ein erfolgreicher Schriftsteller, der zum Politiker wurde, aber er ist auch ein eminent praktischer Mann. Während seiner Regierungszeit wurden viele Schritte unternommen, die das industrielle Wachstum im Staate ankurbeln sollten.

Schließlich brachten Unstimmigkeiten in den eigenen Reihen die DMK zu Fall. Karunanidhi überwarf sich mit M. G. Ramachandran, einem populären Filmstar, der seinen großen Erfolg vor allem den Drehbüchern Karunanidhis zu verdanken hatte. 1976 verließ „MGR", wie er allgemein genannt wurde, die DMK und gründete seine eigene Partei, die All Indian Anna Dravida Munnetra Kazhagam (AIADMK). In den Wahlen 1977 konnte er die DMK besiegen und wurde der erste Filmstar, der es zum führenden Politiker eines Bundesstaates gebracht hatte.

MGR war ein Phänomen. Das Image dessen, der auf der Seite des Guten kämpft, das er

Das rapide Wirtschaftswachstum in Südindien (links) hat auch etliche Containerhäfen entstehen lassen, wie z. B. in Cochin (oben).

in seinen Filmen sorgfältig aufgebaut hatte, übertrug er nun auf sein politisches Leben. Die Leute beteten ihn an; er konnte einfach nichts falsch machen. Selbst als seine Redegewalt in späteren Jahren durch Krankheit eingeschränkt war, tat dies seiner Popularität keinen Abbruch. Als er 1988 starb, zerfiel seine Partei und mußte die Regierung an die DMK abgeben. M. Karunanidhi feierte nach mehr als einem Jahrzehnt ein triumphales Comeback, wurde von der Schauspielerin Jayalalitha abgelöst und kam 1996 erneut an die Macht.

Unter der Regierung von MGR ging es der Wirtschaft des Staates nicht gut. Er hatte keinen gesunden Kontakt zur Industrie, stattdessen initiierte er immer neue Sozialprogramme. Das feste Mittagessen, das er für alle Grundschulkinder einführte, wurde von mehreren anderen Staaten übernommen.

Während Tamil Nadu in den siebziger Jahren der Entwicklung hinterherhinkte, konnte Andhra Pradesh viele Fortschritte erzielen. In dieser Zeit gab es dort keine Energieprobleme, und so etablierten sich mehrere große Zementfabriken. Auch die Grundbesitzer schafften den Übergang von der Landwirtschaft zu Handel und industrieller Produktion. Im Godavari-Becken wurden Öl- und Gasvorkommen entdeckt, deren Vorräte nun von Industrieunternehmen ausgebeutet werden.

Politisch erwiesen sich die achtziger Jahre für Andhra Pradesh als turbulente Zeit. Obwohl der Bundesstaat der Kongreßpartei treu blieb, zeigte diese wenig Verständnis für die Bedürfnisse und Gefühle der Menschen. Zwischen 1980 und 1982 wurde der leitende Minister viermal ausgewechselt, insgesamt wurden 362 verschiedenen Minister ernannt. Die lokalen Parteigrößen schafften es nicht, sich dagegen zu wehren. Und so mußte es zur Rebellion kommen.

Mit N. T. Rama Rao betrat ein weiterer Filmstar die politische Bühne. Auch er war ungeheuer beliebt bei den Leuten, und auch er spielte immer den Guten. 1982 gründete er die Telugu Desam (TD), eine Partei, die „die Erniedrigung heimzahlen wollte, die die Telugus immer wieder erfahren haben“. Bei den Wahlen 1983 fegte die TD die Kongreßpartei buchstäblich vom Tisch. Rama Rao verstarb 1996. Sein Gegenspieler Narasimha Rao war von 1991 bis 1996 als indischer Ministerpräsident im Amt.

Auch in Karnataka erwiesen sich die achtziger Jahre als Epoche des politischen Wandels. Der Staat wandte sich 1982 von der Kongreßpartei ab und vertraute sich der Janata-Partei an. Ihr Führer, Ramakrishna Hegde, übernahm die Regierungsgeschäfte in Karnataka. In seiner sechsjährigen Amtstätigkeit erwies sich Hegde als einer der gebildetsten und klügsten Politiker des Landes. Er überlebte in seinem Amt mehrere Skandale und mußte ständig die internen Querelen seiner Partei schlichten. Schließlich trat er 1988 zurück, ein paar Monate später verlor die Partei auch die Regierungsgewalt an die Kongreßpartei. 1996 übernahm eine Koalition unter H. D. Deve Gowda die Führung Indiens.

Bis 1980 beschränkte sich die Industrie in Karnataka fast ausschließlich auf den öffentlichen Sektor, dann aber änderte sich die Situation drastisch. Viele Großunternehmen, die ihren Sitz in Kalkutta hatten, überwarfen sich mit der marxistischen Regierung in Westbengalen und siedelten in die grüne Landschaft und das gemäßigte Klima von Bangalore über. Wachsende Kosten und schlechte Luft vertrieben Unternehmen wie den Kekshersteller Britannia aus dem überfüllten Bombay. In Karnataka sind eine ganze Anzahl von Joint-Venture-Projekten angelaufen, vornehmlich mit amerikanischen Firmen, z. B. Texas Instruments, Hewlett Packard, Digital Electronics Corporation, General Foods und Gould. In den letzten Jahren sind mehrere Industrieparks entstanden. Auch der Hauptsitz der indischen Weltraumforschung befindet sich hier.

Kerala profitierte besonders vom wirtschaftlichen Boom, den die Golfregion Mitte der siebziger Jahre erlebte. Hunderttausende fanden Arbeit auf den Ölfeldern des Nahen Ostens. Sie schickten Millionen von Petrodollars nach Hause, die die grüne Naturlandschaft gründlich verändert haben. Doch obwohl das Baugewerbe blüht, wurde das hartverdiente Geld nicht gerade produktiv angelegt.

Trotz der wiederholten Dürreperioden und einer entmutigenden Energieknappheit können die vier Bundesstaaten im Süden Indiens seit der Unabhängigkeit große Fortschritte verzeichnen. In Tamil Nadu wurde Öl entdeckt. Ein petrochemisches Werk ist dort geplant, das einen neuen industriellen Aufschwung einleiten soll. Daneben sollen in Tamil Nadu und Karnataka weitere Atomkraftwerke gebaut werden.

Ein für das Hindufest von Navaratri liebevoll geschmückter Bus.

OMNI BUS
SHANKAR

alle diese Sprachen übersetzt. Diese Epen sind poetisch sehr reich; alle Sprachen haben einen Grundstock an mündlich weitergegebenen Volksgesängen und Geschichten, die in neuerer Zeit im Rahmen eines neuerwachten Interesses an Gruppen-, Volks- und sprachlichen Identitäten niedergeschrieben werden. In all diesen Sprachen hat es immer wieder „Reinheitsbestrebungen" gegeben, die versuchten, Fremdwörter und Redewendungen aus dem Sanskrit, aus dem Persischen und Englischen zu eliminieren.

Das Sanskrit ist traditionell die Sprache der Religion und der Philosophie, des Gebets und des religiösen Rituals gewesen. Unter dem Einfluß der großen Bhakti-Bewegung, die im siebten und achten Jahrhundert in Tamil Nadu begann und sich in andere Gebiete des Südens und später des Nordens ausbreitete, gab es große Anstrengungen, die gesprochene Sprache des Volkes für die Kommunikation ethischer und religiöser Ideen zu verwenden. Das Kastenwesen, die Unberührbarkeit und erstarrte Formen des religiösen Rituals wurden angegriffen, und die Mitglieder der sogenannten „niederen" Kasten, Frauen eingeschlossen, wurden ermutigt, sich an der Bewegung zu beteiligen. Man betonte die Wichtigkeit körperlicher Arbeit, was im Hinblick auf deren Verbindung zu den unteren Kasten etwas Neues, wenn nicht Revolutionäres war. Dank der Bhakti-Bewegung gibt es in der drawidischen Literatur viele Beispiele von Protest als Teil ihrer Tradition.

Urdu, eine Sprache, die allgemein mit dem Islam und Nordindien in Verbindung gebracht wird, hat in Wirklichkeit seinen Ursprung im Deccan-Hochland. Es war ursprünglich die Sprache der Mughal-Armeen im Deccan, die man „Dakhni" nannte. Im Laufe ihrer weiteren Verbreitung bildete sich eine reiche Literatur, zu deren Niederschrift man die arabische Schreibweise verwandte und die die Sprache und Ethik des Islam und des Mittleren Ostens als Quelle benutzte. Urdu wurde im Norden sowohl von Hindus als auch von den Moslems gebraucht, erst in neuerer Zeit wird es mehr und mehr mit dem Islamismus in Verbindung gebracht.

Die Sprachen haben während der letzten 70 Jahre starke Veränderungen erfahren. Die Notwendigkeit, große, meist des Lesens unkundige Volksmassen im nationalen Kampf gegen die britische Herrschaft zu mobilisieren, führte zu einem Sprech- und Schreibstil, der für jedermann verständlich sein sollte. Die Entwicklung eines regionalen Journalismus in den verschiedenen Sprachen trug ebenfalls zur Hervorbringung eines klaren Prosastils bei. Moderne literarische Formen, die Kurzgeschichte, die Novelle und das Essay sowie literarische und soziale Kritik, wurden in den regionalen Sprachen immer populärer. Die Jahre nach Erlangung der Unabhängigkeit sind von einer wachsenden Zahl von Magazinen und belletristischen Büchern geprägt, was wiederum zu einer wachsenden Zahl von Lesern führte, die in ihrer eigenen Sprache informiert und unterhalten werden wollten.

Ländliche Gesellschaft: Traditionell war die ländliche Gemeinde die fundamentale Einheit der ökonomischen, politischen und sozialen Organisation. Es gab zwei häufige Typen von Dörfern in Südindien, das Haufendorf und die Siedlergemeinschaft. Das Haufendorf war der vorherrschende Typ, außer an der Westküste. Dort faßte man einzelne, verstreute Bauernhöfe zum Zwecke ihrer Verwaltung zusammen

und betrachtete sie als Gemeinde. In den Haufendörfern lagen die Hütten und Häuser dicht beieinander und waren von Feldern umgeben, die von den Bauern bewirtschaftet wurden. So klein eine solche Siedlung auch sein mochte, es gab eine Trennung zwischen den Kasten, von denen jede ihre eigene Straße oder ihr eigenes Segment bewohnte. Im fruchtbaren Tanjore-Delta in Tamil Nadu nannte man die Straße, in der die Brahmanen wohnten, *agraharam,* die Straße der ehemals Unberührbaren hingegen *cheri*, und jede Kaste vermied die Straße der jeweils anderen.

Links und oben: Die Frauen der Lambadi lieben farbige Kleider und Silberschmuck. Die Todas findet man in den Nilgiris.

Die häufigste Form der Besteuerung in Südindien bestand im sogenannten Ryotwari-System, bei dem der Grundbesitzer eine Steuer direkt an die Regierung zahlte. Dies bedeutete jedoch nicht, daß er sein Land auch selbst bestellen mußte, er hatte vielleicht einen Pächter oder Leibeigene, oder sein Land wurde von einem Nachbarn mitbebaut, oder all das gleichzeitig. Ein anderes System bestand darin, daß eine Gemeinschaft von Landbesitzern, die meist verschwägert waren, gemeinsam das ganze Land besaß. Die Steuern wurden dann vom jeweiligen Oberhaupt des Klans bezahlt.

Dieses System herrschte in Andhra Pradesh und Tamil Nadu vor und war früher vielleicht noch weiter verbreitet. Gelegentlich gab man Land auf Konzessionsbasis an Leute, die sich um den Staat verdient gemacht hatten, oder, um sich religiöse Verdienste zu erwerben, auch an gelehrte und fromme Brahmanen. Alle Konzessionen, auch ererbte , wurden im Zuge der Landreform nach der Unabhängigkeit abgeschafft.

Auf allen sozialen Ebenen war eine Bezahlung mit Grund und Boden üblich: So gab man zum Beispiel einem Tempel gewöhnlich ein wenig Land, so daß die Priester von der Ernte leben und die täglichen Opfer vollzogen werden konnten.

Traditionell hatte jedes große Dorf einen Bürgermeister und einen Rechnungsführer. Der Bürgermeister sorgte für Recht und Ordnung, und der Rechnungsführer führte das Grundbuch. Beide waren dafür verantwortlich, daß die Steuern gezahlt und der Regierung zugeführt wurden. Jeder von beiden erhielt als Gegenleistung einen Prozentsatz dieser Steuern. Auch diese Posten wurden früher vererbt, was man nach der Unabhängigkeit ebenfalls abschaffte. Heute ist ein Regierungsbeamter für die Abgabe der Steuern verantwortlich.

Bebaubares Land war gewöhnlich im Besitz der höheren Kasten, außer dort, wo man Angehörige der unberührbaren Kasten über längere Zeit mit kleinen Landflächen bezahlt hatte. Aber das meiste gehörte der Kaste der Bauern, die man in der Literatur über das indische Dorf als „dominante Kaste" bezeichnet. Die kleinen Landbesitzer bebauten ihr Land selbst, die größeren überwachten lediglich die Arbeit ihrer Pächter.

Die bäuerliche Produktion erforderte die Zusammenarbeit mit anderen Kasten. Der Schmied, der auch Schreinerarbeiten versah, stellte Pflüge und andere landwirtschaftliche Geräte her und reparierte sie; der Töpfer, der Ölhändler, der Barbier und der Wäscher, sie alle wurden vom Landbesitzer in Naturalien bezahlt. Daneben gab man einen Teil der Ernte an den Tempel und an die vielen Bettler und Armen, die sich gewöhnlich um die Tenne versammelten.

Ritual und Religion: Alle südindischen Dörfer haben einen Schrein, der einer Göttin geweiht ist, die man gewöhnlich Mari nannte, aber auch Kali, Bhagavati, Chamundi und Ellamma. Sie beschützte das Dorf vor Pest, Cholera und Pocken und war auch für die Obhut der Kinder verantwortlich. Seit die großen Epidemien nicht mehr auftreten, haben diese Gottheiten ihre Daseinsberechtigung verloren, werden aber weiter verehrt.

Der Nandi-Stier, das Fortbewegungsmittel des großen Gottes Shiva, wird in Teilen Südindiens verehrt, und man glaubt, daß er für Regen sorgt, für das Viehfutter und für die Landwirtschaft.

Die großen Hindugötter und ihre vielen Manifestationen werden hauptsächlich nur von den höheren Kasten, besonders den Brahmanen verehrt. Sie sind für das generelle Wohlergehen verantwortlich und haben keine besonderen Pflichten wie die kleinen Götter der Bauern.

Manchmal wird zu Ehren der Gottheit einer bestimmten Kaste oder einer Sippe ein Schrein errichtet. Die ehemals Unberührbaren beteten eine Form der Mari an, und manchmal wurden bei ihren religiösen Festen Hühner, Schafe und sogar männliche Wasserbüffel angebetet. Tieropfer wurden gewöhnlich nur von Kasten dargeboten, die nicht vegetarisch lebten; seit der Unabhängigkeit wurde diese Praxis von den Regierungen als unerwünscht angesehen. Im Zuge einer besseren Bildung, zunehmender Urbanisation und besserer Lebensbedingungen hat sich die Kultur und Religion der höheren Kasten, der Brahmanen, der Lingayats und einiger Händlergruppen, weiter ausgebreitet, was die Popularität von Göttern wie Shiva und Vishnu und ihrer Manifestationen förderte. Diesen Gottheiten bringt man Opfer wie Früchte, Blumen und vegetarisches Essen dar.

Die wöchentlichen Märkte, typisch für Südindien, waren vor der Erbauung von Straßen und Transportwegen nach der Unabhängigkeit ökonomisch und sozial weit wichtiger, als dies heute der Fall ist. Die Bauern hatten auch eine Vorliebe für Pilgerreisen. Die jährlichen religiösen Feste nach der Ernte gaben ihnen Gelegenheit zu Abwechslung und Erholung. Zu solchen Anlässen gab es auch regelmäßige

Haustiermärkte. In neuerer Zeit hat sich das religiöse Umfeld der südindischen Bauern enorm erweitert: Man fährt jetzt zu den großen Tempeln nach Tirupati, Madurai, Srirangam, Rameshwaram und sogar nach Benares, Allahabad und Hardwar im Norden.

Das Dorf-*panchayat* (Gemeinderat), das aus mehreren Ältesten bestand, sorgte für Gesetz und Ordnung: Körperverletzung, Diebstahl, Hausfriedensbruch, Nichtzahlung von Schulden, all das wurde vor das *panchayat* gebracht. Aber es gab auch Verletzungen der Kastenregeln, der Sitten, der Ernährungsregeln und der Moral, die vor die Ältesten der betreffenden Kaste gebracht wurden. In diesem Zusammenhang muß man wissen, daß die Verantwortung für die kulturelle und soziale Ordnung hauptsächlich auf den Schultern der dominanten Kasten lag, die im ländlichen Indien einen Großteil der Bevölkerung ausmachen. Der Rest der Landbewohner besteht mehr oder minder aus ehemaligen Unberührbaren, die die manuelle Arbeit in der Landwirtschaft verrichten.

Die Mitglieder der religiösen Minderheiten, wie der Muslime oder Christen, akzeptierten die Dominanz der höheren Kasten, diese wiederum fühlten sich für den Schutz der Minderheiten und ihrer religiösen Praktiken verantwortlich. In einigen Dörfern Karnatakas schlachten die Hindus Tiere auf die islamische Art, um ihren muslimischen Gästen die Teilnahme an Festen und den dazugehören Mahlzeiten, wie z. B. bei Hochzeiten, zu ermöglichen. Umgekehrt opfern Mohammedaner gelegentlich in den Tempeln der Hindus. Konflikte zwischen Hindus und Moslems sind eher eine städtische Erscheinung und in Südindien selten.

Seit der Unabhängigkeit und der Landreform haben im ländlichen Indien radikale Veränderungen stattgefunden: Die Praxis der Unberührbarkeit ist ein Delikt, das Wahlrecht wurde eingeführt, lokale Selbstverwaltung wird gefördert und die Möglichkeiten zur Weiterbildung wurden auch jenen Gruppen und Teilen des Landes eröffnet, die vorher hierzu keinen Zugang hatten. Ein rapides Bevölkerungswachstum hat dazu geführt, daß ein Mangel an käuflichem Grund und Boden eingetreten ist, der viele Männer dazu zwingt, sich als bezahlte Arbeitskräfte zu verdingen oder in die Städte abzuwandern, um dort Arbeit zu finden. Je mehr Geld in die ländlichen Gegenden fließt, um so mehr verändern sich die traditionellen Interaktionen zwischen Landbesitzern und ihrer Klientel zugunsten eines marktwirtschaftlichen Austauschs auf der Basis von Geldtransaktionen. Hierzu auch noch beigetragen hat der schnelle Ausbau von Straßen und Transportwegen, der die Unterschiede zwischen Stadt und Land noch weiter verwischt. Und schließlich hat die weite Verbreitung von Fernsehgeräten und Transistorradios die Isolation der Dörfer noch weiter verringert und sie in den größeren Zusammenhang der Gesellschaft, der Politik und der Kultur integriert.

Traditionelle Schulen wie die mohammedanische *madrasa* (links) und die *math* der Hindus (rechts) bestehen neben den modernen Schulen weiter.

Die südindischen Sitten bezüglich der Eheschließung unterscheiden sich nicht nur sehr stark von jenen Nordindiens, sie sind ihnen zum Teil sogar entgegengesetzt: Die Inder des Südens ziehen es vor, nahe Verwandte zu heiraten, wie zum Beispiel Cousins und Cousinen und, außer in Kerala, sogar Nichten. Dies wird in allen Kasten praktiziert, was den Effekt besitzt, daß die Mitglieder einer Kaste in einer bestimmten Gegend häufig alle miteinander verwandt sind. Bis zum Zweiten Weltkrieg dehnte sich das endogame Netzwerk einer Kaste niemals mehr als etwa 30

Kilometer aus; nur die reichen, gebildeten und westlich orientierten Mitglieder einer höheren Kaste neigten dazu, auch in andere endogame Gruppen einzuheiraten – stets aber natürlich nur innerhalb der eigenen Kastenkategorie. Dies geschah besonders bei den dominanten Kasten, deren Mitglieder über weite Flächen verstreut lebten und sich oft in bestimmten religiösen Bräuchen unterschieden. Durch diese „horizontale Ausbreitung" hat eine große Erweiterung der Heiratsmöglichkeiten stattgefunden.

Alle Teile der Bevölkerung führen ein reiches religiöses Leben: Der Alltag ist von häufigen Gebeten zu den lokalen Göttern geprägt, und zumindest bei den höheren Kasten haben Aktivitäten wie Baden und Essen wenigstens teilweise rituellen Charakter. Über das Jahr finden viele religiöse Feste statt, darunter der Geburtstag des Gottes Krishna, das Fest des elefantenköpfigen Ganesh, Navaratri („neun Nächte"), Dussera, das Deepavali (Fest der Lichter), Sankranti (Erntedankfest), Shivaratri (Verehrung des Gottes Shiva) und schließlich Neujahr. Karnataka und Andhra Pradesh richten sich nach dem Mondkalender, wohingegen Tamil Nadu und Kerala dem Sonnenjahr folgen. Das Neue Jahr des Sonnenkalenders wird gewöhnlich einen Monat nach demjenigen des Mondjahres gefeiert. Onam, das Erntedankfest in Kerala, wird drei Monate vor dem entsprechenden Fest der anderen Regionen gefeiert. Onam hat sich inzwischen zum „nationalen" Fest Keralas entwickelt, es ist bestimmt von großartigen Bootswettfahrten.

Die Astrologie der Hindus ist mit ihrem religiösen Glauben sehr stark vermischt, andere Glaubensrichtungen folgen ihr aber ebenfalls. Es gibt eine Minderheit westlich orientierter Rationalisten, die Astrologie und viele andere Bestandteile des Glaubens leugnen, aber in Krisen dessenungeachtet den Rat eines Astrologen suchen.

Die hinduistisch-buddhistischen Vorstellungen von *samsara* (Wiedergeburt), *karma* (Wirkung vorangegangener Taten), *dharma* (moralische und religiöse Ordnung) und *moksha* (Befreiung – in den verschiedenen Sekten unterschiedlich aufgefaßt) sind populär und bestimmen das Verhalten wie eh und je; allerdings hat im Indien der Jahre nach der Unabhängigkeit die verstärkte Kaufkraft und der Zugang zu den Bildungsmöglichkeiten zu einer großen Verstärkung des Materialismus und des Konsums geführt.

Traditionell leben religiöse Minderheiten (Moslems: 16 627 025; Christen: 10 288 654; Jainas: 356 596) wie eigene Kasten.

Hochzeit in Kerala: einige Praktiken der Hindus wurden von den syrischen (Thomas-) Christen übernommen.

In jedem linguistischen Gebiet leben die Moslems für sich, auch wenn Heiraten und Freundschaften diese Barrieren durchbrochen haben. Im großen und ganzen waren die meisten Moslems Händler und Künstler oder arbeiteten je nach Bildung in der Verwaltung und der Armee oder bei der Polizei.

Während des Freiheitskampfes erkannten sie, daß ihre Interessen andere waren als jene der Hindus. Im unabhängigen Indien sind sie eine nicht zu unterschätzende Minderheit, die ebenso Zugang zu Bildung und Regierungsämtern fordert wie ihr eigenes kulturelles Leben führen möchte. In Städten wie Bangalore, Madras und Hyderabad sind viele Moslems durch den Handel reich geworden.

Die meisten Christen stammen aus niederen Kasten, außer an der Westküste – wo sich bereits im ersten Jahrhundert nach Christus Anhänger des christlichen Glaubens niederließen. Auch sie unterscheiden sind durch Sprache, Kaste und Sekte, und Kastenunterschiede werden bei ihnen besonders betont, auch dadurch, daß diese in der Kirche z. B. getrennt voneinander sitzen. Heiraten finden nur innerhalb der Kaste statt, außer bei den gebildeten und westlich orientierten Christen. Der Übertritt zu einer christlichen Religion hat die Lebensbedingungen vieler Menschen verbessert und ihnen den Zugang zu Bildung, Gesundheit und einer Stellung verholfen; das Stigma der Unberührbarkeit konnte es ihnen jedoch nicht nehmen. Tatsache ist, daß es unter ihnen eine Bewegung gibt, die für sie die gleichen Rechte einfordert, wie die Hindus und Sikhs sie genießen.

An dieser Stelle müssen auch die syrischen Christen von Kerala Erwähnung finden, die durch den Apostel Thomas im ersten Jahrhundert nach Christus bekehrt wurden. Die Mitglieder ihrer diversen Sekten bilden eine sehr einflußreiche Minderheit in Kerala – gebildete Christen nehmen wichtige Positionen in ganz Indien ein.

Die Jainas mögen zahlenmäßig nicht besonders wichtig sein, aber ihr kultureller Einfluß war und ist relativ groß. Teile von Karnataka wurden bis zum zwölften Jahrhundert von Jaina-Königen regiert, Jaina-Schriftsteller sind die Pioniere der Kannada-Literatur. Besonders bekannt ist die von ihnen errichtete große Statue Bahubali auf einem Hügel in Sravanabelagola im Distrikt Hassan in Karnataka, die für einen ihrer *tirthankaras* (großen Weisen) erbaut wurde. In Karkala, im südlichen Kanara-Distrikt, werden große steinerne Statuen hergestellt, die nach ganz Indien verkauft werden.

Traditionell war es durchaus üblich, daß die Angehörigen einer Religion auch die Gottheiten und Heiligtümer der jeweils anderen Religion verehrten. Daher besuchen die Hindus die Gräber der muslimischen *pirs* oder Heiligen, besonders zu den betreffenden *urs* (Festen). Hindus besuchen z. B. auch die Kirche der Mutter Maria in Velanganni in Tamil Nadu, und viele konvertierte Christen beten durchaus auch noch die Hindugötter an. Es mag sein, daß die Hindus mehr zum Synkretismus neigen als Angehörige anderer Religionen, aber auch jene sind nicht frei davon; der moderne Gottesmann der Hindus, Sri Satya Saibaba, hat Anbeter aus allen Religionen und allen Teilen des Landes.

Ernährung: Keine Beschreibung der Kultur Südindiens darf den Reichtum, die Vielfalt und Verfeinerung der Küche in den verschiedenen Teilen des Landes außer acht lassen.

In den bewässerten Regionen Südindiens wird ebenso Reis angebaut wie in den feuchten Gebieten der Westküste, wo eine Bewässerung nicht nötig ist. Hirsearten wie *ragi* (*Eleusine coracona*) und *jowar* (sorghum) wachsen in den trockenen Gebieten und bilden zusammen mit *ragi* oder *jowar,* einer Art Schleimsuppe aus Reis, die Nahrungsgrundlage der Armen. Reis gilt als Grundnahrungsmittel der Landbevölkerung. In Kerala wird halbgarer Reis von allen Klassen gegessen, die Armen strecken ihn häufig mit Tapioka-Wurzeln. Entlang der Westküste werden die mannigfaltigen Produkte aus Bananen, Kokosnüssen und Jackfruit (*Artocarpus integrifolia*) in vielfältiger Weise zum Kochen benutzt. Für nichtvegetarische Gruppen sind Fische und andere Meeresfrüchte nicht aus dem Speisezettel wegzudenken.

Die Bevölkerung Südindiens mit Ausnahme der Brahmanen lebt nichtvegetarisch, obwohl die höheren Hindu-Kasten kein Rind- oder Schweinefleisch zu sich nehmen. Aber nur die Reicheren in den Städten können sich täglich Fisch oder Fleisch leisten.

In letzter Zeit ändern sich die Eßgewohnheiten, moderne Bäckereien setzen sich mehr und mehr durch, und viele verdienen ihr Geld mit der Zubereitung von Snacks, *papads* und *pickles.* Tee und Kaffeestuben, die auch kleine Gerichte servieren, sind in Südindien beliebt und erobern nach und nach auch die Dörfer.

Nord- und Südindien weisen sowohl Ähnlichkeiten wie auch Unterschiede auf. Kastentrennungen, Familientraditionen sowie den Glauben an die Rein- oder Unreinheit von Personen, Orten, Gegenständen, Nahrungsmitteln und Beschäftigungen findet man in ganz Indien, allerdings mit regionalen Unterschieden. Dieses Phänomen führt zu dem politischen Klischee der „Einheit in der Vielheit“. Es trägt allerdings nicht der Tatsache Rechnung, daß sich in der scheinbaren „Einheit“ oft gravierende Unterschiede verbergen.

So gibt es zum Beispiel im traditionellen Kastensystem Indiens den Barbier und den Wäscher, die beide sehr niedrigen Kasten angehören. Aber in Teilen Nordindiens ist der Barbier auch der Heiratsvermittler der höheren Kasten und hat daher einen relativ höheren Status, während der Wäscher wegen seines Umgangs mit „unreinen“ Dingen, wie durch Menstruation, Kindbett oder Totenbett „beschmutzten“ Kleidern, als niedrigstehend angesehen wird.

Südindien besteht aus einer Hochebene, an die sich im Osten und Westen Tiefebenen anschließen. Die Berge der Western Ghats begrenzen das Plateau im Westen, während die östlichen, mehr durchbrochenen Ghats sich über verschiedene Teile Südindiens erstrecken. An den Nilgiris, den höchsten Erhebungen des Südens, treffen sich die beiden Bergketten. Sie bildeten bis vor einem Jahrhundert auch die Grenzlinie zwischen ethnischen Gruppen, wie den Badaga, Toda, Kota und Kurumba. Diese Gegend ist inzwischen ein beliebtes Feriengebiet, das aber auch landwirtschaftliche Produkte wie Tee und Kartoffeln ins übrige Indien liefert.

Die Landschaft des Südens ist sehr abwechslungsreich, außer in den Küstengebieten und um die Mündungen der großen Flüsse Godavari, Krishna und Kaveri. In einigen Gebieten Südindiens finden sich viele Wasserreservoirs und künstliche Seen, die der Bewässerung dienen. Jedes dieser Reservoirs gehört zu einem System, das wiederum mit einem Fluß verbunden ist.

Vorherige Seiten: Frauen des Stammes Lambadi tanzen zur Feier des kommenden Frühlings. Links: Der Bauer aus Kerala trägt einen Hut aus Palmblättern, um sich gegen die sengende Sonne zu schützen.

Das Reisen im Süden macht nicht zuletzt deshalb besonderen Spaß, weil immer wieder solche Seen auftauchen, in deren Umgebung nicht nur Hirse, Reis und Zuckerrohr angebaut werden, sondern auch Mangos, Kokosnüsse und andere Früchte. Oft wird der Reisende plötzlich durch den Anblick eines majestätischen Tempels erfreut, der sich über ausgedehnten, grünen Reisfeldern erhebt.

Seit der Reorganisation der indischen Staaten auf der Basis einer sprachlichen Homogenität im November 1956 besitzt Südindien vier Unionsstaaten: Andhra Pradesh (Bevölkerung 66,5 Millionen, Fläche 275 600 km²), Karnataka (Bevölkerung 44,9 Millionen, Fläche 202 800 km²), Tamil Nadu (Bevölkerung 55,6 Millionen, Fläche 130 000 km²) und Kerala (Bevölkerung, 29,1 Millionen, Fläche 39 000 km²), die alle einen eigenen politischen Status mit eigenem Premierminister haben, sowie ein Unionsterritorium, Pondicherry (Bevölkerung 604 000, Fläche 5200 km²), das bis November 1954 zu Frankreich gehörte und dann eine politische Einheit unter der Regierung eines Vizegouverneurs wurde.

Die drawidischen Sprachen: Alle drawidischen Sprachen – Tamil, Telugu, Kannada und Malayalam – sind eigenständig, wurden jedoch stark vom Sanskrit beeinflußt, der klassischen und heiligen Sprache der Hindus. Der Einfluß der Kunstsprache Sanskrit geht im Falle der tamilischen Sprache, der eigenständigsten und ältesten linguistischen Ausformung, bis ins Zeitalter der Sangam-Schriften (zweites bis viertes Jahrhundert v. Chr.) zurück. Alle indischen Sprachen, Tamil und Malayalam eingeschlossen, entlehnen ihr Alphabet aus der Sprache der alten Brahmanen. Zu den Hauptsprachen kommen noch viele regionale Dialekte.

Jede drawidische Sprache hat eine reiche Literatur hervorgebracht, an erster Stelle dürfte in dieser Hinsicht das Tamilische stehen, das an philosophischem Schrifttum womöglich das Sanskrit noch übertrifft. Die großen Epen *Ramayana* und *Mahabharata*, und ein paar der bekannteren *Puranas* (mythologische Literatur, die sich mit einer Gottheit oder einem religiösen Zentrum befaßt) wurden in

Südindische Küche

Die Südinder sind im großen und ganzen Reisesser, aber das Klischee vom Reis, garniert mit einer Reihe scharfer Currygerichte, ist falsch. Die knusprigen *dosai* und die weißen, weichen *idli* kennt man überall auf der Welt, sie werden von vielen Feinschmeckern geschätzt. Die vier Unionsstaaten des Südens haben viele Gemeinsamkeiten, was ihr Essen betrifft, aber sie unterscheiden sich auch.

Reis wird überall in Südindien gegessen, meist bevorzugt man ungeschälten Reis, außer in Kerala, wo man halbgaren Reis kocht. Die Tamilen und die Kannadigas von Karnataka lieben ihren Reis mit *sambhar*, das aus *dal* (Linsen) und Gemüse mit viel Tamarinde besteht, *rasam*, einer dünnen, pfefferscharfen Suppe, und Gemüse *(kootus)* sowie Joghurt, der als letzter Gang mit Reis vermischt gegessen wird. Sowohl mittags wie abends ist eine solche Speisenfolge üblich. Das Essen wird traditionell auf Bananenblättern serviert, die man anschließend wegwirft, ein umweltfreundlicher wie hygienischer Brauch. Die Telugus, die Einwohner von Andhra Pradesh, würzen ihre Currys mit mehr Chilli, und der erste Gang besteht bei ihnen aus einem Pulver, das aus gemahlenen Linsen mit *ghee* (klarer Butter) besteht. Es mag sein, daß einem unvorsichtigen Besucher nach einem Essen in Andhra für den Rest des Abends die Augen tränen. Das typische Essen in Kerala besteht aus Reis, *sambhar*, vielen milden Currys, wie *olan* (eine dünne Sauce aus Kürbis und Kokosnuß) und *kalan* (aus Yamwurzeln mit Joghurt und Kokosnuß). *Kootus* ist ein dicker Gemüseeintopf.

Reife und unreife Bananen werden in vielen Gerichten der Küche Keralas verwendet. Die dünnen, runden Bananenchips von Calicut sind etwas besonderes, sie werden nach uralten Rezepten hergestellt. Große und kleine *pappads* aus vielen Mehlsorten, ohne *masala* (Gewürze) und in Öl gebacken, sind Teil eines authentischen südindischen Mahls. In Kerala nennt man sie auch *pappadam* oder *appalam* in anderen Staaten.

Das Essen Südindiens besteht zwar im wesentlichen aus Currygerichten und Reis, aber *chapatis* und *poories* werden als Grundlage benutzt. Ebenso die *dosais* (Pfannkuchen aus Reis und Linsen), *idlies* (gedämpfte Reiskuchen) und *vadais* (Krapfen aus Linsen), die sich besonders zum Frühstück eignen. Dann gibt es *pongal* und *uppuma* (aus Reis oder Gries) und eine Menge Vor- und Nachspeisen in allen Größen und Formen, von den runden *murukkus* zu *omapodis* und *boondhis*. Alle diese kleinen Gerichte werden aus Reis und Kichererbsenmehl hergestellt und in Öl gebacken. *Bhajis* und *pakoras*, Zwiebel- oder Gemüsetaschen, die in gemahlenem Kichererbsenmehl gewälzt und fritiert werden, sind ebenfalls sehr beliebt. In Karnataka sollte man *bisi bele bath* (Reis mit Linsen, Tamarinde und Gewürzen) probieren.

Die meisten Südinder leben nichtvegetarisch, sie essen Fleisch, Geflügel und Fisch auf alle möglichen Arten. Der konsequente südindische Brahmane ist ein strikter Vegetarier und vermeidet sogar Konoblauch, Zwiebeln und bestimmte Gewürze, die auf den Körper eine „erhitzende" Wirkung haben sollen. Wenn auch die Gewürze im großen und ganzen die gleichen sind, es gibt starke regionale Unterschiede. In Andhra liebt man Chilli, wohingegen in Kerala die Kokosnuß die Küche sehr stark bestimmt.

Hyderabad, die Hauptstadt von Andhra Pradesh, hat eine eigene moslemische Küche, in gewisser Weise ähnlich der Mughlai-Küche Nordindiens. *Biryani* oder *pilau*, langkörniger Basmati-Reis, der mit Fleisch- oder Geflügel-*masala* im eigenen Saft geschmort wird, sind ein Genuß für jeden Feinschmecker. Das gilt auch für die *kababs*, die aus gegrilltem Fleisch hergestellt und z. B. in Char Minar, dem Zentrum von Alt-Hyderabad, direkt vom Holzkohlengrill gegessen werden. *Kababs* werden natürlich in den meisten nichtvegetarischen Restaurants serviert. Zu den Spezialitäten Hyderabads gehört ein Auberginen-Gericht mit Namen *baghara baingan* und *haleem*, ein Gericht mit Hammelfleisch und Weizen, das lange Zeit über kleiner Flamme gekocht wird.

Die Tamilen haben ihren eigenen *Chettinad*-Stil, bei diesem werden viele Arten von Fisch oder Fleisch mit Pfeffer und gemahlenem Koriander gekocht. Madras hat erst kürzlich die Chettinad-Küche wiederentdeckt, eine ganze Anzahl von Fünf-Sterne-Hotels besitzt Chettinad-Restaurants, die im authentischen Dekor hergerichtet sind. Auch gibt es eigenständige Chettinad-Restaurants mit ganz hervorragendem Essen. Die Tamilen kennen sehr schmackhafte Currygerichte mit zartem Haifischfleisch, allerdings sehr scharf. *Sora puttu* ist Haifisch mit *masala*, eine große Delikatesse. Die kleineren nichtvegetarischen Restaurants in Madras nennen sich eigenartigerweise „military restaurants", was daher kommt, daß man in Tamil Nadu zwischen nichtvegetarisch = militärisch und vegetarisch = zivil unterscheidet. Madras besitzt auch eine ganze Anzahl *Udupi*-Restaurants, in denen Köche aus Udupi in Süd-Kanara

<u>Vorherige Seiten</u>: Die südindische Küche hat auf der ganzen Welt viele Freunde.

sehr gutes vegetarisches Essen zubereiten.

In der nichtvegetarischen Küche von Kerala benutzt man viel *masala* mit Kokosnuß. In dem kleinen Staat mit seiner langen Küste gibt es natürlicherweise viele Meeresfrüchte. Die typischen Gerichte der Bewohner von Kerala bestehen aus Reis und Fisch-Curry. Fisch wird auf vielerlei Arten zubereitet: *moillee*, als Curry, *meen varattiyathu* (in einer dicken *masala*-Sauce), gebackener Fisch-*masala*, *meen mulagittathu* (Fisch in einer dünnen Sauce aus Chilli und Tamarinde oder unreifen Mangos) und *meen vattichathu* (Fisch in einer dicken Kokosnuß-Sauce mit Tamarinde und ein wenig Chilli), um nur einige zu nennen.

Die Christen im zentralen Travancore kochen die schmackhaften *meen pollichathu* (eine besondere Art gebackener Fisch-Curry). Eine hier wachsende Tamarindenart namens *kodampuli* oder *meenpuli* ist medizinisch wirksam und in Zentral-Travancore beliebt. Sie gibt dem „christlichen" Stil der hiesigen Fischgerichte seinen besonderen Geschmack. Die Art wie man hier Ente zubereitet und die Currygerichte von Trichur sind deliziös. Die armen Leute in dieser Gegend essen Tapioka und Fisch, die mit Chilli und Kreuzkümmel gekocht werden, das ist nahrhaft und füllt den Magen. Auflauf aus gekochtem Reis, genannt *puttu*, ist ein beliebtes Frühstück, das zusammen mit gekochten Kichererbsen in *masala* oder mit Fisch genossen wird. Die Moslems, besonders in den nördlichen Gegenden von Malabar, kennen viele wunderbare Gerichte. Die Malabar-Moslems oder *Moplahs* bereiten *chapatis* aus Reis (*pathiri*) und eine ganze Anzahl spezieller Hühnchen und Fleischgerichte. Gefülltes Hühnchen, gefüllter Fisch, *meen pathiri* (eine Art Reisauflauf, der mit Fisch-*masala* gefüllt ist) und gekochte und später in ihrer Schale gebackene Muscheln sind besonders erwähnenswert. Vieles davon mag in den Hotelrestaurants der besseren Häuser von Kerala nicht verfügbar sein, aber sehr wohl in den kleineren Gasthäusern in Calicut, Tellicherry und Cannanore.

Zwei südindische Gerichte verdienen besondere Erwähnung: *appam* (in Kerala *vellappam* genannt) und *idiappam*. Es gibt sie in Tamil Nadu und Kerala. *Appam* wird aus gemahlenem Reis und Kokosnuß ohne Fettzusatz hergestellt. Man ißt es mit Kokosnußmilch oder mit allen Arten von vegetarischen oder nichtvegetarischen Currys. Das gedämpfte *idiappam* wird aus Reismehl hergestellt und erinnert an Fladennudeln. Dazu gibt es Gemüse oder Fleisch. In Sri Lanka wird *appam* auch „hoppers" („Hüpfer") genannt; *idiappam* ist dort als „string hoppers" bekannt.

Der Süden kennt eine Menge verschiedener *chutneys* und *pickles*, die je nach Gegend variieren. In Andhra zum Beispiel basieren viele Arten von *pickles* auf in Öl eingelegten Mangofrüchten, die extrem scharf gewürzt sind. *Avakka pickle* und *gongura chutney* sind am schmackhaftesten, allerdings nicht für jemanden, der Chilli nicht mag. Die tamilischen und Kannadiga-*pickles* sind ein wenig milder, aber für den westlichen Geschmack immer noch sehr scharf. Die *kadumanga pickles*, weiches Mangofleisch mit gemahlenem Chilli und Senf vermischt und in Salzlake eingelegt, sind schmackhaft und mild.

Zum Nachtisch ißt man Süßes, am liebsten zu besonderen Gelegenheiten: *Payasam* ist ein flüssiger, auf Milch basierender Pudding, entweder mit Reis oder Nudeln und ein paar aromatischen Gewürzen. In Kerala kennt man *ada prathaman*, ebenfalls mit Milch zubereitet, und *chakka prathaman*, das aus reifer Jackfruit und braunem Zucker (*gur*) besteht. Eine gebratene, reife Banane oder kandierte Bananenchips gehören zu diesem Nachtisch. Eine tamilische Spezialität ist *chakkara pongal*, bestehend aus Reis, *gur* und Gewürzen. Dann gibt es noch *athirasam*, aus Reismehl und *gur* hergestellt und wie ein *poori* in Öl gebacken, zumindest in Teilen von Tamil Nadu. Karnataka kennt viele Arten von Desserts für jeden Geschmack. Seine *polis*, Pfannkuchen aus Mehl und mit allen möglichen süßen Füllungen versehen, sind bekannt. Ebenso *Mysore pak*, ein würfelförmiger Kuchen aus gemahlenen Kichererbsen, Zucker und zerlassener, gefilterter Butter (*ghee*). Neben diesen Spezialitäten des Südens ißt man auch hier die für ganz Indien typischen Süßigkeiten: *laddu*, Kugeln aus Kichererbsenmehl und Zucker; *jilebi* und *jangri*, hergestellt aus fermentiertem Mehl oder Linsen, die gebacken und mit Zuckersirup getränkt werden, *gulab jamuns* aus Trockenmilch und Sirup und viele verschiedene *halwas*.

Hinweistafeln an den Restaurants geben Aufschluß über die Art der angebotenen Speisen. So trifft man auf „Meals Ready", „Tiffins only", „Pure Veg." usw. „Meals Ready"-Gasthäuser servieren *thali*-Küche – Reis auf runden Platten und kleine Schalen mit verschiedenen Gemüsen uns *curd* (Joghurt). Dazu bekommt man *chapatti*-Fladen oder *parotha*. „Tiffins only"-Restaurants eignen sich besonders zum frühstücken. Die Gerichte hier heißen *idli, uppuma* oder *vadai*. Die Kaffeehäuser bieten frischen Kaffee, Tee und kleine Mahlzeiten. Auch in den entlegensten Dörfern bekommt man Softdrinks wie Coca Cola, Pepsi und 7 UP.

Auf Märkten und bei Straßenhändlern wird eine Vielzahl einheimischer Obstsorten angeboten. Die zarte grüne Kokosnuß bietet mit ihrer Milch eine köstliche Erfrischung und eine kleine Mahlzeit in einem. ■

Die unterschiedlichsten Faktoren haben die Entwicklung der südindischen Architektur beeinflußt: nicht nur das tropische Klima, die heftigen Monsunregen, die Verfügbarkeit tropischer Hölzer und verschiedenster Steinsorten, sondern auch der häufige Kontakt mit anderen Kulturen. All dies führte zur Ausbildung vieler unterschiedlicher Stilrichtungen der Architektur, Bildhauerei und Malerei. Jeder Stil war mit den jeweils anderen durch die politische und ökonomische Entwicklung und die Verbreitung von Gedanken und Philosophien im Lande verbunden.

Das Studium der Architektur in Südindien beschränkt sich oft nur auf die religiöse Architektur, die in Stein und Ziegeln ausgeführt wurde. Säkulare Bauwerke in dieser Region wurden aus vergänglichen Materialien wie Holz, Bambus und Lehm hergestellt und entziehen sich daher der Geschichtsforschung, obwohl sie die religiöse Architektur entscheidend beeinflußt haben.

Buddhistische Architektur: Während der Buddhismus sich südwärts nach Andhra Pradesh, Tamil Nadu, Karnataka und bis nach Sri Lanka ausbreitete, entstanden in seinem Fahrwasser zahlreiche religiöse Bauwerke. In Amravati und Nagarjunakonda in Andhra Pradesh wurden um das zweite Jahrhundert v. Chr. zahlreiche Stupas (Grabmäler bzw. Reliquienschreine Buddhas) gebaut. Auf einer kreisrunden Basis erhebt sich eine oben abgeplattete Halbkugel, auf der in einem quadratischen Steingitter ein kurzer Pfosten mit drei flachen Schirmen steht. Diese Heiligtümer sind leider heute meist nur noch Ruinen. Die wenigen noch intakten Stupas werden im *Government Museum* in Madras, im *Site Museum* in Amravati und im *Island Museum* in Nagarjunakonda aufbewahrt.

Der Stupa von Amravati ähnelt jenen, die in Zentral- und Nordindien gebaut wurden, scheint aber einmalige Merkmale aufzuweisen, die spätere Bauwerke in dieser Region beeinflußt haben. Seine aus Kalkstein gefertigten Wandreliefs sind ein gutes Beispiel für die hervorragende Bildhauerkunst um Christi Geburt in dieser Gegend. Die aus dem Stein gehauenen menschlichen Figuren drängen sich zusammen, tragen verschiedene Kleider und Kopfbedeckungen, alle sind in Bewegung und werden aus verschiedenen Perspektiven gesehen. Sie vermitteln ein Gefühl der Freude und Ausgelassenheit.

Die Statue des Buddha in Amravati ist in Form und Stil einmalig. Die in den nordwestlichen Provinzen von Gandhara gefundenen Buddhafiguren haben griechisch-römische Gesichter mit scharfer, gebogener Nase, gewellte Haare, Schnurrbart und buschige Augenbrauen. Der Buddha von Amravati wirkt hingegen schlank, zierlich und jung, das ovale Gesicht hat meditativ halbgeschlossene Augen und fast keine Augenbrauen. Er gehört damit zu den schönsten Buddhafiguren Indiens und deutet in keiner Weise auf die späteren gigantischen Skulpturen der Buddhas auf Sri Lanka, in Nepal, Birma, Thailand, China und Japan hin.

Architektur der Jainas: Der Jainismus verbreitete sich ebenso wie der Buddhismus über die südlichen Staaten und hinterließ sein architektonisches Erbe in Orissa, Andhra Pradesh, Karnataka und Tamil Nadu. Der Reichtum der handeltreibenden Jainas und mehrere Herrscher förderten über 2000 Jahre lang die Entfaltung künstlerischer Fähigkeiten in dieser Gegend. In Sittannavasal, in der Nähe von Pudukottai in Tamil Nadu, finden sich aus dem Felsen gehauene Jaintempel, die bis auf das achte Jahrhundert v. Chr. zurückgehen. Die Höhlen enthalten Felsmalereien, die jenen von Ajanta im Aurangabad-Distrikt von Maharashtra ähneln.

In Karnataka wurden die Jaintempel von der säkularen Holzarchitektur mit ihren abfallenden Ziegeldächern und Säulen beeinflußt, dies sieht man zum Beispiel beim Mudabidri-Jaintempel in Udupi (1000 v. Chr.). Andere Tempel der Jainas ahmten die Hinduarchitektur nach, mit Säulenhallen oder *mandapas,* mit den flachen Dächern und pyramidenförmigen Türmen.

In Shravanabelagola steht ein kolossales, aus einem Stein gehauenes Bildnis von Gomatesvara, die größte, freistehende Statue Indiens. Dieses Denkmal wurde um das neunte

Vorherige Seiten: Palast des Maharaja, Mysore. Die bemalten Säulen wurden in Sheffield aus Eisen gegossen. Links: Typischer südindischer Tempel.

Jahrhundert v. Chr. erbaut und ist bis heute für die Jainas ein wichtiges Heiligtum geblieben.

Tempelarchitektur der Hindus: Tempel und Schreine, die den Hindus heilig sind, findet man überall im südlichen Indien. Man baute berühmte Tempel an solch heiligen Orten wie Chidambaram, wo der Gott Shiva seine Gefährtin Parvati zum Tanzwettbewerb aufforderte, und Madurai, wo Shiva als Sundaresvaran Meenakshi heiratete („die Göttin mit den Fischaugen").

Die Herrschaft der Pallavakönige (sechstes bis neuntes Jahrhundert v. Chr.) kündigte eine Epoche Südindiens an, in der man sehr viel mit Kunst experimentierte. In Mahabalipuram, dem Hafen von Pallava, etwa 35 Kilometer

vom heutigen Madras entfernt, findet man riesige granitene Felsblöcke; Teile des Berges wurden zu Tempeln gehauen, mit Hohlräumen, Säulen und Wänden voller Skulpturen. Hier kann man sehr schön studieren, wie in der indischen Tempelarchitektur experimentiert wurde. Die „fünf Streitwagen" (*pancha rathas*) in Mahabalipuram sind fünf Tempel, die direkt aus dem gewachsenen Fels herausgeschlagen wurden. Der *Draupadi Ratha* ist ein einfacher Tempel, der aus einem quadratischen Raum für die Gottheit besteht (*garbha griha* oder Heiligtum) und ein einfaches steinernes Dach besitzt, das in seiner Form einem dörflichen Strohdach nachempfunden ist. Das Ganze ruht auf einer Plattform, die von kleinen Elefanten getragen wird.

Das Konzept eines Tempels als Streitwagen der Götter leitet sich aus der uralten, noch immer ausgeübten Praxis ab, das Bildnis des Gottes während religiöser Feste in einer Prozession durch die Straßen zu fahren. Diese Streitwagen waren aus Holz, hatten große Räder und wurden von Tieren oder den Gläubigen selbst gezogen. Viele indische Tempel halten daher Elefanten oder Pferde.

Die indischen Architekten und Künstler mußten steinerne Dächer für ihre Tempel entwerfen. Der Draupadi Ratha in Mahabalipuram besitzt ein Dach, das dem Strohdach einer Hütte nachempfunden ist, wohingegen der Arjuna Ratha ein Dach in zwei horizontalen Ebenen besitzt, die entlang der Kanten mit Miniatur-Hüttendächern verziert sind und von einer vielseitigen Kuppel, genannt *shikhara*, gekrönt werden. Der Dharmaraja Ratha besitzt ein Dach aus drei Ebenen, ebenfalls mit Strohdachmotiven verziert, das Dach des Bhima Ratha folgt zwar dem Hüttendachprinzip, verfügt aber über giebelartige Bögen über einem rechteckigen Grundriß. Später benutzte man diese Form für die Eingangstore (*gopurams*) zum Tempel. Den südindischen Künstlern scheint das Design zugesagt zu haben, sie benutzten es weiterhin für den typischen drawidischen Tempel, dessen Konstruktionsmerkmale in den *Shastras* (kanonischen Büchern) festgelegt wurden.

Jeder Tempel wurde nach mathematischen Formeln genauestens konstruiert. Das recht- oder viereckige Heiligtum, in dem die Gottheit residierte, war das dunkle Zentrum. Darüber erhob sich in mehreren, immer kleiner werdenden, mit kleinen Dächern verzierten Ebenen das Dach, das in seiner Gesamtheit wie eine oktogonale Pyramide (*shikhara*) wirkte. An der Spitze befanden sich die *kalasa* (ein heiliger Wasserbehälter) und das Emblem des Gottes, dem der Tempel jeweils gewidmet war.

Die Tempel im Norden und Westen entwickelten eher konische oder gekrümmte Kup-

peln, während das Dach der südindischen Tempel hauptsächlich pyramidenförmig blieb. Man benutzte dieses geniale Konzept für den Tempel an der Küste bei Mahabalipuram sowie für den großartigen Kailashnath-Tempel in der Pallava-Hauptstadt von Kanchipuram. Das Dach des letzteren Tempels ist größer und höher, die Außenwände (*vimana*) sind mit eleganten Wandreliefs verziert. Je mehr religiöse Rituale und Funktionen sich entwickelten, umso mehr Platz brauchte man

Links: Fresko im Veerabhadra-Tempel in Lepakshi (16. Jahrhundert). Oben: Malerei im Brihadeswar-Tempel, Visakhapatnam.

vor dem Heiligtum, damit die Gläubigen sich versammeln konnten. Neben dem Tempel errichtete man *mandapas* für besondere Gelegenheiten – das Kalyana Mandapa (Hochzeitshalle) und das Natya Mandapa für religiöse Musik und Tanz.

Der Kailashnath-Tempel in Kanchipuram ist wegen seiner perfekten Proportionen ein wichtiges Denkmal südindischer Architektur. Seine massive pyramidenförmige *shikhara* erinnert an den heiligen Mount Kailash im Himalaya, den Sitz Shivas. Die Außenwände sind mit Pallava-Steinskulpturen von Göttern und Göttinnen geschmückt, alle in ihren typischen Positionen. Pallava-Figuren sind sehr elegant ausgeführt, ihre Gliedmaßen sind lang und schlank, die Taillen sind schmal und sie tragen wenig Schmuck. Shiva, dem dieser Tempel geweiht ist, wird in vielen Manifestationen gezeigt – als Nataraj, dem Herrn des Tanzes mit seinen Musikern; als Dakshinamurti, dem Heiligen des Lernens, der seine Gläubigen, Menschen wie Tiere, die Weisheit lehrt; mit seiner schönen Gemahlin Durga und als Gangadhara, der die Macht des heiligen Ganges auf seinem Haupte trägt, den starken Strom bändigend, der in Mäandern durch seine geflochtenen Locken fließt und von dort sachte zu Boden fällt.

Obwohl die Chalukyan-Könige die Pallavas in mehrfachen Schlachten aus ihren Machtzentren in Badami, Aihole und Pattadakal zu vertreiben suchten, stellte man ihre künstlerische Überlegenheit niemals in Frage. Der Kailashnath-Tempel war das Vorbild für den Virupaksha-Tempel, erbaut im achten Jahrhundert in Pattadakal, Karnataka. Das Chalukyan-Reich war wegen seiner zentralen Lage Schmelztiegel mehrerer Architekturformen. Die größeren Baugelände der Chalukyans scheinen fast Werkstätten oder Laboratorien für Experimente mit den Architekturstilen der indischen Halbinsel gewesen zu sein. Auf den großartigen Klippen von Badami hat man schon sehr früh Höhlen aus dem Fels gehauen, mit Säulen-, Wand- und Deckenskulpturen, die jenen in Ajanta und Ellora in Maharashtra ähneln. In Pattadakal kann man auf vergleichsweise kleinem Raum Tempel studieren, deren Grundrisse und Dächer erst später im östlichen und Zentralindien übernommen wurden, sowie drawidische und südindische Stilrichtungen.

Die Qualität der Steinskulpturen dieser Tempel ist großartig. Es gibt Wand- und Säulenreliefs mit dekorativen und erzählerischen Elementen, Statuen von Gottheiten in ihren diversen Manifestationen und ganze Episoden aus dem *Ramayana*, Stützfiguren und architektonische Formen, die der Pflanzenwelt entstammen. Forschungen haben ergeben, daß künstlerische Gilden hier zusammenarbeiteten, wobei die leitenden Künstler den Plan entwarfen und andere die Steinmetzarbeiten ausführten. Die künstlerische Leitung gewährleistete, daß der Stil der Skulpturen und des ganzen Gebäudes sehr einheitlich blieb.

Als das Chalukyan-Reich zerbrach, breiteten sich die in Badami, Aihole und Pattadakal verwirklichten Ideen aus. Die Rastrakutas benutzten den Entwurf des Kailashnath-Tempels in Ellora in Maharashtra für ihren wunderbar geformten Kailash-Tempel. Auf diese Weise bildete sich in ganz Indien eine mehr oder minder einheitliche Tempelarchitektur.

Im neunten und zehnten Jahrhundert gewann die Chola-Dynastie an Boden. Der durch den Handel mit dem Fernen Osten und die blühende Landwirtschaft gewonnene Reichtum stimulierte die Förderung der Künste. Die Hauptstadt der Chola-Könige in Tanjore (Thanjavur) war das Zentrum dieser Aktivitäten. Fünfzehn Jahre lang baute man am großen Brihadesvara-Tempel, in den Jahren um 1009-10 v. Chr. wurde er eingeweiht. Er folgt dem üblichen Konzept eines indischen Tempels mit *garbha griha* und *mandapas*, sowie Mauern darum herum. Der Turm des Brihadesvara ist 63 Meter hoch und damit der größte und höchste in ganz Indien – ein großer Schritt von den bescheidenen Anfängen in Mahabalipuram war damit getan. Die vielseitige, aus einem einzigen Granitblock gehauene *shikhara* wiegt 80 Tonnen. Um sie auf die Spitze des Turmes in eine Höhe von 61 Metern zu bringen, baute man eine mehrere Kilometer lange, hölzerne Rampe.

Im Jahre 1930 entdeckte man eine Reihe hervorragender Malereien in einem Umgang des Tanjore-Tempels. Sie stellen unter anderem den Gott Shiva und die Chola-Könige dar

und sind jenen, die man im Kailashnath-Tempel in Kanchipuram findet, ähnlich. Die vom Alter verblaßten Farben bestehen aus gemahlenen Mineralen und sind rostrot, rot, ockerfarben und weiß.

Der Brihadesvara-Tempel besitzt eine reiche Sammlung metallener Figuren, die von verschiedenen Förderern gespendet wurden. Die bronzenen Figuren der Chola-Periode sind wegen ihrer hervorragenden Qualität und einer überlegenen Gießtechnik berühmt. Die besten Stücke sieht man in der Tanjore Art Gallery, im Madras State Museum und einige im Nationalmuseum von Neu Delhi. Diese Bronzeskulpturen wurden zunächst aus

Wachs modelliert und dann dick mit Lehm bestrichen. Nachdem der Lehm getrocknet war, erhitzte man das Ganze, wodurch das Wachs schmolz und durch ein Loch im Boden der Figur abfloß. In die entstandene hohle Form goß man nun eine flüssige Mischung aus fünf Metallen; nachdem das Metall erstarrt war, konnte man die äußere Form zerschlagen. Dann erledigte man noch einige Feinarbeiten und polierte das Stück. Diese Technik des *cire perdue* („verlorenes Wachs") wird auch heute noch in den Werkstätten von Tanjore angewendet.

In den kleineren Schreinen der Tempel wurden diese Metallfiguren aufgestellt, und da sie leicht beweglich waren, konnte man sie für Prozessionen bei festlichen Gelegenheiten verwenden. Sie wurden in Seide gekleidet, mit Sandelholzpaste bestrichen und mit Blumengirlanden geschmückt und auf den Streitwagen oder *rathas* umhergefahren, damit sie den Gläubigen *darshan* („anschauen") gewähren konnten.

Eine Skulptur wurde wurde nach bestimmten, in den Shastras festgelegten Prinzipien hergestellt. Die Form besteht aus neun bis dreizehn Teilen, der Grundriß aus sechzehn Vierecken, mit *apsaras* (göttliche Himmelsnymphen) in den vier Ecken, Gefährten neben der Figur und einer Basis aus Tieren (*vahana*) und Gläubigen darunter. Weitere ikonographische Details sind Form, Komposition, Handgesten, Waffen, Kleidung und anderes. In der reichhaltigen Götterwelt der Hindus wird Brahma der Schöpfer als Weiser mit langem Bart und fünf Köpfen, die es ihm ermöglichen, das Universum zu beobachten, dargestellt. Vishnu hält in einer Hand die Schnecke, mit der er den Ton erzeugt, der das Universum erschafft sowie das Rad der Zeit in der anderen, denn er ist sowohl Schöpfer als auch Erhalter. Vishnu wurde zehnmal inkarniert, um die Welt vor der Zerstörung zu bewahren – seine bekanntesten Inkarnationen sind *Varaha*, der Eber, der die Welt vor Überschwemmungen bewahrt, *Rama*, der Held des Epos *Ramayana*, und *Krishna*, der kindliche Gott, der Kuhhirte und göttliche Liebhaber.

Links: Säulenhalle im Simhachalam-Tempel, Visakhapatnam. Oben: Stützpfeiler, Meenakshi-Tempel, Madurai.

Shiva hält einen Dreizack mit einem springenden Hirsch in einer Hand; er wird Pashupati genannt, der Herr der Schöpfung und Beschützer der Tierwelt. Die weiblichen Gottheiten, Devis genannt, wie Durga, Kali oder Parvati, das weibliche Prinzip des Shiva, sind ebenso mächtig. Jeder Gottheit ist auch ein Tiersymbol zugeordnet, das eine ihrer Qualitäten symbolisiert. Shiva, der Vollstrecker des Dharma, reitet den Bullen Nandi, Vishnu reitet auf Garuda, dem königlichen Vogel der Tugend, während Durga, die mächtige Zerstörerin des Bösen, auf einem Tiger reitet.

Die Künstler der Cholas richteten sich nach diesen Grundsätzen und interpretierten sie auf ihre Weise; ihre Figuren habe lange Gliedmaßen, schmale Taillen und ovale Gesichter. Ihre Bronzen erkennt man an ihrem Detailreichtum und ihrer Eleganz.

Der tanzende Shiva oder Nataraj trägt in einer Hand die Trommel, mit der er den Rhytmus des Lebens schlägt und in der anderen eine kleine Flamme, die die Zerstörung symbolisiert, die ja ebenfalls Teil der Schöpfung ist. Seine dritte Hand erhebt er in einer Geste des Schutzes vor Nichtwissen und Dunkelheit

– personifiziert als ein sich windender Dämon unter seinem Fuß. Shivas kosmischer Tanz wird von einem Flammenrad umrahmt, das in der Hinduphilosophie eine Metapher für die Weisheit ist, die mit ihrem Licht die Dunkelheit des Nichtwissens vertreibt.

Interesant ist, daß es im Brihadesvara-Tempel von Tanjore viele Kupferplatten gibt, die die Arbeit der Tempelverwaltung, Finanzen und Spenden dokumentieren. Die Tempel Südindiens entwickelten sich von ihren bescheidenen Anfängen als Heimstätten der dörflichen Götter zu den Zentren der Städte und ihres religiösen Lebens. Der Tempel erhielt die Produkte des Landes, Haustiere und Gelder, um die Gebäude zu erhalten, Unterhalt für die Brahmanen und Öl, um die Lampen zu speisen. In Zentren wie Kanchipuram führen die mit dem Tempel verbundenen Brahmanen (*gurukuls*) bis heute Schulen, an denen junge Studenten die heiligen Schriften studieren und alte Manuskripte erhalten und kopiert werden. Rund um die Tempel entwickelten sich Märkte, auf denen die Pilger aus den umliegenden Dörfern nicht nur beten, sondern auch einkaufen und ihre Waren anbieten konnten. Die ganze Stadt wurde unter Umständen von den vielen, wie Ringe um den Tempel liegenden Mauern eingeschlossen, die man je nach Wachstum der Gemeinde hinzufügte.

Während der späteren Vijayanagara-, Pandya- und Nayaka-Perioden (13. bis 17. Jahrhundert) wurden den Tempeln *mandapas* hinzugefügt, Teiche zum Baden, und weitere Umfriedungen. Mehrere große Tore oder *gopurams* wurden an den Hauptpunkten errichtet und lenkten das Auge des Betrachters auf das religiöse Herz der Stadt. Die Tempelstädte von Chidambaram, Madurai, Srivilliputtur, Srirangam und viele andere wurden größer mit jedem baulichen Zusatz, den eine Dynastie oder ein anderer Beschützer machte. Die *gopurams* wuchsen in den Himmel, oft mehr als 30 Meter hoch, waren mit Stuck und Skulpturen verziert und mit prächtigen Farben bemalt, während die Haupt-*shikhara* des Tempels in ihrer Größe schrumpften und sich oft in der unüberschaubaren Masse der Zusatzbauten des Tempelkomplexes verloren.

Wenn Sie heute durch die Straßen von Madurai gehen, sehen Sie nahe des Haupttempels lange Reihen von Läden, Blumengeschäften, den Wohnungen der Brahmanen und Läden mit Metallwaren. Sie alle sind nach den Kastenregeln voneinander getrennt und nach den Richtlinien der Texte für den Städtebau und die Tempelarchitektur plaziert.

In Karnataka gewannen die Hoysalas nach dem Fall der Chalukyas im frühen elften Jahrhundert die Macht, und zwar in der Gegend des heutigen Mysore und Hassan. Im Hoysala-Tempel verwandelte sich das viereckige *garbha griha*, wie es im *Shilpashastra* beschrieben ist, zu einer sternförmigen Form. Statt des einzigen inneren Heiligtums gab es nun zwei oder drei Cellas (Kulträume), die einen Stern bildeten, dessen Grundriß sich bis zur *shikhara* fortsetzte.

Die Tempel von Belur, Halebid und Somnathpur wurden nach diesem Prinzp gebaut.

Die Oberfläche der Mauern des *vimana* ist in diesen Tempeln in horizontale Bänder aufgeteilt, die mit verschiedenen Motiven versehen sind; das unterste Band besteht aus Elefanten, Pferden und Blattwerk, darüber sieht man in Augenhöhe Szenen aus dem *Ramayana* und dem *Mahabharata* sowie Erzählungen von Krishna. Darüber finden sich Reihen mit *yalis* (mythologischen Kreaturen) und *hamsas* (legendäre Vögel), und ganz oben schließlich sind größere Platten mit Göttern und Göttinnen in diversen Stellungen angebracht. In Belur wird die Dachtraufe von Steinbögen getragen, in die Facetten und verschlungene Bänder mit Blättern gehauen sind. Die Figuren sind alle in Bewegung und tragen reichen Schmuck. Der Stein, den man hier verwendete, unterscheidet sich vom harten Granit der Pallava-Tempel und dem Sandstein von Badami und Aihole. Der stark gemaserte schwarze Chloritschiefer konnte mit großem Detailreichtum bearbeitet werden.

In Kerala existierten die drawidischen Steintempel neben örtlichen Formen aus Holz- und Ziegelkonstruktionen. Die Grundfläche war oft rund anstatt rechteckig, und die Wände wurden mit geschnitzten hölzernen Säulen und Wandbildern verziert. Dem runden *garbha griha* setzte man ein ziegelgedecktes, sich verjüngendes Dach auf, oft verlängert von einer zweistöckigen, konisch ver-

Chola-Bronzen: Bharata trägt die Sandalen des Gottes Rama auf dem Kopf (<u>ganz links</u>) und Nataraj, der Gott Shiva beim kosmischen Tanz der Schöpfung (<u>links</u>). <u>Oben</u>: Ausschnitt aus dem größten Relief der Welt, „Descent of the Ganja", Mahabalipuram.

laufenden *shikhara*, so daß eine pagodenähnliche Struktur entstand. Der ganze Tempel war von einem Hof mit einem gestalteten Tor umschlossen. Die früheste Wandmalerei in Kerala datiert man um 1600 v. Chr., sie befindet sich in einem Tempel in Ettumanoor im Distrikt Kottayam. Spätere Malereien finden sich im Padmanabhapuram-Palast in Tamil Nadu und dem Mattancheri-Palast in Cochin, Kerala.

Im mittleren Deccan, um den Fluß Krishna, wurde das Vijayanagara-Reich mit der Hauptstadt Hampi (jetzt in Karnataka) errichtet. Hier findet man ein wichtiges Beispiel einer vormodernen Hindu-Stadt, deren Ausgrabung noch nicht beendet ist. Hampi liegt in einer Ebene mit Flüssen, Bergen und großen Granitfelsen, die Schutz boten und als Baumaterial dienten.

Zwischen dem 13. und 14. Jahrhundert wurden der Krishna-, Virupaksha-, Venkatesvara- und der Hazara-Rama-Tempel erbaut. Vor dem letzteren befindet sich ein bemerkenswerter kleiner Tempel-Streitwagen mit sich realistisch drehenden Steinrädern.

Die Hindu-Architektur basierte auf dem Prinzip von Stütz- und Deckenbalken. Dort, wo man Stein benutzte, durften die Pfeiler nicht zu weit auseinanderliegen, da man fürchtete, der Stein könne herabstürzen. Daher waren die Eingänge schmal und die Hallen oder *mandapas* voller Säulen. Das Design der Säulen änderte sich mit jeder Dynastie, ähnlich wie bei den Römern und Griechen. Das königliche Emblem der Pallavas, den Löwen, sieht man am Fuße vieler Pallava-Pfeiler, die Vijayanagara- und Nayak-Dynastien späterer Jahrhunderte führten das Motiv des Reiters auf einem wilden Pferd ein, das man in den Säulenhallen im Madurai- und Vellore-Tempel sieht.

Die Säulen des Hoysala-Tempels sind aus einem Stück gefertigt und mit spiralförmigen Einkerbungen versehen, die man mit einer Art Drehbank anbrachte. Aber niemand weiß, wie die großen Steine gedreht wurden oder womit man den Stein einschnitzte.

Islamische Architektur: Während die Tempel Südindiens gebaut wurden, geriet Nordindien zwischen dem neunten und elften Jahrhundert unter fremden Einfluß. Mit dem Islam kamen neue architektonische und bautechnische Prinzipien, die die Geschichte der indischen Architektur veränderten: es wurden Bögen und freitragende Kuppeln eingeführt. Es gibt in Arikamedu in Pondicherry archäologische Beweise dafür, daß man mit Römern und Griechen Handel trieb und daß die Inder römi-

Krishna-Tempel, Cochin. Die Herstellung der runden Kupferdächer, die man nur auf Tempeln in Kerala findet, ist eine vergessene Kunst.

sche Skulpturen, Töpferwaren und Münzen kannten. Aber erst im elften Jahrhundert wurde der Bogen eingeführt, als die Sklavenkönige die erste Moschee Indiens in Delhi bauten. Unter einem Beamten der Tughlaqs errichteten die Brahmanen des Südens um 1425 ein unabhängiges Königreich mit Burgen und Palästen in Gulbarga und Bidar in Karnataka, die zahlreiche islamische Elemente aufweisen. Unter der Qutb-Shahi-Dynastie baute man auf den Hügeln von Golconda um 1512 eine große Festung, und Gräber mit gewölbten Kuppeldächern findet man an vielen Orten. Bijapur wurde ein Bollwerk des Deccan-Sultanats, und man errichtete hier islamische Monumente wie das Juma Masjid und das Gol Gumbaz, das Grab des Sultans Mohammed Adil Shah, der 1657 starb.

Der Bauplan einer Moschee beruht auf einem großen offenen Hof, wo man sich zum Gebet versammelte. Der *Mihrab,* eine Fassade, die in Richtung Mekka zeigte, wurde mit Bögen, kalligraphischen Verzierungen und oft mit einer Kuppel versehen. An einer, zwei oder vier Seiten wurde ein Minarett gebaut, von dem aus der Muezzin fünfmal am Tag zum Gebet rief.

Die indischen Künstler nahmen bald die neuen archtektonischen Herausforderungen an. Die Bogenkonstruktionen ersparten ihnen den Gebrauch der vielen Pfeiler. Breite Tore und Fenster brachten Licht in die Gebäude. Die so geschaffenen Räume wurden mit Stützbögen versehen, die große Kuppeln tragen konnten. Das Gol Gumbaz in Bijapur in Karnataka ist der größte Raum mit einer freitragenden Kuppel, die einen Durchmesser von 43,9 Meter besitzt. Die islamischen Gebäude sind mit *jalis* verziert, kalligraphisch gestalteten Koranversen, mit geometrischen Mustern und Dekorationen aus Stuck und Gips.

Europäische Architektur: Im 17. und 18. Jahrhundert entstand das erste europäsche Gebäude auf indischem Boden. Die Griechen, Römer und Araber waren seit dem zweiten Jahrhundert v. Chr. an der Westküste etabliert, und christliche und jüdische Siedler hatten sich in Kerala niedergelassen und Kirchen und Synagogen gebaut.

Vasco da Gama landete im Jahre 1498 bei einer römischen Siedlung in Calicut in Kerala. Mitte des 16. Jahrhunderts gab es drei portugiesische Niederlassungen in Daman, Diu und Bassein. Die erste englische Manufaktur wurde 1613 in Surat in Gujarat gebaut. 1639 wurde in Madras ein neuer Handelsposten errichtet, und im folgenden Jahr begann man die Arbeit an einem neuen Fort namens St. George, einer Manufaktur und der „weißen" (christlichen) Stadt mit Wohnbezirken. Die Kirche St. Mary's im Fort St. George wurde 1680 eingeweiht und ist die älteste anglikanische Kirche des Ostens. Sie folgt einem einfachen Plan, die Grabsteine des Friedhofes geben interessante Einblicke in die Geschichte der frühen *East India Company.* Andere profane Gebäude aus dieser Zeit sind das alte *Secretariat* in Madras, ein alter Bankettsaal (jetzt Rajaji Hall) und die frühere Eisfabrik am Marina Beach. Diese Gebäude zeichnen sich durch ihren klassischen Stil aus, sie wurden von indischen Steinmetzen unter Ausnutzung einheimischer Materialien und *chunam* (Tünche) erbaut.

Hyder Ali und Sultan Tippu von Mysore waren die größten Gegner der englischen Expansionspolitik. Das Fort von Srirangapatnam, wo Sultan Tippu seine letzte Schlacht schlug und 1799 starb, ist ebenso wie sein Sommerpalast eine kuriose Mischung aus islamischen, hinduistischen und europäischen Elementen.

Neben den offiziellen und religiösen Gebäuden hatten um das 18. Jahrhundert auch die Wohnhäuser der Europäer einen eigenen Stil entwickelt. Der englische „bungalow" entstand in Bengalen; das Wort kommt vom indischen *bangla* oder „großes Haus im Dorf". Er hat einen länglichen Grundriß mit offenen Veranden für den heißen Sommer und Blumenbeeten im Garten. Die heimwehkranken Briten ließen sich viele Dinge schicken, um ihre Häuser zu dekorieren, darunter viele Samen von Blumen und Bäumen: Rosen, Löwenzahn, Geißblatt, Eiche, Tanne, Birne und Edelkastanie. Bangalore mit seinem milden Klima und die südlichen Bergorte wie Ooty (Ootacamund), Coonoor und Kodaikanal gaben den Engländern die Möglichkeit, sich eine „Heimat fern der Heimat" zu schaffen. Kleine Landhäuser mit englischen Gärten wurden als Sommerresidenzen und ständige Wohnungen errichtet. Die St. Stephen's Church in Ooty wurde 1830 eingeweiht, das Bauholz entwendete man vom Lal-Bagh-Palast in Srirangapatnam.

Nach dem Jahre 1857 konzentrierten die Briten dann ihre Anstrengungen eher auf Kalkutta, Bombay und schließlich die neue Hauptstadt Delhi.

Südindien bietet dem interessierten Besucher zahlreiche Formen der darstellenden Kunst. Die klassische Musik Südindiens ist die Karnatische Musik, auch Karnataka-Musik genannt, was den falschen Eindruck erweckt, als sei sie die Musik Karnatakas. Die Karnatische Musik hat denselben Ursprung wie die klassische Musik des Nordens, die Hindustani-Musik, doch verlief in den vergangenen Jahrhunderten ihre Entwicklung in anderen Bahnen.

Die Systematik beider Musikrichtungen ist ähnlich. Beide beruhen auf *raga* und *tala* und beide sind melodisch. Grob gesagt ist ein *raga* ein melodisches Schema mit einer bestimmten Anzahl von Noten in einer bestimmten Reihenfolge. Typische Phrasen geben jedem *raga* seinen eigenen Charakter. *Tala* bedeutet Rhythmus. In der indischen Musik liegt der Schwerpunkt dabei auf seiner zyklischen Form. Anders gesagt: Es wird eine Anzahl von rhythmischen Einheiten in einem sich wiederholenden Zyklus angeordnet. Rhythmisch gesehen ist die klassische Musik Indiens – und besonders die Karnatische Musik – hoch entwickelt.

Die Karnatische Musik unterscheidet sich durch die Bedeutung des Gesanges als Träger eines *raga*. Oft geht einem Lied die freie Wiedergabe der Melodie voraus, doch es ist die Zusammensetzung – die Kombination von *sahitya* (Text), Melodie und Rhythmus –, die den eigentlichen Rahmen bildet.

Am besten kommt diese Eigenart in den Kompositionen der drei großen Komponisten Syama Sastry, Tyagaraja und Muthuswamy Dikshitar zum Ausdruck, die als das Dreigestirn der Karnatischen Musik gelten (analog zu den drei Gesichtern Gottes). Die drei waren Zeitgenossen und stammen alle aus dem Thanjavur-Distrikt. Sie lebten im 18. und 19. Jahrhundert. Der produktivste der drei war Tyagaraja, dessen Kompositionen auch die bekanntesten sind.

Noch viele andere Komponisten – ältere wie jüngere – haben zum großen Repertoire der Karnatischen Musik beigetragen; doch war es das „Dreigestirn", dem letztendlich die Einführung des *kriti* zuzuschreiben ist, einer dreiteiligen Form der Komposition, die das Hauptelement der Karnatischen Musik darstellt. Ein karnatisches Konzert besteht meist aus mehreren *kritis* und einer kleineren Auswahl anderer Kompositionstypen. Übrigens gibt es in der Karnatischen Musik keine Instrumentalstimmen. Die Musiker spielen, als würde die Musik gesungen.

Zum typischen Konzertensemble gehören ein Solist und mehrere Begleiter. Der Solist kann dabei ein Sänger sein oder ein Instrumentalist, der *veena* (Flöte) spielt, *gottuvadyam*, *nadaswaram* oder ein anderes der traditionellen indischen Musikinstrumente, aber auch ein Instrument westlicher Herkunft wie Geige, Gitarre, Mandoline, Saxophon oder Klarinette. Zur Begleitung jedes Solisten, ob Sänger oder Instrumentalist, gehört immer eine Violine – es sei denn, der Solist ist selbst Geiger. Außerdem gehört zur Instrumentalbegleitung meist auch eine *tambura*, deren Baß die Tonlage angibt, und eine Doppeltrommel, die *mridangam*. Für die Abteilung Rhythmus sind normalerweise noch *ghatam*, ein aus Ton gefertigtes Instrument, *kanjeera*, ein tambourinähnliches Perkussionsinstrument, und manchmal auch eine Maultrommel zuständig, die hier *morsing* heißt. Die Rhythmusinstrumente werden meist nur dann eingesetzt, wenn der Solist ein Lied spielt. Wird vor dem Gesang ein *raga* frei gespielt, schweigen sie.

Das Programm eines klassischen Musikvortrags in Südindien steht nur bei Rundfunk- oder Fernsehübertragungen im vorhinein fest. Auch proben die Musiker nicht, was unserem interpretativen Musikverständnis gänzlich entgegensteht. Die Musiker nutzen einfach den Raum für Improvisation, auf den jede Komposition angelegt ist.

Das improvisatorische Element kommt vor allem im *alapana*, der Wiedergabe des *raga* vor Beginn des eigentlichen Liedes, zum Tragen, im *niraval*, das aus musikalischen Variationen zum Text besteht, im *swara prastara*, dem Gebrauch von Noten oder Solmisationssilben zur Betonung des Lied- oder *raga*-Charakters und schließlich

<u>Vorherige Seiten</u>: Musikalische Soirée in prächtigem Ambiente, Durbar Hall, Mysore Palace. <u>Links</u>: Klassische Bharata Natyam-Pose, auch bei vielen Tempelskulpturen zu beobachten.

im *tala vinyasa*, dem Teil des Konzertes, der den Rhythmusinstrumenten gewidmet ist.

Die Atmosphäre bei einem karnatischen Musikkonzert ist vergleichsweise formlos. Die Zuhörer können den Raum betreten oder verlassen, sie unterhalten sich, applaudieren oder reagieren auf andere Weise – alles, während die Musiker spielen. Wer das disziplinierte Ambiente eines Klassikkonzertes unserer Breiten gewohnt ist, den wird das etwas irritieren. Ein ausländischer Besucher, der ein karnatisches Konzert wirklich genießen will, sollte sich darauf einstellen. Lassen Sie sich also nicht von Erwartungen leiten, sondern versuchen Sie, diese Atmosphäre aufzunehmen und lauschen Sie entspannt der Musik.

Und noch etwas ist an dieser Art von „Klassik" ungewohnt: die Lautstärke der Konzerte. Sie nimmt im Laufe der Darbietung oft enorm zu – was all jene als ungewöhnlich empfinden werden, die nicht an dezibelstarke Rock- und Popkonzerte gewöhnt sind.

Die Sprache, in der die Lieder der Karnatischen Musik gesungen werden, stellt für ausländische Gäste kein größeres Problem dar als für Inder. Ein Lied kann in Telugu, Tamil, Kannada, Malayalam, Hindi oder Sanskrit aufgeführt werden – kaum ein Einheimischer wird alle Texte verstehen. Und die Sprache der Musik sagt schließlich mehr als die Sprache des Textes. Sie werden verblüfft sein, wie ausgesprochen bildhaft Karnatische Musik ist, gerade dann, wenn ausschließlich Instrumentalisten spielen.

Wer Südindien besucht, sollte daher zugreifen, wenn sich die Gelegenheit bietet, einem klassischen Musikkonzert beizuwohnen – und sei es nur, um zu lernen, daß die südindische Klassik sich von der Musik weltbekannter nordindischer Künstler wie dem Sitar-Meister Pandit Ravi Shankar stark unterscheidet. Veranstaltungshinweise finden Sie in den örtlichen englischsprachigen Zeitungen.

Neben klassischer Musik wird auch leichte Klassik, geistliche Musik, Popmusik und Filmmusik angeboten – sowohl auf der Bühne als auch in Radio- und Fernsehsendungen.

Der gemeinschaftliche Gesang zum Lobe Gottes ist eine alte Tradition, die auf Sanskrit *nama sankeertanam* heißt. Swami Haridhos Giri, ein neuzeitlicher Guru, veranstaltet am zweiten Sonntag jedes Monats in Madras ein großes *nama sankeertanam*. In anderen Städten finden ähnliche Veranstaltungen statt.

Filmmusik, in verschiedenen Sprachen, begegnet man auf Schritt und Tritt. Man muß nur Radio oder Fernseher einschalten, um in diesen Genuß zu kommen. Es gibt auch genug Möglichkeiten, diese Musik live kennenzulernen.

Klassische und andere Musikveranstaltungen finden zwar in Madras, Bangalore, Trivandrum und einigen anderen Städten das ganze Jahr über statt, doch in bestimmten Monaten strömt die Musik wie der Monsunregen über das Land. Der April ist so ein Monat, wenn die Geburt von Rama gefeiert wird, dem göttlichen Helden des *Ramayana*. Dann gibt es zahlreiche Musikfestivals, vor allem in Madras, Bangalore, Hyderabad und Coimbatore. Nach der Sommerpause kommt in Madras die Musiksaison im August und im Oktober in Bangalore und Trivandrum wieder in Schwung. Der Höhepunkt ist jedoch die Festivalsaison von Madras im Dezember: Innerhalb von zweieinhalb Wochen finden in der Stadt über 400 Musikveranstaltungen statt – die Tanzdarbietungen noch gar nicht mitgerechnet. Jeden Tag gibt es an verschiedenen Stellen mehrere Konzerte, und die Atmosphäre ist spannungsgeladen.

Musikfreunde aus allen Teilen Indiens, ja, aus aller Welt, strömen in die Veranstaltungen, zu denen auch morgendliche Demonstrationsvorträge gehören. Der Auftakt in den großen Musikzentren erinnert an die Opernpremieren in westlichen Großstädten. Auch hier zeigt man – natürlich in Galagarderobe –, wer Rang und Namen hat.

Die Tänze des Südens bestechen durch ihre Vielfalt. *Bharata Natyam*, eine populäre Kunstform der Tamilen, ist zwar vorherrschend, doch gelten auch andere Richtungen inzwischen als klassisch und haben ihr Publikum – etwa *Kuchipudi*, *Kathakali* und *Mohini Attam*.

Die Geschichte Bharata Natyams reicht weit in die Vergangenheit zurück. Der heutigen Form liegt der von vier Brüdern entwickelte Aufbau zugrunde, die Meister ihres Fachs waren und als das „Thanjavur-Quartett" bekannt sind. Wie das Dreigestirn der Musik stammen auch sie aus dem Thanjavur-Distrikt im Flußdelta des Kaveri, dessen fruchtbare Erde eine ganze Reihe begabter Künstler hervorbrachte.

Bis Anfang der dreißiger Jahre wurde diese Tanzform *Sadir* oder *Dasiattam* genannt und war praktisch ausschließlich der Kaste von Musikern und Tänzern vorbehalten, die in den Tempeln dienten. Die Männer waren Musiker oder Tanzmeister. Die Frauen – die auserwählten unter ihnen, die *devadasis*, waren dem Tempel geweiht – vollführten rituelle Tänze und erfüllten andere Aufgaben ihm Rahmen des Gottesdienstes. Außer-

Links: Fresko im Tippu's Palace, Srirangapatnam. Oben: Exakt abgestimmte Hand- und Fingerbewegungen sind wichtiger Bestandteil der klassischen Tanzformen.

dem zeigten sie ihre Kunst auch bei Hofe, zum Ergötzen von König und Adel.

Heute ist der Tanz nicht mehr nur Teil der Tempelrituale. Er hat sich zu einer weltlichen Kunst entwickelt, die zur Freude des Publikums auf der Bühne gezeigt wird und von allen Interessierten erlernt werden kann. Die ganze Welt ist die Bühne für Bharata Natyam: dieser Tanzstil wird praktisch in allen Teilen der Erde aufgeführt. Einerseits wurden ja südindische Künstler aus ihrer Heimat in entfernte Winkel der Erde verschlagen, wo sie nun leben und ihre künstlerischen Leistungen darbieten, andererseits haben junge Frauen – und auch Männer – aus Nordindien, aus Europa, Großbritannien, Nordamerika, Australien und aus dem Fernen Osten diese Tanzkunst gut genug erlernt, um sie professionell aufzuführen.

Die Tänzerin, die Bharata Natyam zu internationalem Ruhm verhalf und die der Stolz der traditionellen Tänzergemeinschaft ist, war T. Balasaraswati, die der Volksmund einfach Bala nannte. Bala konnte *sringara* (romantische Liebe) als Grundstimmung dieses Tanzes aufzeigen, ohne dabei vergessen zu lassen, daß Bharata Natyam vor allem *bhakti* ist: Gottesverehrung. Sie sagte:

„*Das* sringara, *das wir in Bharata Natyam erfahren, ist niemals fleischlich – niemals, niemals. Wer sich seiner Disziplin mit Leib und Seele hingibt, für den ist dieser Tanz wie Musik die Erfahrung der Anwesenheit Gottes, nicht nur Verzückung des Körpers (...). Bharata Natyam ist eine Kunst, die den Körper weiht, der selbst dabei völlig bedeutungslos werden soll. Der Yogi erreicht durch Atemtechnik und Körperübungen eine Aura von Heiligkeit. Ebenso macht die Tänzerin, die ihre Persönlichkeit dem Rhythmus und der Musik hingibt, ihren Körper zum Instrument der Erfahrung und des Ausdrucks des Geistes – und sei es nur für die Dauer des Tanzes.*“

Diese Worte erklären, warum die Inder Bharata Natyam als göttliche Kunst betrachten. Das ist keine Esoterik oder Hindu-Mystizismus, sondern eine ästhetische Philosophie, der sich große Künstler in aller Welt verschrieben haben.

Ein traditioneller Tanz beginnt mit einem Blumenopfer oder der Anrufung eines göttlichen Wesens, meist des elefantenköpfigen Ganapati, des Gottes, der alle Hindernisse beseitigt. Die darauffolgende Sequenz besteht aus *alarippu*, *jatiswaram*, *sabdam*, *varnam*, *padams* und *javalis*, *tillana* und *sloka*. Diese Sequenz gilt der Sichtbarmachung des Geistes durch den Körper – obwohl sie durchaus unter rein ästhetischen Gesichtspunkten ihre Daseinsberechtigung hat.

Alarippu ist reiner, nur auf Rhythmus bauender Tanz. Die Konzentration auf den Rhythmus hilft der Tänzerin, sich der Umgebung zu entziehen und auf die vor ihr liegende Aufgabe vorzubereiten.

Bei *jatiswaram* gesellt sich Melodie zum Rhythmus, doch ohne Worte oder Silben. Hier verschmelzen Melodie und Bewegung.

Wenn zu Melodie und Rhythmus im *sabdam* der Text hinzukommt, ist das nächste Stadium der Entwicklung erreicht: Die Tänzerin versucht nun, die Worte und ihre Bedeutung zu interpretieren.

Varnam schließlich ist das *pièce de résistance* der Vorführung. Vergleicht man die Tanzsequenz mit dem Weg in einen Tempel, so sieht Bala das *varnam* als Eintritt der Tänzerin in die heilige Gegenwart der Gottheit, ins Allerheiligste. „*Hier,*" so erläutert sie, „*hat die Tänzerin Raum, sich dem Rhythmus, der Stimmung und der Musik des Tanzes hinzugeben. Varnam ist das Kontinuum, das der Tänzerin grenzenlose Freiheit gibt, in Selbsterfüllung zu schwelgen, indem sie die ganze Vielfalt ihrer Kreativität und auch der Tradition dieser Kunstform zum Ausdruck bringt.*"

Padams und *javalis* und andere Kompositionen im Anschluß an *varnam* legen den Schwerpunkt auf die Darstellung der Stimmung durch *abhinaya* oder Mimik. Im *tillana*, bevor der Tanz mit einem Gebet beendet wird, kehrt die Tänzerin zum Rhythmus zurück. Nach dieser Abfolge richten sich heute nicht mehr alle, doch immer noch die Mehrheit der Bharata Natyam-Künstler.

Kuchipudi stammt aus Andhra Pradesh und wurde erst kürzlich als Kunstform anerkannt. Historisch gesehen war sie, und ist es teilweise noch, ein Medium, das dem einfachen Volk in Tanzdramen – einer Kombination aus Musik, Tanz und Schauspiel – Hindu-Epen und Mythen nahebringen sollte. Im Laufe der Jahre haben große Lehrer und Choreographen, darunter Guru Vempati Chinna Satyam, das Niveau der Vorführungen kolossal gesteigert. Kuchipudi-Tanzdramen und -aufführungen, die aus einer Reihe von Solotänzen bestehen, ziehen daher heute auch anspruchsvolles Publikum an, sowohl in Indien als auch im Ausland.

Kuchipudi-Texte sind oft in Telugu verfaßt, doch auch Sanskrit-Verse sind keine Seltenheit. Wie zu Bharata Natyam gehören auch zu Kuchipudi die Elemente Tanz, Mimik und Schauspielkunst. Sein typischer Tanzdrama-Charakter entsteht dabei durch den Einsatz gesprochener Sprache. Trotz der grundlegenden technischen Gemeinsamkeiten von Kuchipudi und Bharata Natyam ist

Links und oben: Yakshagana-Spieler in aufwendiger Kostümierung, Karnataka.

sogar der Laie in der Lage, die beiden Formen auseinanderzuhalten. Ein Fachmann beschrieb Bharata Natyam als „eingeschränkter, eher geometrisch“, während Kuchipudi „freier, flexibler und im Grunde mehr eine Form des Schauspiels“ ist.

Jedes Kuchipudi-Tanzdrama stellt eine Geschichte oder eine Folge von Geschichten dar. Eine Solo-Darbietung dagegen besteht meist aus folgenden Elementen: *sabdam*, *bhama kalapam* (dem Hauptstück), *padams* und *tarangams*. *Bhama kalapam* gibt der Tänzerin viel Freiraum zur Darstellung der Charaktere. Die Hauptfigur ist Satyabhama, die schöne, doch hochmütige Königin, die im Laufe des Stückes allmählich zu wahrer Liebe und Hingabe findet. Im *tarangam* zeigt die Tänzerin gewöhnlich einen Balanceakt – sie führt ihre Bewegungen dann auf der Kante eines Bleches aus.

Wie Kuchipudi erfüllte auch das *Yakshagana* Karnatakas eine soziale Aufgabe. Formal ein Singspiel, diente es – und dient in gewisser Weise noch – traditionell als volkstümliches Medium für phantastische Geschichten auf der Grundlage von Mythen und Legenden mit abschließender Moral: Das Gute siegt über das Böse. Es erzählt seine Geschichte in Liedern und Versen und erinnert in dieser Hinsicht an eine Oper. Bei modernen Inszenierungen spielen Worte jedoch eine untergeordnete Rolle, und die Texte gehen förmlich unter im Gehämmer der Trommeln.

Ein interessanter Charakterzug Yakshaganas ist, daß die Figuren, im Gegensatz zu Kathakali, frei sprechen dürfen, was erfahrene Schauspieler dann ausgiebig zur Improvisation und zur freien Entwicklung von Dialogen nutzen. Das Element des Tanzes ist weniger bedeutsam. Den Besucher werden vor allem Kostüme und Make-up beeindrucken, die die wichtigsten Züge der Charaktere umreißen.

Das Yakshagana-Repertoire umfaßt alte wie moderne Stücke, insgesamt mehr als 300, deren Entstehungszeit vom 16. Jahrhundert bis heute reicht. Die besten Yakshagana-Vorstellungen werden von einigen wenigen Tempel-Truppen gegeben.

Für Kerala ist *Kathakali*, was Bharata Natyam für Tamil Nadu ist. Es gilt als authentische Darstellung der künstlerischen Traditionen Indiens und als „eine der phantasievollsten Theaterformen“. Obwohl es eine direkte Verbindung zum Sanskrit-Drama hat, trugen auch rituelle, kultische, kämpferische und andere für sein Heimatland typische Elemente zu seine Entwicklung bei.

Kathakali ist eine hochstilisierte Tanzdramenform, die der Darstellung von Themen aus *Ramayana*, *Mahabarata* und anderen

Hindu-Epen, -Mythen und -Legenden dient. Unter Tanz ist dabei sowohl Bewegung als auch Mimik zu verstehen.

Eine typische Eigenart Kathakalis ist die große Bedeutung von *aharya-abhinaya*, dem Einsatz von Kostümen, Requisiten und Maske. Dadurch entstehen weniger Charaktere als vielmehr Typen. Je nach den Eigenschaften, die sie darstellen, kann man Figuren fünf Hauptfächern zuordnen, die durch das Make-up unterschieden werden.

Der Tanzkritiker Sunil Kothari bemerkte, daß Kathakali die Akteure auf das Äßerste fordert, da *„es die einzige Tanzform ist, wo der ganze Körper, Skelett und Muskeln bis hin zum kleinsten Gesichtsmuskel, zur Darstellung von Gefühlen benutzt wird."* Außerdem notiert er: *„Ein Kathakali-Darsteller spricht nicht; daß heißt, er spricht mit den Händen. Der Dramentext wird für ihn gesungen, als Grundlage für seine Interpretation. Die Karthakali-Künstler sind vor allen Dingen exzellente Schauspieler und Ausdruckstänzer, deren Eindruck auf das Publikum durch pulsierende Trommelschläge verstärkt wird."*

Mit Kathakali verwandt ist *Kudiyattam*, das zur Gattung des Dramas zählt. Es ist eine Tempelkunst mit Musik- und Tanzelementen, die ursprünglich nur von einer bestimmten Gemeinschaft praktiziert wurde. Die Darsteller benutzen ihr Make-up ähnlich wie im Kathakali, doch sie sprechen selbst – wenn auch in stilisierter Form. Diese Theaterform ist stark interpretativ ausgerichtet; ein Kudiyattam-Dramenzyklus erstreckt sich oft über mehrere Tage oder gar Wochen.

Mohini Attam wird wegen der Betonung der Anziehungskraft und Grazie des Weiblichen auch „Tanz der Verführerin" genannt. Mohini Attam wurde in den dreißiger Jahren wiederentdeckt, nachdem er praktisch in Vergessenheit geraten war, und hat es inzwischen zu nationaler Anerkennung gebracht – wenn er auch immer noch eine weniger bekannte Form ist. Eine Solo-Tänzerin bewegt sich dabei rhythmisch hin und her und läßt die Bewegungen harmonisch und gleichmäßig fließen. Der Schwerpunkt liegt auf der Darstellung weiblicher Launen und Gefühle. Zu den großen Mohini Attam-Darstellerinnen zählen auch solche, die nicht aus Kerala stammen.

Neben den klassischen Tänzen gibt es im Süden natürlich noch eine Reihe von Volkstänzen. Wie in anderen Ländern und Kulturen haben diese Tänze oft die Abfolge der Jahreszeiten oder wichtige Feste zum Gegenstand: etwa die Ernte oder religiöse Anlässe.

<u>Links</u>, <u>oben</u> und <u>rechts</u>: *Kathakali* erfordert aufwendige Vorbereitungen. Jede Figur trägt ein unverwechselbares Make-up.

Indiens Handwerker sind in ihrer Vielfalt durch jahrhundertealte Traditionen fest in ein soziales und religiöses Gefüge eingebettet. In diesem festgelegten Rahmen hat sich ein enormer Reichtum an Kunstfertigkeiten entwikkelt. Besonders in den südindischen Staaten werden in Städten, Dörfern und Dörfchen hochspezialisierte und sehr unterschiedliche handwerkliche Produkte erzeugt.

Man kennt bestimmte handwerkliche Produkte unter dem Namen des Ortes, in dem sie hergestellt wurden, zum Beispiel kommt ein „Bidri" aus Bidar. Eine besondere Art des schwarzen Steingutes entwickelte sich in Hoskote, einem kleinen Städtchen südlich von Bangalore. Ein „Kanchipuram" ist ein handgewebter seidener Sari im besonderen Stil der Kanchipuram-Weber. Irkal, Dharwar, Pochampalli sind die magischen Namen der südindischen Weberzeugnisse.

Das uralte, hierarchisch gegliederte Kastensystem gibt den verschiedenen Handwerkern einen festen Platz in der Gesellschaft. Töpfer, Schuhmacher, Schmiede, Weber und Korbflechter gehören in die ländliche Gemeinschaft. Sie geben ihr Können an ihre Kinder weiter und produzieren je nach Nachfrage eines überschaubaren Marktes. Generationenalte Erfahrung und eine tiefe Religiosität schufen Form und Normen der Arbeit. Kreativität ist das Vorrecht des Einzelnen, jedoch wird das Handwerkertum von bestimmten Regeln aus den *Shilpashastras* bestimmt, einer Sanskritabhandlung über die verschiedenen handwerklichen und künstlerischen Richtungen.

Die Herstellung von Kunstgegenständen und Stoffen ist weitgehend an Tempelfeste und religiöse Feiern gebunden. Messinglampen und Statuen, Steinskulpturen und „Tempelsaris" sind die bekanntesten und auffallendsten Produkte. Aber auch Goldschmiedekunst, Mattenweberei und andere Techniken sind eine Besonderheit des Südens.

Vorherige Seiten: Auf der Kathakali-Bühne werden komplizierteste Muster mühevoll ausgestreut und vor jeder Aufführung wieder weggewischt. Links: Ein Kalamkari zeigt den Tanz Krishnas auf der Schlange Kaliya. Rechts: Lakshmi, die Hindugöttin des Reichtums, wartet darauf, daß sie am Tempel von Mercara, Coorg, angebracht wird.

Andhra Pradesh ist hauptsächlich bekannt für seine Stoffe. Über 600 000 Weber stellen eine Vielfalt an Seiden- und Baumwollstoffen her. Aus wirtschaftlichen Gründen hat ihre Zahl abgenommen, doch haben handgewebte Stoffe nichts von ihrer Schönheit und Beliebtheit eingebüßt. Drei dekorative Arten, Stoffe zu gestalten, gehören eng zur Andhra-Tradition. Erstens, das Mustern der unverwebten Fäden durch abbinden oder batiken; erst beim Verweben der Fäden erscheint das vorher geschaffene Muster. Die Ränder der Motive

bekommen dadurch einen „strahlenden" oder „auslaufenden" Effekt. Die schönsten Saris in dieser *ikat*-Technik kommen aus dem Gebiet von Chirala und Pochampalli. Markante geometrische Vogel-, Tier- oder Blumenmotive werden in Quadrate gesetzt und schmücken die Kanten und Endstücke der Baumwoll- und Seidenstoffe. Der *rumal*, quadratisch wie ein Schultertuch, in rot, schwarz und weiß, ist ein typisches Produkt der Weber von Andhra Pradesh. Es gibt eine alte Tradition, das Webgarn für einige Tage in Öl und alkalische Erde einzulegen. Dies verleiht dem Tuch einen besonderen Duft und gibt ihm den einheimischen Namen *telia* oder *rumal* (ölig).

Die zweite und gängigste Art einen Stoff zu mustern besteht darin, verschiedenfarbige Garne miteinander zu verweben. Auch durch das gekonnte Verarbeiten von Kett- und Schußfäden entstehen neue Motive und verschiedenartige Strukturen. In den Saris aus Siddipet, Dharmavaran, Narayanpet und Gadwal werden dekorative Goldfäden in Borten und Endstücken verwebt.

Über das ganze Land verstreut entstehen in kleinen Hütten und Werkstätten die unterschiedlichsten Saris, von grob bis superfein, mit Karos, Streifen und kräftigen Farben. Während die Frauen und Kinder die Vorbereitungen und Nacharbeiten übernehmen, wie z. B. das Spannen und Färben der Garne oder

das Waschen der fertigen Stoffbahnen, sitzen die Männer täglich mehr als acht Stunden am Webstuhl. Das Klappern des Weberschiffchens, das Schimmern der Garnstränge, die von der Decke hängen, und das generationenalte Vertrauen in das handwerkliche Können sind die schöneren Momente des harten Existenzkampfes der vom Untergang bedrohten Handweber.

Kalamkari ist ein handbemalter Stoff, der seinen Namen dem Wort „*kalam*" für Stift und „*kari*" für Arbeit verdankt. Mit Stempeln werden die Umrisse von Vögeln, Bäumen und Blumen aufgedruckt und dann mit einem Bambusstöckchen ausgemalt, dessen eines Ende mit Baumwollstreifen umwickelt ist. Kalamkaris werden in Machilipatam und Kalahasti hergestellt, letzteres ist berühmt wegen seiner Tempelwandbehänge, die bilderrreiche Szenen aus religiösen Epen und Legenden zeigen. Auch die Umrisse sind hier handgemalt, mit Naturfarben aus einheimischen Pflanzen und Blüten. Die traditionellen Farben Ocker, Hellrosa, Indigoblau, Krapprot und Metallischschwarz sind die charakteristischen Farben der Kalamkaristoffe. Die reichverzierten Tempelbehänge sind sehr sorgfältig gearbeitet, von erlesener Qualität und werden als Sammlerstücke gehandelt, während die gedruckten Stoffe den größeren Markt für Möbelbezüge und Kleider beliefern.

Nirmal ist der Name des Ortes und des Handwerks, das in der Gegend von Adilabad ausgeübt wird. Auf Tischplatten, Holzkästen und Tabletts werden mit aus der Natur gewonnenen Farben berühmte Szenen aus den Epen *Ramayana* und *Mahabharata* dargestellt.

In der Gegend von Tirupati wächst das auffallend gemaserte rote Sandelholz, Raktachandan, das zu Puppen, Haushaltsgeräten, Schüsseln und Tellern verarbeitet wird. Auch religiöse Skulpturen werden aus diesem harten, aber elastischen Holz geschnitzt, u. a. Venkateswara, der Hausgott des nahegelegenen Tirupati-Tempels und der Gott Krishna in seiner beliebtesten Inkarnation.

Spezielle Schnitzmesser, wie *valu uli* und *gubba uli* werden zum Gestalten der Körperformen und Strukturen benutzt. Das Mann-Frau-Puppenpärchen in besonderer Kleidung mit passenden Ornamenten gehört zu den ausgefalleneren Produkten aus diesem Holz.

In Kodapalli, einem kleinen Dorf im Distrikt Vijayawada, wird eine faszinierende Art Spielzeug hergestellt, das exakt das Leben und Tun der Menschen spiegelt. Das Typische des Landlebens ist hier festgehalten: eine Frau, die Körner mahlt oder kocht, ein Wäscher bei der Arbeit, ein Mann, der auf eine Palme klettert und eine Unzahl von Webern bei dreizehn verschiedenen Stadien des Webvorgangs. Dieses Miniaturpanorama des täglichen Lebens ist ein Beispiel dafür, wie tief das traditionelle Handwerk in Indien verwurzelt ist.

Glänzend polierte Lackspielwaren werden in Ettikopakka im Distrikt Visakhapatnam hergestellt. Teilweise werden die Drehbänke noch von Hand betrieben. Während sich das eingespannte hölzerne Spielzeug in der Drehbank dreht, wird der Lackstock dagegen gedrückt. Durch die Reibung entsteht so viel Hitze, daß der Lack schmilzt und sich die Farbe fest auf dem Gegenstand einbrennt.

Traditionelle Handwerkskunst behauptet sich gegen moderne Massenfertigung. Von links nach rechts: Kalamkari-Malerei; Bidri-Einlegearbeit; Tanjore-Metallarbeit; Messingverkleidung auf Holzschnitzerei.

Kunst und Handwerk für den Hausgebrauch entwickelte sich gewöhnlich als Nebenprodukt der verschiedenen Formen, wie man den Göttern des Haustempels zu dienen hatte, oder wie z. B. im Schattenspiel ornamental bemalte, lederne Figuren benutzt werden, die *tholu bomalatta*. Aus durchscheinendem Leder geschnitten (Ziege, Rind oder Reh), mit leuchtenden Farben eingefärbt – rot, rosa, braun, grün und schwarz – und in Ornamenten perforiert, stellen diese zweidimensionalen Puppen die typischen Charaktere des *Ramayana* und *Mahabarata* dar. Sie werden an Bambusstöken vor der Stoffleinwand geführt, dahinter bilden flackernde Öllampen einen bewegten Hintergrund. Trommeln und Erzählung ergänzen die Szenen zum traditionellen Volkstheater. Während die Theaterpuppen bis zu 1,5 Meter groß sein können, gibt es für die Andenkensammler Miniaturausgaben.

Der Zigeunerstamm der Rambadis ist in Auftreten und Kleidung der totale Gegensatz zum Volk der Telugu in der Gegend um Bijapur. Ihre leuchtend roten, schwarzen und gelben Röcke, Blusen und Kopftücher sind reich mit Banjara-Stickerei und blitzenden Spiegelteilchen geschmückt. Sie ähneln im Stil jenen der Nomadenstämme in Gujarat und Rajasthan. Farbige Stoffstreifen werden als „Patchwork“ mit weißem Faden zusammengenäht und mit Glasperlen und Muscheln geschmückt. Banjara-Stickerei findet man heutzutage auf Taschen, Kissenhüllen, Gürteln und Decken für den Markt in den Städten.

Die Teppichweberei verbindet man automatisch mit Kaschmir und den nördlichen Teilen Indiens. Aber auch der Süden hat seine eigene Tradition in den berühmten Deccan-Brücken von Eluru und Warangal, die im 17. Jahrhundert begann, als die Weber mit der Mogularmee in den Süden kamen. Die Brükken sind flach gewebt, mit geometrischen Mustern oder Mustern persischer Herkunft, bekannt als *shatrangi*, dem alten Mogulnamen. Man kennt sie aber auch unter anderen einheimischen Namen für die speziellen Muster und die jeweilige Gestaltung der Kanten. Andere sind nach Telugus Schutzheiligen der Teppichindustrie benannt – wie z. B. „Ramchandra Khami“ und „Gopalrao Khani“ –, dem persichen Brauch folgend, poetische Namen zu geben. Zu hellen Farben wurden später zarte Blütenmuster auf cremefarbenen Untergrund eingeführt. Die Teppichindustrie konnte sich hier gut entwickeln, und die passende Baumwolle wird angebaut.

Karimnagar ist bekannt für seine filigranen Silberschmiedearbeiten. Dabei wird das Silber in Gitter-, Ranken- oder Blätterformen gepreßt oder gegossen, um Schmuck mit dem typischen Effekt von Spitze herzustellen. Geschickte Hände sind nötig, um die kleinen Teilstücke zu biegen und zusammenzufügen. Die Silberschmiede Karimnagars haben dafür eine interessante Methode ersonnen.

Kamaladevi Chattopadhyay, der prominenteste Führer der Bewegung zur Wiederbelebung des Handwerks in Indien, beschreibt, wie von einem Blatt einer Legierung aus Silber und Kupfer, bekannt als „Tankam“, kleine Streifen geschnitten, ausgewalzt und auf einen Ofen gelegt werden. Wenn das ganze heiß genug ist, werden trockene Reisspelzen darübergestreut: Diese entflammen und schmelzen die Tankamstücke. Das geschmolzene Tankam dringt in die feinen Rillen der Form ein. Das fertige Stück wird dann in kaltem Wasser abgekühlt. Das bekannteste Produkt der Karimnagar-Filigranarbeiten ist eine charakteristische Parfümflasche.

Pembarthi im nördlichen Andhra Pradesh ist seit alten Zeiten die Heimat einer besonderen Art von ziseliertem Messing aus der Kakatiya-Dynastie. Form und Stil sind den Arbeiten in den Tempeln von Lepakshi und Ramappa ähnlich. Besonders charakteristisch sind große Vasen,Töpfe und Wandreliefs.

Hyderabad vereint in seinen Handwerkserzeugnissen moslemische und westliche Einflüsse. Streift der Besucher durch die engen Gassen des Charminar-Viertels, wird er

Kunstgegenständen aus längst vergangenen Zeiten begegnen. Es war der Westen, der die unglaublich reichen Adeligen in Hyderabad faszinierte. Ihre Paläste waren Nachbildungen der europäischen und wurden von italienischen Ingenieuren entworfen und angelegt. Man kleidete sich auch nach westlicher Mode. Der Perlenmarkt von Hyderabad floriert bis zum heutigen Tage, und einige der überholten Bedürfnisse der Adeligen leben immer noch fort in der Herstellung von Kronleuchtern, Statuen und überladenem Nippes (diese Aufträge sind ohnehin nicht besonders belebend für das einheimische Handwerk).

„Bidriware" ist ein hochentwickeltes Handwerk aus dem Deccan. Man schwärzt die Oberfläche einer Legierung aus Zink, Kupfer, Blei und Zinn und legt sie dann mit feinem Silberdraht ein. Diese dekorative Technik geht auf die Bahmani-Dynastie zurück und wurde von den Mogulherrschern gefördert, deren persisches Erbe die Pflanzen- und geometrischen Muster erklärt. Die Formen waren auf die Bedürfnisse der Adeligen abgestimmt. Sorgfältig gestaltete Verzierungen, kombiniert mit ausgefeilter Technik, machen Hyderabad und Bidar – die ursprüngliche Heimat der Bidriarbeiten von Karnataka – zu bedeutenden Handwerkszentren des Südens

Karnataka bietet solide handwerkliche Qualität – keinen kurzlebigen, billigen Tand, sondern Stoffe, Stein- und Sandelholzschnitzereien und Töpferwaren vom Feinsten. Die Tempel von Belur und Halebid sind hervorragende Beispiele der Steinmetztradition, die sich während der Hoysala-Periode entwickelte. Durch die Stille dieser alten Tempelanlagen wird die erlesene Qualität der in die Wände geschnittenen Bilder nur noch mehr hervorgehoben. Eine Symphonie der Bewegung und der Musik: Götter, Göttinnen, Musikanten,Tänzer, Triumphwagen und Wagenlenker bedecken die Wände aus grauem Stein, der schwarz glänzt wie nach einem leichten Nieselregen.

Heutzutage haben die Steinmetzen weder Könige noch hohe Herren, für die sie arbeiten müssen, so fertigen sie eben Kopien von alten Statuen an. Kleine Öllampen für den Hausaltar, Gewürzbehälter und Miniaturküchengeräte als Spielzeug für die Kinder werden außerdem hergestellt. Doch leider ist der alte Glanz dahin, da Steinfriese im heutigen Leben nur einen begrenzten Markt haben, und die neuerliche Wiederbelebung der alten Kunst noch ganz am Anfang steht.

Holzschnitzer und Steinmetzen gehören der gleichen Kaste an und genießen somit das gleiche Ansehen. In den *shilpastras* wird die Holzart vorgeschrieben, die für ein bestimmtes Abbild benutzt werden darf, ebenso sind alle Details, wie z. B. die Uhr- und Jahreszeit zum Fällen des Baumes festgelegt. Damit wird der dem Baum innewohnende Geist günstig gestimmt. Besonders die Handwerkskünste, die ein hohes Können verlangen, sind eng mit der Religion verknüpft.

Links: Ein Weber braucht mehrere Wochen für einen einzigen Sari; Kanchipuram in Tamil Nadu. Oben rechts: Das fertige Produkt.

Karnatakas Holzschnitzer der Vishwakarma-Gemeinschaft benutzen für ihre hochqualifizierten und erlesenen Arbeiten Rosenholz, Ebenholz und Sandelholz. Wenn der Besucher erst einmal von der allgegenwärtigen Reihe hölzerner Elefanten genug hat, wird er die Vielseitigkeit des Holzhandwerks entdekken: Tabletts, Kästen, Statuen, Fächer und eine große Anzahl anderer Dinge werden hier hergestellt. Der Charme des Sandelholzes liegt in seinem Duft, seiner goldenen Farbe und seiner samtenen Oberfläche. Natürlich kann man mit Fälschungen betrogen werden: Sie bestehen aus gewöhnlichem Holz, das für eine Weile in Sandelöl getaucht wurde. Echte

Stücke sind ihren hohen Preis wert. Die Sandelholzkünstler, genannt *gudigars*, beziehen ihr Holz aus den Wäldern Karnatakas. Rosenholz ist dunkelbraun, mit einem tiefroten Schimmer. Darin werden Stücke von hellrotem Holz eingelegt, um geometrische oder bildhafte Dekors zu gestalten. Schwindende Wälder erhöhen die Kosten des Rohmaterials, was vielen Holzhandwerkern Probleme bereitet, die dann zu billigeren Qualitäten und Einlagen aus Plastik greifen. Der einstige Glanz der Holzschnitzkunst ist noch in den Torbögen und Wandtäfelungen der alten Tempel zu erkennen und an der Küste Karnatakas, wo von den Dorfbewohnern hölzerne Kultfiguren verehrt werden.

das Tor für Import und Export der Seide. Shimoga, Arasikere und Halebid waren die großen Seidenherstellungsgebiete. Das hier produzierte Seidengarn geht an Weber, die ihre eigene spezielle Farbpalette haben, ebenso besondere Bortenmuster und Motive, die in dieser Landschaft heimisch sind.

Eine Spezialität von Bellary sind Seidensaris mit Goldfäden. Der *irkal*-Sari und die dazugehörige Bluse in leuchtenden Farben werden in den Dörfern von Irkal und Galedgudda in der Gegend von Bijapur gewebt. Der „Dharwar"-Sari ist ein eher rustikaler Verwandter mit ausgesprochen kontrastreichen Borten, meist in Baumwolle, selten in Seide. Die Borten tragen das *rudraksha*-Muster, das die

Die Seide Karnatakas leuchtet und glänzt, wenn sie die kleinen Hütten der Handweber verläßt, die in ihrem tiefen Gefühl für Ästhetik die alten Muster bewahren. Während des Vijayanagara-Königreichs erreichte der Wohlstand der Weber seinen Höhepunkt. Die Gemeinde der Saliya-Weber kennt ein Schlaflied, das erzählt, wie der Großvater des Kindes seine Webereien auf einem silbernen Webstuhl mit kostbaren bronzenen Fäden herstellt. Die Auswahl an Seidensaris und Stoffen vom laufenden Meter lockt Leute aus dem ganzen Land, ihre Aussteuer hier einzukaufen.

Die berühmte Coromandel-Küste, bekannt für den Handel mit exotischen Gewürzen, war

Form der dunkelroten Kerne nachahmt, aus dem glückbringende Halsketten hergestellt werden. Kleine Sprossen und Spitzen, die einen Tempel symbolisieren, werden häufig für die Begrenzungen im Bortenmuster benutzt.

Eine besondere Stickerei namens *kasuti* wird in Dunkelblau, Grün und Braun auf Dharwar-Saris in der Gegend von Hubli appliziert. Mit feinen, sehr charakteristischen Stichen werden Pfauen, Elefanten, Tempel, Basilikum-Kraut und sogar Wiegen aufgestickt. Die Motive sind sparsam über den Hauptteil des Saris verstreut und konzentrieren sich dann in einer dichten Ranke nahe der Endborte (*pallav*). Schwere Baumwolle mit breiten Borten in leuchtendem Rot, Ocker, Grün, Blau und Braun ist ein Erbe des bäuerlichen Saris, der für die Feldarbeit eine bequeme Weite benötigte und unempfindlich gegen Schmutz sein mußte. Abgesehen von feinen Stoffen werden flach gewebte Brücken in leuchtenden Grundfarben und geometrischen Mustern in Navalgund erzeugt.

Ein wichtiger Teil des indischen Handwerks ist die Spielzeugherstellung, die von der ewigen Neugierde und Kreativität der Kinder genährt wird. Fährt man von Bangalore nach Mysore, gelangt man in den kleinen Ort Chennapatna, ein Zentrum für lackbemaltes Holzspielzeug. Im 16. Jahrhundert war es die Hauptstadt der Region, und die Künstler der Gemeinde Chitragar waren bekannt für ihre herrlichen Miniatursets von Kochtöpfen – komplett mit Mörser, Stößel und Rollholz. Die Schaffensfreude der Handwerker bringt nun volkstümliche Flugzeuge und Telefone für die heutigen Kinder hervor. Bälle, Rasseln und andere nichteinheimische Spielsachen gehen in den Export.

In **Tamil Nadu** ist die Verquickung von Religion und Handwerk am ausgeprägtesten. Die vielen berühmten Tempel des Staates sorgten für die Erhaltung und Förderung von Schmiedekunst, Handweberei und Schmuckherstellung. Es mußten Bilder und Figuren aus Stein und Metall geschaffen werden, die Götterbilder mußten drapiert und geschmückt werden. Dies schuf eine Konzentration von Schmieden, Webern und Goldschmieden, die sich ganz einem Tempel und der umgebenden Gemeinde widmeten. Jeder Tempelkomplex wurde so zu einem Zentrum religiöser, kommerzieller und künstlerischer Aktivitäten.

Kanchipuram war die bekannte Hauptstadt der Cholas und Pallavas zwischen dem 7. und 13. Jahrhundert. Mehr als 150 Tempel mit all ihren Göttern und Göttinnen schufen eine enorme Nachfrage nach Kunsterzeugnissen und Zubehör für Feste, die den verschiedenen Göttern gewidmet sind. Röcke, Sarongs und „Angavastrams" – Schals, um den Oberkörper zu bedecken –, aber auch Vorhänge, Schleier und Turbane mit besonderer Ornamentik mußten von den Webern hergestellt werden.

Die Herstellung jeder metallenen Figur und jedes Gefäßes war seit den frühesten Zeiten von spirituellen Ritualen begleitet. Beim Gießen gab es immer einige kritische Momente, bei denen es eher die göttliche Präsenz als des Künstlers Hand war, die das Gelingen eines Kunstgegenstandes zu bewirken schien.

Links: Kokosfaserfabrik in Alleppey, Kerala. Oben: Lackarbeiten werden in Heimarbeit hergestellt; Ettikopakka, Andhra Pradesh.

Das Metall nahm dann die kosmische Kraft der Gestalt an, die es darstellte. Man glaubte, daß diese Kraft sich später auf den Schrein oder Tempel übertrug. Verschiedene Sühneakte waren nötig, ebenso wie körperliche und geistige Reinigungen der Handwerker, um den Arbeitsablauf glückverheißend und erfolgreich zu vollenden.

Das Hauptzentrum der Metallschmiedekunst ist Swamimalai in Thanjavur, wo hervorragende Bronzefiguren gestaltet werden, außerdem entstehen hier dekorative Teller in Kupfer, Bronze und Silber.

Madurai, Salem, Chingelpet und Tiruchirapalli sind weitere Zentren, die eine unglaubliche Vielfalt an Tempelleuchten herstellen: vom winzigen Ein-Docht-Lämpchen bis zum komplizierten, 1,5 Meter hohen Leuchter.

Die Schmiede erheben für sich den Anspruch, von Vishvakarma abzustammen, dem Erschaffer der Götter, die über die Werkzeuge und Hände der Künstler bestimmen. Jedem Metall spricht man seine eigene Alchemie und heilenden Eigenschaften zu. Zu Beginn der Arbeit werden gewöhnlich spezielle Gebete gesprochen, die Götter müssen gnädig gestimmt werden, Hände und Verstand führen und in das Kunstwerk hineinschlüpfen.

Handwerk ist an bestimmte Kasten gebunden, und Tamil Nadu hat zahlreiche Handwerker, vom gehobenen Schmied bis zu den niedrigen Kasten wie Matten- und Korbflechter. Palmblätter werden geflochten, gefärbt oder mit erhabener Struktur versehen, um reichhaltige Formen und Größen von Kästen, Tabletts, Matten, Beuteln und Paravents zu erzeugen. Die Körbe und Kästen sind so leicht und schön, daß man viele davon haben möchte, um dann erst zu entscheiden, zu welchem Zweck man sie benutzen will. Tirunelvi, Ramanthapuram und Kanniyakumari sind die Hauptzentren der Korbflechterei.

Besonders zu erwähnen sind die Seiden- und Baumwollhandwebereien von Tamil Nadu. Die Weber haben Kanchipuram zu einem gängigen Begriff für die traditionellen Seidensaris gemacht. Charakteristisch sind gewagte Farben mit breiten, kontrastreichen Borten und *pallavs*, auch findet man Goldfäden in Linien und Karos und bildhafte Motive. Hier entstehen die leuchtendsten Baumwollstoffe Indiens. Ein typischer Kanchipuram, ob Seide oder Baumwolle, ist am Bortendesign zu erkennen, dem *gopuram*- oder Tempeldesign: breite, kontrastreiche Borten von erlesener Eleganz. Ein besonderes Merkmal einiger Saris ist die unterschiedliche Farbe in der oberen und der unteren Borte, dies nennt man „Ganga-Jamuna“, es symbolisiert die zwei bekanntesten Flüsse Indiens, deren Zusammenfluß das heilige Zentrum von Prayag oder Allahabad ist.

In Madras leben und arbeiten zahlreiche Goldschmiede, viele davon um den Tempel von Mylapore herum, einem imposanten Bauwerk mit seinem traditionellen, reich verzierten *gopuram,* malerisch umgeben vom Tempelteich.

Die Schmuckherstellung begann als Heimarbeit. Um Metall zu schmelzen oder um es in eine besondere Form zu bringen, blies der Handwerker durch ein langes Rohr direkt in die Flamme und gegen das Metall. Heutzutage sitzt er in der Tür seines winzigen Lädchens und stellt goldüberzogenen „Tanz-Schmuck" her: Silberschmuck wird in Gold getaucht, leuchtend violettes Papier wird in vorgeformte Schablonen gelegt, bevor ein blaßrosa Stein hineingedrückt wird. Das Resultat sind „rubin"-gefärbte Goldstücke in den traditionellen Mustern für den klassischen Tanz.

Die Wechselbeziehung von Kunst und Handwerk ist am besten in der Kleidung der klassischen Bharata-Natyam-Tänzer zu sehen, die eifrige Anhänger der alten Volkskünste sind: Sie tragen handgewebte Seide, besondere Schmuckstücke und tanzen zu den Klängen handgefertigter Musikinstrumente, sie werden von dekorativen, handgeschmiedeten Lampen beleuchtet vor einer geschnitzten hölzernen oder metallenen Statue von Ganesh, dem Elefantengott. Ein sehr typisches Schmuckstück sind das *thalaisaman* oder Kopfstück mit dem *rakodi*, den man oberhalb der Blüten im Haar trägt, oder die *chandrasuryan* (Sonne und Mond) an den Seiten, da der Kopf das Firmament symbolisiert. Der Ohrschmuck besteht aus drei Teilen, maatal (Kette), *jhimki* (hängender Ohrring) und *thodu* am Ohrläppchen. Für den Hals gibt es das *adigai*, das aus einer engen Halskette und dem Anhänger besteht, und eine längere Kette mit einem breiten *padakkam* oder Anhänger mit roten, grünen und perlenähnlichen Steinen, mit Pfauenmustern oder Blüten in einem halbmondförmigen Rahmen. Ein Armreif, *vanki*, für den Oberarm, Goldreifen für das Handgelenk, ein *odyanan* oder breiter, reichverzierter Gürtel und gelegentlich ein Haarschmuck, genannt *sarpam* (Schlange), um den langen Zopf zu schmücken, vervollständigen das Bild. Fast alle Bharata-Natayam-Tänzer beziehen ihren Schmuck aus diesen faszinierenden Zentren in Mylapore und in Nagercoil, wo die meisten der qualifizierten Goldschmiede Indiens arbeiten.

Kerala ist ein üppiges Land, reich an altem Erbe militärischer Kunst, Volkstheater, klassischem Tanz, tempelbezogenem Handwerk, einmaliger Holzarchitektur und einem wun-

Links: Bildhauer in Tanjore. Oben: Stuckfiguren aus der Hindumythologie schweben über den Tempel-*gopurams* in Mylapore, Madras.

derschönen Küstenstreifen, der das Land für eine Vielzahl von Einflüssen aus der ganzen Welt öffnete.

Die Gefäße aus Glockenmetall, die von den Moosaris in Kerala hergestellt werden, bilden ein spezielles Gebinde solider Formen. Riesige Gefäße aus einer Legierung aus Kupfer und Zinn, im Durchmesser fast 1,80 Meter, werden in der „Cire-perdue"-Technik hergestellt, nicht ohne vorher die festgelegten Rituale zur Beschwörung der Geister durchgeführt zu haben. Einige der mehr klassischen Stücke sind die *urli*, *charkku* und *varpu*, sie werden normalerweise für die Essenzubereitung im großen Stil verwendet. Es ist faszinierend zuzusehen, wie darin der Reis für die Elefanten des Guruvayur-Tempels gekocht wird. Ölkannen, Trinkbecher, Krüge, Schöpflöffel und Schmuckkästchen sind die kleineren Gegenstände für den täglichen Bedarf. Hängeampeln, *changalavelakku* und *kuthuvelalli*, Wasserspeier, runde kürbisförmige Wasserbehälter und kleinere Tempellampen im weichen, für Glockenmetall typischen Gelbton, sieht man überall in Kerala.

In der Stadt Aranmala leben zwei Brüder, die Metallspiegel herstellen: Sie mischen geheime Kräuter mit geschmolzenem Metall, um eine stark reflektierende Oberfläche zu erzielen. Nach einer alten Legende wurde diese Technik einer Frau der Gemeinde Vishvakarma offenbart, von der die Moosaris der Kammala-Kaste (Hersteller von Gegenständen, „die das Auge erfreuen") ihre Abstammung begründen. Die attraktiven langstieligen Spiegel sind teuer, haben aber einen hohen Liebhaberwert.

Der Schmuck von Kerala ist etwas Besonderes. Das Design goldener Halsketten ist sehr ausgefallen und wurde nie von Künstlern anderer Landesteile kopiert. Sehr feines und hochqualifiziertes Können sind Voraussetzung, um die zarten *poothali* und *pachhakalluthali* mit grünen Steinen herzustellen. Die Goldschmiede von Trichur sind berühmt und haben ihre Läden um den Vadakkumnath-Tempel herum, direkt im Herzen der Stadt. Dort bieten sie Goldschmuck und Gefäße aus Glockenmetall feil.

Holzschnitzereien findet man überall verstreut in Malabar, besonders in den alten, traditionellen Wohnhäusern Keralas und an Tempeldecken. Sie zeigen die hochentwickelte Schnitztechnik und eine große Vielfalt von Themen. Gottheiten, Elefanten, Pflanzen- und geometrische Muster bedecken riesige Panele und Säulen. In Kerala wird dunkles Ebenholz, Rosenholz oder Teakholz zum Schnitzen verwendet. Die heutigen Kathakali-Masken, Elefanten, Schmuckkästen und andere touristisch orientierte Produkte lassen die einstige Größe des traditionellen Handwerks noch ahnen.

Trivandrum und Cochin sind Holzschnitzzentren für die zeitgenössischen Produkte, während die hohe, alte Kunst der Holzbearbeitung noch im Padmanabhapuram-Palast und am Sri-Padmanabha-Tempel zu sehen ist.

Fährt man aus Cochin heraus, begegnet man fremdartigen, vielfältigen Erscheinungen einer Architektur der „Golfrückkehrer" (von den Wanderarbeitern, die Geld aus dem Mittleren Osten mitbrachten), man überquert den tiefgrünen Fluß Alwaye, das Grün der Palmen wird immer intensiver, und winzige, mit Palmblättern gedeckte Hütten sprenkeln den Küstenstreifen und bestimmen die Landschaft. Kodungallur, die historische Hafenstadt Malabars, ist durch den Sri-Kudumba-Tempel berühmt. Mattenweberei aus Palmblättern ist ein weitverbreitetes dörfliches Handwerk, es wird hauptsächlich von Frauen ausgeübt. Es ist eine zweite Einkommensquelle, während die Männer mit traditionellen Arbeiten, wie Fischen und der Gewinnung von Palmsaft, beschäftigt sind. In feinerer Qualität werden Tischmatten, Handtaschen, Sonnenhüte und andere „moderne" Objekte für die kommerziellen Märkte produziert.

Links: Der goldene Thron der Wadiyars, der Herrscher von Mysore. Oben: Geschnitztes hölzernes Relief: Vishnu schläft auf den Windungen der irdischen Schlange Anantha.

Keralas Handwebereien spiegeln den Lebensstil seiner Menschen: zurückhaltend, würdevoll und einfach. Männer und Frauen tragen den weißen *mundu* oder sarongähnliche Kleidung mit einer schmalen, farbigen Borte. Ein Hauch von Goldfäden mit einem *chutti*, einem bogenähnlichen Design an der oberen und unteren Ecke, ist der übliche Stil. Für Hochzeiten und besondere Anlässe wird der *kasavumundu* aus ungebleichter Baumwolle getragen. Hier ist die Borte acht bis elf Zentimeter breit, mit reinem *zari* (Goldfaden) gestaltet, der sich schön von dem cremefarbenen Hauptteil absetzt. Das Oberteil oder *angavastram* ist ein ähnlich einfaches Kleidungsstück; wenn man beides zusammenträgt, wirkt es wie ein Sari ohne vorderen Faltenwurf. Palghat und Trivandrum sind die Zentren der Weberei.

Das eigentliche Kunsthandwerk Keralas ist bisher von modernen Einflüssen unberührt geblieben. Bemühungen um die Wiederbelebung der Traditionen hat Künstler vielfach aktiviert, aber sie produzieren nunmehr für den städtischen Verbraucher, der das Handwerksstück eher als Kunstobjekt betrachtet. Der Zwiespalt zwischen Fortschritt und Bewahrung der alten Traditionen ist spürbar, aber die Kraft und Vitalität des kulturellen Erbes fördert doch die ursprüngliche Kreativität der Handwerkskünste im Land.

சந்திரசேகரன்

Das indische Kino hat sein fünfundsiebzigjähriges Bestehen glanzvoll gefeiert. Südindiens Kino ist 15 Jahre jünger und lebt von Filmen in Tamil, Telugu, Kannada und Malayalam.

Lange war Madras das Zentrum der Filmproduktion Südindiens. Filme in allen vier südindischen Sprachen, aber auch in Hindi, wurden hier hergestellt. Als Filmstadt wird Madras nur von Bombay in den Schatten gestellt. In mancher Hinsicht hat Madras sogar mehr zu bieten, was etwa technische Dinge wie gut ausgerüstete Studios und durchorganisierte Produktionspläne angeht. Dennoch werden heute die meisten Telugu-Filme in Hyderabad, Kannada-Filme in Bangalore und Mysore und viele Malayalam-Filme in Trivandrum gedreht; dort liegt das einzige staatliche Spielfilmstudio des Landes, die Chitranjali-Studios.

Die südindische Kinoszene hat eine besondere Eigenart, über deren Nutzen und Auswirkungen die Meinungen allerdings geteilt sind: Tamil- und Telugu-Filme bringen nämlich immer wieder Politiker hervor. Südindien hat dabei mehr zu bieten als einen Ronald Reagan, der sich in Hollywood als Schauspieler einen Namen machte und später Präsident wurde. Etwa M.G. Ramachandran, im Volksmund „MGR" genannt, der in vielen Filmen den verwegenen, siegreichen Helden spielte, den Inbegriff des Guten, und später Erster Minister Tamil Nadus wurde. Eine weitere Schauspielerin, Jayalalitha, war sein Förderkind und Nachfolgerin im Amt. Ja, eigentlich wuchs das Tamil-Kino mit der drawidischen Bewegung, als diese zu einer mächtigen politischen Kraft wurde und den Indian National Congress aus dem Staat verdrängte. Der erste Minister der Dravidenpartei (damals DMK genannt), C.N. Annadurai, war wie sein Nachfolger M. Karunanidhi ein Drehbuchautor mit beachtlicher Fangemeinde.

Daß dies kein Einzelphänomen war, zeigte sich in Andhra Pradesh, wo N.T. Rama Rao zehn Jahre lang Erster Minister war. Seine Filmrollen – gewöhnlich spielte er Hindugötter in religiösen Streifen, den „Mythologicals" – machten ihn beim Telugu-Publikum populär. Anders ist es in Karnataka und Kerala, wo die Superstars zwar viele Anhänger haben, doch es noch nicht zu politischem Einfluß brachten.

Die aufwendigen Filmreklamen gehören zum Straßenbild jeder südindischen Metropole.

Indien produziert die meisten Spielfilme der Welt: Im Rekordjahr 1984 waren es 912, später pendelte sich der Jahresdurchschnitt bei immerhin 773 Streifen ein. Der südindische Anteil betrug 1984 stolze 82 %, später pegelte er sich bei 60 % ein. Die Statistik der südindischen Spielfilmproduktion ist dennoch beeindruckend. Jährlich entstehen etwa 150 Tamil-Filme, 160 in Telugu, 70 in Kannada, 85 in Malayalam.

In älteren Tamil-Filmen wurde Unterhaltung ganz groß geschrieben. Unentwegte wie S. S. Vasan, der Straßenfeger wie *Chandraleka* (den größten Kassenschlager seiner Zeit) produzierte, oder Nagi Reddi, dem die mit 14 Studioetagen größte Produktionsfirma Asiens gehörte, oder A.V. Meiyappan mit seinen eigenen Studios gehören zu den Großen der indischen Filmgeschichte. Ihre Erfolgsfilme spielten immense Summen ein, von vielen gibt es Versionen in anderen Sprachen, auch in Hindi. Das technische Niveau ist gestiegen, obwohl die Handlung meist noch flach und klischeehaft ist. Zu den modernen Tamil-Regisseuren zählen K. Balachander, Bhagyaraj und Bharathi Raja. Ein paar avantgardistische Nachwuchsregisseure suchen erfolgreich neue Wege in der Kinolandschaft, doch für sie bleibt noch viel zu tun.

Der größte der großen Stars von gestern war M.G. Ramachandran. Sein Erzrivale auf der Leinwand, Sivaji Ganesan, ist der bessere Schauspieler und versuchte sich auch auf der politischen Bühne, wo er es jedoch nicht weit brachte. Er hat sich aus dem Filmgeschäft weitgehend zurückgezogen, doch tritt sein Sohn Prabhu in seine Fußstapfen.

Unter den herausragenden Schauspielern der Gegenwart ist die preisgekrönte Familie Hasan: Charuhasan, seine Tochter Suhasini und sein Bruder Kamalhasan. Kamalhasan ist außerdem erfolgreicher Produzent. Zu seinen Arbeiten zählen *Pesum Padam* („Sprechende Bilder"), ein Film, in dem nicht gesprochen wird, und *Nayakan*, die Geschichte eines Paten à la Marlon Brando. Ein weiterer Superstar das Tamil-Kinos ist Rajanikant, der von sich behaupten kann, in einem Hollywood-Action-Film mitgewirkt zu haben.

Bekannte zeitgenössische Schauspielerinnen sind Suhasini, Radhika, Sarita, Amala und Archana. Sie repräsentieren die gebildete, moderne junge Frau und spielen ihre Rollen mit Finesse. Die Filme selbst genügen modernen künstlerischen Ansprüchen leider nicht. Gesang und Tanz, oberflächliche Komödien, Stunt- und Gewaltszenen und soviel Sex, wie die Zensur durchgehen läßt, sind nach wie vor die Standardzutaten eines Tamil-Films.

Nicht viel anders verhält es sich mit dem Telugu-Kino, das in mancher Hinsicht sogar noch rückständiger ist. „Mythologicals" und sogenannte Folklorefilme – voller Götter, Dämonen und Trickaufnahmen – waren lange Zeit die Stütze der Telugu-Filmbranche, gefolgt von sozialen und romantischen Themen. Die großen Künstler der Telugu-Szene waren Akkineni Nageswara und N.T. Rama Rao. Doch das Telugu-Kino hat auch Charakterdarsteller wie Nagiah oder Ranga Rao hervorgebracht, die mit Tamil-Filmen ebenso erfolgreich waren. Eine besonders verdienstvolle Künstlerin ist Sharada, die dreimal zur besten Schauspielerin Indiens gekürt wurde (zweimal für einen Malayalam-, einmal für einen Telugu-Film). Ein Telugu-Film, der 1979 die begehrte Goldmedaille für den besten Spielfilm gewann, war *Sankarabharanam*, ein in ganz Indien populäres Musical.

Neue Trends setzen sich langsam durch, gefördert von neuen Regisseuren und Schauspielern. Ihrem Bestreben, aussagekräftigere, künstlerisch wertvollere Filme zu machen, steht allerdings die große Nachfrage nach seichter Unterhaltung entgegen.

Die Kannada-Filmindustrie entwickelte sich nur zögernd, bis 1965 die Regierung des Bundesstaates Anreize in Form von Subventionen und Steuererleichterungen schuf. Madras wurde als Zentrum der Filmproduktion nur allmählich von Bangalore abgelöst. Obwohl die Popularität von Melodramen und dem sogenannten „Liebesdreieck" ungeschmälert war, erreichten ein paar wagemutige Pioniere einen Durchbruch. *Samsakara* („Ritual"), eine Verfilmung des bekannten Romans von U.R. Ananthamurthy mit einem hervorragenden Drehbuch von Girish Karnad (der in dem Film auch mitspielte), gewann 1970 den Nationalpreis. Es folgten drei weitere Spielfilme, die 1975, 1977 und 1986 mit dem Nationalpreis ausgezeichnet wurden. Diese Erfolge sowie die Arbeit von Regisseuren wie Karanth und Kasaravalli versprechen dem Kannada-Kino eine große Zukunft.

Malayalam-Filme glänzen durch ihren künstlerischen Wert und sind wohl die zweitbesten ganz Indiens – gleich nach den Bengali-Produktionen. Natürlich werden auch nichtssagende Streifen auf Malayalam gedreht, doch erfreulich viele sind wirklich gut. Das mag mit an der hohen Alphabetisierungsrate Keralas liegen – der höchsten in Indien – und an der beachtlichen Zahl begabter Malayalam-Autoren, die viel gelesen werden.

Der erste Malayalam-Film, ein historisches Werk mit dem Titel *Marthanda Varma*, 1928 vollendet, war die Verfilmung eines bekannten Romans. Zu den großen Erfolgen der Geschichte des Malayalam-Films zählt auch der Streifen *Neelakukil* nach einer Erzählung des namhaften Schriftstellers Uroob. Der Film von P. Bhaskaran und Ramu Kariyat brachte erstmals die landschaftliche Schönheit Keralas einem breiteren Publikum nahe. Er gewann 1956 die Silbermedaille des Präsidenten (für den zweitbesten Film des Jahres). Dieser Ehrung folgte 1965 die Goldmedaille für *Chemeen* („Roter Fisch") unter der Regie von Ramu Kariat, der ebenfalls auf einem Roman basierte.

M.T. Vasudevan Nair, einer der großen zeitgenössischen Autoren Keralas, bewies mit exzellenten Drehbüchern meisterhaften Umgang mit dem Medium Film. Er versuchte sich auch als Regisseur und gewann bereits mit seinem Erstling *Nirmalayam* die Goldmedaille des Präsidenten für den besten Film des Jahres 1973 und mit seinem Hauptdarsteller P.J. Antony den Preis für die größte schauspielerische Leistung.

Das Malayalam-Kino hat Regisseure hervorgebracht, die national und international erfolgreich waren. Aravindan machte sein Debut mit *Utharayanam*, der von der Sonderjury zum besten Film über den indischen Freiheitskampf gewählt wurde. Seither wurden Aravindans Filme mit ihrer subtilen Darstellung zwischenmenschlicher Beziehungen im In- und Ausland preisgekrönt. *Chidambaram* („Die Heimstatt Sivas") gewann 1985 die Goldmedaille des Präsidenten, und die Hauptdarstellerin Smita Patil wurde als beste Schauspielerin ausgezeichnet.

Ein anderer großer Malayalam-Regisseur ist Adoor Gopalakrishnan, der bereits mit seinem ersten Film *Swayamvaram* Aufsehen erregte: Er gewann damit 1973 die Goldmedaille des Präsidenten, seine Hauptdarstellerin Sharada wurde für die beste schauspielerische Leistung geehrt. Gopalakrishnans Folgeproduktionen, etwa *Elipathayam* („Die Rattenfalle") oder *Mukhamukam* („Von Angesicht zu Angesicht"), sind herausragende Werke des Malayalam-Kinos; sehenswert sind alle seine Filme. Shaji, der als Kameramann begann, gewann mit seiner ersten Regiearbeit *Piravi* („Geburt") 1988 die Goldmedaille des Präsidenten. Sein 80-jähriger Hauptdarsteller Premji wurde zum besten Schauspieler gekürt. Der Film wurde auch international prämiert.

Zu den Regisseuren, die sich mit eigenwilligen Filmen als Meister ihres Fachs erwiesen, zählen John Abraham, der unter tragischen Umständen starb, ferner George, Pavithran, Mohan und Padmarajan, der auch ein bekannter Autor ist. Regisseure wie I.V. Shashi, Hariharan, Bharathan, Joshi und Satyan Anthikkad tendieren mehr zu profitorientierten Filmen, doch auch sie verstehen ihr Handwerk.

Unter den Darstellern fand ein Malayalam-Schauspieler sogar den Weg ins Guinnessbuch der Rekorde: Prem Nazir spielt in über 700 Filmen die Hauptrolle. Zu den großen Malayalam-Stars der Gegenwart gehören Mammootty und Mohan Lal. Außerdem gibt es eine Reihe von Künstlern, die allein durch ihr Talent den Erfolg eines Filmes sicherstellen, etwa Gopi und Balan K. Nair, die höchste nationale Auszeichnungen errangen, sowie Tilakan, der das Zeug zum größten Charakterdarsteller des Malayalam-Kinos hat.

Es ist bezeichnend für den modernen Malayalam-Film, daß keine weibliche Darstellerin Furore macht. Schauspielerinnen arbeiten ungeachtet der Sprache mal in einem Staat, mal in einem anderen – je nach Mode und Laune des Regisseurs. Das indische Kino steht und fällt mit dem Playback. Bekannte Sängerinnen produzieren Songs in Aufnahmestudios. Die werden dann den Leinwandheldinnen eingespielt, die nur noch Lippen- und Körperbewegungen dazu machen. Neuerdings geht man sogar noch einen Schritt weiter und reproduziert auch die meisten Dialoge nach dem Abdrehen. Dabei synchronisieren die männlichen Hauptdarsteller ihre Rollen meist selbst, die Schauspielerinnen, vor allem in größeren Rollen, bewegen oft nur noch die Lippen zu einer Sprache, die nicht die ihre ist. Touristen, die gern ins Kino gehen, sollten sich dessen bewußt sein, wenn sie einen indischen Film sehen.

Typische Szene aus einem Rührstück: Nach langem Leiden erfleht die Heldin die Hilfe einer Gottheit.

Sanft gewellte Hügel, fruchtbare Ebenen, trockene, mit Dickicht überwucherte Plateaus, tiefe Täler, in denen sich feuchter, immergrüner Wald erstreckt, und eine Küste, die zu den schönsten und längsten der Welt zählt – das ist Südindien. Große Teile der Halbinsel erleben zwei Monsunregen im Jahr: den Südwestmonsun von Ende Mai bis August und den weniger heftigen Nordostmonsun im Winter. Die Niederschlagsmenge ist von Region zu Region verschieden und im Landesinneren geringer als an der Küste und im angrenzenden Hügelland, das als Wasserscheide wirkt.

Die Vegetation besteht hauptsächlich aus trockenem, tropischen Wald, stellenweise auch aus feuchtem, immergrünem Wald oder Regenwald, etwa im Silent Valley oder den *sholas* der Western Ghats. Außerdem gedeiht in den Western Ghats, in Höhen von 1000 bis 1700 Metern, auch üppiger, subtropischer Bergwald. Flora und Fauna der indischen Halbinsel sind Teil des biogeographischen Gebietes Indien (innerhalb der orientalischen Region), in dem Überbleibsel ostafrikanischer Arten an die Zeiten erinnern, als noch eine Verbindung zu Gondwanaland bestand.

In den Eastern und Western Ghats wurden viele ungewöhnliche Tierarten entdeckt, die eng mit der Fauna der Berge Nordostindiens verwandt sind. Alles deutet darauf hin, daß diese Arten einst über das ganze Land verbreitet waren. Die feuchten Bergwälder der Ghats bieten den kleinen Populationen Zuflucht, die durch ökologische Verarmung in fast allen ihren Lebensräumen bedroht sind, mit Ausnahme der abgelegensten und unzugänglichsten Winkel ihrer früheren Verbreitungsgebiete.

Die Bundesstaaten Karnataka und Tamil Nadu besitzen die größten intakten Dschungelgebiete südlich der Vindhyas. Früher waren diese ausgedehnten Dschungel die privaten Jagdreviere der Regenten, insbesondere der aus Mysore. Nur deren „Schutzmaßnahmen" ist es zu verdanken, daß es diese Wildnis noch gibt; weite Teile stehen heute unter Naturschutz und bilden eine fortlaufende Kette von Nationalparks, Reservaten und Schutzgebieten.

Die zwei typischen Waldbewohner Südindiens sind große Pflanzenfresser: der majestätische Indische Elefant und der mächtige Gaur (*Bos gaurus*), ein großes Wildrind. Im Dschungel der miteinander verbundenen Nagarahole-Nationalparks, des Bandipur-Tiger-Reservats, des Mudumalai-Nationalparks, des Wynaad Wildlife Sanctuary und des weiter südlich in Kerala gelegenen Periyar-Tiger-Reservats an der Grenze von Kerala und Tamil Nadu lebt die größte Elefantenpopulation (nach Nordostindien). Die Reservate sind von Mysore aus leicht zu erreichen und touristisch erschlossen. Besonders komfortabel ist der Aufenthalt in der Kabini Lodge in Karapur im Nagarahole-Nationalpark.

Die Reservate sind sicherlich der beste Ort, um an Seen und Wasserlöchern Elefanten beim Trinken, Baden und beim Spiel mit ihren Jungen zu beobachten. Elfenbeinwilderer haben den Bullenbestand drastisch dezimiert, doch hin und wieder sieht man noch einen mächtigen Stoßzahnträger – als Einzelgänger oder Leitbulle. In diesen Wäldern wurde bis 1974 eine Elefantenfangtechnik praktiziert, die unter der Bezeichnung *Khedda* bekannt ist.

Dazu wurden an günstigen Stellen im Dschungel stabile Palisadenzäune errichtet. Gezähmte Elefanten und Treiber dirigierten über Tage und Wochen wilde Elefantenherden in diese Gehege und sperrten sie ein. Dann betraten zwei der stärksten zahmen Elefanten mit erfahrenen *mahouts* die Umzäunung, bezwangen einen nach dem anderen ihre wilden Artgenossen und führten sie ab. Sie wurden an Bäume gefesselt, an menschliche Gesellschaft gewöhnt und schließlich so abgerichtet, daß sie Befehlen gehorchten. Gerade in Gegenden mit hohem Bedarf an Arbeitselefanten zur Holzgewinnung war *Khedda* sehr verbreitet.

Der Gaur ist das größte Rind der indischen Ebenen. Junge Bullen sind kaffeebraun, ältere pechschwarz mit charakteristischen weißen Fesseln. Ausgewachsene Bullen sind gedrun-

Vorherige Seiten: Eine Herde wilder Elefanten in Bandipur, Karnataka. Links: In den Wäldern des Südens lebt eine wachsende Population von Großkatzen.

gene Tiere mit bis zu 1,82 Metern Schulterhöhe und können eine Tonne schwer werden. Sie leben in Hügelgegenden, meist im Wald, zeigen sich jedoch auf Nahrungssuche auch in offenen Ebenen. Nirgendwo sonst sind sie so zahlreich wie in Südindien.

Tamil Nadu: Die landschaftlich reizvollste Region Tamil Nadus sind wohl die Nilgiris am Südrand der großen Western-Ghat-Züge. Das trockene Tiefland Palghat Gaps trennt sie von den südlicher gelegenen Anamalai-Bergen.

Die Westhänge des Hauptplateaus der Nilgiris steigen abrupt von 100 bis 300 auf 1800 Meter an. Ähnliche Steilhänge im Süden des Massivs bilden eine glatte geologische Grenze. Die Hochebene ist gewellt, in den Tälern reicht sie auf etwa 1600 Meter Höhe und bis zu 2500 Metern auf den Gipfeln. Die Temperatur schwankt das Jahr über nur mäßig; es sind die beachtlichen Höhenunterschiede, die zur Ausprägung unterschiedlicher Lebensräume führten. Neben Regenwald, feuchtem, immergrünem Wald und Mischwald gibt es Dornwald mit weniger als 1000 Millimetern Niederschlag. Er ist mit den Savannen Ostafrikas vergleichbar; es gedeihen hier auch typisch afrikanische Bäume wie Akazien, unter denen die eleganteste Antilope Indiens, die Hirschziegenantilope (*Antilope cervicapra*), zuhause ist.

Die typische Vegetationsform der Gebirgsgegenden sind *sholas* oder geschützte, undurchdringliche immergrüne Wälder und offenes Grasland, wo der Nilgiri-Tahr lebt, das „evolutionäre Bindeglied zwischen primitiven Ziegenantilopen und echten Ziegen“ (so der amerikanische Zoologe George Schaller). Der einst fast bis zur Ausrottung gejagte Tahr ist infolge strenger Schutzmaßnahmen wieder verbreitet und am besten im Eravikulam-Nationalpark in Kerala, südlich von Coimbatore, zu beobachten. Dort leben etwa 550 Tiere. Im typischen Lebensraum des Tahr sinken die Temperaturen zwar selten unter den Gefrierpunkt, doch es ist oft neblig, regnerisch und kalt.

Das Mudumalai-Reservat, das 1940 in den Nilgiris entstand, ist das älteste Schutzgebiet Tamil Nadus. Es grenzt an das Bandipur-Tiger-Reservat (ein Project-Tiger-Reservat) und an das Wynaad-Schutzgebiet von Kerala. Hier gedeiht sowohl feuchter als auch trockener Wald, der hauptsächlich aus Teak (*Tectona grandis*) besteht. Diese Teakwälder wurde teilweise neu gepflanzt; mittlerweile sind sie von Elefanten und Gaurs bevölkert. Aber auch der Tiger (*Panthera tigris tigris*), der Leopard (*Panthera pardus*) und der Wildhund oder *dhole* (*Cuon alpinus*) sind hier zuhause.

Von diesen Raubtieren bekommt man am häufigsten *dholes* zu Gesicht. Früher wurden sie gnadenlos als Schädlinge verfolgt und fast ausgerottet, jetzt erholen sie sich in Bandipur und Mudumalai. Sie leben in Rudeln und jagen, indem sie ihre Beute bis zur Erschöpfung vor sich hertreiben und dann gemeinsam töten. Dabei verständigen sie sich untereinander durch eigenartige Pfeiftöne. Die rost- bis sandfarbenen Tiere mit dem buschigen

Schwanz wiegen ca. 15 Kilo und haben eine Schulterhöhe von 38 Zentimetern; die Weibchen sind zierlicher als Männchen.

Das größte Wildschutzgebiet in Tamil Nadu ist das Anamalai Wildlife Sanctuary. Hier lebt eine beachtliche Anzahl Tahrs und auch der hübsche schwarze Wanderu oder Bartaffe, der sonst noch im Silent-Valley-Nationalpark in Kerala und im Kalakadu-Mundanthurai-Schutzgebiet in Tamil Nadu vorkommt. Dort liegen übrigens einige der letzten unberührten, tropischen Regenwaldgebiete, deren Vielfalt an Pflanzen und Tieren einfach berauschend ist. Man kann dort ganze fünf verschiedene Primatenarten finden: den nachtaktiven Schlanklori, den Hutaffen, den Hulmanlangur, den Nilgiri-Langur und den Wanderu.

Ein ganz besonderes Schutzgebiet ist Point Calimere, das an der südöstlichen Küste nördlich von Sri Lanka in die Bucht von Bengalen hinausreicht. Hirschziegenantilopen und Axishirsche (*Axis axis*) leben in seinen Küstenwäldern und Ebenen; nach dem Nordostmonsun bevölkern Küstenvögel, Enten und Watvögel auf der Durchreise die Ufer. In der Lagune sieht man ab und zu Delphine.

In Tamil Nadu gibt es mehrere kleinere Wasservogelschutzgebiete mit zahllosen Kormoranen, Graureihern, Klaffschnäbeln, Löfflern und anderen Arten. Einer der wenigen Mangrovensümpfe Indiens liegt bei Pichavaram, sein versteckter Reichtum an Meeresleben und Vogelarten ist unschätzbar.

Karnataka: Im benachbarten Staat Karnataka, der an das Arabische Meer grenzt, gibt es soviele Lebensräume wie Klimazonen. Der jährliche Niederschlag von 600 Zentimetern im Westen nimmt auf den 150 Kilometern nach Osten bis auf 80 Zentimeter ab. Von Küstenebenen steigen steil die 1500 Meter hohen Bergrücken der Western Ghats auf. Im Osten gehen sie sanft ins Deccan Plateau über. Dazwischen gibt es bergige *sholas*, feuchten, immergrünen Wald, halb-immergrünen Wald, feuchten und trockenen Wald, der einmal jährlich die Blätter abwirft, Dornbuschland und Feuchtgebiete sowie Mangrovensümpfe. Auch hier leben in den Bergen vier Arten von Primaten.

Tiger gibt es vor allem in Bandipur, Nagarahole und Bhadra. Leoparden – deren Bestand wächst – sieht man in Nagarahole relativ oft. Die großen Pflanzenfresser dieser Region sind wieder Elefant und Gaur. Sambar (*Cervus unicolor*), Axishirsch, Bellhirsch *(Muntiacus muntjak)* und der nachtaktive, scheue Indien-Kantschil *(Tragulus memmina)* sind ebenfalls hier heimisch, außerdem der Chinkara-Hirsch (*Gazella gazella*) in den Wäldern und die Hirschziegenantilope auf dem Nordplateau. Allein über 2000 Hirschziegenantilopen durchstreifen das Ranebennur-Schutzgebiet. In den trokkeneren Gegenden Nagaraholes, Bandipurs und Biligirirangans lebt die Vierhornantilope (*Tetra-cerus quadricornis*).

Wölfe treten normalerweise in kleineren Rudeln auf dem Nord- und Südplateau auf, wo Buschland und Waldpflanzungen mit Feldern durchsetzt sind. Das häufigste Raubtier ist auch hier der *dhole*, der den Schutz der Wälder sucht.

Links: Reiher im Brutkleid. Oben: Den Bedürfnissen der wachsenden Bevölkerung fielen in Indien große Waldgebiete zum Opfer.

Den Lippenbär *(Melursus ursinus)* trifft man beinahe überall in der Wildnis Karnatakas. Er ist in den südindischen Wäldern weit verbreitet. Im Kaveri-Fluß gibt es den Sportfisch schlechthin, den ehrfurchtgebietenden Mahseer und das Sumpfkrokodil *(Crocodylus palustris)*. Für die Erhaltung der Meeresschildkröten, vor allem der olivfarbenen Bastardschildkröte *(Lepidochelys olivacea)*, engagiert sich mittlerweile auch die Regierung. An mehreren Küstenabschnitten werden sie sogar gezüchtet.

Zu den vielen Vogelarten zählt die große Indische Trappe; für Wasser- und Watvogelschutzgebiete sowie Nistplätze sind Ranganathittu und Kokkare Bellur bekannt.

Kerala: Der Staat Kerala im Südwesten ist fruchtbar und grün, mit Pfeffer-, Gummi-, Tee- und Kardamomplantagen. Der neben der allgegenwärtigen Kokospalme häufigste Baum ist der Jackfruchtbaum *(Artocarpus heterophyllus)*. Das Periyar-Tiger-Reservat am Kamm der Western Ghats ist das bekannteste Tierschutzgebiet Keralas. Der Wald hier besteht aus Grasflächen, immergrünen und laubabwerfenden Bäumen; er war einst privates Jagdrevier des Fürstentums Travancore. Ein 26 Quadratkilometer großer See bei Thakkady, der 1895 durch eine Staumauer geschaffen wurde, ist der Dreh- und Angelpunkt eines Ökosystems, das Elefant, Gaur, Sambar, Bär, Tiger, Leopard, *dhole*, Nilgiri-Langur, Wanderu und Malabar-Riesenhörnchen ernährt. Aus dem See ragen geisterhaft die Zweige toter Bäume gen Himmel und verleihen der Gegend etwas Unheimliches.

Zwei Hörnchenarten bevölkern Periyar und weite Teile Südindiens: zum einen das Malabar-Riesenhörnchen *(Ratufa indica)*, das in verschiedenen Waldtypen heimisch ist und sich von Früchten, Rinde, Blättern und Samen ernährt (insbesondere von Teaksamen, der in den meisten tiefer gelegenen Wäldern Südindiens vorkommt). Das kleinere Flughörnchen *(Petinomys fuscocapillus)* ist eher nachtaktiv und nur in der Dämmerung zu sehen.

Der Silent-Valley-Nationalpark ist ein 90 Quadratkilometer großes Regenwaldgebiet von wahrhaft urwüchsiger Schönheit. Er machte Anfang der achtziger Jahre Schlagzeilen, als er mit einer landesweiten Kampagne vor der der Überschwemmung durch einen geplanten Stausee bewahrt wurde. So ist er ein Panoptikum seltener Pflanzen und Kräuter geblieben und bietet nicht nur Elefanten, Wanderus und Tigern Lebensraum, sondern auch der berüchtigten Königskobra oder *hamadryad* (*Ophiophagus hannah*). Die beiden Reservate Eravikulam und Wynaad sorgen so für die Erhaltung der typischen Waldgebiete Keralas.

Andhra Pradesh: Weiter nördlich, in Andhra Pradesh, liegt Nagarjunasagar Sri Sailam, Indiens größtes Project-Tiger-Reservat. Andhra Pradesh ist fast eine einzige Ökonische: von den Feuchtgebieten Kollerus und Pulicats (wo viele Vogelarten vorkommen), den Mangrovensümpfen Coringas, über üppige Küstenlandschaft, trockenes Gras- und Buschland auf dem Deccan-Plateau bis hin zu den feuchten Wäldern im Norden der Eastern Ghats und den trockenen Nallamalais. Entsprechend vielfältig ist Flora und Fauna. Klimatisch ist der Küstengürtel feucht, das Deccan-Plateau semiarid bis arid. Unter den Vögeln kann man die große Indische Trappe und den

kleinen Florikan sehen. Im Cuddapah-Distrikt wurde 1986 von der Bombay Natural History Society eine seit 1900 für ausgestorben gehaltene Rennvogelart (*Cursorius bitorquatus*) wiederentdeckt – zur Freude der Naturfreunde.

Die scheuen Schlankloris suchen wie Vögel Zuflucht in den Baumwipfeln der tiefen Wälder des Chittoor-Distrikts. Das größte Raubtier der Wüste ist der Wolf *(Canis lupus)*. Er lauert auf dem Deccan-Plateau und stürzt sich allein auf sein Opfer, obwohl er zu zweit oder in lockeren Verbänden lebt, die gelegentlich auch gemeinsam jagen. Verbreiteter als der Wolf ist auch hier der *dhole*, der Wildhund. In bewaldeten Gegenden sieht man den Gaur, in trockeneren Gebieten den Chinkara-Hirsch, die Vierhorn- und Hirschziegenantilope und die Nilgau-Antilope (*Boselaphus tragocamelus*). Noch bis in die sechziger Jahre durchstreiften Büffel Teile des Visakhapatnam-Distrikts, jetzt haben sie sich nach Bastar in Madhya Pradesh zurückgezogen. An ihre Stelle ist eine kleine Elefantenherde getreten, die aus dem Dschungel weiter südlich kam. Das Sumpfkrokodil ist weit verbreitet, ebenso das Leistenkrokodil *(Crocodylus porosus)*. Es lebt im Coringa-Reservat, im Delta des Godavari. Dieses Salzwasserkrokodil ist berüchtigt, vor allem, weil es seinen Speisezettel hin und wieder durch Kühe, Ziegen und sogar Menschen bereichert. Die stämmige, mittelgroße Fischkatze *(Felis viverrina)* und eine Unterart des gemeinen Otters *(Lutra lutra)* kommen in Coringa allerdings häufiger vor.

Nagarjunasagar Sri Sailam ist mit tropischem, trockenem Wald mit jährlichem Blattwechsel auf durchschnittlich 600 Metern Höhe bewachsen. Der höchste Punkt liegt auf 917 Metern. Das Gebiet wird durch den Krishna-Fluß und zwei große Stauseen, Nagarjunasagar und Sri Sailam, durchschnitten. Teile der Region sind daher praktisch unzugänglich, während andere von Touristen, Fahrzeugen und Vieh förmlich überrollt werden. Nagarjunasagar Sri Sailam hat aufgrund seiner Größe (3568 Quadratkilometer) und den beschriebenen Umständen in gewisser Weise die schwierigsten Bedingungen für ein Tiger-Reservat. Dennoch zählte man hier über 60 Tiger und fast 60 Leoparden.

Insgesamt gibt es die meisten Wildhunde und Gaurs von Indien in Südindien – und wahrscheinlich auch die meisten Elefanten. Hier liegen auch die größten, intakten Dschungelgebiete des Subkontinents (abgesehen vom Nordosten, dem westlichen Uttar Pradesh und Teilen Madyar Pradeshs). Die Vielfalt seiner Wälder und seine unterschiedlichen klimatischen Gegebenheiten machen diese Einzigartigkeit Südindiens aus. Nur deshalb bietet es einer so weitgefächerten Tier- und Pflanzenwelt Lebensraum in unberührter Natur.

Links: Die drei Parks Nagarahole, Bandipur und Mudumalai beherbergen die größten Gaur-Herden. Oben: Der seltene Wanderu.

SOUTH INDIA
0 95 Kms. Appx.
GUJARAT
MADHYA PRADESH
Dhule
Akola
Nagpur
Raipur
Silvassa
DADRA AND NAGAR HAVELI
Nashik
MAHARASHTRA
MADHYA PRADESH
ORISSA
Chhatrapur
Koraput
Jagdalpur
Adilabad
Nanded
Godavari
Pune
Osmanabad
Nizamabad
Nizam Sagar
Palampet
Godavari
Araku Valley
Bidar
Medak
Yadgiri Gutta
Warangal
Vishakhapatnam
Solapur
Bhima
Gulbarga
Hyderabad
Secunderabad
Bhadrachalam
Sangli
Bijapur
INDIA
Khammam
Rajahmundry
Kolhapur
Ethipotala Falls
Vijayawada
Kakinada
Nagarjuna Sagar
Kuchipudi
Yanam (Py.)
Aivalli
Krishna
Srisailam
Guntur
Krishna
Machilipatnam
Belgaum
Badami
Patadkal
Panaji
Hubli
Tungabhadra
Kurnool
ANDHRA
GOA
Dandeli
Hampi
Ongole
PRADESH
Karwar
Hospet
Guntakal
KARNATAKA
Anantapur
Cuddapah
Davangere
Nellore
Jog Falls
Arabian Sea
Shimoga
Lepakshi
Horsley Hills
Tirupati
Nandi Hills
Pulicat
Chickmagalur
Halebid
Kolar
Hassan
MADRAS
Mangalore
Belur
Bangalore
Vellore
Kanchipuram
Shravanabelagola
Madikeri
Hosur
Mamallapuram (Mahabalipuram)
Krishnaraja Sagar
Mysore
Gingee
Tiruvannamalai
Kaveri
Cannanore
Sultan's Battery
Bandipur
Stanley
Ulundurpet
Pondicherry (Puduchcheri)
Mahe (Py.)
Udagamandalam (Ooty)
Mettur
Salem
Chidambaram
Calicut
KERALA
TAMIL NADU
Palghat
Coimbatore
Kumbakonam
Kaveri
Karaikal (Py.)
Guruvayur
Tiruchchirappalli (Tiruchi)
Thanjavur
Nagappattinam
Trichur
Anamalai
Malayattur
Cranganore
Kodaikanal
Point Calimere
Ernakulam
Munnar
Madurai
Karaikkudi
Cochin
Kottayam
Periyar
Palk Bay
Jaffna
Alleppey
Rameswaram
Quilon
Tirunelveli
Tuticorin
Trivandrum
Gulf of Mannar
Trincomalee
Kovalam
Nagercoil
Kanniyakumari
Cape Comorin
SRI LANKA
Kandy
Katunayake
COLOMBO
Galle
Bay of Bengal
Lakshadweep Sea
To Kavaratti I.
Bitra I.
Kadmatt I.
Bangaram I.
Agatti I.
Pitti I.
Androth I.
LAKSHADWEEP
Kavaratti I.
Kalpeni I.
Nine Degree Channel
(INDIA)
Minicoy I.
LEGEND
National Highway Number
Hill Stations
National Park/Wildlife Sanctuary/ Bird Sanctuary
INDIAN OCEAN
KEY MAP
DELHI
INDIA
Calcutta
Bombay
Madras
(INDIA)
(INDIA)

ANDHRA PRADESH

Der nördlichste Bundesstaat Südindiens, Andhra Pradesh, ist mit einer Fläche von 275 068 Quadratkilometern und 58 Millionen Einwohnern der größte der vier Staaten. Die Amtssprache ist Telugu, obwohl in der Hauptstadt Hyderabad und dem angrenzenden Telengana-Distrikt auch Urdu gesprochen wird. Andhra Pradesh entstand aus dem ehemaligen Fürstentum Hyderabad und den telugu-sprachigen Bezirken Madras'.

Geographisch setzt es sich aus dem semi-ariden Deccan-Plateau und den fruchtbaren Küstenebenen zusammen, die von Krishna und Godivari bewässert werden. Andhra Pradesh ist von großer topographischer Vielfalt, mit dichten Wäldern im Nordosten, flachen Reisfeldern an der Küste, schönen Stränden am Golf von Bengalen (insbesondere Bimliptatanam bei Waltair) und dem kargen, mit Felsblöcken durchsetzten Gebiet um Hyderabad, das nur von ein paar künstlichen Seen aufgelockert wird. Hier wird Reis, Hirse, Zuckerrohr und Tabak angebaut.

In Andhra Pradesh verschmelzen alle wichtigen Elemente der indischen Geschichte. Historisch ist es ein Bindeglied zu Indiens Nachbarn: Aus seinen Häfen gelangte indische Kultur nach Sri Lanka, Indonesien, Kambodscha und Thailand. Der von den Missionaren des Maurya-Kaisers Ashoka eingeführte Buddhismus faßte zur Jahrtausendwende unter den Sathavahanas Fuß und fand seinen Ausdruck in erlesenen Kunstwerken. Zu dieser Zeit und später, unter den Pallavas, den Chalukyas und den Kakatiyas, leistete Andhra wertvolle Beiträge auf den Gebieten der klassischen indischen Bildhauerei, der Architektur, des Hindu-Rechts und in Musik und Tanz. Die Ära der Bahmanis und der Qutb Shahi Sultans erlebte die Blüte der indo-islamischen Architektur, der Miniaturmalerei und der Urdu-Sprache.

Spuren dieses reichen kulturellen Erbes findet man oft: in den buddhistischen Kultstätten Amravati und Nagarjunakonda, in den frühen Chalukya-Tempeln Alampurs, in der Kalinga-Hauptstadt Mukhalingam und in den Vengi Chalukya-Tempeln von Draksharama und Bikkavolu. Diese letzteren sowie die Kakatiya-Bauten im Norden des Staates, die Vijayanagara-Gebäude im Süden und die Qutb Shahi-Architektur um Hyderabad sind die Früchte der Blütezeit Andhra Pradeshs.

<u>Vorherige Seiten</u>: Der Bhutanatha-Tempel in Badami. Die Kirche von Velankanni in Tamil Nadu. Der Monsun bricht über die Küste herein. Freie Fahrt nach Visakhapatnam.

It's on! It's Uptron!
UPTRON

HYDERABAD

Hyderabad, die Hauptstadt Andhra Pradeshs, wurde von den Qutb Shahis gegründet. Sultan Quli, mächtiger Lehnsmann eines schwachen Königs, folgte 1512 dem Beispiel seiner Nachbarn und erhob sich zum Herrn des von ihm verwalteten Territoriums. Man weiß viel über diese Zeit, teils aus örtlichen Chroniken, teils aus Reiseberichten – etwa denen der Franzosen Tavernier, de Thevenot und Bernier. Die Qutb Shahis waren Kunst- und Literaturmäzene und förderten die als *Dakhni* bekannte Kultur und Sprache. Sie war eine Synthese indopersischer und südindischer Einflüsse, die Sprache der Vorläufer von Urdu. Deccan wurde wieder das große Handelszentrum, daß es seit römischer Zeit gewesen war, als Plinius klagte, alles römische Gold flösse nach Indien. Gold, Silber, Pferde, Gewürze, Seide und Wein wurden gegen den unvergleichlichen Kunasamudram-Stahl, Diamanten, herrlich bemalte Stoffe, glänzenden Goldbrokat und feinen Musselin getauscht.

Die Qutb Shahi waren turkmenischer Abkunft. Ihre Dynastie brachte sieben Herrscher hervor. Ihre große Zeit, militärisch wie kulturell, hatten sie unter dem vierten und fünften Regenten, Ibrahim Quli und Mohammad Quli. Nach ihnen setzte der Niedergang ein. 1687 wurden sie von Aurangzeb besiegt, und der letzte der Qutb Shahi, Abul Hasan Tana Shah, starb in Aurangzebs Gefangenschaft. Unter der nun folgenden Herrschaft Asaf Jahis wuchs allmählich der britische Einfluß. Im Gegenzug für seine Unterstützung im Kampf gegen Tippu Sultan verliehen die Briten dem Nizam von Hyderabad den Titel „Unser Treuer Verbündeter“. Im 19. Jahrhundert gab es energische Versuche, diesen Einfluß einzudämmen, und so bewahrte Hyderabad seine Eigenständigkeit, bis es 1974 Teil des Unabhängigen Indien wurde.

Im Zuge der Umbildung des Landes gingen Teile des Nizam-Herrschaftsgebietes an Nachbarstaaten, andere verschmolzen mit Rayalseem und Küstengebieten zum heutigen Andhra Pradesh.

Das Char Minar aus dem 16. Jahrhundert ist ein Wahrzeichen Hyderabads.

Die Architektur der Qutb Shahi ist eine Form des Deccan-Stils, der sich unter persischen und hinduistischen Einflüssen aus dem Pathan entwickelte. Frühe Deccan-Architektur ist in Gulbarga zu bewundern, spätere Ausprägungen – in der dortigen Variante – in den Deccan-Sultanaten. Charakteristisch für diesen unverwechselbaren Regionalstil sind erhabene Proportionen, knollige, im Verhältnis kleine Kuppeln, die nicht das ganze Dach bedecken, hochaufragende Minarette und Spitzbögen. Er basiert auf soliden Bauprinzipien und großem technischen Können. Oft werden Stuckornamente und herrliche Enkaustik-Kacheln verwendet; provinzieller Charme triumphiert über strenge Klassik.

1589 plante Mohammad Quli zehn Kilometer vor Golconda, am Ostufer des Musi, eine neue Stadt. Die Überquerung des Flusses war kein Problem mehr, seit 11 Jahre zuvor die Brücke **Purana Pul** errichtet worden war, die der französische Reisende Tavernier 1645 mit der Pariser Pont Neuf verglich. **Charminar** ist das Herz von Mohammad Qulis Stadt und ein Meisterwerk der Qutb Shahi-Architektur. Leider ist in der Umgebung der Verkehr so stark, daß man es praktisch nirgends in Ruhe betrachten kann.

Der Bau ist aus Stein, mit Stuckornamenten und Verzierungen versehen, und hat einen quadratischen Grundriß von 30 Metern Seitenlänge. In jede Front ist ein mächtiger Spitzbogen eingelassen, der mit einer Lotosblüte an der Spitze und Medaillons zu beiden Seiten geschmückt ist. Von hier bis zu den Minaretten an jeder Ecke führt eine Reihe vertikaler Bögen, darüber verläuft eine Galerie, die über einem Kapitell aus Lotosblütenblättern auch um die Minarette führt.

Die nächste Etage des quadratischen Gebäudes besteht aus einer Reihe von Bögen und Kapitellen, die in gleicher Höhe wie die erste, doppelstöckige Galerie der Minarette enden. Darüber befindet sich ein plastisches, verziertes Band, ebenfalls von Stützen getragen, das wieder die Minarette umschließt. Darauf folgt eine Wand mit kleineren Rundbögen und eine zweite, die vermutlich jüngeren Datums ist.

Die Minarette sind 54 Meter hoch. Der ersten Galerie folgen noch zwei einstökkige. Die beiden unteren Abschnitte sind polygon, der nächste rund, der letzte gebogen, wobei sich der Durchmesser von Segment zu Segment verjüngt. Die Spitzen bestehen aus Kugeln, die aus Lotosblütenblättern „herauswachsen". Im Inneren befinden sich leicht gebogene Alkoven auf der breite der großen Bögen, ein Balkon auf der Höhe des ersten Stockwerks und Darstellungen von Shia *alams* (Kriegsszenen) in Gips.

Das Ganze ist grazil in der Proportion und meisterhaft in der Ausführung. Der Bau entstand 1591, zwei Jahre vor Gründung der Stadt. De Thevenot, der Hyderabad 65 Jahre später besuchte, sagte:

„Nichts in dieser Stadt ist so schön wie das Äußere dieses Gebäudes. Doch ist es umgeben von unansehnlichen Läden aus Holz, mit Stroh gedeckt, was den Genuß seines Anblicks schmälert."

Der obere Stock beherbergte eine Schule und eine Moschee. Er ist leider nicht zu besichtigen. Über Ursprung und Zweck des Charminar kursieren verschiedene Legenden (etwa, daß es zur Feier der Befreiung der Stadt von der Pest erbaut worden sei), doch historisch gesichert ist keine.

70 Meter nördlich des Charminar sind die vier riesigen Bögen **Char Kamaans,** unter denen zu Zeiten der Qutb Shahi die königliche Garde postiert war. Wenn Sie durch den westlichen

Bogen treten, Mitti-ka-Sher genannt, was eine Verstümmelung von *Sihir-i-Batil* („Land der Träume") ist, gelangen sie zu den Läden, wo alte Saris und Brokate verkauft werden. Auf diesem Gelände, bis zum Fluß, befanden sich die Paläste der Qutb Shahi. Im Sihir-i-Batil war damals noch ein goldverziertes Tor mit Türen aus Ebenholz und Sandelholz.

Die Straßen dieses Viertels säumen Geschäfte, wo Gold- und Silberschmuck verkauft wird, Perlen, Papierdrachen, einfache Gläser und billiges Porzellan. Bei dem Schrein an der Straße, der von einem Gipstiger bewacht wird, befindet sich der Zugang zu dem Platz der Silberschmiede und Juweliere. Hier können Sie alten Silberschmuck erstehen.

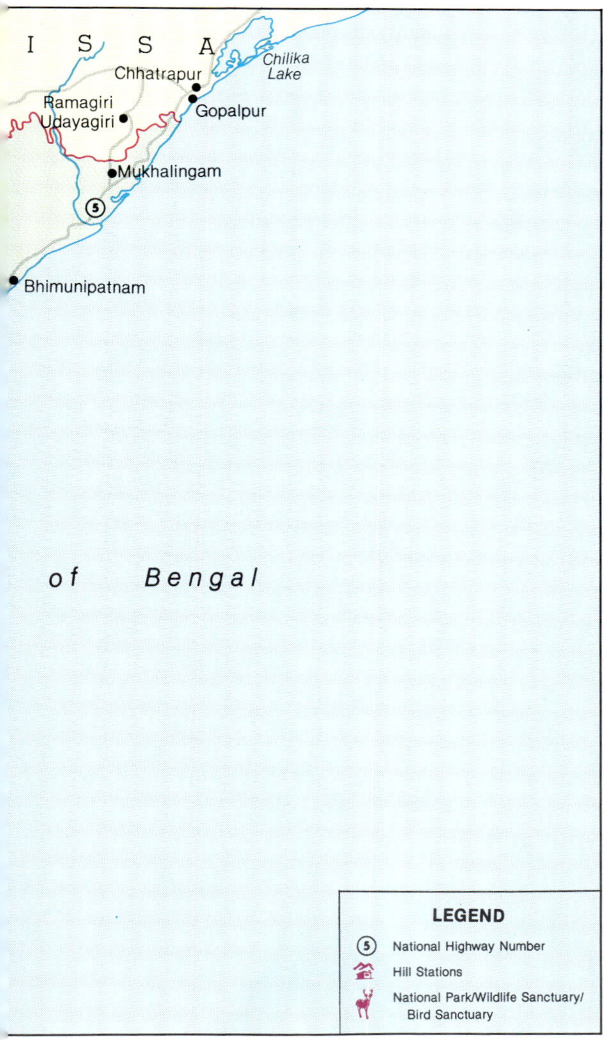

Larh Bazar ist eine enge Gasse, wo Brautschmuck und Armreifen verkauft werden. Sie führt in den **Chauk,** das Revier der Antiquitätenjäger.

Jami Masjid, nicht weit von Charminar, ist die älteste Moschee Hyderabads. Sie wurde 1597 erbaut und ist erfrischend schmucklos. Über dem Eingang befindet sich eine kunstvolle Inschrift, der Gebetsraum hat eine interessante Fassade.

Die nahegelegene **Makka Masjid,** ein Steinbau mit zwei Kuppeln, ist die größte Moschee Südindiens. Fünfzehn Bögen in drei Reihen tragen das Dach, die Gebetsnische ist aus einer einzigen großen Granitplatte gehauen. Der Bau wurde unter Aurangzeb vollendet, und so wird die Kürze ihrer Minarette gern seinem Geiz zugeschrieben. Hier sind die Asaf Jahi begraben. Musa Khan, unter Adullah Qutb Shah Aufseher über das langwierige Projekt der Makka Masjid, verlangte einen *damri* für jede ausgegebene Rupie und baute damit die schöne **Toli Masjid** an der alten Karwan-Hochstraße von Purana Pul nach Golconda.

Die interessantesten der anderen Qutb Shahi-Gebäude in der Nähe des Charminar sind **Badshahi Ashurkana** und Darul Shifa. Ersteres, das die religiösen Symbole der Shia beherbergt, hat im älteren Gebäudeteil, der Hauptnische und der Westwand noch seine originalen Enkaustik-Kacheln. Die verwirrenden kalligraphischen und geometrischen Ornamente der Kacheln lassen ahnen, wie die Fassaden anderer Qutb Shahi-Bauten im Originalzustand ausgesehen haben müssen.

Darul Shifa aus dem Jahr 1595 ist eines der bedeutendsten erhaltenen Gebäude, aber leider in erbärmlichem Zustand. Es war früher Krankenhaus und medizinische Schule. Hohe Türen führten in einen Hof, der an drei Seiten von doppelstöckigen Gebäuden mit großen Zimmern umgeben war. Hier wurde auf Staatskosten Unani-Medizin (griechische) gelehrt und praktiziert. Die Bäder sind nicht erhalten, doch kann man draußen an der Straße die Reste der Karawanserei erkennen, wo sich die Verwandten der Patienten aufhielten. Die Moschee ganz in der Nähe stammt aus der gleichen Epoche und hat mehrere schöne, kachelverzierte Medaillons.

Obwohl verstaubt und schlecht präsentiert, ist die große Mughal-Jadesammlung im **Salar Jung Museum** einzigartig. Es sind geschnitzte Stücke und Einlegearbeiten darunter, juwelenverzierte Kästchen, Dolche und Messer mit Tierköpfen und zarte, durchsichtige Trinkschalen in Blattform. Das Museum hat eine außergewöhnliche Sammlung von Manuskripten, Miniaturen, indischer Jade, Waffen und Rüstungen, chinesischem Porzellan, indischen Textilien und *pichwais,* Elfenbein, indo-persischer Glaskunst und Bidriware.

Die westlichen Sammlungen sind eher kurios als schön: Salar Jungs Geschmack hinsichtlich asiatischer Kunst war erlesen, doch bei abendländischer Kunst zeigte er Schwächen. Die verschiedenen Stile und die Entwicklung der indischen Miniaturmalerei kann man anhand der großen Miniatursammlung studieren. Das Spektrum reicht von frühen jainistischen Kalpasutras und vollblütigen Malwa Raga-Ragini-Gemälden aus dem 17. Jahrhundert über die ersten Einflüsse aus Persien und Europa bis zu herrlichen Beispielen der Mughal-, Deccan-, Rajput- und Pahari-Schule, *siyah qalam*-(Feder und Tinte)-Zeichnungen und illustrierten Deccan-Manuskripten.

Die Waffengalerie beherbergt eine Sammlung von Schwertern und Dolchen, die teils aus Kunasamudram-Stahl sind, aus dem auch die Meißel der ägyptischen Pyramidenbauer gewesen sein sollen. Neben historischen Mughal-Waffen wird das diamantenbestückte Zeremonialschwert Salar Jungs gezeigt. Unter den arabischen und persischen Manuskripten sind ein Koran aus dem neunten Jahrhundert in kufischer Schrift, ein Originaldiwan Hafiz', des großen persischen Dichters, kalligraphische Meisterwerke und königliche Signaturen.

Golconda: Das auf einer früheren Kakatiya-Festung acht Kilometer vor Hyderabad errichtete Golconda liegt 122 Meter über der Ebene. Es wurde von Quli Qutb Shah erbaut und erwarb unter den Qutb Shahi eine Aura von Reichtum und Romantik, die nie ganz verschwunden ist. Bis Ende des 16. Jahrhunderts war Golconda die Hauptstadt der Qutb Shahi.

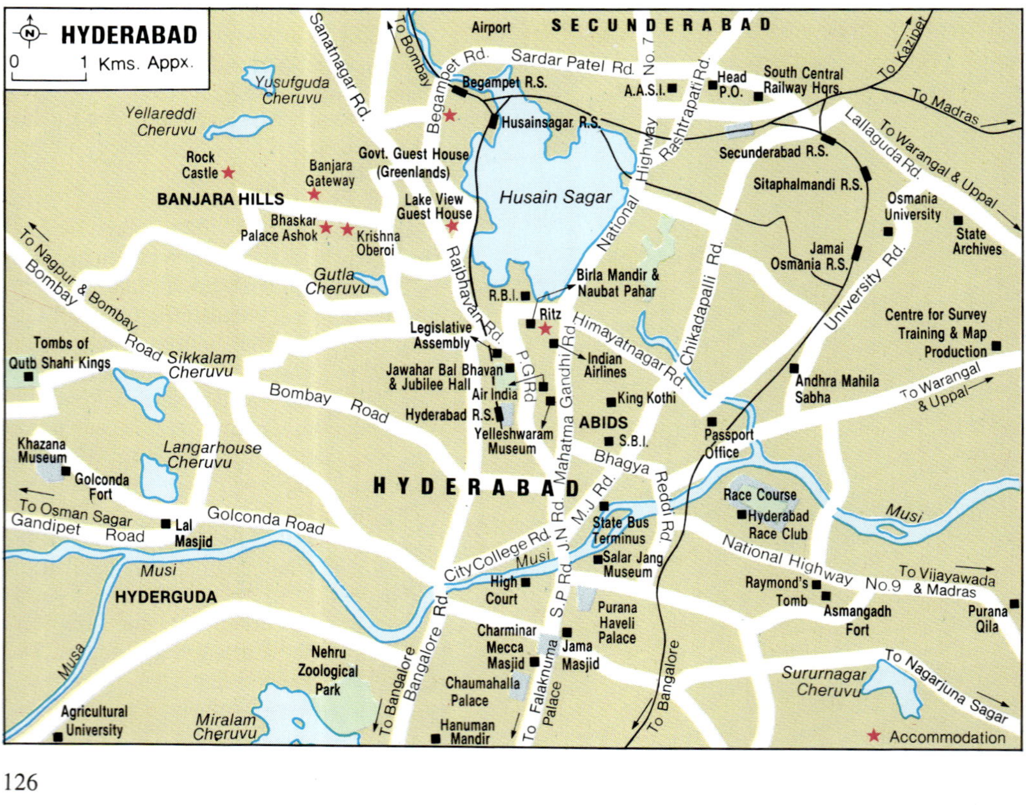

Die 15 bis 18 Meter hohe Stadtmauer umschließt Häuser, Läden, Wasserreservoirs und Felder. Sie besteht aus riesigen Blöcken einheimischen Granits, von denen jeder über eine Tonne wiegt. Es gibt 87 halbkreisförmige Bastionen (*burji*), die teilweise noch bewehrt sind. Jede Bastion trägt einen Namen. Petla Burj beherrscht die Landstriche im Westen. Musa Burj, eine dreistöckige Bastion im Südosten, wurde nach der ersten Mughal-Invasion von Musa Khan, dem Erbauer der Toli Masjid, errichtet und trägt eine Inschrift, die auf Telugu und Persisch die Geschichte einer Schlacht des Mughal-Feldzuges erzählt.

Von den acht Toren sind vier in Gebrauch. Die direkte Straße aus Hyderabad führt durch Fateh Darwaza, das Tor, durch das 1687 unter der Führung seines Sohnes Muazzam die Eroberer Aurangzebs eindrangen. Es war das einzige Mal, daß Golconda eingenommen wurde – durch Verrat. Von Mir Jumla, einem beim König in Ungnade gefallenen Deccan-Fürsten, zum Angriff aufgestachelt, mußte Aurangzeb 1656 zwar auf Anordnung seines Vaters Shah Jahan die Belagerung abbrechen. Doch das zweite Mal – er kam angeblich im Kampf gegen die Ketzerei – kehrte er mit dem märchenhaften Schatz, darunter der Diamant Koh-i-noor, nach Delhi zurück. Immerhin hatte ihm das Fort acht Monate standgehalten, bis er einen der Verteidiger bestach, der das Tor öffnete. An Abdulla Khan Pani erinnert man sich wegen seines Verrates während der Belagerung, an Abdul Razak Lari wegen seines Mutes.

Golconda war damals Zentrum des Diamantenhandels. Im Süden des Königreiches befanden sich Minen, und ein Großteil des königlichen Einkommens stammte aus den Steuern auf deren Betrieb. Ab einer bestimmten Größe standen die Steine dem König zu. Die Schleif- und Poliertechnik war hochentwickelt. Auch Perlen wurden – und werden – eingeführt und hier gebohrt.

Das **Bala-Hissar-Tor** ist der einzige Zugang zur Festung. Es wird durch eine Vorhangwand und Teakholztüren mit metallenen Dornen geschützt und führt

Wein und Attar wurden in Hyderabad traditionell für den Hof des Nizam und den Adel hergestellt.

in eine große Vorhalle. Rechts befinden sich Totenbäder, geradeaus die Wachkasernen und Nagina Bagh und links das dreistöckige Waffenlager. Blickt man hinauf, sieht man den innersten Wall Golcondas. Die riesigen, behauenen Steinblöcke auf natürlichem Granitfels sind ein imposanter Anblick.

Links am Waffenlager vorbei gelangt man rechterhand zur **Taramatis Moschee.** Sie hat vorne eine kleine, auf Bögen ruhende Plattform. Brüstung und Wand sind schön gearbeitet, doch ohne Kuppeln oder Minarette. Taramati war Abdulla Qutb Shahs Gefährte und wurde in der königlichen Gruft bestattet.

Links an der Außenwand sind die Kamelställe und die „Halle der Gerechtigkeit", geradeaus die Überreste der Königspaläste. Sie sind die interessantesten Ruinen der Festung. Ihre mächtigen Spitzbögen und dicken, stuckdekorierten Mauern, die rechteckigen und bogenförmigen Nischen und Spuren von Perlmuttintarsien und polychromen Kacheln lassen eine Datierung auf die frühe Qutb Shahi-Zeit zu. Manche Bauten sind zwei- oder dreistöckig und hatten einst Gärten mit Brunnen, türkische Bäder und spiegelgeflieste Ankleidezimmer. Mit Teppichen belegt und mit Seide ausgekleidet müssen die Zimmer im Schein zahlloser Lampen eine Pracht gewesen sein.

Drei Steintreppen führen zum Baradari hinauf. Beim Aufstieg sieht man in den Seitenwänden die Rohre des Wasserleitungssystems. Schaufelräder beförderten das Wasser aus den Reservoirs ganz oben zu Bädern und Spülzisternen. Außerdem bieten sich Ansichten der Palastruinen und des Umlandes mit den Grabmalen im Nordwesten. Auf halbem Wege befinden sich ein Brunnen, Bäderanlagen, die Reste von Abul Hasan Tana Shahs Gärten, ein Gefängnis, ein Getreidelager und eine Moschee. Die Inschrift am Getreidelager besagt, daß es unter Abdullah erbaut wurde.

Ganz oben gelangt man zu einem Tempel und zum doppelstöckigen **Baradari.** Die große Halle im ersten Stock hat harmonische Proportionen und wurde möglicherweise als Audienzsaal genutzt. Stu-

In den Bazaren um Char Minar kann man günstig Perlen, Stoffe und Metallarbeiten erstehen.

fen führen auf eine Terrasse und den steinernen *takht* (Thron). Im Westen ist die Außenmauer von Schanzwerk geschützt. Die zuständige Bastion ist Petla Burj. In einiger Entfernung sieht man die Pemamati-Moschee und den Taramati-Pavillion. Im Nordwesten liegen die Gruften der Qutb Shahi, im Norden erheben sich die Banjara Hills. Hier lagerte Aurangzeb während seines ersten Feldzuges. Einheimische Banjaras versorgten seine Truppen. In der Ferne sieht man Husain Sagar und dahinter Secunderabad. Hyderabad liegt im Osten.

Der Mir Alam-Stausee ist nicht weit, und hinter ihm erhebt sich der Berg Falaknuma. Im Südosten liegt der Exerzierplatz der Armee. Beim Abstieg zum Bala-Hissar-Tor kommt man an dem doppelstöckigen Gebäude vorbei, das das Büro von Akanna und Madanna gewesen sein soll, den Ministern Abdullah Qutb Shahs. Dafür gibt es allerdings keine gesicherten Anhaltspunkte. Nagina Bagh weist typische Elemente der Mughal-Periode auf und wurde vermutlich später angebaut.

Das Fort Golconda liegt 20 Minuten vor der Stadt.

Vor dem Bala-Hissar-Tor stehen die zwei mächtigen Bögen Habshi Kamaans. In den Räumen darüber waren Naubat Khana (die Zeremonienmusiker) und die äthiopische Garde untergebracht. Die Straße in Richtung der Grabstätten aufs Banjara-Tor zu schlängelt sich zwischen den Festungsmauern hindurch, vorbei an Schnitzereien mythischer Tierfiguren. Rechterhand liegt Katora Hauz, das von Ibrahim Quli erbaut und von Abul Hasan Tana Shah zum Baden genutzt wurde. In den Königsgruften liegen alle Qutb Shahi (außer dem letzten) mitsamt ihren Frauen, Konkubinen, Kindern, Ärzten und Ministern begraben.

Die Grabmale der Qutb Shahi: Insbesondere ihr vom ersten bis zum letzten einheitlicher Baustil ist bemerkenswert. Im Gegensatz zu den Moscheen haben sie alle eine mehr oder weniger zwiebelförmige Kuppel, die auf Lotosblütenkelchen ruht, und Minarette mit kleinen Kuppeln. Charakteristisch sind ihre Stuckornamente. Die meisten bestehen aus schwarzem Basalt mit sehenswerten kalligraphischen Inschriften. Im Zentrum der Anlage liegt das **Hamaan**, das von Sultan Quli errichtete Totenbad. Der eindrucksvoll schlichte Innenraum hat eine schön eingelegte Plattform. Fließend heißes und kaltes Wasser sind vorgesehen.

Im Westen liegt das Grabmal von **Sultan Quli** (das älteste), das gleichzeitig mit dem Hamaan erbaut wurde. Man erkennt seine Verwandtschaft zu Bahmani im einfachen Grundriß und der begrenzten Oberflächenornamentierung. Die Außenmauern der Gruft bestehen aus drei Bogenreihen auf jeder Seite, der Innenraum ist achteckig. Das Grab trägt Inschriften im Naskh- und Tauqi-Stil.

Das Grabmal **Mohammad Qulis** gegenüber dem Hamaan ist das imposanteste. Es steht auf einer Doppelterrasse, die Fassade ist im Kontrast zu den anderen Gräbern mit Pfeilern und Stürzen gestaltet. Die schlanken, achteckigen Säulen sind 6,60 Meter hoch. Die Endsegmente jeder Front enden in Bogennischen. An den Ecken laufen die Säulen über einem breiten Zierband in Minarette mit kleinen Kuppeln aus. Zwischen den Säulen liegt eine Brüstung mit Bögen und Zinnen. Zu Zeiten der Qutb Shahi waren die Grabstätten mit Teppichen und Vorhängen ausgestattet und beleuchtet. So berichtet Tavernier: *„Bei den Königsgräbern findet jeden Nachmittag gegen vier eine Armenspeisung statt. Wer etwas Besonderes sehen will, muß die Grabmale an einem Festtag besuchen, wenn sie von morgens bis abends mit herrlichen Wandteppichen behangen sind.“* 1687 kampierte hier Aurangzebs Armee. Damals wurde viel von der bunten Verzierung zerstört.

Hinter dem Grab Mohammad Qulis liegt auf einem hohen Sockel mit schwarzen Basalttoren und einer Doppelreihe Bogennischen das Grab von **Ibrahim Qutb Shah.** Die Kachelverzierung ist teilweise erhalten. Unter einer kleineren Kuppel liegt sein Sohn Mohammad Amin. Beide Grabmale zieren kalligraphische Inschriften; Muhammad Amins letzte Ruhestätte trägt die einzige kufische Inschrift ganz Golcondas und Hyderabads.

Die siebenjährige Regierungszeit **Jamshed Qulis,** des zweiten in der Qutb Shahi-Linie, war eine Art Interregnum zwischen Vater und Bruder. Er soll für den Mord an seinem 93jährigen Vaters in der Jami Masjid verantwortlich sein. Das Grabmal, das ihm zugeschrieben wird (obwohl keine Inschrift vorhanden ist), ist vielleicht das architektonisch schönste: mit einer doppelstöckigen Fassade, achteckigem Grundriß, Bogennischen auf beiden Ebenen und einem verzierten Balkon auf einer Stütze mit passendem, zinnenbestücktem Gesims, kleinen Minaretten an den Ecken und einer fast halbkugelförmigen Kuppel.

Hinter dem Tor zur Rechten liegt das Grab **Hayat Baksh Begums,** der einzigen Tochter Mohammad Qulis, des Gründers von Hyderabad. Die bemerkenswerte Frau wurde von ihrem Vater zum Regieren erzogen. Sie teilte sich die Königspflichten mit ihrem Mann Sultan Mohammad, dessen Grab in der Nähe liegt, und war Regentin und eigentliche Herrscherin des Reiches, bis ihr Sohn herangewachsen war. Die kleine Mo-

Die äußeren Mauern von Golconda umgeben die Zitadelle auf fast 13 Kilometer Länge.

schee vor ihrem Grab wird Aurangzebs Moschee genannt. Aurangzeb soll sie hier aus Achtung vor Hayat Baksh erbaut haben. Die Moschee links hinter dem Grab ist frisch restauriert und gereinigt und eine der schönsten von Hyderabad.

Außerhalb der Anlage liegt auf einer großen Terrasse das Grab **Abdullah Qutb Shahs,** des sechsten der Qutb Shahis. Wie bei den Gräbern seiner Eltern, Sultan Mohammad und Hayat Baskh, ist der fünfbögige obere Stock vom siebenbögigen unteren stark zurückgesetzt. Besonders bemerkenswert sind die Stuckornamente dieses Grabes sowie die erhaltenen glasierten Zierkacheln.

Die Asaf Jahi-Epoche begann 1724, als Nizam-ul-Mulk, der Mughal-Gouverneur Deccans, seine Unabhängigkeit von den geschwächten Mughals erklärte. Seine Nachfolger mußten sich im Kampf um die Vorherrschaft mit den Marathas, den Franzosen und der East India Company auseinandersetzen, wobei sie sich mal mit dem einen, mal mit dem anderen Gegenspieler verbündeten. Eine schillernde Figur aus den Annalen Hyderabads ist Monsieur Raymond, ein französischer Abenteurer, der 1775 zwanzigjährig nach Pondicherry kam und erst die Truppen Nizams, später die Herstellung von Wehrmaterial unter sich hatte.

Raymond muß einen guten Heerführer abgegeben haben. Er gewann die Herzen des Volkes. So Malleson: *„Kein Europäer von Rang und Namen hat in Indien je in diesem Maße Liebe, Achtung und Bewunderung der Einheimischen errungen."* Er war dem Land und der Sache seines Herrn ergeben und sah mit Unmut den wachsenden Einfluß der Briten auf den Nizam. 1798 erschoß er erst seine Tiere und beging dann Selbstmord. Das **Grab von Monsieur Raymond** auf einem kleinen Hügel in Sarurnagar ist an einem einfachen Granitobelisken mit den Initialen „J.R." zu erkennen. Zu seinem Todestag hielten die Einheimischen – wie für ihre heiligen Männer – für „Musa Ram" oder „Musa Rahim", wie sie ihn nannten, ein *Urs* (Fest) ab.

Die Residenz: In den Tagen der East India Company wurde Hyderabad um ein Regency-Anwesen bereichert, das

Die Festungsanlagen Golcondas blikken auf die prächtigen Grabmale der Qutb Shahi.

1803 von James Kirkpatrick erbaut wurde, der als ständiger Vertreter am Hof des zweiten Nizam weilte. Es sollte die kleinere Villa seiner Vorgänger ersetzen. Der Nizam stellte das Bauland zur Verfügung und trug die Baukosten: „Nizzy zahlt!“ erklärte der Gast, und der Nizam zahlte – sogar für überteuerte ausrangierte Stücke aus dem Brighton Pavilion.

Die von einem Angehörigen der Royal Engineers entworfene Residenz ist ein Musterbeispiel architektonischer Patzer, was einige reizvoll, viele ärgerlich finden. Die Hauptfassade hat einen Säulengang im korinthischen Stil. Ihr Ziergiebel trägt bis heute das Wappen der East India Company. Anstelle der beiden Sphinxen flankieren jetzt zwei Löwen die Granitstufen. Der Audienzsaal mit einer Galerie, ionischen Säulen und herrlichen Dekkenmalereien ist wohlproportioniert. Leuchter und Spiegel stammen vom Prinzregenten.

Kirkpatrick, Günstling des Nizam, war ein außergewöhnlicher Mann, der fließend Urdu und Persisch sprach. Es gab einen Skandal, als er ein Mädchen aus einer guten Familie Hyderabads – eine Verwandte des Premierministers –, die vor einer erzwungenen Heirat bei ihm Zuflucht suchte, bei sich aufnahm und später ehelichte. Als Zeichen seiner Liebe baute er für sie das **Rang Mahal** im indischen Stil. Interessant ist auch das Modell des Gebäudes und der Friedhof, wo einige bedeutende Namen ihrer Zeit zu finden sind. In der Residenz, die renoviert werden soll, ist jetzt das Women's College untergebracht.

Die modernen öffentlichen Bauten der Stadt sind reizlos und nicht zu vergleichen mit der Baukunst früherer Zeiten. Die Gebäude des frühen 20. Jahrhunderts, die **Osmania-Universität** in Tarnaka, der **Oberste Gerichtshof** und das **Osmania-Hospital,** liegen sich am Fluß Musi gegenüber. Wie die nahe Staatsbibliothek sind sie im Stil islamischer Pastiche erbaut. Dennoch haben sie ihren Reiz und vermitteln einen Eindruck von den Tagen der alten Ordnung in Hyderabad, den Jahren zwischen den Weltkriegen, die der Fotograf Raja Deen Dayal so wirklichkeitsnah festhielt.

Die inmitten stiller Gärten gelegenen Qutb Shahi-Grabmale sind in ihrem Baustil persisch beeinflußt.

Im **Bagh-e-Aam**, dem Park, liegt das Gebäude der **Rechtsprechenden Versammlung,** das aus der gleichen Zeit stammt, mehrere hübsche Pavillions, die noch für öffentliche Empfänge genutzt werden, und das **Staatliche Archäologische Museum.** Leider ist das Gebäude hoffnungslos überfüllt, und so liegen unbezahlbare Schätze aus Andhras Vergangenheit achtlos in den Gärten der Archäologischen Abteilung herum.

Zur Sammlung des Museums gehört ein herrlicher Chalukya-Mahavir aus poliertem schwarzem Basalt aus dem zwölften Jahrhundert. Zu den buddhistischen Kostbarkeiten zählen ein stehender Buddha des vierten Jahrhunderts aus Oppokondur und mehrere Stücke aus Amravati. Im Museumsgarten befinden sich bearbeitete Säulen und Dachplatten aus der Kakatiya-Epoche, die zu einem kleinen Pavillion zusammengestellt wurden. Auch islamische Inschriften und eine Waffensammlung werden gezeigt.

Gegenüber vom Bagh-e-Aam ist **Naubat Pahar,** eine natürliche Erhebung von 90 Metern, von der aus im 17. Jahrhundert die Mughal-*firmans* (-Edikte) verlesen wurden. Hier befinden sich das **Birla-Observatorium** und **-Planetarium.**

Der **Nehru Zoological Park** liegt am Ufer des nach Mir Alam benannten Sees. Mir Alam war der Premierminister des zweiten Nizam. Teile des Geländes sind weitgehend naturbelassen. Manche Tierarten sind nicht in Käfigen, sondern hinter Gräben untergebracht. Es gibt einen Pavillion mit nachtaktiven Tieren, eine Krokodilzucht und eine große Voliere mit Wasservögeln.

Husain Sagar, ein großer Stausee des 17. Jahrhunderts, trennt Secunderabad von der älteren Stadt Hyderabad. Die Staumauer reicht zurück bis in die Regierungszeit Ibrahim Qutb Shahs, dessen Schwager Husain Shah Wali ihr Erbauer und Namenspatron ist. Die Statuen auf der Staumauer sind von 1986.

Secunderabad wurde 1806 nach als britische Truppenunterkunft gegründet. Diese Vergangenheit und seine Gegenwart als Handelsstadt lassen es ordentlicher – und farbloser – erscheinen, als die chaotische „Zwillingsstadt“ Hyderabad.

Vidhan Sabha, das Gebäude der gesetzgebenden Versammlung Hyderabads.

DAS LAND DER „ANDRAE“

Der Ort, wo sich Nagarjunakonda ursprünglich befand (166 Kilometer südlich von Hyderabad), der Berg Nagarjuna, liegt heute unter den Wassern des Nagarjunasagar. Bevor er überschwemmt wurde, entdeckte man Hinweise, daß er von der Steinzeit bis zum Mittelalter besiedelt war. Seine Blütezeit lag im Jahrhundert der Ikshvaku-Regentschaft, die im zweiten Viertel des dritten Jahrhunderts n.Chr. begann. Damals hieß das Tal Vijayapuri – eine Verbindung zu Nagarjuna, dem buddhistischen Philosophen des zweiten Jahrhunderts, ist unbekannt.

Das Tal Nagarjunakonda war an einer Seite vom Krishna, an den drei anderen von natürlichen Schutzwällen umgeben. Die Satyavahana-Kultur war bereits seit 200 v. Chr. im Godavari-Krishna-Bekken beheimatet und hatte ihre Blütezeit zu Beginn des ersten Jahrhunderts.

Der römische Gelehrte Plinius berichtet, das Land der „Andrae“ habe dreißig befestigte Städte. Ihr Reichtum beruhte mehr auf Handwerk und Handel als auf Ackerbau, und die Einwohner waren eher städtisch als bäuerlich. Der Handel blühte, vor allem mit Rom, doch auch mit Südostasien. Das bedeutendste Produkt war Musselin. Über tausend Jahre vor den europäischen Niederlassungen unterhielten die Römer schon Handelskontore an der Küste Andhras.

Der Buddhismus war Volksreligion. Die Ikshvaku-Herrscher Nagarjunakondas waren Anhänger des Brahmanismus, doch ihre Frauen tendierten zum Buddhismus und veranlaßten den Bau vieler *chaityas* und Klöster. Chamtasri, die Schwester Chamtamulas, des ersten in der Ikshvaku-Dynastie, ließ das älteste hier entdeckte buddhistische Bauwerk errichten, den Mahachaitya-Komplex. Platten mit den Namen der Spender belegen, daß das Königshaus zwar viel beitrug, daß aber Künstler und Handwerker, einzeln und in Gilden, das eigentliche Rückgrat der Sangha waren. Offensichtlich war der Wohlstand auf alle Gesellschaftsschichten verteilt.

Drei himmlische Schönheiten aus Ganapeshwaralayam, Mulugu, Warangal.

Die Ikshvaku-Regenten stammten aus Andhra und übernahmen die Satyavahana-Kultur – allerdings in einfacherer Form. Unter ihnen verlagerte sich das Zentrum von Amravati nach Nagarjunakonda (35 Kilometer nordwestlich von Vijayawada Guntur). Die Reliefs Nagarjunakondas zeigen denselben Stil und Ausdruck, dieselbe Technik, doch verglichen mit denen Amravatis haben die Figuren einen naiveren Gesichtsausdruck und einfachere Posen. Tiere und Pflanzen spielen eine größere Rolle. Die Buddhisten Andhras bearbeiteten stets weißen Kalkstein mit graugrünem Schimmer. Wie die griechischen Bildhauer bemalten sie ihre Skulpturen.

Neun wichtige Bauten der Ikshvaku-Epoche wurden in der mittelalterlichen Bergfestung rekonstruiert, die heute eine Insel am Ostufer des Sees ist. Die Brahman-Tempel sind die ältesten Südindiens, die buddhistischen Bauwerke sind jedoch zahlreicher. Aus ihnen stammen die meisten Skulpturen im Museum.

Die Ruinen der weltlichen Gebäude vermitteln das Bild einer Stadtanlage mit breiten Straßen, Abwassersystem, öffentlichen Bädern, Versammlungsräumen und Gasthäusern. In Reliefs werden Spiele und Vergnügungen wie Ringen, Tanzen und Trinken dargestellt, und es wurden Steine mit Einkerbungen gefunden, die man zum Würfelspiel benutzte.

Hier liegt auch das einzige Amphitheater Altindiens – mit exzellenter Akustik, was auf die Bedeutung der Musik und auf eine Verbindung zum damaligen Rom hinweist. Eine riesenhafte Buddha-Darstellung beherrscht das Museum. Wie alle Buddha-Statuen Andhras folgt auch diese den Grundsätzen Mathuras (zwischen Delhi und Agra). Doch die Bildhauer Nagarjunakondas und Amravatis richteten sich nicht nur nach der Sanchi- und Barhut-Tradition Madhya Pradeshs und Mathuras (tiefe Reliefs auf verschiedenen Ebenen, die das Licht fangen) wie bei Wandbildern und Rondellen, sondern sie übernahmen aus Gandhara die Lebendigkeit der Figuren und die Rhythmik der Komposition.

Die Gedenksäulen sind seltene Beispiele weltlicher Kunst und erinnern an militärische und künstlerische Leistungen. Man hat römische Münzen gefunden und Terracotta-Köpfe, die auf hellenistische Einflüsse hinweisen. Schmuck, rituelle Gefäße und Reliquiare sind aus Edelmetallen, doch die wahren Schätze Nagarjunakondas sind die verzierten Platten, Balken, Simse und Säulen.

Vijayawada: Der Krishna, einer der großen Ströme Indiens, beherrscht die quirlige Handelsstadt **Vijayawada.** An seinen Ufern ist es still und friedlich – ein krasser Gegensatz zu der Stadt, einem Alptraum von namenlosen, planlosen und überfüllten Straßen ohne Bäume und Grünanlagen.

Eine Ausnahme ist die **Bandar Road** mit dem **Victoria Jubilee Museum.** Das mustergültige, kleine Heimatmuseum liegt in einem schattigen Garten mit alten Bäumen. Zu der kleinen, aber sehenswerten Skulpturensammlung auf der Veranda gehört ein früher Shiva aus weißem Stein: zweiarmig, sitzend, mit einem Nandi – eine der ältesten Pallava-Skulpturen aus dem Krishna-Tal. Im Museum selbst befinden sich prähistorische Funde, Kunsthandwerk und Münzen. Die buddhistische Abteilung ist klein, besitzt aber einige seltene Stücke.

Die Stadt ist modern und doch Geschichte. Im **Höhlentempel Mogalrajapuram** befindet sich eine frühe, stark beschädigte Darstellung Shiva Natarajas. Der **Akanna-Madanna-Tempel** ist auf zwei Ebenen in den Berg gehauen. Auf dem Gelände wurden Kapitelle und Träger aus einem Vengi Chalukya-Tempel des neunten Jahrhunderts aus Jammidoddi rekonstruiert, dessen Decke von lächelnden Gnomen getragen wurde: einziger Rest aus drei Jahrhunderten und schwacher Abglanz alter Traditionen.

Die **Ondavalli-Höhlen** am anderen Flußufer liegen landschaftlich schön. Die Höhlentempel aus dem sechsten und siebten Jahrhundert mit Resten verzierter Säulen und Wandnischen für Skulpturen sind ein Vorgeschmack auf die freistehenden Tempel des achten Jahrhunderts. Fünfundzwanzig Kilometer nördlich von Vijayawada liegt **Kondapally,** ein für seine bemalten Holzfiguren berühmtes Dorf. Sein ländlicher Charme wird von einem Heizkraftwerk zerstört, doch

Fischerboote in Visakhapatnam.

Kondapally ist den Aufstieg wert. Es wurde im 13. Jahrhundert von den Reddi-Königen Kondaviddus erbaut und später von den Qutb Shahi erweitert.

Machilipatnam (von „Maisolipatnam“) ist von alters her Zentrum für *Kalamkari*, den bunt bemalten Stoff, der schon vor über tausend Jahren exportiert wurde. Für den Export dieses Stoffes wurden im 17. Jahrhundert die ersten englischen und holländischen Handelsstationen eingerichtet. Zur Kalamkari-Herstellung bedurfte es 14 bis 15 Arbeitsgänge nach Ansetzen der Farbe, darunter die Fixierung mit ätzenden Substanzen.

Amravati: In Amravati (35 Kilometer nördlich von Guntur) erreichte die Kunst des Krishnatales im zweiten Jahrhundert n. Chr. ihren Höhepunkt. Als im ersten Jahrhundert n. Chr. die Satyavahana die Macht übernahmen, entwickelte sich Andhra unter buddhistischem Einfluß und den Handelsbeziehungen zu Rom. Die Satyavahana hatten sich bereits im westlichen Deccan als Mäzene gezeigt und brachten eine tolerante Kultur, die Kunst und Wissenschaft förderlich war.

Der Buddhismus jener Zeit befand sich im Wandel: Buddha wird zum ersten Mal in Menschengestalt gezeigt (früher wurde er durch Symbole repräsentiert). In den ikonenartigen Figuren kommen Mathura- und Gandhara-Einflüsse zum Ausdruck.

In den verzierten Medaillons und Wandbildern Amravatis kommen diese Elemente zusammen: die Merkmale der einheimischen Bevölkerung und ihre weltliche Lebensanschauung, die Ideale des Buddhismus, das hohe Niveau der Satyavahana-Zivilisation, die Einflüsse Mathuras, Gandharas und Westasiens gepaart mit der Kunstfertigkeit, die die Amravati-Bildhauer im Laufe von 300 Jahren erworben hatten. Coomaraswamy beschreibt den Amravati-Stil als „üppigste und schönste Blüte der indischen Kunst“.

Geblieben ist nur ein flacher Hügel mit einem gepflasterten Weg rundherum. Ein paar Platten der Stupa finden sich in dem nahen **Amareswara-Tempel** wieder. Der Tempel selbst, ursprünglich im östlichen Chalukya-Stil, ist von hohem

Rikscha mit mythologischen Figuren.

Alter. Er wurde wiederaufgebaut und renoviert. Der größte Schaden entstand Ende des 18. Jahrhunderts, als ein Grundbesitzer die Stätte systematisch plünderte – er brauchte Material für die neue Stadt.

Das **Museum** beherbergt bedeutende Stücke aus den verschiedenen Stadien der Entwicklung Amravatis und aus nahegelegenen buddhistischen Fundstätten. Flachreliefs auf einer Stele aus dem zweiten Jahrhundert v. Chr. zeigen Szenen aus dem damaligen Dhanyakataka. Ein geschmückter *yakshi* aus dem zweiten oder ersten Jahrhundert v. Chr. ähnelt dem Sanchi- und Barhut-Stil. Aus der Reifezeit stammen die Darstellungen Buddhas und Rahulas sowie die Geschichte des Schlangenkönigs, die kunstvoll in Teile des Geländers eingearbeitet sind. Das lebensgroße Buddha-Bildnis in der ersten Galerie wurde hier entdeckt, und die kleinen Bronzen gehören zu den ältesten Südindiens. Die Padampani-Figuren der Galerie 2 sind phantastisch. Ein paar Reliquiare und eine goldene Halskette aus Gummadidurru gehören ebenfalls zur Sammlung.

Andhras Nordosten: Die Küste an der Straße von Visakhapatnam nach Bimlipatnam ist bildschön: blaues Meer, sandige Buchten, Palmen und fedrige Araucariengewächse. Gegenüber liegen die Vorläufer der Eastern Ghats. Das Meer ist täuschend friedlich, doch wie überall an der Ostküste ist die Strömung heimtückisch und das Schwimmen gefährlich.

Visakhapatnam ist trotz Werft, Raffinerie, Stahlwerk und anderer Industrie eine hübsche Stadt, vielleicht die hübscheste Andhras. Sie hat einen natürlichen Hafen und einen Marinestützpunkt.

Der Vaishnavite-Tempel im 20 Kilometer entfernten **Simhachalam** unterstand wie die umliegenden Dörfer dem Raja von Vizianagram. Er liegt 240 Meter über der Ebene, stammt aus dem elften Jahrhundert und wurde im Orissa-Stil erbaut. Obwohl er durch spätere Zubauten und Renovierungen beeinträchtigt ist, sind die ursprünglichen Wandreliefs (mehrere Varianten des Krishna- und *gopis*-Themas) von bestechender Schönheit. Im Hof befindet sich eine großer Steinwagen mit Pferdegespann.

Die Ondapalle-Höhlen.

25 Kilometer weiter in Richtung Bimlipatnam, auf einem Hügel, wurden jüngst von der indischen Luftwaffe die Überreste eines buddhistischen Klosters entdeckt – **Bavikonda.** Außer den in roten Laterit gehauenen Wasserbehältern und einigen bearbeiteten Säulen ist nicht viel zu sehen, doch seine Stille und Schönheit machen diesen Ort reizvoll.

Bei Anakapalle liegt **Sankaran,** wo eine außergewöhnliche Anlage buddhistischer *stupas* und *viharas* in den Felsen gehauen sind.

Von Visakhapatnam aus führen die Eastern Ghats ins Landesinnere. Die Straße schlängelt sich an Strömen und Wasserfällen durch dicht bewaldete Hügel – den höchstgelegenen und malerischsten Teil des Bundesstaates. Hier leben zahllose Vögel und Wildtiere, darunter Panther und einige Tiger. Um Ananthagiri und Chintapalli liegen Kaffeeplantagen, und die **Borra-Tropfsteinhöhlen** mit ihrem unterirdischen Fluß sind nicht weit. Hier in den Wäldern und im Araku-Tal leben die Stämme der Ureinwohner. Ein Schutzgebiet für Wildvögel wurde in **Peda Cheruvu** bei Vizianagram eingerichtet, und im 50 Kilometer von Vizag entfernten **Kondakarla** lassen sich im Oktober und November die Zugvögel nieder.

In **Mulikhalingam** befindet sich eine Gruppe von drei kleinen, aber schönen Tempeln. Sie liegen 48 Kilometer nördlich von Srikakulam, am Ufer des Vamsadhara. Mukhalingam war zeitweilig die Hauptstadt des weiten Kalinga-Reiches, das in seiner Blütezeit vom Godavari im Süden bis zum Ganges im Norden reichte. Hier herrschte über tausend Jahre lang, vom fünften bis ins 15. Jahrhundert, die östliche Linie der Ganga-Dynastie. Ihr Reich hatte Beziehungen zu seinen südlichen und westlichen Nachbarn, den Vengi, Chola und Kadamba, und wurde von buddhistischen Pilgern besucht. Einer von ihnen war der chinesische Reisende Hieun Tsang. Er hinterließ eine Beschreibung der Stadt, wie er sie im siebten Jahrhundert kennengelernt hatte. Er sah ein friedliches, reiches Land und spricht von Blumen und Früchten im Überfluß, von rie-

Das Raja Mahal in Chandragiri.

sigen Dschungeln und den vielen imposanten buddhistischen *stupas*, die später, mit dem Niedergang des Glaubens, allmählich verfielen.

Die drei Tempel **Someswara, Madhukeswara** und **Bhimeswara** wurden in dieser Reihenfolge zwischen dem sechsten und dem zwölften Jahrhundert in einer örtlichen Variante des Orissa-Stils erbaut. Vermutlich fiel ihre Bauzeit in die stabile Phase des Saivite-Ganga-Reiches. Ihr Stil ist selbstbewußt und reif wie der der zeitgenössischen Tempel von Bhubaneshwar – ein Vorgeschmack auf den großen Tempel von Puri.

Someswara, der kleinste der drei, ist von großer Schlichtheit. Die horizontalen Steinbänder werden auf jeder Seite von Nischen unterbrochen und von einem Tor im Westen. Über dem Türsturz setzt sich das Band im *deul* fort. Die Krönung sind *phalaka, gala* und *amlaka shikhara*, die jeweils auf den Ecken auf vier sitzenden Nandi-Bullen ruhen. Der Tempel hat reizvolle Details, die Bildhauerarbeiten an Tor und Nischen sollte man sich genau ansehen. In der Hauptnische auf der Nordseite weilt Kartikeya mit einem Pfau zu Füßen. Üppige Weinranken, die in Bänder und Platten gemeißelt sind, lockern das Bild auf.

Der größte der drei ist Madhukeswara mit einem rechteckigen Grundriß, einem Hof, einem Haupttor nach Osten und einem Haupt- und vier Eckschreinen.

Die Skulpturen Mukhalingams mögen etwas überproportioniert sein, doch ihr distanziert-heiterer Gesichtsausdruck macht sie einzigartig. Die Wände Madhukeswaras zieren Krieger, Könige und Weise. Die Südwand, eine Sequenz von Einzelelementen, ist das Meisterstück: Die Platten mit eleganten Schnörkeln, die Skulpturen in den Nischen, die architektonischen Details der Eckschreine, das Südtor und sieben Miniatur-*vimanas* ergeben ein prächtiges Gesamtbild. Die Statuen von Kumara, Durga, Bhuvaraha, Bhikshatana, Shiva und Narasimha verdienen besondere Beachtung. Das Osttor ist eines der schönsten Tore Indiens.

Das Godavari-Delta: Die Gegend um **Rajamundry** und **Kakinada** ist übersät mit Resten der östlichen Chalukya-Ar-

Links: Im Inneren des Raja Mahal. **Unten:** Der Tirupati-Tempel, der aufwendigste Tempel Indiens.

chitektur. Sie entstammt dem Königreich der Vengi Chalukya, die vom Jahr 625 an 400 Jahre an der Küste Andhras regierten. Ihre Hauptstadt war möglicherweise **Eluru,** heute eine hübsche Kleinstadt. Die einst blühende Teppichindustrie brachte im 17. und 18. Jahrhundert die schönsten Teppiche Indiens hervor, geriet dann in eine Flaute und soll nun wiederbelebt werden.

Die Herrschaft der Vengi Chalukya war eine Zeit des Krieges, des Aufstandes, des Chaos; doch zwei der mächtigen Führer, Gunaga Vijayaditya und Chalukya Bhim, Ende des 9. Jahrhunderts, waren große Tempelbauer. Ihre Werke sind in **Bikkavolu, Draksharama, Chebrolu** und **Bhimavaram** zu bewundern.

Die meisten Tempel werden noch genutzt und wurden leider verändert, renoviert und oft weiß gekalkt. Der am wenigsten entstellte ist wohl Bhimeswara in Chebrolu, der bis auf den *vimana* unverändert blieb. Die Türen zieren Skulpturen von *dwarapalas*, Tänzern und Musikern. Das buddhistische *purnaghata*, das Vasensymbol, das für die Geburt Buddhas steht, kommt als Ornament immer wieder vor. Der glänzende schwarze Steintorso von Kumara zeigt schon Kakatiya-Einflüsse.

In dieser Epoche erlangte die Bildhauerkunst ihre architektonische Bedeutung. Sie verzierte nicht mehr die Tempelwände, sie beherrschte sie. Diese Tendenz verstärkte sich in der Kakatiya-Zeit und wurde in der Vijayanagara-Periode übermächtig. In den Vengi-Skulpturen verbinden sich Volkskunstelemente mit der früheren Tradition des rigorosen Naturalismus. Er fand Ausdruck in den Musiker- und Tänzerdarstellungen an den Wandflächen Jammidoddis, die sich jetzt auf dem Akanna-Madanna-Tempelgelände in Vijayawada befinden, und in den Mahi-samardini aus der gleichen Quelle, die in Südindien einzigartig sind.

Weiter südlich liegt die Küstenstadt **Chirala,** eines der großen Webereizentren Andhras. Hier wird *telia rumal* hergestellt, ein Gewebe aus ölbehandeltem, gefärbtem Garn, das an seinen typischen Mustern und dem Ölgeruch zu erkennen ist. Seit Jahrhunderten findet es Abneh-

Rechts: Ein Hindu-Pilger. Unten: Ein Mädchen vom Araku-Stamm Andhras.

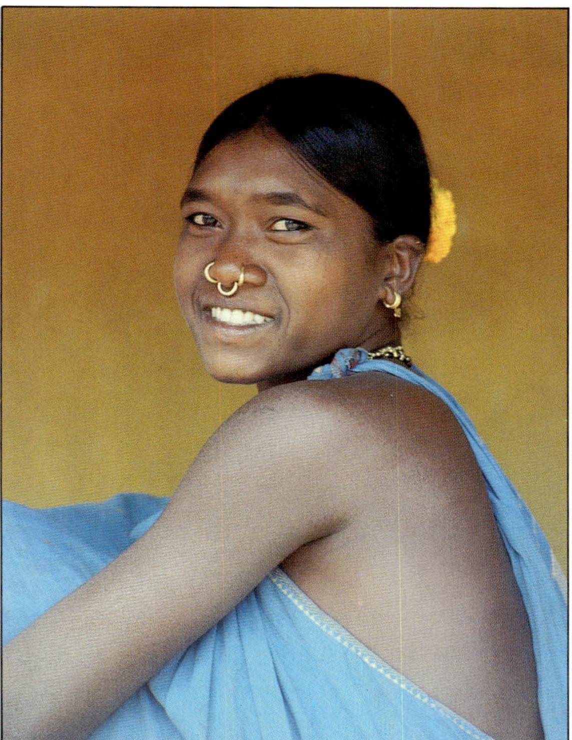

mer in den arabischen Ländern, die daraus ihre traditionellen Kopfbedeckungen fertigen. Die Ölbehandlung soll dabei die Sonne abhalten.

In Kalahasti und Tirupati wurde das Kunsthandwerk von Tempeln und Pilgern gefördert. Die Wandbehänge mit religiösen und mythologischen Motiven im **Kalahasti-Tempel** werden mit Pflanzenfarben hergestellt: ein langwieriger Prozeß von 14 Arbeitsgängen über drei Wochen. Die Ikonen sind aus Bronze gegossen, in Holz oder Stein gemeißelt; Glocken und Gongs sind gegossen und aus Glockenmetall gedreht.

Tirupati: Tirupati ist ein Phänomen. Das ganze Jahr über werden Massen von Pilgern angezogen und es strömen die Geld- und Schmuckspenden. Der Wallfahrtsort, der, noch vor Mekka und Rom, als der reichste und bestbesuchte der Welt gilt, liegt 170 Kilometer südöstlich von Madras und ist leicht zu erreichen.

Eine feierlichere Atmosphäre herrscht vielleicht nur in **Srisailam,** dem Heiligen Berg, der schon seit Urzeiten als Sitz der Götter gilt. Er liegt im Nallamalai-System, war einst dicht bewaldet und voll von Tieren und seltenen Pflanzen. Heute ist er leider fast kahl. Aus Westen gelangen die Pilger über **Alampur** nach Srisailam. Alampur war im sechsten Jahrhundert das Herz des Badami Chalukya-Landes, bis diese Dynastie Mitte des achten Jahrhunderts von den Rastrakutas abgelöst wurden. Die Kunst der Badami Chalukya nahm ihren Anfang im siebten Jahrhundert. Gleichzeitig entwickelte sich der erstmals in Aihole entdeckte Stil von Pattadakal und Alampur. Sein Reifestadium erreichte er in Badami. Innerhalb einer von Gräben umgebenen Festung am Südufer des Tungabhadra kurz vor dessen Zusammenfluß mit dem Krishna liegen acht Tempel und ein Museum. Die Tempel mit ihren gebogenen, spitz zulaufenden *vimanas*, gekrönt von *amlaka shikharas* und den angedeuteten Nischen der Tempelwände stellen ein wichtiges Entwicklungsstadium der Tempelbaukunst dar. Leider fehlen viele der Bildhauerarbeiten und andere sind beschädigt, doch ist die Sammlung des Museums nicht schlecht.

Ein Tirupati-Pilger, der aufgrund eines Gelübdes den Kopf kahl geschoren hat.

Das Genie der Bildhauer Alampurs erkennt man an der Darstellung abstrakter Begriffe in den Linien und Spannungen des menschlichen Körpers. Halbgeschlossene Augen und heiteres Lächeln vermitteln mystische Ekstase, göttliche Macht wird durch die angespannte Tanzpose Shiva Natarajas symbolisiert, und Kumara und Devi und *mithuna*-Pärchen stehen für Dualität und Zusammenhang des Männlichen und des Weiblichen.

Die Säulen Alampurs erheben sich oft über *purnaghatas* und werden von Löwenmasken gekrönt, während die gemeißelten Nischen mit aufwendigen Säulen verziert, darüber mit *chaitya*-Kuppeln und darunter mit gemeißelten Platten versehen sind. Die diagonalen Linien der Shiva-Figuren Svargabrahmas, die Darstellung Natarajas an der Nordwand und Tripuratankamurtis an der Südwand sind ganz Dynamik und Bewegung, während die Parvati-Figur im Museum ruhige Heiterkeit ausstrahlt. Über dem Türsturz des *antarala*-Tores von Garuda Brahma wirkt himmlische Leichtigkeit. Der größte Tempel der Gruppe, der Balabrahma, beherbergt mehrere wertvolle Ikonen, bei Taraka Brahma sind die Türfüllungen bemerkenswert.

Andhras Südwesten: Dieses Gebiet wurde vom achten bis zum zehnten Jahrhundert von einer Linie der Pallavas beherrscht, deren Hauptstadt **Hemavati** (heute ein kleines Dorf bei Hindupur) von ihrem hohen künstlerischen Niveau zeugt. Die Tempel von **Mallikarjuna** und **Doddeswara** sind Paradebeispiele für den Karnataka- und Andhra-Stil, ihre Bildhauerarbeiten ein Augenschmaus. In der Vijayanagara-Epoche war diese Region ein wichtiger Teil des Reiches. Tempel, Festungen und Paläste im Vijayanagara-Stil gibt es in **Tadpatri, Lepakshi, Chandragiri, Gandikotta** und **Penukonda,** mehr davon in **Markapur** und **Pushpagiri.**

Der **Ramalingeswara-Tempel** in Tadpatri stammt aus dem 15., der **Venkataramana** aus dem frühen 16. Jahrhundert. Beide sind im Chalukya-Stil mit Chola-Elementen und Vijayanagara-Prägung erbaut und reich an monumenta-

In Wallfahrtsorten werden flink Blumen gebunden.

len Bildhauerarbeiten. Ramalingeswaras *gopuram* im Norden ist zwar unvollendet, doch viele – auch Fergusson – halten diese Kunstwerk für das größte, das die Vijayanagara-Kultur hervorbrachte:

„*Die beiden* gopurams *dieses Ortes machen seinen Zauber aus ... Während das eine fast vollständig ist, ging das andere nie über den senkrechten Teil hinaus. Bei fast allen indischen* gopurams *ist dieser Teil vergleichsweise schlicht und die Skulpturen und Ornamente bleiben dem oberen, pyramidischen Teil vorbehalten. Hier ist jedoch der senkrechte Teil bedeckt mit feinen Bildhauerarbeiten von außergewöhnlicher Schärfe und Exaktheit ... was eine größere Wirkung erzielt und höheres Niveau zeigt, als jedes andere Bauwerk dieser Schaffensperiode.*"

Die charakteristische Verknüpfung skulptureller, architektonischer und dekorativer Elemente setzt schon bei der untersten Ebene an. Die Außenseite zieren eine herrliche Mahisamardini-Darstellung und ein geheimnisvoller Bogenschütze. Das südliche *gopuram* ist beschädigt, doch dem anderen durchaus ebenbürtig. Die Gestalt mit gefalteten Händen und dem typischen Vijayanagara-Kopf ist wohl Ramalinga Nayudu, der Wohltäter des Tempels.

Im **Venkataramana** liegt der künstlerische Schwerpunkt auf den *mandapam*-Wänden und -Säulen. Auf den *arhamanadapa*-Wänden befinden sich herrliche, puranische Reliefs. Die vierzig *mukhamandapa*-Säulen stützen *surasundari*-Figuren, die zusammengesetzten inneren Säulen zeigen *yalis,* mythische Reiterfiguren. Die Friese zieren Ranken und Elefanten.

Lepakshi: 13 Kilometer östlich von Hindupur (136 Kilometer nördlich von Bangalore) liegt auf einem Hügel der **Virabhadra-Tempel,** der 1530 von dem Vijayanagara-Gouverneur Virupanna erbaut wurde. Er soll dafür staatliche Gelder veruntreut und sich dann geblendet haben, um einer Bestrafung durch den König zuvorzukommen. Ein monumentaler Nandi (der größte Indiens) hebt etwas weiter sein stolzes Haupt. Der Tempel ist von Mauern umgeben; die inneren

Ein Dorfhaus.

Eingänge sind beidseitig mit Blätterwerk und Skulpturen der Flußgöttinnen Ganga und Yamuna verziert. Die riesige Nagalinga-Darstellung in der Nähe des Heiligtums wurde aus einem einzigen Felsblock gemeißelt.

Die *mandapa*-Säulen haben Vijayanagara-Kapitelle und zeigen Götter und Göttinnen, Musiker und Tänzer. Manche werden von einzelnen oder doppelten *yalis* gestützt. Leider wurden sie, wie auch die *ardhamandapa*-Wandreliefs, mehrfach mit weißer Farbe übertüncht.

Berühmt wurde Lepakshi durch seine herrlichen Deckenfresken. Zum Tempelritual gehörten auch Bilder auf Leinwand, doch davon sind leider keine erhalten. Als sich aus den Höhlentempeln freistehende Gebäude entwickelten, gab es immer weniger Fresken, und erst die flachen, stuckverzierten Granitdecken im Vijayanagara-Stil boten wieder geeigneten Untergrund. Dennoch fanden die Ajanta-Fresken neunhundert Jahre später ein Echo in Lepakshi – in der Farbpalette, den Hauttönungen der Betenden, ihren langen, spitzen Fingern und den geschwungenen Schnurrbärten einiger Männer. Direkter beeinflußt zeigen sich die Palmblätter-Kalpasutras der Jainas aus dem 14. und 15. Jahrhundert: Hier werden größere Menschenansammlungen in Reihen dargestellt, mit spitzen Nasen und dem „hinteren Auge" des jainistischen Stils. Auch hier sind die Figuren eindimensional, die Posen stilisiert. Die Lepakshi-Künstler jedoch brachten Lebendigkeit ins Spiel, buntgemusterte, verschiedenartige Gewänder, den Realismus, der konventionelle Szenen durch unorthodoxe Elemente auflockert, und Emotionen, die die stilisierten Formen durchbrechen.

Die *mandapam*- und *antaralas*-Decken sowie einige der Schreine sind bemalt. Jedes Feld wurde dabei separat ausgeführt. Pflanzen- und Mineralfarben, Rot, Ockergelb, Schwarz, Blau und Grün, wurden mit Kalkwasser angerührt und auf Kalkmörtelgrund aufgetragen. Der Jaina-Tradition gemäß ist der Hintergrund meist rot. Götter, Göttinnen, Gruppen von Gläubigen und Spendern tauchen neben puranischen Szenen auf.

Großvater und Enkel, beide mit der heiligen Schnur der oberen Kasten.

Auch eine herrliche Darstellung der Avatars von Vishnu findet sich. Bhairava ist die Vorstellung des Künstlers vom jungen Shiva. Sich selbst stellt er mit demütig gefalteten Händen dar.

Die Jagdszenen sind voller Leben – der verwundete Gepard greift den Jäger an, ein rasendes Wildschwein lehrt Mensch und Tier das Fürchten. Betende und Gläubige werden mit der demütigen *kaivaara*-Geste dargestellt: mit einer erhobenen Hand. Virupanna, der Wohltäter des Tempels, steht neben seinem Bruder, beide mit Vijayanagara-Kappen, und um sie herum Frauengruppen, die jede einen anderen Sari, Schmuck und Blumen im Haar tragen.

In **Chandragiri,** elf Kilometer von Tirupati entfernt, liegen Raja Mahal und Rani Mahal, späte Vijayanagara-Bauten aus dem 17. Jahrhundert. Das dreistöckige Raja Mahal ist größer, mit einem Ziegelturm in der Mitte und kleinen Ecktürmen. Die Schönheit des Bauwerks liegt in der Wiederholung der indo-persischen Bögen auf jedem Stockwerk und in den plastischen Stützpfeilern, die jede Ebene tragen. Das erste Stockwerk hat feine Stuckverzierungen an Wänden und Dekke. Das Rani Mahal ist ähnlich, ebenfalls mit schöner Stuckornamentierung.

Die karge Gegend von **Penukonda** (50 Kilometer nördlich von Hindupur) mit ihren schwarzen Gneisfelsen wurde nach der Entscheidungsschlacht zur Zuflucht des besiegten Vijayanagara-Königs. Die Festung hier ist von einer starken Mauer umgeben. Oben auf ihrem Hügel liegt ein Pavillion; das nahe Gagan Mahal ist in gutem Zustand.

Andhras Norden: Die Tugenden der Kakatiyas – ihre Verdienste um Kunst und Literatur, ihr Mut im Kampf und vor allem ihre glückliche Hand bei der Auswahl treuer Gefolgsleute – haben sich ihren Glanz über 1000 Jahre bewahrt. Die Dynastie löste sich um 1050 von ihren Herren, den Chalukya, und herrschte bis 1323 über Telengana (Nordandhra). Ihren Namen bezog sie von der Familiengöttin Kakati (wahrscheinlich die örtliche Bezeichnung Durgas).

Die erste Kakatiya-Hauptstadt war Anumakonda, das heute Hanamkonda

Der in den Felsen gehauene Tempel von Lepakshi.

heißt. Später wurde es **Warangal,** das vordem Orugallu oder Ekasila hieß, nach dem mächtigen Felshügel bei der Festung Warangal. Hier wurden die Yadavs aus Deogiri zurückgeschlagen, die Tughlaqs aus Delhi, räuberische Nachbarn und abtrünnige Vasallen. Als Ganapatideva von den Yadavs gefangengenommen wurde, hielt Rudra für ihn die Stellung. Der treue Heerführer wurde mit einem großen Lehen belohnt und legte den Palampet-Stausee mitsamt dem zugehörigen Tempel an. Ganapatidevas Tochter, Rudramma, führte ihre Truppen selbst an und soll mit 80 Jahren im Kampf gefallen sein. Unter der Regierung Rudrammas legte der venezianische Reisende Marco Polo im Hafen von Motupalli an und beschrieb die feinen Baumwollstoffe Andhras: *„In dem Königreich werden die besten, feinsten und teuersten hergestellt, die wahrhaftig wie ein Spinngewebe aussehen."* Literatur, Musik und Tanz spielten eine wichtige Rolle. Die Dichtkunst Tikkanas bezwang die jainistische Religion, jainistische Ikonen wurden zerstört, Tempel umgewidmet. Sogar die Generäle der Kakatiya-Armee betätigten sich literarisch – insbesondere Jaya Senapati, dessen *Nritta Ratnavali* ein Klassiker zum Thema Tanz wurde.

Rudradeva, der erste souveräne Herrscher der Dynastie, ließ 1162 in **Hanamakonda** den Tausend-Säulen-Tempel bauen, als Dank für den Sieg in einer Schlacht. Das Tempelgelände ist von einer Mauer umgeben und zweigeteilt. Der Dreifachschrein oder *trikuta* ist durch eine Plattform mit einem schönen monolithischen Nandi aus glänzendem schwarzem Stein mit der heute dachlosen *mandapa* verbunden. Wie viele Kakatiya-Tempel ist auch dieser im Chalukya-Stil erbaut worden, doch mit Abwandlungen. Die *mandapa* hat 300 Säulen, während die „Säulen" des *trikuta* vertikale Platten mit verzierten Enden sind. Sechzig Zentimeter hervorstehende Steinplatten bilden das Gesims. Den Überhang balancieren sie durch ihre schweren, rohen Enden aus. Die Durchgänge zieren Skulpturen und geschwungene Kettenmotive.

Altes buddhistisches Heiligtum in Nagarjunakonda.

Die Festung Warangal liegt 141 Kilometer nordöstlich von Hyderabad. Die Fortanlagen innerhalb der äußeren Lehmwälle sind aus großen Steinblökken gefügt. Der Bau wurde unter Rudraveda begonnen, von dessen Neffen Ganapatideva fortgeführt und in der 30jährigen Regierungszeit Rudrammas vollendet. 1323 fiel er an Ulugh Khan, der später als Mohammad Tughlak in Delhi herrschte. Prataparudra, der letzte Kakatiya, tötete sich auf dem Weg in die Gefangenschaft. Danach wechselte die Festung noch mehrmals den Besitzer, bis sie im 15. Jahrhundert in das Qutb Shahi-Reich einging.

In der Festung sind vier mächtige *toranas*, die Tore des **Sahasralinga-Tempels,** der zur Zeit Ibrahim Qutb Shahs zerstört wurde. Die Fragmente stammen eindeutig aus der Blütezeit der Kakatiya-Kunst unter Ganapatideva, der Entstehungszeit der Tempel von Palampet und Ghanapur. Die große *linga* ist an vier Seiten mit Figuren mit stoischen Kakatiya-Gesichtern verziert. Die dreieckige Darstellung Lakshmis und ihrer Anhänger zeigt den Kontrast zwischen den lebhaften Körperbewegungen und den starren, maskenhaften Gesichtern der Kakatiya-Skulpturen.

Die Wiederholung dekorativer Motive in einem Muster illustrieren der Durchgang und die mit Blattwerk durchsetzten Friese mit Elefanten, Löwen und Schwänen. Die toranas selbst bestechen durch ihre Größe und Schönheit. In Säulen, Pfeilern und Architrave sind nach bester Kakatiya-Tradition Tiere, Pflanzen und Schmuckmotive in harmonischer Folge gemeißelt.

Der **Ramappa-Tempel** in **Palampet,** 50 Kilometer nördlich von Warangal, steht auf der Staumauer des Palampet-Stausees. Der See hat einen Durchmesser von 12,5 Kilometern und gehört zum Bewässerungssystem der Kakatiyas. Dazu Dr. Yazdani: „An den gigantischen Deichen und Abschlußschützen von Pakhal, Lakshnaram und Ramappa kann selbst der moderne Ingenieur noch etwas lernen.“ Der Tempel wurde 1213 geweiht und besteht – mit Ausnahme der Bildhauerarbeiten aus schwarzem Basalt

Nandi, Reittier des Gottes Shiva, im Ramappa-Tempel.

– aus rosa Sandstein. Er hat einen kreuzförmigen Grundriß mit Vorhallen an jeder Seite des zentralen *mandapam*. Die Außenfront der ebenerdigen Ebene und die Brüstungsmauer des *mukhamandapam* zieren schlichte und kunstvolle Bänder, Vorsprünge und Nischen, Gestalten in Bewegung und Blumenmotive. Um den Tempel zieht sich ein Elefantenfries voll verspielter Trickeffekte. Darüber läuft eine Reihe von Göttern, Göttinnen, Musikern und Tänzern, jainistische Tirthankaras und Soldaten – eine phantastische Mischung aus Lebensfreude und Ausbruch aus den Konventionen.

Unter der Traufe von dreien der Vorhallen überbrücken zwölf stützende *madanikas* die Strecke von Säule zu Gesims, Frauen in graziösen, doch seltsamen Tanzposen. Sie sind fast lebensgroß, mit in Hochrelief ausgebildeten, langen, schlanken Gliedmaßen. Die schlichte Formgebung und sparsame Verzierung sind typisch für die elegante Kakatiya-Kunst. An der Nagini-Darstellung fällt die stilisierte Einfachheit auf. Auf weiteren Pfeilern stehen *yalis* auf Elefantenrücken. Die Kakatiyas verzierten ihre Tempel mit mythischen Wesen, die unter ihren Händen zu Phantasiegestalten wurden, im Vijayanagara-Stil aber zu bedrohlicher Größe und furchterregender Gestalt wuchsen. Auf den südlichen und westlichen Außenseiten der *mandapam*-Träger ist die Hochzeit Shivas dargestellt, auf den Unterseiten seine Heldentaten. Auf dreieckigen Feldern in der Decke tauchen Agni, Yama und Varuna mit den zugehörigen Tieren und Gefolge auf. Ein anderer Tempel am Ende der gleichen Staumauer weist Tänzerskulpturen auf Säulen und Einrahmungen der Türen auf. In **Ghanapur,** sechs Kilometer östlich von Palampet, stößt man auf mehrer Tempelruinen. Der Hauptschrein zeigt hübsche *dwarapalas* (Türwächterinnen) und *madanikas*.

Das Interesse an Goldschmiede- und Metallarbeiten, das in so vielen Bildhauermotiven vorkommt, besteht bis heute. Karimnagar ist das Zentrum für Silberfiligranarbeiten, und im Warangal-Distrikt, besonders um Pembarthi, sind zahlreiche Metallbearbeiter tätig.

Rechts und unten: Stützfiguren in Ganapeshwaralayam, Mulugu, Warangal.

KARNATAKA
0 40 Kms. Appx.
MAHARASHTRA
Satara
Osmanabad
Solapur
Basavakalyan
Bidar
Humnabad
Nizam Sagar
Medak
Manjra
Secunderabad
Hyderabad
Gulbarga
Ganagapur
Bhima
Bijapur
Sangli
Athni
Kolhapur
Krishna
Basavana Bagevadi
Yadgir
Mahabubnagar
Shorapur
Kudala Sangama
Ghatprabha
Gokak
Krishna
Hatti
Raichur
Srisailam
Patadkal (Pattadkal)
Aivalli (Aihole)
Mudgal
Tungabhadra
Mantralayam
Alampur
Kurnool
Belgaum
Malprabha
Badami
Maski
Saundatti
Kittur
Halasi
Hubli
GOA
Dandeli
Tungabhadra
Hampi
Hospet
Ahobilam
ANDHRA PRADESH
Bellary
Magod
KARNATAKA
Karwar
Kudligi
Penneru
Yana
Hagari
Anantapur
Gokaran
Banvasi
Davangere
Tunga bhadra
Gersoppa
Jog Falls
Murudeswar
Linganamakki
Chitradurga
Pavagada
Puttaparti
Penukonda
Kollur
Maravanthe
Mandagadde
Bhadravathi
Hosdurg
Vanivilasa Sagar
Lepakshi
Arabian Sea
Bhadra
Kemmannugundi
Horsley Hills
Agumbe
Sringeri
Nandi Hills
Malpe
Manipal
Udupi
Chikmagalur
Tiptur
Tumkur
Devarayanadurga
Halebid (Halebidu)
Moodabidri
Belur
Shivaganga
Kolar
Hassan
Bangalore
Dharmastala
Kolar Gold Fields
Mangalore
Channarayapatna
Bannirgatta
Ullal
Shravanabelagola
Subrahmanya
Channappatna
Bellur
Melkote
Hosur
Brindavan Gardens
Madikeri (Mercara)
Krishnaraja Sagara
Shrirangapattana
Krishnagiri
Bekal
Talakaveri
Ranganathittu
Sivasamudram
Lakshadweep Sea
Mysore
Somnathpur
Kaveri
TAMIL NADU
KERALA
Talakad
Nanjangud
Nagarahole
Kharapur
Gundlupet
B.R. Hill
Stanley
Cannanore
Mettur
Yercaud
Sultan's Battery
Bandipur
Salem
LEGEND
National Highway Number
Hill Stations
National Park/Wildlife Sanctuary/ Bird Sanctuary

KARNATAKA

In dem indischen Bundesstaat Karnataka leben auf 192 204 Quadratkilometern 38 Millionen Menschen. Er entstand aus dem Fürstentum Mysore und den kannadasprachigen Provinzen von Madras.

Karnatakas Küste reicht von Goa im Norden bis an die Grenze zu Kerala, doch sind die vielen Strände weniger bekannt als die der benachbarten Gebiete. Die Western Ghats im Landesinneren erreichen hier mäßige 488 Höhenmeter. Beide Flanken der Ghats sind bewaldet und haben große Teak-, Sandelholz- und Bambuspflanzungen. Der größte Teil Karnatakas liegt auf dem alten Deccan-Plateau. Obwohl dieser Teil Indiens Flüsse, Wasserfälle – insbesondere die Jog-Falls –, Wildschutzgebiete (Bandipur) und die meisten Monate des Jahres ein angenehmes Klima bietet, ist es sein kulturelles Erbe – jainistisch, hinduistisch und muslimisch –, das ihn besonders interessant macht.

Knapp hundert Kilometer nördlich von Mysore steht auf dem Gipfel des Sravanabelagola-Hügels die gigantische Monolithstatue Gotameswaras, die von den Ganga-Königen im Jahre 983 geschaffen wurde. Um Mysore herum liegen die großen Hyosala-Tempel von Somnathpur, Halebid und Belur aus dem zwölften und 13. Jahrhundert. In Hampi, im Nordwesten Karnatakas, stehen die eindrucksvollen Ruinen aus der großen Zeit des Hindu-Königreiches Vijayanagara vom 14. bis 16. Jahrhundert – zerstört nach der großen Schlacht des Jahres 1565 von den Deccan-Sultanen.

Auch die muslimischen Sultane leisteten ihren Beitrag zur Kultur Karnatakas. Die Adil Shahi-Sultane hinterließen in den mittelalterlichen Stadtmauern Bijapurs zahlreiche schöne Moscheen, Grabmale und Paläste im türkischen Stil: mit schlichten Linien und sparsamen Ornamenten. Srirangapatnam, die Festung Tippu Sultans auf einer idyllischen Insel im Kaveri, zeigt Spuren seines Kampfes gegen die Briten, den er Ende des 18. Jahrhunderts schließlich verlor. Tippus Vater Haider Ali hatte die herrlichen Lal Bagh-Gärten Bangalores anlegen lassen, die bis heute der schönste Park der Stadt sind.

Die Hindu-Maharajas von Mysore, die nach Tippus Fall wiedereingesetzt wurden, ließen in Mysore und Bangalore mehrere Paläste bauen – und außerdem den Tempel Chamundeswari auf einem Hügel bei Mysore.

Vorherige Seiten: Blick vom Matunga Hill auf die Dämmerung über Hampi, der alten Vijayanagara-Hauptstadt.

BANGALORE

Bangalore ist Indiens einladendste Stadt. Seine Einwohner sind seit langem gewöhnt an die Lobeshymnen der Besucher über das angenehme Klima, die Grünanlagen, die Sauberkeit, die Ordnung, die Bilderbuchstraßen und den verhältnismäßig ruhigen Lebensrhythmus, der dem schnellebigen Industriezeitalter getrotzt hat. Diejenigen Einwohner Bangalores, die ein zu rasches Wachstum zu verhindern suchen, mögen anderer Ansicht sein, doch auch sie geben zu, daß diese Stadt von allen indischen Metropolen mit Abstand am wenigsten vom Chaos bedroht ist.

Nach einem Bericht der Weltbank zählt Bangalore zu den am schnellsten wachsenden Städten der Welt. Das erklärt vielleicht, warum die Bangaloreaner lieber über die Gegenwart sprechen, als über die Vergangenheit. Unter dem westlich geprägten Äußeren wurzelt alte Tradition – was der Fremde jedoch nicht sofort bemerkt, denn er hört ebensoviel Englisch wie Kannada. Das Kannadiga-Ethos lebt in harmonischem Gleichgewicht mit einer bunten Mischung verschiedener Religionen, Sprachen, Kleidungsstile, Sitten und Lebensgewohnheiten. Das Spektrum äußerer Einflüsse ist breit – es reicht von den einst dominanten Raj-Relikten zu den bunten, handgestrickten Pullovern der tibetanischen Flüchtlinge, die das Pflaster der Kempe Gowda Road beleben. Durch das kosmopolitische Wirrwarr zieht sich die althergebrachte Lebensart des Bangaloreaners, der noch den *veena*-Darbietungen Doraswamy Iyengars lauscht, dessen Frau das süße *kesari bhath* noch so zubereitet wie ihre Großmutter, und dessen Tochter noch den traditionellen Kranz von *kanakambara*-Blumen im Haar trägt.

Bangalore, die Hauptstadt Karnatakas, liegt im Südosten des Staates auf dem Deccan-Plateau in rund 1000 Metern Höhe. Hier wachsen Laubbäume, das Land ist mit Seen und Teichen durchsetzt, die auch im Hochsommer kaum austrocknen. Das reizvollste ist aber das Klima: Die Temperaturen liegen zwischen 30 und 16 °Celsius. Der durchschnittliche jährliche Niederschlag liegt bei 90 cm und kommt mit dem Südwestmonsun von Juni bis August und dem Nordostmonsun von Oktober bis Dezember. Es gedeihen viele Obst- und Gemüsesorten – auch ausgefallenere.

Lal Bagh, einer der berühmten Parks von Bangalore.

In den Reisebüros wird mit Slogans wie „Das Tor zum Süden" auf die Nähe Bangalores zu den Touristenattraktionen des Südens angespielt. Die Stadt hat genug solcher Prädikate: Gartenstadt, Pensionärsparadies, Indiens Cheltenham. Wenn gegenwärtig vom Silicon Valley Indiens gesprochen wird, im Hinblick auf Bangalores Aktivitäten auf dem Gebiet künstlicher Intelligenz, so bestätigt dies Jawaharlal Nehrus Wort von Bangalore, der es vor zwanzig Jahren als „Blick in Indiens Zukunft" beschrieb.

Da die Stadt selbst erst 450 Jahre alt ist, wird oft übersehen, daß die Geschichte ihrer Umgebung Hunderte von Jahren vor die Kolonialzeit zurückreicht. So beginnt ihre Militärgeschichte lange vor der Herstellung von Schwertern, Musketen und Raketen für Hyder Ali in Tharamandalpet, dem legendären Kriegsherrn des 18. Jahrhunderts. Bereits im 9. Jahrhundert wurden Schlachten geschlagen. Eine um Bangaluru wird auf einem *viragal* (wörtlich: Heldenstein) erwähnt, der in einem Tempel in Begur östlich der Stadt entdeckt wurde. Nach den Funden römischer Münzen in Yeshwantpur im Norden zu urteilen wurde schon im 1. Jahrhundert Handel getrieben, vermutlich mit Gewürzen und Textilien.

Die Stadt der gekochten Bohnen: Eine der drei Erklärungen für den Namen Bangalores besagt, daß sich im zehnten Jahrhundert der Herrscher Veera Ballala auf der Jagd verirrte. Auf der Suche nach seinem Gefolge wurde es dunkel, und er geriet noch tiefer in den Wald. Zu seiner Erleichterung erblickte er endlich eine Hütte, in der eine alte Frau lebte. Sie bat ihn herein und teilte ihr kärgliches Mahl von *benda kalu* – gekochten Bohnen – mit ihm.

Veera Ballala blieb über Nacht. Bevor er aufbrach sagte er ihr, wie Könige in solchen Geschichten zu sagen pflegen, daß sie einen Wunsch frei habe. Alles, worum sie bat, war genug zu Essen für sie und jeden Reisenden, der an ihre Tür klopfte. Ihre Bitte wurde erfüllt, und in Erinnerung an diese Geschichte nannte man das Dorf, das später hier gegründet wurde, Benda Kaluru („Stadt der gekochten Bohnen"). Daraus wurde schließlich Bangaluru. Andere, weniger bekannte Legenden ranken sich um den Vijayanagara-Anführer Kempe Gowda I., der Bangalore gründete. Er regierte in Yelahanka, dem heutigen Norden der Stadt. 1537 wollte er das Territorium seines Oberherrn Achuta Raya vergrößern und fand dieses unbewohnte Gebiet mit reichlich Wasser und angenehmem Klima für seine Zwecke ideal. An einem von seinem Astrologen festgesetzten Tag wurden vier Ochsenkarren in alle vier Himmelsrichtungen ausgesandt, die fuhren, soweit die Tiere liefen. Kempe Gowda verfügte, daß diese Punkte die Umrisse seiner neuen Stadt bestimmen sollten, und baute dort vier Wachtürme, die bis heute stehen: einen im Norden an der Bellary Road (in Yelahanka), einen im Süden in Lal Bagh, einen im Osten am Ulsoor-See und einen im Westen beim Gavi Gangadhareshwara-Tempel. Kempe Gowda baute eine Festung aus Lehm, für die er durch Brandrodung Platz schuf. Daher stammt die zweite Ableitung des Namens: Benda Kaduru für „Stadt des verbrannten Waldes".

Ein dritte Theorie vermutet, daß er die Stadt nach dem Gott Venkata Venkataaru taufte, das sich erst zu Vengaluru, später zur gegenwärtigen Form abschliff.

Von Hindus zu Moslems: In den Festungsmauern Kempe Gowdas blühten Handel und Handwerk, jede Branche in einem eigenen *pettah,* von denen einige noch ihre originalen Namen tragen: Chickpet oder kleine Stadt, Hallipet, der Baumwollmarkt, und Tharagpet, wo mit Korn gehandelt wurde.

Die neue Stadt war geprägt von den religiösen Überzeugungen ihres Gründers, der als gläubiger Hindu-Tempel, Gasthäuser und Trinkwasserbehälter errichten ließ und Gelehrten in Anerkennung ihres Wissens Land überschrieb.

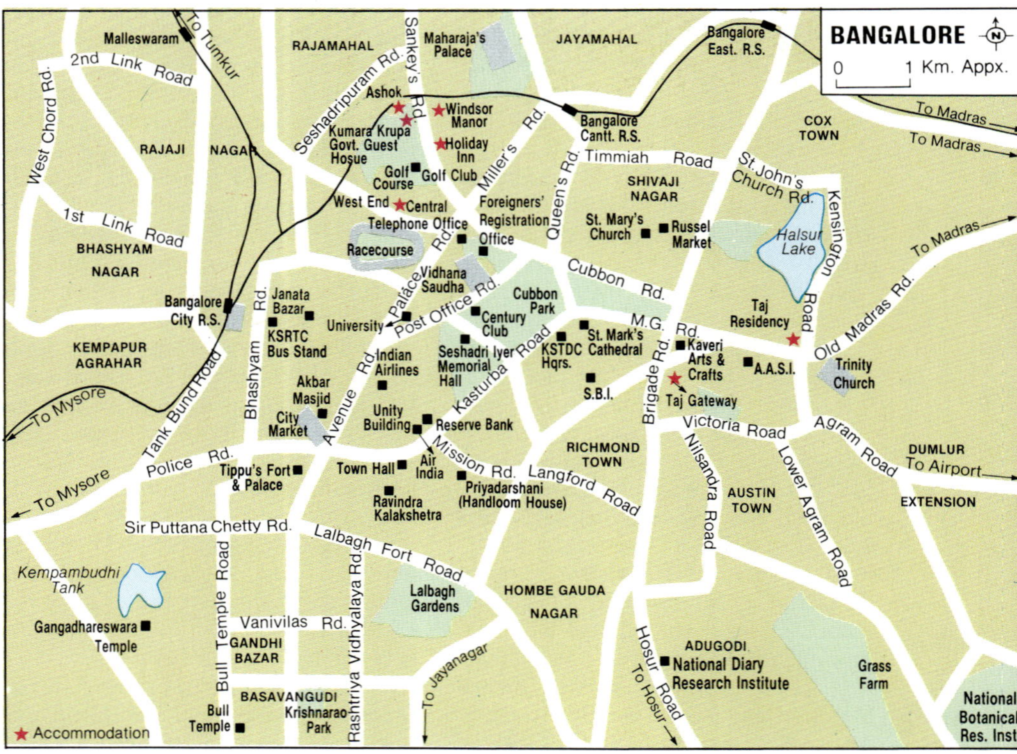

Nach Kempe Gowda wurde Bangalore 1638 vom Sultanat Bijapur einverleibt, dem es die Mughals 50 Jahre später wieder abrangen. Von ihnen erhielt es König Chikka Devaraya aus der Wadiyar-Dynastie Mysores – zunächst leihweise. Später überredete er den Moghul-General Kasim Khan, ihm die Stadt zu verkaufen. Dies tat der General ohne Skrupel oder Bedenken für 500 000 Rupien.

Das 17. Jahrhundert war eine unruhige Zeit. Briten und Franzosen versuchten, möglichst große Gebiete Karnatakas für sich zu beanspruchen. Auch die örtlichen Herrscher, die Marathas, der Nizam von Hyderabad und die Wadiyars, denen Bangalore gehörte, befanden sich im Zwist. Angesichts der internen Machtkämpfe in seinem Reich und der leeren Staatskasse war dies das letzte, was der Wadiyar-König gebrauchen konnte. So war die Zeit reif für einen Mann wie Hyder Ali, einen Heerführer in der Armee Mysores, nach der Macht zu greifen. Hyder Ali setzte den untauglichen Chikka Krishnaraja ab und machte Bangalore zu seinem persönlichen Lehen. Von da an herrschten er und sein Sohn Tippu Sultan, beide fähige Militärführer, bis Ende des 18. Jahrhunderts in Karnataka.

Mit ihrer überlegenen Armee wehrten Hyder Ali und Tippu Sultan die Angriffe ihrer Nachbarn so problemlos ab, daß sogar die Briten ihre Kolonialisierungspläne gefährdet sahen. Vater und Sohn standen in den Mysore-Kriegen viermal gegen die Briten. Im letzten Krieg 1799 fiel Tippu bei Srirangapatnam, und so kam Karnataka schließlich unter britische Oberherrschaft. Die Briten zeigten sich klug und setzten den Wadiyar-Thronfolger wieder ein: eine wohlüberlegte Besänftigungsgeste gegenüber den Untertanen und politisch ungefährlich, da er erst fünf Jahre alt war.

Britische Einflüsse auf Bangalores Entwicklung machen sich erst von 1809 an bemerkbar, als Militärstützpunkte gebaut wurden und die ersten Truppenteile aus Srirangapatnam in ihre neuen Unterkünfte in Agram zogen. Heute ist hier ein Krankenhaus der Luftwaffe eingerichtet.

Einkaufsmeile Commercial Street.

Bangalore unter den Briten: Die Briten waren begeistert von Bangalore. Selbst Winston Churchill, der als junger Offizier hier stationiert war, geriet ins Schwärmen bei der Beschreibung einer Gegend, die all den heimwehkranken Empire-Erbauern „ein wenig wie England in der Fremde" erschien.

Der **Militärstützpunkt** Bangalores wurde 1809 erbaut und wuchs schnell über das einfache Lager für „Lashkars" hinaus, das er ursprünglich war. Er lag im Norden der Festung und der Altstadt, wo heute der Markt ist. Dazwischen lag ein 2,4 Kilometer breiter freier Streifen, der aus strategischen Gründen belassen wurde, unter anderem, um die Kontrolle des Zugangs zum Militärlager zu ermöglichen. Im Zentrum der Anlage lag der Paradeplatz, ein ursprünglich 3,2 Kilometer breiter Streifen von Ost nach West. Die Straße, die an seinem Südrand verlief, die Südparade, heißt jetzt nach Mahatma Gandhi. Nördlich des Paradegeländes lagen die Häuser der Sepoys und die Infantry Road, während Artillerie und Kavallerie im Osten untergebracht waren. Die Unterkunft des Commissioners im Westen heißt heute Raj Bhavan und ist die Residenz des Gouverneurs. Die Straßen wurden entweder nach Truppen benannt (Cavalry Road, Brigade Road) oder nach den hier gelegenen Einrichtungen (Commercial Street).

Es folgte der Zuzug von Soldatenfamilien und schließlich von Zivilisten. Kaufleute und Geldverleiher ließen sich nieder. Im Zuge kolonialer Geselligkeit wurden Polo und andere Pferdesportarten eingeführt. Das größte gesellschaftliche Ereignis war dabei die alljährliche Jagd in Bangalore.

1831 übernahmen die Briten nach einem versuchten Aufstand des Maharajas die Kontrolle über die Verwaltung Mysores. Um ihr hart erkämpftes Land keiner Gefahr auszusetzen, verstärkten die Briten nicht nur ihr Truppenkontingent in Bangalore, sondern richteten auch eine Commission ein. Bangalore wurde ihre administrative Hauptstadt.

Die Commissioners der restlichen Hälfte des Jahrhunderts ließen Gebäude errichten, wie das Attara Katcheri, in

Zwergenhaft wirkt das Hauptpostamt neben dem Vishveshvaraya Tower.

dem die Verwaltung untergebracht war, das Central College und das Central Jail. Die Bahnlinie von Madras, die vordem in Jalarpet endete, wurde auf Anordnung von Commissioner Bowring bis Bangalore weitergebaut.

Viele „Towns" (Wohnsiedlungen) schossen aus dem Boden: Cleveland Town, Fraser Town, Benson Town – fein säuberlich am Nord- und Südrand des Militärstützpunkts entlang breiter Alleen angelegt. Die Durchgangsstraßen tragen Namen wie Wood Street oder Hayes Road, die beide in dem nostalgisch Richmond Town getauften Stadtteil liegen. Von den zwischen 1880 und 1930 errichteten Bungalows sind viele erhalten: weitläufige, ebenerdige Bauten, jeder mit Garten und einer Zufahrt von mehr symbolischer Länge, doch von gesellschaftlichem Wert. Heute werden sie von hohen Wohn- und Büroblocks überragt, den unvermeidlichen Begleiterscheinungen modernen Großstadtlebens.

Das Leben in den *pettahs* der eigentlichen Stadt während der britischen Besatzungszeit stand in Kontrast zur Abgeschiedenheit der Militärsiedlung. Bangalore war das Urbild einer Hindu-Stadt, wo das Leben aus den von Mangoblättern überrankten Haustüren in die Straßen quoll.

1881 wurde Bangalore dem Maharaja zurückgegeben. Der ließ die Stadt von einem hohen Beamten, dem Dewan, verwalten. Ein Dewan, Sir Visveswaraya, hatte großen Anteil an der Industrialisierung.

Als Mysore nach der Unabhängigkeit der indischen Union beitrat, wurde der Maharaja zum Gouverneur ernannt. 1956 wurde Bangalore Hauptstadt des Bundesstaates, der 1973 in Karnataka umbenannt wurde. Zu diesem Namen hört man (wie zu dem seiner Hauptstadt) mehrere Erklärungen. Er soll entweder von „Karu Nadu" abgeleitet sein, „Land der schwarzen Erde", oder von „Karnadu", „Hochland" – beides ebenso unwahrscheinlich wie die dritte Möglichkeit, die auf dem hübschen Begriff „Karna-ata" basiert, einer lautmalerischen Verquickung der Geräusche von Bienen, Schmetterlingen und Vögeln.

Bangaloreaner genießen den Sonnenuntergang.

Die Anglo-Inder

Nach Artikel 366 (2) des Gesetzes 1935 der Regierung von Indien gilt als „Anglo-Inder" jeder „in Indien Geborene, dessen Vater europäischer Abstammung ist oder war". Da die Briten die größten europäischen Kolonisatoren waren, stammen die meisten Anglo-Inder von ihnen ab.

Doch muß der Begriff im Wandel der Kultur und der Sozialgeschichte neu definiert werden; überhaupt gibt es immer weniger Anglo-Inder in Einrichtungen wie Bangalore's Bishop Cotton, Baldwin's and Cathedral, die einst für sie reserviert waren. Junge Anglo-Inderinnen tragen heute *sari* und *salwar* so selbstverständlich wie westliche Kleidung, anglo-indische Kinder sprechen die Sprache der Stadtjugend, und durch Einheirat wird diese Entwicklung noch beschleunigt.

Außderdem waren die Anglo-Inder ja schon seit jeher eine Minderheit. In Karnataka gibt es etwas über 10 000, im gesamten Land etwa 100 000. In Bangalore, der wohl am stärksten kolonialistisch geprägten Stadt, waren sie immer eine sichtbare, lange Zeit sogar die dominierende Kraft.

Die Anglo-Inder treffen sich in Clubs, im Bowring Institute oder dem Catholic Club der Stadt oder dem Recreation Club in Whitefield. Die Bälle an Silvester, Weihnachten und Ostern (zu denen meist einheimische Musiker spielen) sind gut besucht. Andere Gemeinschaften, etwa die Goa-Katholiken oder die Süd-Kanara-Christen, sind ebenso westlich beeinflußt. Für viele Einwohner indischer Städte ist ein Leben ohne „Clubleben" – das traditionell so typisch für die Anglo-Inder ist – gar nicht vorstellbar.

Diese inhomogene Gemeinschaft wird durch den christlichen Glauben (80 Prozent sind Katholiken) und die englische Sprache zusammengehalten. Wie viele Inder sind sie zwei- oder dreisprachig und sprechen die örtliche Mundart meist fließend. Sie essen ebensogern indisch wie europäisch. Da Anglo-Inder gern Rind- und Hammelfleisch essen, stammen ihre indischen Rezepte oft aus der muslimischen Küche.

Immer schon hat ein Gefühl der Deplaziertheit die Nachkommenschaft der Kolonialherren belastet. Als die Briten im 16. Jahrhundert ihre East India Company gründeten, fanden sie eine Gemeinschaft portugiesisch-goanischer Abstammung vor. Als aber die Company expandierte, begannen die Briten ihre Handelsstationen zu befestigen und Truppen zu deren Schutz auszuschicken. Die nach weiblicher Gesellschaft hungernden Briten lernten Inderinnen und Eurasierinnen kennen – und ihre Kinder waren die ersten Anglo-Inder.

Zwangsläufig identifizierten diese sich mit den Briten, die sie in Armee und Staatsdienst aufnahmen. (Im 19. Jahrhundert wurde dann der Telegraphen- und Eisenbahnbau ihr Ressort.) Doch ebenso unvermeidlich war die Entfremdung; denn letzten Endes, und mit denselben Gründen, mochten weder die Briten noch die Inder sie ganz und gar als die ihren anerkennen.

Die Briten akzeptierten die Anglo-Inder nur dann, wenn sie europäischen Aussehen besaßen. Rassendiskriminierungen wurden gemäß der Hauttönung abgestuft: Je heller die Haut war, desto bevorzugter wurde man von den Engländern behandelt – und desto geringschätziger von den Indern. Außerdem wurde zwischen Abkömmlingen angesehener britischer und indischer Familien und denen sozial niedriger eingestuften Familien unterschieden.

Nach der Unabhängigkeit emigrierten zahlreiche Anglo-Inder nach Großbritannien, Kanada und Australien: Ihr innerer Zwiespalt kam durch den Rückzug der Briten an den Tag. Viele ließen sich friedlich nieder, andere konnten sich im Ausland nie heimisch fühlen, wieder andere kehrten zurück nach Indien und mußten erkennen, daß man auch zuhause ein Fremder sein kann. Immer noch wandern viele aus, diesmal aus wirtschaftlichen Gründen. Anglo-Inder zu sein, empfinden heute nur die Älteren noch als ungelenke Doppelrolle – die junge Generation ist darüber hinweg. ■

Keine andere Staatshauptstadt hat eine mit **Vidhana Soudha** vergleichbare Einrichtung, dem 1956 errichteten Karnataka-Sekretariat, Indiens größtem Amtsbau für die Rechtsprechung. Das im Norden des Cubbon Parks gelegene Gebäude im neo-dravidischen Stil fällt auf in der vom Kolonialstil stark geprägten Stadt. Dieser wiederum wird sorgfältig gepflegt. So sind die Gäste des Windsor Manor Hotels erstaunt, wenn sie erfahren, das es erst 1982 gebaut wurde.

Der traditionell indische Stil wurde bewußt gewählt: Vor Planungsbeginn hatte der Erste Minister Karnatakas eine russische Delegation durch die Stadt geführt, deren Mitglieder staunten: „Wieso gibt es hier nur europäische Gebäude? Habt ihr keine eigene Architektur?"

Der aus einheimischem Granit und Porphyr bestehende Bau ist dravidisch, wobei andere Einflüsse, wie die *jharokas*, die Balkone Rajasthans, miteinbezogen wurden. Die Details sind sorgfältig ausgearbeitet: Säulen mit aufwendigen Sockeln, eine Kuppeldecke, die sich in konzentrischen Kreisen erhebt, Bildhauerarbeiten mit dekorativ verschlungenen Blütenmotiven wie in den Tempeln Karnatakas und Tamil Nadus.

Der Oberste Gerichtshof gegenüber ist in dem eleganten, zweistöckigen **Attara Katcheri** („18 Höfe") mit den kannelierten, korinthischen Säulen untergebracht. Seine Erhaltung ist dem *esprit de corps* der Einwohner Bangalores zur verdanken, die auf ein Abbruchvorhaben so heftig reagierten, daß die Idee schleunigst ad acta gelegt wurde.

Das Attara Katcheri wurde 1864 erbaut, die 135 Hektar Gelände des **Cubbon Parks** dahinter im Anschluß angelegt. Es ist wirklich ein Genuß, in einer Großstadt nicht nur eine solche Grünanlage vorzufinden, sondern gleich zwei: Südlich vom Cubbon Park liegt nämlich **Lal Bagh,** von Hyder Ali 1740 begonnen. Die Parkanlage erstreckt sich über 97,2 Hektar und ist reich an tropischen und subtropischen Pflanzen, die zum Teil von Tippu Sultan importiert wurden.

Der Palast von Bangalore: Indische Maharajas waren gegen die Versuchung, anderen zu imponieren, keines-

Links: Die von den Briten eingeführten Pferderennen sind immer noch populär. Unten: Verschnaufpause.

wegs gefeit, wie dieser Bau zeigt. Er entstand 1887 unter dem Wadiyar-König, der mit seinen Standesgenossen wetteiferte, die unter anderem französische Chateaux nachbauten. Heraus kam ein Schloß im Tudor-Stil.

Tippus Festung und Palast: Die Lehmwälle, die Kempe Gowda beim Bau der Festung 1537 anlegen ließ, genügten Hyder Ali nicht. Zum Schutz gegen aggressive Nachbarn und Kolonialmächte ließ er sie durch Steinmauern ersetzen und einen Graben ziehen. Die Mauern wurden mit Bögen im islamischen Stil verschönert. Hyder Ali tolerierte Andersgläubige (Tippu Sultans Mutter war Hindu), und so steht ein kleiner, Ganesh geweihter Tempel innerhalb der Festungsmauern, wo sich dessen Anhänger zum Gebet versammelten.

Das Fort, ein Paradebeispiel für Ästhetik und Dynamik der Militärarchitektur des 18. Jahrhunderts, ist nicht in bestem Zustand: Für den Straßenbau wurden Mauern niedergerissen, für den Bau des Victoria Hospitals wurde der Graben teilweise zugeschüttet. Von den acht Toren Kempe Gowdas, die er nach dem Ort nannte, zu dem sie führten, ist nur noch eines benutzbar, das Delhi-Tor, das Hyder Ali in Granit neu bauen ließ. Es erinnert an die anderen militärischen Einflüsse auf die Stadt vor den Briten.

Zu den wenigen historisch bedeutsamen Gebäuden der letzten 500 Jahre gehört Tippus Palast. Er war ursprünglich nur ein Anbau an den nicht mehr existierenden Hauptpalast und ist Bangalores schönstes Beispiel für islamische Baukunst. Er besteht größtenteils aus Holz mit üppigen Schnitzereien auf Pfeilern, Bögen und Balkonen. Tippu nutzte ihn als Sommerpalast und mochte ihn besonders gern; er nannte ihn Rashk-e-Jannat, „Neid des Himmels“. Viel später, als Bangalore von den Briten verwaltet wurde, diente er als Sitz der Commission.

Heute steht er leer, und jeder kann hinein. Während Wand- und Deckengemälde mit Darstellungen der großen Taten von Vater und Sohn vernachlässigt und kaum noch erkennbar sind, ist der nach islamischen Prinzipien angelegte Garten in recht gutem Zustand.

Jacaranda-Zweige umrahmen eine Kirche der Kolonialzeit.

Religiöse Baukunst: Gleich daneben liegt der **Venkataramanaswamy-Tempel,** der von den Wadiyars im dravidischen Stil erbaut wurde. Er ist etwa 300 Jahre alt und gut gepflegt. Die beiden *gopurams* gehören zu den Ergänzungen der letzten Jahre. Im Dritten Mysore-Krieg 1790 wurde er schwer beschädigt. Zwar ließen ihn die Wadiyars reparieren, doch einige der verzierten, von kräftigen Steinlöwen getragenen Pfeiler zeigen noch Spuren des Kanonenfeuers.

Bangalore hat viele Tempel unterschiedlichen Alters. Die neueren aus den letzten fünfzig Jahren sind zwar rein dravidisch im Stil, doch die älteren mit den sie umgebenden Legenden und Assoziationen sind reizvoller. So der **Bullentempel,** den Kempe Gowda in Basavangudi, einer südlichen Vorstadt, bei einem seiner Wachtürme errichten ließ. Er beherbergt eine mächtige, 4,6 Meter hohe Monolithdarstellung Nandis, des Bullen, der damit betraut war, den Gott Shiva zu tragen. Er ist aus einem großen Steinblock gehauen und erinnert an die Statue auf dem Berg Chamundi in Mysore.

Der Tempel soll gebaut worden sein, um einen wütenden Bullen zu besänftigen, der sich systematisch die gesamte Erdnußernte der umliegenden Felder einverleibte. Ursprünglich war nur die Statue geplant, doch als sie fertig war, begann sie zu wachsen und kam erst zum Stillstand, als rasch der Tempel um sie herum errichtet war. Ob dies ihr lebendiges Gegenstück beeindruckte, ist nicht bekannt; jedenfalls verschwand das Tier aus der Gegend. Seither halten die hiesigen Bauern jedes Jahr zum Dank für die Ernte ein Kadalekaye Parishe, ein Erdnußfest, vor dem Tempel ab.

In der Nähe liegt beim Kempambudhi Tank der **Gavi Gangadheswara-Schrein,** der ebenfalls von Kempe Gowda stammt. Er ist Shiva und Parvati geweiht und enthält 23 Götzenbilder, darunter das von Agni, dem Gott des Feuers. Er hat eine architektonische Besonderheit: Kempe Gowdas Baumeister plante ihn so, daß zum Fest von Makara Sankranti Mitte Januar die letzten Strahlen der Abendsonne so durch einen Bogen, ein Fenster und die Hör-

Öffentliche Bücherei am Cubbon Park.

ner eines Nandi fallen, daß sie das Bildnis Shivas beleuchten. Viele Gläubige pilgern jedes Jahr hierher, angezogen von diesem exquisiten Ausdruck ewiger Ordnung.

Zu dem anderen Schrein, den Kempe Gowda in Koramangala im Süden des heutigen Flughafens errichten ließ, gibt es eine tragische Geschichte. Als er seine Festung bauen wollte, brach trotz aller Gegenmaßnahmen immer wieder etwas zusammen. Als besänftigende Geste wurde ein Menschenopfer vorgeschlagen. Obwohl Kempe Gowda es ablehnte, wollte sich seine Schwiegertochter Lakshmidevi opfern. Sie tat es, die Festung wurde vollendet und zum Gedenken an ihr selbstloses Opfer der hübsche Schrein nach ihr benannt.

Zu jedem Militärstützpunkt gehörte wenigstens eine Kirche. Die meisten der Kirchen Bangalores wurden von den Briten erbaut, entweder im gotischen oder im klassisch-europäischen Stil, mit wenigen der kolonial inspirierten Merkmale, die charakteristisch sind für die Architektur des Raj.

Typisch für die Militäransiedlungen ist, daß die Friedhöfe nicht direkt an der Kirche, sondern in einiger Entfernung liegen. Dies geschah vermutlich, um die Ansteckungsgefahr bei den zahlreichen Epidemien einzudämmen, die die Kolonialsiedlungen heimsuchten.

Einige der nach der Unabhängigkeit errichteten Kirchen sind im alten Stil gehalten, diejenigen mit zeitgenössischer Architektur relativ nichtssagend.

Manche Moscheen der Stadt wurden lange vor der Regierungszeit Hyder Alis erbaut. Die älteste ist die Sangeen Jamia Masjid an der Avenue Road, die von einem Mughal-Verwalter in Auftrag gegeben wurde. Die schwarzen Marmorsäulen der Jumma Masjid, der ältesten Moschee im britischen Militärviertel an der Commercial Street, stammen aus Tippus Palast in Srirangapatnam. Die neueste und größte Moschee Bangalores ist ein weißer Marmorbau in der Nähe des Marktes, der über 5000 Menschen faßt.

Das Grab des Sufi-Heiligen Tawakkal Mastan liegt ebenfalls nicht weit vom

Frühes, aber gut erhaltenes Kolonialhaus.

Markt und lockt Pilger aller Glaubensrichtungen an. Auch die alljährliche Karaga-Prozession macht in Einklang mit den Wünschen des Heiligen hier Halt. Dieses friedliche Miteinander ist anderswo schwer denkbar, doch die Bangaloreaner tolerieren gegenseitig ihre Überzeugungen. Ein beachtlicher Prozentsatz der Teilnehmer an den wöchentlichen Novenen in St Patricks, der Infant Jesus oder anderen katholischen Kirchen der Britensiedlung sind keine Christen.

Das Karaga-Fest ist ein weiteres großes Lokalereignis. Es findet im März oder April im Dharmaraja-Tempel statt, wenn mit dem *karaga* genannten Tongefäß, das Shakti verkörpert, die Göttin der Urkraft, von den Thegalas, einer Gemeinschaft der Gärtnerkaste, eine nächtliche Prozession veranstaltet wird. Dies ist eine ehrenvolle und schwierige Aufgabe zugleich: Das blumengeschmückte Gefäß wird von einem Auserwählten 20 Kilometer lang auf dem Kopf getragen, in einer Hand einen Stab, in der anderen ein Schwert, am Körper einen safrangelben Sari und um den Hals die Hochzeitskette seiner Frau. Trommler und schwertschwingende Anhänger begleiten ihn mit Gesang. Ihm selbst droht die Todesstrafe, wenn er das Gefäß fallen läßt. Seine Frau, vielleicht bald seine Witwe, wartet zuhause, bis er das Gefäß in den Sampangi Tank getaucht hat.

Vor Jahren wollte Tawakkal Mastan einen Blick auf die Prozession erhaschen, rutschte aus und verlor das Bewußtsein. Damals trampelten die Menschen über ihn hinweg. Die Priester hielten, versorgten seine Wunden mit dem heiligen roten *kumkum*-Pulver und er wurde gesund. Ehrfurchtsvoll äußerte der Heilige den Wunsch, die Prozession solle jedesmal sein Grab besuchen – und so geschieht es jetzt.

Museen und Kultur: Sichtbar gewordene Kultur sind die im **Government Museum** und im **Chitrakala Parishat** ausgestellten Stücke, deren Besichtigung mehrere Stunden in Anspruch nimmt. Ersteres beherbergt an der Kasturba-Road-Funde aus dem Neolithikum und Überreste der 5000 Jahre alten

Kokosnüsse zu verkaufen.

Mohenjo-Daro-Zivilisation. Im Chitrakala Parishat befinden sich herrliche alte Gemälde in der mysoreanischen Gesso-Technik, deren durch das Abreiben mit Jade entstandene Patina sich bis heute gehalten hat. Man entdeckt hier Sammlungen von Schattenpuppen aus Ziegen- und Hirschhaut und schön bemalte Marionetten – beides wird im volkstümlichen Theater noch benutzt.

Ein Ergebnis der verschiedenen kulturellen Strömungen ist, daß hier Tänzer und Musiker aus allen Landesteilen ebenso häufig auftreten wie große carnatische Sänger und die Wandertruppe des Yakshagana-Volkstheaters. Karnatische Musik sowie die Tanzform Bharata Natyam gehören zur Klassik des Südens, die in den Bangaloreanern ein treues Publikum hat. Die farbenprächtige, stimmgewaltige Aufführung von Dialogen über uralte Themen, von Gesang und Tanz, die Yakshagana-*prasanga* oder -aufführung, wurde früher vor Tempeln gezeigt, heute meist in geschlossenen Räumen. Theater sind rar und immer kostspieliger, was auch das offizielle Kannada-Theater nicht ungeschoren ließ, eine ansonsten lebendige und stabile Kunstform, sowohl im klassischen als auch im modernen Sektor.

Unterhaltung: Theateraufführungen sind nicht alltäglich, was angesichts der Konkurrenz durch Fernsehen und einheimische Filmindustrie verständlich ist. Große Plakate von Filmstars thronen über den Eingängen zu den Lichtspielhäusern der Kempe Gowda Road. Die etwa 100 Kinos der Stadt sind gut im Geschäft – mit Filmen auf Hindi und Englisch (z. B. in der M. G. Road) ebenso, wie mit Tamil-, Malayalam- und Kannada-Filmen.

Abends ist in Bangalore am Wochenende am meisten los, doch auch unter der Woche hat der Besucher die Wahl zwischen Restaurants und Pubs, wobei letztere ausschließlich hier zu finden sind. Daher sollte auf der Liste der Unternehmungen ein Besuch eines oder mehrerer Pubs in der Gegend um die Brigade Road ganz vorne stehen. Hier fühlt man sich bei ausgezeichnetem Bier

Nasenstekker, Ohrringe und Halsketten gehören im Süden zur Grundausstattung einer Frau.

vom Faß fast wie in England. Mit den Pubs wurde manches salonfähig, was sonst unvorstellbar war: etwa, daß neben Geschäftsleuten und Büroangestellten auch Pärchen oder Grüppchen von Frauen sitzen – vordem höchstens in den Bars der Fünf-Sterne-Hotels möglich.

Dauernd machen neue Restaurants auf und erweitern das bestehende kulinarische Spektrum, daß von der im Nordwesten üblichen Küche bis zu Thai-Gerichten reicht. Viele davon liegen in dem Dreieck zwischen Mahatma Gandhi Road (umgangssprachlich M.G. Road genannt), St Mark's Road und Residency Road, ein paar in den Fünf-Sterne-Hotels und die übrigen in geringer Entfernung. (Ein Vorteil Bangalores gegenüber anderen Großstädten ist, daß hier alle interessanten Orte leicht erreichbar und meist nur eine kurze Rikscha- oder Taxifahrt voneinander entfernt sind.) Die Preise sind bescheiden, besonders in den einheimischen Restaurants, wo man angesichts der geringen Kosten bedenkenlos schlemmen kann. Eine besondere Attraktion sind die **Mavalli Tiffin Rooms,** deren Ruf so gut ist, daß sich bereits morgens um sechs vor der Tür Schlangen bilden. Sie liegen von Lal Bagh aus ein Stück weit die Straße hinunter.

Einkaufen: Was sind geeignete Mitbringsel aus Bangalore? In einem so künstlerfreundlichen Klima ist die Auswahl mehr als reichlich. So geben Handarbeiten aus Seide, Sandelholz, Rosenholz, Rohr, Elfenbein, Kupfer und Gold herrliche Souvenirs ab. Typisch für Karnataka sind bestimmte Techniken, wie Elfenbeineinlegearbeiten in Rosenholz, mit denen vom klassischen Musikinstrument *veena* bis hin zum profanen Kaffeetisch alles mögliche verziert wird. Oder der Helldunkel-Effekt der *bidri*-Arbeiten aus Bidar, der durch Gold- oder Silberdraht in Zink- oder Kupferlegierungen erzielt wird. Krüge, Gewürzkästchen und Schmuckreifen werden mit diesen feinen Filigranmustern verziert, deren Motive von persischen Handwerkern im 15. Jahrhundert nach Indien gebracht wurden. An **Kaveri,** der staatlichen Kunstge-

Kummer eines Schuljungen.

werbehandlung an der M.G. Road, führt kein Weg vorbei. Hier kann man im Vorbeigehen ein paar Pakete duftenden Mysore-Kaffee und ein, zwei Fläschen aromatisches Sandelholzöl erstehen. Auch Lederkleidung und modische Baumwollsachen sind hier nichts Außergewöhnliches – schließlich ist Bangalore eines der Zentren für Textilexport.

Auflüge: Im Umkreis von 100 Kilometern liegen mehrere, bei erholungssuchenden Bangaloreanern beliebte Wochenendziele. Der Kurort **Jindal** an der Straße nach Bombay ist dabei eher etwas für zivilisationsmüde Fremde, die in gesundem Klima mal richtig auftanken wollen.

Nandi Hills (60 Kilometer) ist eine kleine Bergstation. Hierher zog sich schon Tippu Sultan zurück. Durch seine natürlichen Schutzwälle, die der Tiger von Mysore noch verbesserte, war es der ideale Zufluchtsort. Die Briten unter Lord Cornwallis versuchten, ihn dort herauszuholen, doch nachdem mehrere riesige Granitblöcke auf sie heruntergekommen waren, gaben sie auf.

Später war diese Gegend bei den Briten nicht minder beliebt. Der Commissioner Sir Mark Cubbon ließ am höchsten Punkt des Bergrückens die nach ihm benannte Hütte errichten. Der Blick von dort ist herrlich, besonders von dem Teil der Zinnen, die Tippu's Drop genannt werden. Außerdem kann man herrliche Streifzüge und Entdeckungsreisen durch die bewaldeten Hügel unternehmen. Die beiden Shiva-Tempel wurden vor über tausend Jahren erbaut, der am Fuße des Hügels von einer Königin der Bana-Dynastie, der am Gipfel von den Chola.

Der **Banerghatta National Park** (21 Kilometer) ist ein Wildschutzgebiet, in dem Löwen, Bisons, Elefanten, Wildschweine und andere Tiere eine Heimat gefunden haben.

Mekedata (98 Kilometer), schön und unberührt, ist der Traum eines jeden Naturfreundes. Hier rauscht der Kaveri wild durch eine tiefe Schlucht, die oben nur viereinhalb Meter breit ist, schmal genug für die Ziegen, die dem Ort seinen Namen gaben, der nichts anderes bedeutet als „Ziegensprung".

Kleiner Schrein am Wegesrand.

Das moderne Bangalore: Aus der Luft hat Bangalore die Ausmaße einer Großstadt. Es ist nach Bombay, Delhi, Kalkutta und Madras Indiens fünftgrößte Stadt und erstreckt sich über 159 Quadratkilometer. Es ist zwar nicht so reich an Grünanlagen oder Blumen und Parks wie Madras oder Delhi, doch immer noch relativ grün. Der Fortschritt ließ die Stadt in die Höhe und Breite wachsen. In den acht Industriegebieten sind 10 000 Unternehmen angesiedelt, von Elektronik- und Elektrotechnikindustrie über Aluminium- und Stahlwerke, Maschinen- und Werkzeugbau und Uhrenherstellung bis hin zu Luftfahrttechnik- und Computerindustrie.

Schon vor der gegenwärtigen Revolution auf dem Gebiet der Computertechnik war Bangalore ein Zentrum für Wissenschaft und Technik. Das Indian Institute of Science, das 1914 mit einer Stiftung Jamshedji Tatas gegründet wurde, war seinerzeit Vorreiter auf dem industriellen Sektor und die erste Institution mit Einrichtungen für wissenschaftliche Forschung. Nach der Unabhängigkeit wurde die technologische Entwicklung durch mehrere staatliche Unternehmen vorangetrieben. Diesen Trend verstärkten Forschungsergebnisse und Erfolge auf dem Gebiet der Laser- und Flüssigkristalltechnik, der Luftfahrttechnik und der Telekommunikation.

Multinationale Konzerne ließen sich nieder, beispielsweise Kodak, Hewlett-Packard und Texas Instruments, angezogen von der Perspektive eines – natürlich billigen – indischen Silicon Valley. Auch einheimische Unternehmen aus dem ganzen Land zogen hierher und bestätigten das unternehmerische Potential der Stadt. Die einst ruhige Gartenstadt verliert jedoch wegen des zunehmenden Verkehrs und der Umweltverschmutzung an Attraktivität.

Trotz allen Höhen und Tiefen behält Bangalore eine tiefverwurzelte Zuversicht bei: Neues und Ungewöhnliches wird positiv aufgenommen, der angenehmste und – hoffentlich – dauerhafteste Charakterzug seiner Einwohner.

An der Straße von Bangalore nach Mysore.

SRAVANABELAGOLA

Die Ausstrahlung des **Gomateswara**-Standbilds in Sravanabelagola beruht auf der Einfachheit seiner asketischen Inspiration und auf seinen Ausmaßen – es ist die höchste monolithische Statue der Welt.

Der Kunsthistoriker Fergusson sagte über den Monolithen: *„Die Statuen dieses jainistischen Heiligen gehören zu den größten Kunstwerken Südindiens. Man fragt sich, wie lange wohl an einem solchen Bildnis gearbeitet wurde, und ob es Teil des Berges war oder von irgendwo anders zu seinem jetzigen Standort gebracht wurde. Ersteres ist wahrscheinlich. Der Berg ist ein 122 m hohes Granitmassiv, und vermutlich befanden sich ein oder zwei größere Blöcke auf dem Gipfel – mit dem Boden verwachsen oder freiliegend. Daraus fertigten die Jainas eine meisterhafte, 17,7 Meter hohe Statue. Abgesehen von Ägypten gibt es nirgends ein größeres oder imposanteres Kunstwerk, und selbst dort findet sich keine Statue, die diese an Größe übertrifft.“*

Links: Der Koloss von Gomateswara bei der alle zwölf Jahre stattfindenden Mahabhisheka-Zeremonie. Unten: Adinatha, ein jainistischer Tirthankara, in einem Schrein in Sravanabelagola.

Sravanabelagola liegt eingekeilt zwischen zwei Felshügeln namens Indragiri oder Vindhyagiri und Chandragiri. Sravanabelagola heißt soviel wie „der weiße Teich des Asketen“. Damit ist vermutlich ein Teich gemeint, der einst am Fuße des Indragiri, an der Stelle des heutigen tempeleigenen Wasserbehälters lag. Der Asket ist Bhagwan Bahubali, auch Tirthankar Sant Gomateshwara genannt, dessen riesiges Bildnis das kleine Dorf beherrscht. Dies ist der heiligste aller jainistischen Wallfahrtsorte.

Beachten Sie die Schlichtheit der Ausführung, und vergleichen Sie sie später mit den kunstvollen, komplexen Bildhauerarbeiten der Tempel von Belur und Halebid.

Über dem Besucher ragt Indragiri, sobald er Sravanabelagola betritt. 614 in den Felsen gehauene Stufen führen zum Gipfel. Zu Beginn des Aufstiegs kommt man an einem Tempel vorbei, der Adinatha geweiht ist, dem Vater des jainistischen Heiligen, dessen gigantisches Bildnis auf dem Berg thront. Etwas weiter oben liegt noch ein Tempel, unten breitet sich der Ort Sravanabelagola aus. Von hier blickt man auf das Umland und das blaue Kalyani-Reservoir. Der Hügel Chandragiri ist gekrönt von einer schlanken Säule und dem Grabmal des großen Herrschers und Förderers des Jainismus, Chandragupta Maurya. Hinter einem steinernen Tor taucht aus dem strahlend blauen Himmel der Kopf des Monolithen auf. Heiter scheint er in der Ewigkeit zu treiben.

Schließlich gelangt der Besucher in einen Hof mit Schreinen weiterer jainistischer Heiliger und einer schönen Skulptur Kushmandini Devis mit einem ovalen Gefäß in den Händen. Zu Füßen der Statue blickt man auf mächtige Beine über einer Plattform, auf der im Schatten des gigantischen Standbildes Priester fromme Riten ausüben. Kletterpflanzen ranken sich an den Beinen des Heiligen empor. Sie versinnbildlichen die ungeheure Konzentration, die er durch seine Bußübungen erreichte.

Sravanabelagolas Geschichte geht zurück bis ins dritte Jahrhundert v. Chr., als Chandragupta Maurya seinen Thron aufgegeben haben und mit seinem Guru Bhagwan Bhadrabahu Swami hierhergekommen sein soll. Gestorben ist er angeblich, weil er, wie durch seine Bußübungen vorgeschrieben, jegliche Nahrung verweigerte.

Im Laufe der Zeit verbreiteten Bhadrabahus Jünger den Jainismus in ganz Südindien. Die Religion fand mächtige, königliche Förderer und erlebte ihren Höhepunkt zwischen dem vierten und zehnten Jahrhundert. Die Statue Gomateshwaras wurde unter dem Ganga-König Rachamalla errichtet. Geschaffen hatte sie Aristanemi im Jahr 981.

Bahubali und Bharata waren Söhne des jainistischen Regenten eines nordindischen Königreiches, Adi Tirthankara Vrishaba Devas, der auf seinen Thron verzichtete, um der erste Heilige der Jainas zu werden. Sein Rücktritt löste bei seinen Söhnen einen erbitterten Kampf um die Erbfolge aus, aus dem Bahubali nach einer langen, blutigen Fehde als Sieger hervorging. Im Augenblick des Triumphes erkannte Bahubali die Nichtigkeit von Gewalt und weltlichem Erfolg und gab all seine weltlichen Besitztümer an seinen Bruder Bharata. So begann seine 1000jährige Buße im Wald.

Tausende von Jaina-Pilgern von überall her nehmen an der alle 12 Jahre stattfindenden Mahamastakabhisheka-Zeremonie teil. Die letzte wurde 1993 durchgeführt. Der Höhepunkt dieses Ereignisses ist die Salbung der Statue durch Priester von einem eigens zu diesem Zweck errichteten Gerüst aus. Sie schütten Tausende von Töpfen Milch, Quark, *ghee,* Safran, Kokosmilch, Mohnsamen, Mandeln, Goldmünzen und anderen Dingen herab, von denen jedes eine besondere Bedeutung hat. Der Anblick der begossenen Statue, deren Farbe sich bei jedem Durchgang ändert, ist beeindruckend.

Sravanabelagola wurde nicht von einer Einzelperson geschaffen. An seiner Entstehung wirkten über 1500 Jahre Heilige, Könige, Stammesführer, Kauf-

Tausende von Pilgern aus der Umgebung versammeln sich zur großen Bahubali-Zeremonie.

leute, Künstler, Schreiber und Pilger mit, die es zu dem Wallfahrtszentrum machten, das es heute ist.

In keinem anderen Digambara-Jaina-Zentrum Indiens stehen so viele Tempel aus so vielen Epochen wie in Sravanabelagola. Der älteste stammt aus dem 9. Jh., die jüngste aus dem 20. Jh.

Die Bildhauerkunst der Tirthankaras folgt strengsten Regeln. Keine Verzierungen irgendwelcher Art dürfen der Skulptur hinzugefügt werden, deren Ausstrahlung von rigoroser Einfachheit bestimmt wird, ganz dem jainistischen Ethos entsprechend. Das Gesicht der Statue, die sitzend oder stehend ausgeführt werden kann, darf nicht nach links oder rechts zeigen. Die strenge, sitzende Yogi-Pose wird *Paryankasana* genannt, die meditative stehende Haltung *Kayotsarga*. Alle 24 Tirthankaras tragen die gleichen Züge, wobei der erste, Adinatha, manchmal mit langem Haar dargestellt wird. Yaksas und Yaksis, die die Tirthankaras begleiten, sind in gebeugter Haltung mit Requisiten in der Hand abgebildet.

Neben dem Indragiri mit dem Hauptbildnis Bahubalis *(Gomateswara)* liegt hier noch der kleinere Berg **Chandragiri** mit Bögen und Inschriften auf dem Gipfel und die Bhadrabahu-Höhle, in der sich viele Denkmale befinden: Chandragupta Basti, Kattale Basti, Bhandari Basti und Akkana Basti, alle im Hoysala-Stil. Die gut erhaltenen Fresken eines der Tempel erzählen die Geschichte des Jainismus.

Die Basti-Tempel des Math beherbergen eine große, kostbare Sammlung von Bronzedarstellungen, die bis ins 10. Jh. zurückreichen. Interessant sind auch die Reliefs auf den Tempelsäulen.

Am Fuße des Hügels reihen sich die Läden mit fluoreszierenden Bildern Bahubalis und Plastikspielzeug – Touristenramsch. Zu kaufen lohnen sich höchstens Bildhauerarbeiten.

Hassan: Hassan ist der wohl günstigste Ausgangspunkt für einen Besuch Sravanabelagolas, Belurs und Halebids. Hassan selbst hat keine Sehenswürdigkeiten, doch es ist die Stadt mit den besten Übernachtungs- und Transportmöglichkeiten und bietet sich daher als Aufenthaltsort an. Im dortigen Fremdenverkehrsamt können Sie sich nach Reservierungsmöglichkeiten für Belur oder Halebid erkundigen, falls Sie dort übernachten wollen.

Belur: Der kleine Ort Belur steht in starkem Kontrast zur majestätischen Schlichtheit Sravanabelagolas. Belur liegt am Ufer des Yagachi und war Hauptstadt des Hoysala-Reiches, bis es vor über 800 Jahren von Dwarasamudram abgelöst wurde. Heute ist es eine verschlafene Kleinstadt. Von seiner großen Vergangenheit zeugt noch der **Chennakeshava-Tempel.** Er wurde 1116, zur Entstehungszeit der großen Kathedralen Europas, erbaut. Der Bau stand in Zusammenhang mit dem Sieg der Hoysala über die Chola in der großen Schlacht von Talakad. In Auftrag gegeben hatte den Tempel König Vishnuvardhana. Seine Fertigstellung dauerte 103 Jahre. Die Fassade des Gebäudes ist mit Figuren und Friesen verziert, die nur von den Bildhauerarbeiten an den Wänden und Pfeilern im Inneren übertroffen werden.

Narasimha, eine der zwölf Inkarnationen Vishnus, in Halebid.

Der Tempel von Belur ist ein Paradebeispiel für Hoysala-Architektur. Er wurde von Jakanachari entworfen, einem der großen Bildhauer seiner Zeit, es wurden aber auch Signaturen anderer Künstler darin entdeckt. Der Legende nach verließ Jakanachari Frau und Kind auf der Suche nach Ruhm. Als er sein größtes Werk, einen riesigen Ganesha, vollendet hatte, wurde dessen Weihung durch einen Jungen verzögert, der behauptete, das Bildnis sei der Anbetung unwürdig. Vor einer großen Menschenmenge verlangte der ungehaltene Meister Beweise von dem Jungen und gelobte, sich den Arm abzuschneiden, falls er im Recht sei. Der Junge nahm einen Stock und schlug gegen Ganeshas Nabel. Das feuchte Gestein brach auf und gab einen Frosch frei. Offensichtlich war das Material fehlerhaft. Seine Anbetung wäre nach Hindu-Tradition einer Entweihung gleichgekommen. Der Bildhauer verlor seinen Arm und mußte erfahren, daß der Junge sein eigener Sohn war, der die Kunst der Perfektion begriffen hatte.

Der Tempel war im Gedenken an den Sieg des Hoysala-Königs Bittiga über die Chola gebaut worden. Der eigentliche Tempel steht auf einem sternförmigen Sockel, auf den Stufen führen. Dem Besucher fällt zunächst die Kompaktheit des Gebäudes auf. Verglichen mit anderen, hochaufragenden Tempeln wirkt Belur eher unscheinbar. Erst bei näherem Hinsehen erkennt man in den reichen Details der Bildhauerarbeiten seine Größe: Allein auf der untersten Ebene gibt es 650 verschiedene Elefantendarstellungen. Die Motive der darüberliegenden Bildsequenzen stammen größtenteils aus *Ramayana* und *Mahabharata*.

Die kriegerische Veranlagung der Hoyala beeinträchtigte glücklicherweise nicht ihr Interesse an Kultur, wie die hochentwickelten Musik-, Tanz- und Kunstformen ihrer Epoche zeigen. In Zeiten des Friedens und Wohlstands erwiesen sie sich als Ästheten und Mäzene. Die Künstler, die ihre Werke signieren durften – was in der indischen Kunst recht ungewöhnlich ist –, wetteiferten miteinander.

Der Chennuakesava-Tempel in Belur.

Wenn Herrscher einen Tempel bauen ließen, dann infolge eines Gelübdes oder für den Sieg in einer Schlacht. Die Baukunst war unglaublich kompliziert. Bei jedem Detail wurden die geltenden Regeln und Proportionen beachtet. Führt man durch die Pupille einen Faden in den Kopf der Statue, kommt er durch die Nase wieder heraus. Läßt man einen Faden von der Stirn eines Tänzers zum Boden hängen, endet er an einer gehobenen Zehe.

Kein Gebäudeteil blieb unbearbeitet – und doch ist die Wirkung nicht erdrükkend. Würde man zehn Stunden täglich für das Studium aller Details verwenden, bräuchte man für die ganze Anlage fast zwei Wochen.

Nach Betrachtung der 38 Ornamente, die von mythologischen Motiven bis zu Erotika reichen, betritt man den Tempel. Hier ist es dunkel; und wenn nicht gerade Stromausfall ist, erkennt man handgedrehte, filigrane Säulen, die alle unterschiedlich und von ausgesuchter Schönheit sind. Die zentrale Narasimha-Säule soll sich einst von selbst um ihren Schwerpunkt gedreht haben, doch Vernachlässigung und Mißbrauch forderten ihren Tribut. Der Juwelenschmuck der Säulen ist beweglich, und die zarten Schnitzereien sind von atemberaubender Perfektion.

Auf der glasglatten, polierten Plattform soll einst die Königin zu Ehren Krishna Chennakeshavas getanzt haben. Die vier Stützpfeiler der Decke stellen die weibliche Schönheit dar. Modell für alle war die Königin Shantala Devi. Die Gefährtin König Vishnuvardhanas war eine selten schöne und kluge Frau. Ihr wird das hohe künstlerische und kulturelle Niveau unter seiner Herrschaft zugeschrieben, das diese Bildhauerarbeiten belegen. Damals waren Frauen sozial aktiv, und es herrschte ein hohes Maß an sexueller Freiheit.

Der **Veeranarayana-Tempel** liegt westlich des zentralen Chennakeshava-Tempels und ist wesentlich kleiner. Er beherbergt Darstellungen von Hindu-Göttern, und um den Tempel herum sind Kappe Chennigaraya, Soumyanayaki und Andal geweihte Schreine. Besichti-

Der Hoysaleswara-Tempel in Halebid.

gen Sie die Tempel nicht ohne Führer! Die Schreine sind ein Erlebnis für sich. Ihre Schönheit verbirgt sich im Detail.

Halebid: Die ehemalige Hauptstadt der Hoysala hieß vordem Dwarasamudram, „Tor zum Meer". Nach der Eroberung durch das Sultanat Delhi setzte sich der Name Halebid durch, „alte Hauptstadt". Früher standen hier viele Tempel und Paläste, doch nur wenige überstanden die Invasion.

Der prachtvolle **Hoysaleswara-Tempel** unterscheidet sich vom Tempel von Belur hauptsächlich im Detail. Er hat die gleiche sternförmige Plattform mit Stufen. Früher stand daneben ein Palast, der durch einen Gang mit dem Tempel verbunden war. Den Eingang bewacht ein Nandi-Bulle, das Reittier Shivas. Der rund 800 Jahre alte Bau ist nur teilweise erhalten. Von den Trägerfiguren ist nur eine übrig, doch die Wandreliefs sind ebenso üppig und kunstvoll wie in Belur. Der sternförmige Unterbau mit den stilisierten Löwen und Elefanten, die den Tempel zu tragen scheinen, vermittelt Stabilität.

In die Wände gemeißelt sind historische Schlachten, Kinderstreiche Krishnas, die Umarmung Shivas und Parvatis sowie Ravana, der den Berg Kailash hebt. Auch die schöne Königin Shantala taucht hier auf. Sie scheint jeden Bildhauer im Umkreis inspiriert zu haben.

Die Hoysala, Erbfeinde der Chalukya, regierten diesen Teil Deccans vom elften bis zum 13. Jahrhundert. Groß wurden sie unter der Führung ihres Herrschers Tinyaditya und später unter König Bittiga, besser bekannt unter dem Namen Vishnuvardhana. In seiner Regierungszeit sicherten sie sich ihre Vormachtstellung und bauten die Tempel von Belur und Halebid.

Von den Chalukya und Ganga gefördert, hatte bis dahin der jainistische Glaube vorgeherrscht. Bittiga selbst war gläubiger Jaina, bis ihn der Heilige Ramanuja zum Vaishnavitischen Glauben bekehrte. Von da an nannte er sich Vishnuvardhana. Bittiga wies einen seiner Generäle, Gangaraja, an, die jainistischen Tempel wiederaufzubauen,

Tänzer und Begleitung im Hoysaleswara-Tempel.

die die shaivitischen Chola-Eroberer zerstört hatten. Vishnuvardhana hat erwiesenermaßen andere Religionen toleriert, Tempel verschiedener Glaubensrichtungen finanziell unterstützt und auch nach seiner Bekehrung noch Wallfahrten nach Sravanabelagola unternommen.

In Halebid erinnert heute kaum etwas an seine ruhmreiche Zeit. Als es noch Hauptstadt des Hoysala-Reiches war, drängten sich hier Reisende und königliche Gäste aus fremden Ländern, und die Stadt brodelte vor Aktivität. Ihr Niedergang kam 1310 mit der Eroberung durch Alauddin Khiljis General.

Der berühmte Schriftsteller R. K. Narayan berichtet von der Legende eines Fluches, der Halebid zerstört haben soll: *„Der Verfall Halebids oder Dorasamudras beruht auf dem Fluch einer Frau. Des Königs Schwester weilte einst mit ihren beiden wohlgestalteten Söhnen auf Besuch in der Hauptstadt. Eine der Frauen des Königs versuchte vergebens ihr Glück bei den beiden jungen Männern. Erzürnt über die Zurückweisung erzählte sie dem König, die beiden hätten sie belästigt. Der König ließ seine Neffen unverzüglich aufspießen und an den Stadtoren aufstellen. Ihre Mutter, die ja seine Schwester war, wurde verbannt und jedem Strafe angedroht, der sie aufnahm. Verzweifelt über die Ungerechtigkeit zog sie durch die Straßen und verfluchte ihren Bruder und sein Königreich. Nur in der Straße der Töpfer fand sie Zuflucht und Unterstützung, und so ist sie das einzige, was von der damaligen Stadt noch übrig ist, das einzige Relikt des mächtigen Reiches. Während die menschlichen Ansiedlungen aus jener Zeit verschwunden sind, stehen noch die Tempel, die Vishnuvardhana und sein Nachfolger bauen ließen, und zeugen von der Größe des Hoysala-Reiches und seiner Künstler.“*

Die Zauberin Mohiniat bei der Toilette.

Die Tempel von Hoysaleswara und Kedareswara ziehen jedes Jahr Tausende von Besuchern an. Ihre Friese sind noch komplexer als die Belurs. So sagt Fergusson über diesen Tempel:

„... Vom Fundament bis zum Dach war er mit Skulpturen bedeckt, die in der indischen Kunst ihresgleichen suchen. Der Hoysaleswara-Tempel ist wohl der Ort, den sich ein Fürsprecher der Hindu-Architektur für sein Plädoyer auswählen würde. Leider blieb er unvollendet, nachdem nach über 86 Jahren die Arbeiten eingestellt wurden. Der Tempel hat keine zwei gleichen Details. Jede Windung der Schnörkel ist einzigartig. Nicht ein Vordach des gesamten Gebäudes gleicht dem anderen, und jedes Teilstück zeugt von einem freudigen Überschäumen der Phantasie ...“.

In Halebid gibt es keine typischen Handarbeiten, höchstens kleine Steinbildnisse und verschiedene Terrakotta-Produkte. Die besten Souvenirs sind die ausgezeichneten Ansichtskarten, die im Museumsanbau für etwa eine Rupie verkauft werden (auf der Straße für das Doppelte). Zum Archaeological Survey of India gehört eine kleine Galerie innerhalb der Hoysaleswara-Tempelanlage mit einer Sammlung von Skulpturen, darunter ein hervorragender Ganesha.

MYSORE – INBEGRIFF DES MAJESTÄTISCHEN

Jedes Jahr, an einem Tag im Oktober, hebt sich die reich verzierte Silhouette des Maharaja-Palastes besonders vom Abendhimmel ab: als leuchtendes Relief. Jedes Detail, die kannellierten Säulen, Rundungen, Minarette, gebogenen Vordächer, Zwiebelkuppeln und der Glockenturm darüber, alles zeichnet sich scharf im Licht ab. Auch an den großen öffentlichen Gebäuden in der näheren Umgebung des Palastes erstrahlen Millionen kleiner Glühbirnen. Die ganze Stadt wird zum Sinnbild des Sieges des Guten über das Böse: Es ist *Dussera,* das Fest der Tötung des Dämons Mahishasura durch die Göttin Chamundeswari.

Links: Elefanten beim Dussera-Fest in Mysore. Unten: Mysore-Intarsien an Tippus Mausoleum *(Gumbaz).*

Das Spektakel dauert neun Tage. Jeden Tag wird zu den Gottheiten des Wohlstands, der Macht und des Wissens gebetet, und zu Shakti, den neun heiligen Inkarnationen der Weiblichkeit. Und wer bis zum Einbruch der Dunkelheit den Weg zum Gipfel des nahegelegenen Chamundi-Hügels gefunden hat, erlebt dort die ganze Pracht der leuchtenden Stadt. Ihren Höhepunkt erreichen die Feierlichkeiten am zehnten Tag, an Vijayadashami, dem Tag des Sieges. Dann ist die Regenzeit vorbei und die Zeit reif für neue Vorhaben. Handwerker ehren die Werkzeuge ihres Gewerbes, Geschäftsleute öffnen neue Ordner für das neue Wirtschaftsjahr.

Dieser Tag hatte einst auch eine militärische Bedeutung. Er heißt auch Ayudha Pooja, „Ehrung der Waffen“, und läutete die Kriegssaison ein. Dann unternahmen die Herrscher neue Feldzüge oder setzten begonnene fort, die sie wegen des Monsuns hatten unterbrechen müssen.

Zur festgesetzten Zeit verläßt die Prozession den Palast, eine Kavalkade von uniformierten Soldaten, schabrackenbedeckten Pferden und Elefanten, Tänzern und Festwagen, wird von Blaskapellen begleitet, die nicht immer sauber, doch mitreißend Medleys indischer und westlicher Melodien spielen. Die Palastgarde und die Mysore Lancer in ihren Uniformen marschieren vorbei, und auch das Camel Corps, im Wiegeschritt seiner Reittiere. Kostümierte Volkstänzer wirbeln zu wilden Rhythmen, und in Abständen rollen die Festwagen mit Tafeln vorbei.

Die größte Attraktion der eineinhalb Kilometer langen Parade ist zweifellos der Staatselefant. Der goldgeschmückte Riese mit Fußringen, Glöckchen und Ketten und bemaltem Körper und Rüssel trägt in einer goldenen Sänfte das Bildnis der Schutzpatronin der Stadt, der Göttin Chamundeswari. Einst saß der Maharaja selbst in dieser Sänfte und führte die Prozession an – eine Tradition, die wie viele königlichen Vorrechte abgeschafft wurde. Dennoch fühlen sich viele der zum Teil von weither angereisten Zuschauer in die Zeiten zurückversetzt, als Mysore noch königliche Hauptstadt war, mit allem dazugehörenden Pomp und Prunk.

Die Parade endet in Banimantap, drei Kilometer vom Palast entfernt, vor dem Bani-Baum, der als Verkörperung Shaktis verehrt wird. Da die Ehrung

Shaktis ein bedeutender Teil des Festes war, pflegten die Könige hier zu beten und danach zum Zeichen des Sieges einen Pfeil in die Luft zu schießen. Heute endet das Fest mit einem Fackelzug der Staatspolizei und einem Feuerwerk, das den Himmel so hell erstrahlen läßt wie die beleuchtete Stadt darunter.

Wenn sich die Menge verlaufen hat, ist Mysore immer noch eine lebendige Stadt von majestätischer Schönheit mit freundlichem Klima. Es liegt 140 km südwestlich von Bangalore in einem Tal. Inmitten breiter Alleen und verschwenderischer Parks stehen die Prunkbauten, in denen Behörden und Institutionen untergebracht sind.

Es sind die Düfte, die Mysore so unvergeßlich machen: Sandelholz, Weihrauch und Jasmin, der Geruch von Handwerk, Gebet und parfümierten Frauen. Die heimische Industrie – staatliche Sandelholz- und Seidenfabriken, die verbreitete Produktion von *agarbathi* (Räucherwerk) in Heimarbeit – beschränkt sich weiterhin auf traditionelle Produkte.

In den Straßen, die vom **Statue Square** abgehen, dem Platz der Statuen der einstigen Könige Krishnaraja und Chamaraja Wadiyar, liegen zahllose kleine Läden voller Holz-, Stein- und Messingartikel, Saris und Schals aus Seide, Parfums und Pülverchen, Möbel und Kaffeebohnen. Der Regierungsladen **Cauveri** an der Sayyaji Road hat Kunstgewerbe aus staatlicher Produktion im Angebot.

Bildung hatte in Mysore stets einen hohen Stellenwert, und so haben sich hier Einrichtungen wie Manasagangothri, die Universität von Mysore, und das Oriental Research Institute etabliert. Obwohl die Wirtschaft verstärkt Fuß faßt, Baufirmen öde Wohnblocks hochziehen, Kaufhäuser und Videotheken eröffnen und der Verkehr immer dichter wird, hat das nostalgische Flair Mysores noch immer seinen Reiz.

Das kommt daher, daß Mysore trotz moderner Einflüsse in erster Linie das Produkt seiner Geschichte ist. Die Stadt mit 480 000 Einwohnern (nach neuesten Zählungen) war seit der Zeit, als sie unter

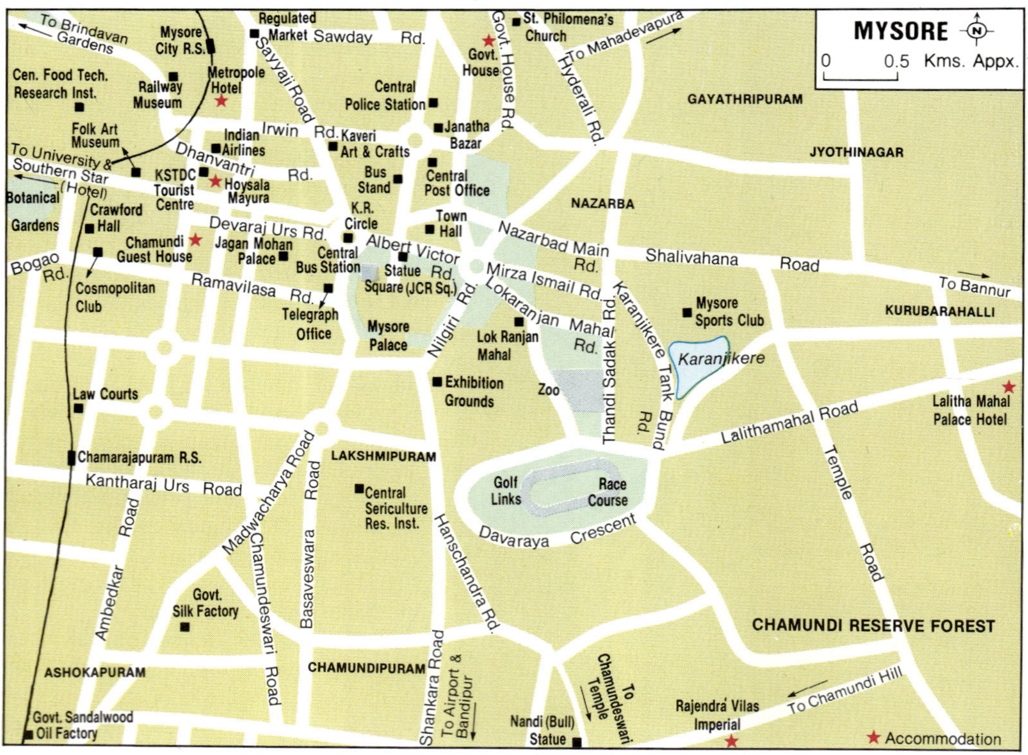

dem Namen Mahishmati in Indiens großem Epos *Mahabharata* erwähnt wird, die Hauptstadt mehrerer Dynastien.

Von 1399 bis zur Unabhängigkeit wurde Mysore fast ununterbrochen von den Wadiyars regiert – abgesehen von der 38jährigen Herrschaft des muslimischen Kriegsherrn Hyder Ali und seines Sohnes Tippu Sultan im 18. Jahrhundert. Das Schicksal der Wadiyars hat die Stadt nachhaltig geprägt. Sie hinterließen nicht nur zahlreiche Prunkbauten, unter ihrer Herrschaft erblühten auch Kunst, Musik und Tanz und die Gewerbe des Parfumherstellers, des Blumenbinders und des Bildhauers.

Die Gründer der Dynastie, die Brüder Vijaya und Krishna aus der Yadava-Familie, kamen auf einer Pilgerfahrt aus Gujarat nach Mysore (damals noch Hadinadu). Eine Version der Geschichte ist, daß Vijaya die Tochter des hiesigen Königs vor den Nachstellungen eines rivalisierenden Königs rettete. Der dankbare Vater gab ihm die Prinzessin zur Frau und machte ihn zum Erben des Titels Wadiyar, „Herrscher".

Zum Dussera-Fest im Oktober und an Sonntagen wird der Mysore Palace für eine Stunde nach Sonnenuntergang illuminiert.

Die Wadiyars waren recht verantwortungsbewußte Regenten und bei ihren Untertanen so geschätzt, daß diese beim Beitritt Mysores zur indischen Union den damaligen Maharaja Jayachamarajendra Wadiyar einstimmig zum Gouverneur wählten. Die Familie residiert bis heute in einem Trakt des **Mysore Palace,** abgeschirmt von den Touristen, die barfuß oder in Strümpfen durch die zur Besichtigung freigegebenen Räume geschleust werden. Der prunkvolle Palast ist auf jeder sichtbaren Fläche mit Details verziert. Ihn überladen zu nennen würde die Aufrichtigkeit eines Empfindens geringschätzen, das die Verzierung um ihrer selbst willen bewunderte.

Der Palast ist an sich im indo-sarazenischen Stil gehalten, obwohl der Architekt Henry Irwin (der viele der öffentlichen Bauten von Madras entwarf) auf Wunsch des Bauherrn auch islamische, maurische und Hindu-Elemente miteinbezog. Daher prunkt der Bau mit gerundeten Vordächern, die an Rajput-Paläste erinnern, und mit Zwiebelkup-

peln nach Mughal-Art. Überragt wird er von einem unverkennbar europäischen Glockenturm. Das Wirrwarr von Kuppeln, Minaretten, Balkonen und Vordächern, alle feinsäuberlich mit Schnörkeln, Blumen- und Tiermotiven verziert, veranlaßte einen frühen Besucher aus Europa zu dem Ausspruch: „Nur Bögen und Schnitzwerk, nicht ein Fleckchen zum Ausruhen auf der Oberfläche.“

Das Innere ist nicht minder großartig: Die Hallen und Gänge zieren Marmorfußböden und geschnitzte Mahagonidecken, gefärbtes Glas und Mosaike. Überall stößt man auf Jagdtrophäen und antike Waffen. Große Kronleuchter, massive Türen mit getriebenem Silber, Elfenbeinschnitzereien und andere Materialien, aufwendige Intarsien und Stuckornamente vervollständigen das Bild.

Da ist die **Durbar Hall** und das **Kalyana Mandap,** das Hochzeitszimmer, mit seinen liebevoll angefertigten Wandmalereien, die vergangene Durbar-Prozessionen zeigen, und die einzigartigen Bilder von Hindu-Göttern und Göttinnen des berühmten Raja Ravi Varma von Travancore. Der Thron entspricht seiner Umgebung. Er besteht aus Feigenholz, wurde mit Elfenbein eingelegt, mit mythologischen Gestalten verziert und dann mit Gold und Silber überzogen. Er soll insgesamt 280 Kilo Gold enthalten. Das allein verleiht ihm schon unschätzbaren Wert. Der sogenannte königliche Elefantenthron soll ein Geschenk des Mughal-Herrschers Aurangzeb an den Wadiyar-Monarchen aus dem Jahre 1699 sein.

Stadt der Paläste: Außer dem alten Fort, das den früheren Mysore Palace mit seinen Gräben umgab, bis er 1897 niederbrannte, gibt es noch drei andere Paläste. **Lalitha Mahal** am Fuße des Chamundi Hill und **Rajendra Vilas** auf seinem Gipfel sind heute Luxushotels. Ersteres wurde in den 30er Jahren für jene Gäste der Wadiyars erbaut, die im Gegensatz zu ihren toleranten, doch abstinenten Gastgebern, Alkohol tranken und keine Vegetarier waren. Weiße Kolonnaden säumen die beiden Stockwerke, und italienische Marmortreppen

Bunte Slumhütte vor der seriösen Universität Mysores.

führen aus dem Foyer empor, wo sich heute Gäste der Indian Tourist Development Corporation anmelden.

Rajendra Vilas zeigt Einflüsse des von der Dynastie offensichtlich favorisierten italienischen Stils. Es wurde als Sommerpalast und besinnlicher Zufluchtsort genutzt.

Der dritte Palast ist **Jaganmohan,** liegt eineinhalb Kilometer westlich des Hauptpalastes und beherbergt das **Chamarajendra Museum.** Er wurde 1861 anläßlich einer königlichen Hochzeit erbaut. Hier brachte die leidenschaftliche Sammlerfamilie ihre Antiquitäten und Kuriositäten unter, die heute besichtigt werden können. Der Besucher kann sehen, womit sich Könige amüsierten: ein Satz mittelalterlicher Spielkarten etwa, Schnitzereien auf Reiskörnern oder eine französische Uhr, bei der die Zeit von Spielzeugsoldaten angezeigt wird. Außerdem wird interessante Mughal- und Rajput-Kunst ausgestellt, Bilder von Raja Ravi Varma und eine schöne Sammlung von Skulpturen und Messingartikeln.

Weiter westlich liegt das **Volkskunstmuseum,** ein wachsendes Lager von Gerätschaften, Puppen, Trachten, Möbeln und Artikeln des täglichen Gebrauchs, ihren Formen, Oberflächen, Farben und Geweben, die von Jahrhunderten ethnischen Kunsthandwerkes zeugen. Zu den interessantesten Stükken zählen ein riesiger 200jähriger Pflug, den wohl nur ein Dutzend Ochsen von der Stelle bekam, ein überdachter Sockel, mit Reihen von Mistkäferflügeln verziert, für den Elefantengott Ganapati und eine Wiege mit einem praktischen Bambus-Geschirr, das das Kind an der Hüfte sicherte.

Im **Oriental Research Institute** widmet man sich der Kunst des geschriebenen Wortes. Über 60 000 Palmblattmanuskripte in Sanskrit, Kannada und anderen südindischen Sprachen werden sorgfältig gepflegt, manche aus dem dritten Jahrhundert v. Chr. Die Textpalette reicht von philosophischen, literarischen und politischen Abhandlungen bis zu wissenschaftlichen Schriften. Auch der **National Archaeological Survey** hat

Nachbarn: Der Tempel grenzt an den Mysore Palace.

Seide – Luxus, Kunst und Handwerk

Seide ist immer noch einer der edelsten Textilstoffe, der von öffentlichen Anlässen und religiösen Zeremonien nicht wegzudenken ist. Sein Glanz, seine Weichheit und die kräftigen Farben machen ihn seit Jahrtausenden so beliebt. Brahmanen trugen Seide in Weiß oder naturfarben, Frauen bevorzugten helle Farben, und die Mitglieder der *sudra*, der untersten Kaste, waren an den dunkleren Farben zu erkennen. Seide wurde bei wichtigen Anlässen wie Taufe oder Hochzeit getragen, und feingewebte Seidenstoffe wurden den Gottheiten in Tempeln geopfert. Seide wird in Indien seit mehr als 3500 Jahren verarbeitet.

Über viele Generationen hinweg erlernten Söhne der Seidenweber Bangalores das Gefühl für den Stoff – lange vor der Erfindung automatischer Webstühle und chemischer Farben. Die Alten zeigten ihnen, wie man aus übriggebliebenen Seidenkettfäden mit Weberknoten Schnüre für Drachen fertigt. Sie wuchsen auf mit dem Wissen um Pflanzenfarben: Gelb aus Jackfruchtbaumholz, Rot aus Sandelholzrinde, Indigo aus der Indigopflanze. Ohne Musterzeichnungen erlernten sie das Einweben traditioneller Motive wie Elefanten, Pfauen, Bäume und Blumen.

Noch heute arbeiten die Weber mit dem traditionellen Handwebstuhl, doch sie nehmen oft chemische Farben und weben ihre Muster nicht mehr aus dem Gedächtnis, sondern benutzen – besonders für Chiffon – moderne Vordrucke. Außerdem steigen immer mehr Baumwollweber auf Seide um. Das bringt mehr ein, denn Karnataka-Seide ist auf der ganzen Welt begehrt. Pro Jahr werden beeindruckende sieben Millionen Quadratmeter davon exportiert.

Die Anfänge von Karnatakas Seidenindustrie gehen auf Tippu Sultan zurück (der Adel ging allerdings Jahrhunderte vor dessen Pflanzungen schon in Seide, wie *Mahabharata* und *Ramayana* belegen). Er liebte an dem Stoff die Geschmeidigkeit, die schimmernden Farben und den verführerischen Fall – und er erkannte die Möglichkeiten der Seidenraupenzucht, mit geringem Aufwand eine hochwertige Exportware zu schaffen, die er gegen Waffen und Munition für seine Kriegsmaschinerie tauschen konnte. Tippu Sultans Gesandte brachten nach langer Suche eine südchinesische Seidenraupenart mit, die gelbliches Garn produzierte. Unter seiner Leitung entwickelte sich in Bangalore, Kollegal, Channapatna, Dodballapur und Mysore die Seidenraupenzucht zu einer Hochkunst.

Die Depression der 30er Jahre versetzte der Seidenindustrie einen schweren Schlag; vom Zweiten Weltkrieg profitierte sie wiederum, denn die Nachfrage nach Fallschirmseide war groß. Seither hat sich die Seidenherstellung Karnatakas auf stolze 5371 Tonnen Garn pro Jahr gesteigert, das sind 65 % der Seidenproduktion Indiens! Rund 70 % davon gehen in die anderen Bundesstaaten, so daß viele der herrlichen Saris aus Varanasi, Kanjivaram und Lepakshi in Wirklichkeit aus Karnataka-Seide sind.

Bei Seide unterscheidet man fünf Arten: weiche Seide, Crepe, Georgette und Chiffon, Dupion und gesponnene Seide. Die ersten drei sind besonders verzwirnt. Die Textur des Gewebes hängt nämlich vom Zwirnen ab. Die für weiche Seide benutzten Garne ergeben ein glattes Gewebe, das stärker ist als die fest verzwirnten Garne für Crepe und Georgette. Dupion-Garn wird aus zwei Kokons gewickelt, was dem Produkt seine rauhe Note verleiht. Dupion-Seide wird daher oft irrtümlich als Rohseide bezeichnet. Gesponnene Seide wird wie Baumwolle aus

den beim Wickeln abfallenden Resten gesponnen; man verwendet sie – etwa die Channapatna-Seide – für Teppiche.

Saris werden traditionell aus weicher Seide gefertigt. Sie entwickeln einen Reiz, der über die Schönheit des Stoffes hinausgeht. Er beruht auf den für den jeweiligen Stil typischen Farben und Motiven, die, geprägt durch geographische und klimatische Verhältnisse, von Region zu Region unterschiedlich sind. In Molkalmuru spielte die Umwelt eine wichtige Rolle bei der Entwicklung der Seidenwebkunst. In dieser trockenen Gegend Nordkarnatakas waren viele Bauern gezwungen, ihren Lebensunterhalt durch ein zusätzliches Gewerbe zu bestreiten. Die Weberei, die schon immer nebenher gepflegt wurde, bot sich an. In der Folge ließen sich auch Weber aus anderen Regionen in Molkalmuru nieder.

Die Seidenweber Bangalores stammen aus der Devanga-Gemeinde, die ihren Ursprung in der Vijayanagara-Epoche hat. Sie webten einst *angavastrams* – aus *dev* (Gott) und *anga* (Körper) –, mit denen die Götter in den Tempeln verhüllt wurden. Sie bevorzugen traditionelle Farben, Motive und Muster, lassen aber hin und wieder auch die Moderne zu ihrem Recht kommen. Die Mokalmuru-*Saris* haben kräftige Farben wie Rot, Indigo, Braun und Purpur.

Die Muster sind teils allgemein verbreitet, wie das heilige *rudraksha*-Motiv, Mangos, Lotos oder türkische Ornamente. Religiösen Ursprungs ist das Tempel-Motiv, wo der Stoff architektonische Details wiedergibt. In der Gestaltung des Musters und für die verschiedenen Teile des Sari, etwa Körper, Rand oder *pallu* (das Endstück), wird in verschieden breiten Streifen, Karos und *butas* (Punkten) mit *zari*, dem Goldfaden, verziert.

Aber nicht nur an Motiv und Farbe sind die verschiedenen Arten zu erkennen, sondern auch daran, wie *pallu*, Rand und Rumpfteil verbunden sind und auch am Faltenwurf. Als Seidenhauptstadt gilt Kanchipuram. Der Preis für die hier gefertigten Saris wird nach dem Gewicht der Seide und dem der eingesponnen Gold- und Silberfäden berechnet.

Seide ist heute so gefragt wie seit Jahrtausenden – eine Besonderheit in unserer schnelllebigen Welt. ■

hier seine epigraphische Abteilung, mit über 10 000 Inschriften von Denkmalen aus ganz Indien.

Das Museum in Bahnhofsnähe hat eine Sammlung von Fortbewegungsmitteln zu bieten, die an vergangene Pracht erinnern und den Ansprüchen gemäß gepolstert sind, die ein König damals ans Reisen hatte.

Der **Zoo** von Mysore ist eine grüne, weitläufige Anlage mit viel „natürlichem" Lebensraum. In den von Gräben umgebenen Gehegen sieht man den weißen Tiger, Löwen, einen Gorilla und einen Geparden. Beim nahen Srirangapatnam liegt das **Ranganathittu-Vogelschutzgebiet.** Hier lassen sich Hunderte von Zugvögeln auf dem alten Baumbestand der Felsinseln des Kaveri nieder.

Ein obligatorischer Halt für Touristenbusse sind die **Brindavan Gardens,** 19 Kilometer vor der Stadt. Hier erstreckt sich der Stausee Krishnarajasagar, der durch den Bau des größten Staudammes Karnatakas durch den Kaveri entstand. Der Damm ist so bemerkenswert, weil er nur aus Stein und Mörtel ohne Zement besteht, der öffentliche Park hingegen wegen des zugrundeliegenden Konzeptes: mit Musik von Ananda Shankar oder Paul Mauriat untermalte Wasserspiele, die in Bonbonfarben angestrahlt werden. Der blütenreiche Garten ist in Terrassen angelegt, die nach islamischem Vorbild von Wasserläufen gesäumt werden. (Gerade hier, so besagen mehrere Inschriften, soll Tippu einen weiteren Staudamm geplant haben.) In einer Nische unterhalb der verzierten Brüstung an der Rückseite der Staumauer steht eine Statue der Flußgöttin mit einem wasserspendenden Gefäß in der Hand, ein Symbol für Wohlstand, das gleichzeitig daran erinnert, daß die Gärten ohne die 1245 Kubikmeter Wasser dahinter kaum von so üppiger Schönheit wären.

Über der Stadt erhebt sich der 400 Meter hohe **Chamundi Hill,** benannt nach der Göttin der Königsfamilie, die die Menschen hier von dem büffelköpfigen Dämon Mahishasura erlöste. Der Legende nach soll sie ihn getötet und sich dann auf diesem Hügel niederge-

Vorhergehende Seiten: In einer Weberhütte. Seidenkokons auf Bambustabletts. Unten: Vom Chamundi Hill aus blickt ein steinerner Nandi, das Reittier Shivas, über Mysore.

lassen haben. Um das Böse nicht noch einmal auf sich zu ziehen, nannten die Einheimischen ihre Stadt vorbeugend nach dem Dämon. Daher der Name Mahishasura, der in der *Mahabharata* als Mahishmati, an anderer Stelle als Mahishamandala wiedergegeben wird. Sein Abbild steht an einer Kreuzung an der Straße zum **Sri-Chamundiswara-Tempel:** mit finsterem Blick, das Krummschwert in der einen und eine riesige Kobra in der anderen Hand. Gleich dahinter liegt der Tempel mit dem kolossalen, pyramidenförmigen *gopuram*. Er wurde von Krishnaraja Wadiyar III. erbaut, der auch das sagenumwobene, mit 30 Sanskrit-Versen verzierte Goldstück stiftete, das Nakshatramalika genannt wird.

Ob über die Straße oder über die tausend Stufen, die neun Kilometer abkürzen und von athletischen Mysoreanern bei jedem Tempelbesuch erklommen werden, – man kommt auf jeden Fall an dem 4,88 Meter hohen monolithischen **Nandi-Bullen** vorbei, dem auserwählten Reittier Shivas. Er wurde im 17. Jahrhundert aus einem riesigen Felsblock gehauen und bis hin zu der Glocke um den Hals und den Fußreifen über jedem der mächtigen Hufe sorgfältigst bearbeitet. Für die Inder verkörpert dieses Standbild Mysores Vergangenheit. Für Touristen ist es eines der eindrucksvollsten Denkmale der Stadt.

Die Zitadelle im Strom: Seine strategisch günstige Lage mitten im Fluß hat sich in Srirangapatnams Geschichte mehrfach vorteilhaft ausgewirkt. Leider zog es dadurch aber auch die begehrlichen Blicke jedes Herrschers der Region auf sich. Über 300 Jahre, vom 15. Jahrhundert, der Entstehungszeit der Festung, bis zum Ende des 18. Jahrhunderts, litt Srirangapatnam unter seiner vorteilhaften Lage; ein Herrscher nach dem anderen griff es an, um den jeweiligen Besatzer zu vertreiben. Von 1638 bis 1799 allein wurde die Insel sieben Mal belagert, zuletzt von den Briten, die den damaligen Herrn, Tippu Sultan, schließlich bezwangen. Seither blieb die kampfesmüde Insel mehr oder weniger sich selbst überlassen.

In Tippus Sommerresidenz Daria Daulat Bagh.

Ist es nicht seltsam, daß in dieser malerischen Stadt mit ihren Mausoleen, Friedhöfen (darunter der **Britische Garnisonsfriedhof** und die Grabstätten der französischen Verbündeten Tippus) und Denkmalen (z.B. der Obelisk an der Stelle, wo Tippu Sultan fiel, oder das Mahnmal für die Soldaten, die bei der letzten Belagerung starben) nur eine einzige Gespenstergeschichte kursiert? Sie rankt sich um Scott's Bungalow.

Colonel Scott unterstand während der britischen Besatzung eine Waffenfabrik auf der Insel. Eines Tages kam er nach Hause und fand Frau und Kind tot vor – der Cholera zum Opfer gefallen. Verzweifelt stürzte er sich in den Fluß, der an seinem Garten vorbeifloß. Jahrelang noch soll sein Geist aus dem Fluß gestiegen und auf der Suche nach seinen Lieben durch das Haus gespukt sein.

Die meisten Gebäude und Denkmale Srirangapatnams stammen von Tippu Sultan, der wegen seines Wagemutes und seines taktischen Geschicks „Tiger von Mysore" genannt wurde. Tigerstreifen waren seine Insignien, und alles, vom Thron bis zum Dolch, zierten Tigerköpfe, -klauen oder -zähne. (Auch in der Rechtsprechung hatten Tiger ihre Funktion. Tippu hielt sie in Käfigen, um Übeltäter zu strafen: etwa den Steuereinzieher, der nicht genug eintrieb.) Zum Sultan ließ er sich nach dem Tod seines Vaters Hyder Ali im Jahre 1782 ausrufen, der ein Heerführer der Wadiyas gewesen war und ihnen die Macht streitig gemacht hatte.

Tippu war ein einfallsreicher Kämpfer und Heerführer. Seine Soldaten ließ er von den Franzosen ausbilden, deren revolutionäre Ideale ihm so zusagten, daß er sich kurzfristig Citoyen Tippu nannte. Später jagte er den Briten, die seine Frankophilie als vorübergehende Laune betrachteten, einen gehörigen Schrecken ein, als er den damals in Ägypten weilenden Napoleon zur Hilfe rief – der dem Ersuchen nicht nachkam.

Daria Daulat: Wenn er nicht gerade Krieg führte, regierte Tippu seine Inselhauptstadt weise und ließ Sinn für Ästhetik erkennen. 1784 gönnte er sich den Luxus eines Sommerpalastes na-

Tigerstreifen, die Insignien Tippus, bedecken den Boden seines Grabmals.

mens *Daria Daulat Bagh,* „Garten des Reichtums der Meere“. Der einladend kühl wirkende Teakbau im indo-sarazenischen Stil ist waldgrün gestrichen und liegt in nach islamischer Art angelegten Gärten. Die schlichte Eleganz der Fassade steht im Gegensatz zur üppigen Innenausstattung.

Die großen Wandgemälde berichten unverblaßt aus Zeit und Leben des Herrschers und seiner Familie, nicht ganz unvoreingenommen allerdings. Eins setzt Mysores schneidige Soldaten Seite an Seite mit ihren französischen Waffenbrüdern – neben schwerfällig dargestellte britische Gegner. Ein Zimmer dient als Museum für ein Sammelsurium persönlicher Gegenstände: der goldbestickten Tunika Tippus, seiner Münzensammlung und einiger westlicher Gemälde und Schnitzereien.

Der Sri-Ranganatha-Tempel: Als der Ganga-Gouverneur Thirumalayya 894 auf einer 16 Kilometer von Mysore entfernten Kaveri-Insel den Sri-Ranganatha-Tempel bauen ließ, wucherte dort noch der Dschungel. Dreihundert Jahre später kam Häuptling Thimmanna, der einen Schatz gehoben hatte und ihn nutzbringend verwenden wollte. Er baute weiter und verbesserte Festung und Tempel. Dafür verwendete er ohne Skrupel Materialien, die er bei einer rabiaten Plünderung von 101 jainistischen Tempeln erbeutet hatte.

Die drei Jahrhunderte auseinanderliegenden Bauperioden erklären die Verschmelzung von Hoysala- und Vijayanagara-Elementen. Bilder Vishnus zieren Säulen, Decken und Kuppeln, und der Jagannath (gigantischer Tempelwagen) auf dem Tempelgelände wurde vom an sich wenig religiösen Hyder Ali gespendet. Im Allerheiligsten befindet sich, behütet von der siebenköpfigen Schlange Adisesha, das Bildnis des Gottes, nach dem die Insel und ihr ältester Bau benannt sind.

Die Jumma Masjid: Zweihundert Stufen führen auf die Spitze der beiden schlanken Minarette der Jumma Masjid, die sich über die Festung erheben. Persische Inschriften erwähnen die 99 Namen Allahs und datieren die Entstehungszeit der Moschee auf 1787. In der bögenverzierten Halle brachte der gläubige Moslem Tippu *namaz* vor.

Die Festung: Die Briten durchbrachen die Südwestmauer des Forts und rissen Lal Mahal ein, Tippus Palast. Die übrigen Festungsanlagen sind allmählich verfallen. Das Elefantentor, die Verliese, wo die Unglücklichen, die hier in Ketten waren, im Flußwasser standen, der Obelisk am Todesort des großen Heerführers: das ist alles, was übrig ist.

Gol Gumbaz: Auf Tippus Grabmal im Gol Gumbaz steht: „Das Licht des Islam hat diese Welt verlassen, ein Märtyrer des Glaubens von Mohammed.“ Hier liegen auch sein Vater Hyder Ali und seine Mutter (eine gebürtige Hindu). Herrliche Rosenholztüren mit Elfenbeinintarsien führen hinein, wo die Wände mit Tippus geliebten Tigerstreifen verziert sind. Glänzende Säulen aus schwarzer Hornblende kontrastieren mit cremefarbenen Wänden und der herrlichen Kuppel mit Minaretten an allen vier Ecken. Ein Park führt zu einem Mausoleum, das gern mit dem Tadj Mahal verglichen wird, obwohl es klei-

Moschee in Sriranga-patnam.

ner und nüchterner ist. Die Insel, für die Tippu Sultan so tapfer fiel, ist, man könnte sagen: angemessen schön.

Somnathpur: Hier liegt der **Prasanna-Chennakesava-Tempel** mit dem für Hoysala-Tempel typischen, sternförmigen Unterbau. Er war 1268 der letzte der drei berühmtesten Hoysala-Tempel Karnatakas. Das Bauwerk, in einem verschlafenen Dorf 35 Kilometer außerhalb Mysores, beweist ein hohes Maß an bildhauerischer und baulicher Exaktheit, so daß sich die Fahrt dorthin auf jeden Fall lohnt.

Der Tempel ist ein Werk Janakacharis, des wohl größten Architekten und Bildhauers seiner Zeit, mit dem er bei Entwurf und Ausführung den Neid selbst der Götter erregt haben soll: Als sie den Tempel zu sich in den Himmel heben wollten, beschädigte Janakachari die Verzierungen an den Außenwänden. So entstellt war er für die Himmlischen nicht mehr interessant, und sie ließen von ihm ab. Er sank zurück zur Erde und verlor beim Aufprall den Fahnenmast, der seither – einziger Schandfleck der ansonsten perfekten Anlage – schief steht.

Historisch belegt ist, daß der Tempel von Somnath in Auftrag gegeben wurde, einem Minister des Hoysala-Königs Narasimha III., von dem er für seine wohltätigen Werke 3000 Goldstücke erhalten hatte. Als religiöser Mensch verwendete Somnath das Geld für den Bau eines Tempels zu Ehren seiner Familiengottheiten – Chennakeshava, Janardhana und Venugopala – in dem Dorf, das die Ältesten nach ihm benannten. Für das Gebäude verwendete Janakachari Speckstein, der leicht zu bearbeiten und gleichzeitig widerstandsfähig ist.

Ungewöhnlich für einen Hoysala-Tempel sind die drei Heiligtümer, eins für jede Gottheit. Der Hauptschrein gegenüber dem Eingang wird noch von steinernen Posten bewacht, doch das Bildnis Chennakeshavas, das er beherbergte, kam vor langer Zeit abhanden. Der Nordschrein enthält ein Bildnis Janardhanas, der Südschrein eine Darstellung Venugopalas. Beide tragen Glorienscheine mit den zehn Inkarnationen

Der sternförmige Sockel des Kesava-Tempels in Somnathpur.

Vishnus. Am Venugopala-Bildnis fällt besonders seine Symmetrie ins Auge: Es hält eine Flöte; Nase, Nabel und Standbein bilden dabei eine Linie. Jeder Schrein hat einen Turm und eine säulenverzierte Halle, die auf einen zentralen Platz namens *navrang* hinausführt, wo zu Ehren der Götter getanzt und gesungen wurde.

Da die Gebäude niedriger sind als die meisten anderen Tempel Südindiens, liegen die großartigen Bildhauerarbeiten bequem in Augenhöhe. Viele der Figuren haben einen eigenen Gesichtsausdruck.

Die Außenwände zieren Fresken mit Motiven aus *Ramayana*, *Mahabharata* und *Bhagavatha*, die so exakt angelegt sind, daß jedes Teilstück genau an einer Tür endet. Keines der Fresken gleicht dem anderen, und manche reichen um den ganzen Tempel herum. Die Tempelmauern zieren Bildhauerarbeiten verschiedener Motive in sieben Reihen. Ganz unten, als symbolische Stütze, trotten Elefanten. Darüber folgen Pferde und Blumenmuster.

Die vierte Reihe zieren die Avatars von Vishnu, darüber kommen der sitzende Löwe, das Emblem der Hoysala-Dynastie, Darstellungen der Gottheit Narasimha und zuletzt ein Band mit Schwänen und Krokodilen. Darüber enden die schmucklosen, keilförmigen Ausläufer der *gopurams* im Vysara-Stil, der sich aus den *gopurams* dravidischer und Orissa-Tempel entwickelte. (Im Gegensatz zu ersteren enden letztere in einer Spitze.)

Hier und da gibt es auch widersprüchliche Details, etwa ein *Bhagavatha*-Ausschnitt, der auf der Außenwand des mittleren Schreins einen Palast in Mathura (des Geburtsortes Krishnas) zeigt, der von Kokospalmen gesäumt wird, die in Nordindien gar nicht gedeihen. In einem anderen Fries mit *Mahabharata*-Motiven kommen Kamele vor, die im Süden und auch in diesem Epos sehr selten sind.

Diese eigenartigen Elemente wurden sicherlich bewußt eingesetzt, vielleicht aus ähnlichen Gründen wie der Fahnenmast, der nach der mißlungenen Himmelfahrt nie wieder richtig geradegebogen wurde.

Friesbänder bedecken die Außenwände des Kesava-Tempels.

COORG, MANGALORE UND UDUPI

Kodagu, das frühere **Coorg,** liegt 250 Kilometer von Bangalore entfernt in den Western Ghats. Die Briten mit ihrem Hang zur Nostalgie tauften es „das Schottland Indiens“ – vermutlich seiner dunstig grünen Hänge und üppigen Wälder wegen. Heute ist Kodagu hauptsächlich Landwirtschaftszentrum und lebt von Kaffee- und Reisanbau, Orangen, Kardamom, Pfeffer und anderen Gewürzen.

Die Kodava stellen die Mehrheit der Bevölkerung Coorgs. Sie sind ein kriegerisches Volk mit deutlichen ethnischen und kulturellen Eigenheiten. Die Clanbildung ist ein Instrument, das maßgeblich zur Erhaltung der Kodava-Kultur über die Jahrhunderte beigetragen hat. Der Clan oder *okka* ist eine exogame Gemeinschaft: Heiraten innerhalb der Sippe sind gleichbedeutend mit Inzest. Das Heiratsschema der Kodava ähnelt dem für alle Stammesgemeinschaften typischen. Die Frauen nehmen in der Familienhierarchie einen hohen Rang ein. Wiederverheiratung von Witwen gilt als wünschenswert. Viele Frauen verwalten ihren Besitz selbständig, und in den hiesigen Legenden spielen oft weibliche Helden die Hauptrolle.

Viele Vermutungen über die Herkunft der Kodava sind interessant, doch historisch nicht haltbar, etwa ihre Abstammung von den Griechen: Alexander der Große hatte, die Weltherrschaft vor Augen, seine Infanterie die Westküste Indiens hinuntergeschickt. Die Griechen drangen weit in den Süden vor, bis sie beschlossen, sich hier niederzulassen. Diese mediterranen Zuwanderer sollen die Urväter der Kodavas gewesen sein. Eine andere Theorie besagt, die Vorfahren der Kodava seien arabische Einwanderer gewesen. Sie gründet sich auf Ähnlichkeiten in der Tracht, insbesondere der Kopfbedeckung und der langen schwarzen Kaftane, die die Kodava bis heute tragen. Sie werden *kuppia* genannt – arabisch *kuffia*.

Links: Schüler in Udupi beim traditionellen Schriftstudium. **Rechts**: Der goldene Wagen von Udipi Math.

Coorgs gepflegte Sauberkeit überrascht den Reisenden, der die wilde Landschaft Indiens kennengelernt hat. Coorg ist eine Gegend mit verstreuten Weilern und Dörfern in fünf bis fünfzig Kilometern Abstand. Seine malerische Hauptstadt **Madikeri** liegt 1525 Meter hoch. Man erreicht sie nur auf der Straße, da es hinter Mysore keine anderen Verkehrsverbindungen gibt. Am besten suchen Sie sich in Bangalore ein Privattaxi. Das ist bequem, und Sie sind nicht an feste Routen gebunden. Außerdem gibt es noch Linienbusse, die von Bangalore aus regelmäßig verschiedene Gegenden Kodagus anfahren.

Einen Abstecher wert ist das Städtchen Mercara. Hier steigen und fallen die Straßen mit dem hügeligen Terrain. Es ist eine bezaubernde, altmodische Stadt mit hübschen Häuschen und unerwartet schönen Aussichten. Gewundene Gassen zweigen von den Hauptstraßen ab. Wer gerne wandert, der findet hier auf den Bergpfaden beste Möglichkeiten. **Tadiyendamol,** die größte Er-

hebung der Gegend, bietet einen schönen Aufstieg und vom Gipfel einen Blick bis auf das Arabische Meer. Mit der Erlaubnis des Wildhüters können auch Touren durch den Nagarahole-Nationalpark organisiert werden. Im Zentrum Mercaras liegt die **Festung Madikeri,** ein Bau aus dem 19. Jh. Innerhalb der Festungsmauern liegen das Gefängnis, ein Tempel, ein kleines Museum und verschiedene Behörden. In der **St, Mark's Church** ist ein kleines Museum mit Erinnerungsstücken der britischen Kolonialzeit, Statuen und altertümlichen Waffen eingerichtet.

Interessanter sind die Tempel Kodagus, die von einfachen Heldensteinen unter Banyanbäumen bis zu großer Architektur reichen. Drei Tempel muß man gesehen haben: Der **Omkareshwara-Tempel,** Shiva geweiht und 1820 von Lingaraja im Ortszentrum erbaut, ist eine überraschende Mischung gotischen und islamischen Stils; er liegt um einen fischreichen Teich. Der **Bhagamandala-Tempel** wurde am Zusammenfluß von Kaveri, Kanike und Sujyothi errichtet. Er ist im Kerala-Stil gehalten und beherbergt mehrere kleinere Schreine. Acht Kilometer hinter Bhagamandala den Berg hinauf liegt an der Quelle des Kaveri der **Talakaveri-Tempel.** Am Kaveri-Sankaramana-Tag im Oktober pilgern Tausende zu dem kleinen Tempel, um den Moment zu erleben, wenn Wasser aus der Quelle zu einer Fontäne emporschießt.

Zwei malerische Wasserfälle, die **Abbey Falls** bei Mercara und die **Iruppu Falls** am Abfall des Laxmanthirtha auf der Strecke von Gonikoppal nach Kutta bieten ein schönes Ausflugsziel.

Der Nagarahole National Park: Herrlicher Naturwald erstreckt sich soweit das Auge reicht. Rosenholz, Teak, Sandelholz und andere Bäume bilden einen dichten Dschungel, in dem die üppige Tier- und Pflanzenwelt der Region lebt. Es werden Jeeptouren und Elefantenritte angeboten. Das Schutzgebiet ist von Mysore oder Hunsur aus direkt zu erreichen. In den Forest Lodges kann man zu einem Pauschalpreis ganz anständig übernachten und essen.

Das schöne Mercara, Coorg.

Mangalore: Die Strecke von Bangalore nach Mangalore führt in Haarnadelkurven über die Western Ghats und ist ein Erlebnis für sich. Wenn die Straße abwärts führt, sieht man Mangalore schon an der Küste liegen. Bereits zu Zeiten Hyder Alis war Mangalore bedeutend als Hafen und Schiffsbauzentrum. Heute ist es Geschäfts- und Handelsstadt und wichtigster Exporthafen für Kaffee, Gewürze und Cashewkerne. Die Anziehungskraft, die dieser Hafen auf viele Herrscher ausübte, gestaltete Mangalores Geschichte recht turbulent. Die Folgen sind eine kosmopolitische Atmosphäre und die Koexistenz verschiedener Glaubensrichtungen.

Eine Sehenswürdigkeit Mangalores ist die **Sultan's Battery,** der alte Leuchtturm. Einen herrlichen Blick hat man von den **Kadri Hills** aus, und auch ein Tempelbesuch, etwa in **Shri Yogeshwar Math,** rentiert sich. Zu den Tempeln **Dharmathsthala** und **Shringeri** ist es nicht weit, der Hafen liegt vor der Stadt, und von der kriegerischen Vergangenheit zeugen nur noch die unter Basavappa Nayak errichteten alten Festungsanlagen und die portugiesischen von St Sebastian. In friedlicher Nachbarschaft mit Moscheen und Kirchen steht ein Tempel der Göttin **Mangaladevi** aus dem 10. Jahrhundert. Besuchen Sie auch **St. Joseph's Theological Seminary,** die alte **Church of the Most Holy Rosary** in Bolar, die 1526 entstand, und die **St Aloysius College Church** mit ihren biblischen Wand- und Deckenfresken von 1889.

Unter den Moscheen ist die **Jumma Masjid** in Bunder bemerkenswert, die vor Jahrhunderten von den Arabern erbaut wurde, und die **Idgah-Moschee** am Lighthouse Hill, die Tippu Sultan Ende des 18. Jahrhunderts errichtet haben soll. Der heilige Shah Amir ist in der **Shamir-Moschee** in Dongerkery beigesetzt.

Mangalore ist ein guter Ausgangspunkt für Touren entlang Karnatakas Küste. Ober- und unterhalb Mangalores führt eine gut ausgebaute Küstenstraße zu einladenden Stränden. Wer gern Fisch ißt, wird das Angebot der hiesigen Lokale zu schätzen wissen. Gekocht

Die Lehmziegel Mangalores, zum Dachdecken immer noch verbreitet, verleihen der Bergstadt einen bäuerlichen Charme.

wird sehr unterschiedlich, wobei die besseren Hotels meist kontinentale Küche bieten. Die heimischen Gerichte sind scharf gewürzt, mit viel Kokossoße. Die zahllosen Udupi-Cafeterias servieren vegetarisches Essen.

In den Hotelrestaurants von Manjarun und Moti Mahal gibt es Musik und Tanz. Kinos sind an jeder Ecke. Empfehlenswert ist die Theaterform *Yakshagana*, stilisierte, aufwendige Tanzdarbietungen, die eine Geschichte erzählen.

Strände: Mangalores Strände sind schmutzig und wenig reizvoll – wie in jeder Hafenstadt. Machen Sie besser einen Ausflug die Küste hinauf oder hinunter. Malpe, zehn Kilometer von Udupi und Manipal, hat herrliche, silbrige Strände. Hier kann man fischen, Boote mieten und schwimmen.

Oder Sie verbringen einen Tag in Summer Sands, dem Feriendorf des fünf Kilometer von Mangalore entfernten Ullal, wo 42 Strandhütten zwischen Kasuarinenhainen liegen. Service und Essen sind eher mittelmäßig, doch die Lage ist schön.

Marawanthe, neun Kilometer von Coondapur, zwischen Fluß und Meer, bietet gute Bademöglichkeiten. Mit dem Kanu kann man vom Fluß aus das Hinterland kennenlernen.

Bhaktal: Bhaktal liegt oberhalb von Mangalore und war der Haupthafen des Vijayanagara-Reiches. Hier sind portugiesische Ruinen und alte Tempel aus der Vijayanagara-Epoche zu entdecken.

Karwar: Die schöne Küstenstadt liegt 520 Kilometer von Bangalore entfernt und soll von Vasco da Gama besucht worden sein. Die Festung von Sadashivgad, die Insel Devgad und der Leuchtturm sind hier sehenswert. Schöne Strände gibt es in den benachbarten Dörfern Binaga und Araga.

Dharmastala: Der eindrucksvolle Manjunatha-Tempel, Jaina-*bastis* und eine 14 Meter hohe Bahubali-Statue.

Venur: Die Ruinen eines Mahadeva-Tempels, eine elf Meter hohes Standbild Bahubalis am Ufer des Gurupur von 1604 und Jaina-*bastis*. Mudbiri hat 18 *bastis*, deren älteste der Chandrana-

Monsunregen in Mudbidri.

tha-Tempel mit tausend reich verzierten Säulen ist.

Karkala: Ein alte, ehrwürdige Siedlung mit religiösem Hintergrund und einer Bahubali-Statue von 1432.

Jog Falls: Die Jog Falls liegen 348 Kilometer von Mysore entfernt in Küstennähe, am Ende der Birur-Bahnlinie. Hier stürzt der Sharavati 253 Meter in die Tiefe – die höchsten Wasserfälle Indiens. Die vier Fälle heißen Raja, Rani, Rover und Rocket. In der Trokkenzeit sind die Fälle unscheinbarer, während des Monsuns verschwinden sie hinter einem Dunstschleier. Am schönsten sind sie direkt nach den Monsunregen, wenn sich hier spektakuläre Regenbögen bilden.

Udupi: Oberhalb von Mangalore residierte in einem Bau aus dem 13. Jahrhundert der große religiöse Führer Madhavacharya. Der Tempel von Udupi ist eine imposante Anlage mit einer juwelengeschmückten Krishna-Darstellung. Die komplizierten religiösen Riten, die hier beim täglichen *puja* zelebriert werden, sind seit Jahrhunderten unverändert. Mehrmals im Jahr finden Feste statt. Unter der Schirmherrschaft der *swamis* der acht *maths* (religiösen Zentren) entwickelte sich Udupi durch die von ihnen geförderte und finanziell unterstütze Ansiedlung von Bildungsanstalten zur Hochburg der Gelehrsamkeit.

Essen: Nicht nur das berühmte *masala dosai* stammt aus Udupi, sondern die ganze Schule südindischer Kochkunst trägt seinen Namen. Selbst in den entlegensten Winkeln Indiens stößt man auf die allgegenwärtigen „Udupi Tiffin Rooms“ oder „Udupi Brahmin Hotels“, gleichbedeutend mit preiswerten, vegetarischen Lokalen. *Masalai dosai*, knusprig gebratene Fladen aus fermentiertem Reis, gefüllt mit würziger Kartoffelmasse und Zwiebeln, müssen Sie unbedingt probieren. Vielleicht bevorzugen Sie auch *idli*, gedämpfte Reiskuchen mit Linsen- und Pfefferminzchutney oder *sambar*. Andere empfehlenswerte Gerichte sind *rava dosai*, *puri palya*, *uthapam*, *vada sambar* und Papier-*dosai*, überdimensionale *dosai*, die wie Papier auf der Zunge kleben.

Das Vorland der Western Ghats.

DAS ERBE DER DECCAN-KÖNIGE

Jenseits der Western Ghats liegt das Nordplateau, eine mit Felsblöcken durchsetzte Landschaft, die von den Flüssen Malaprabha, Ghataprabha, Krishna und Doni durchschnitten wird. Hier entwickelten sich die frühen islamischen Reiche Karnatakas und schufen während ihres Bestehens die herrlichen Beispiele der Deccan-Architektur, die in aller Welt Bewunderung erregen. Die Entwürfe der großen Gebäude beruhen auf einer Zusammenschau der Delhi- und der persischen Schule.

Die islamische Baukunst brachte Neuerungen, etwa den Einsatz von Bögen und die Verwendung von Mörtel. Hindu-Handwerker arbeiteten oft nach muslimischen mathematischen und wissenschaftlichen Bauformeln. Das Ergebnis waren flexiblere Interpretationen der traditionellen persischen Baukunst. Hin und wieder wurden auch die Säulen alter Tempel wiederverwendet – zum Beispiel bei der **Karim-al-Din-Moschee** in Bijapur.

Belgaum: Wie viele südindische Städte war **Belgaum** zweigeteilt, bevor die nach der Unabhängigkeit einsetzende Industrialisierung Stadtbild und Demographie veränderte. In der Altstadt leben noch immer Baumwoll- und Seidenweber, deren Lebensrhythmus vom Tempo ihrer Webstühle bestimmt wird. Dieser Rhythmus herrschte bereits Jahrhunderte bevor die Briten kamen und ihre weiten, baumgesäumten Militärsiedlungen bauten: den anderen Teil der Stadt, der mit seiner eigenen Lebensart ein Gegengewicht bildete.

Belgaums Geschichte gleicht der vieler Städte der Region, die zunächst verschiedenen Hindu- und Moslemherrschern und schließlich den Briten unterstanden. Die wenigen Erinnerungen an die jeweiligen Machthaber sind weit verstreut: Die **Festung,** wo Mahatma Gandhi gefangen saß, liegt im Stadtzentrum. Sehenswert sind die **Masjid-Sata-Moschee,** die beiden **Jaina-Tempel** und

Eine Gebetsmauer – Teil des muslimischen Erbes des Deccan.

auch der **Wachturm,** dessen Blick noch nicht von der wuchernden Skyline verstellt wurde. Eine Heldin der Lokalgeschichte ist Rani Chennamma aus dem nahen Kittur. Sie war eine der ersten Freiheitskämpferinnen Indiens, eine Herrscherin, die wegen ihrer entschlossenen Opposition gegen die Briten in Liedern und Legenden besungen wurde.

Als Kitturs Herrscher starb, sollte ein Neffe den Thron erben – denn Rani Chennamma war kinderlos. Der Brite Thackeray (mit dem gleichnamigen Schriftsteller des 19. Jahrhunderts verwandt), der ein Auge auf das reiche Fürstentum geworfen hatte, sah seine Chance gekommen und griff die Festung an, doch Rani Chennamma und ihre Truppen schlugen die Briten zurück. Thackeray wurde erschossen, sein Kopf im Triumphzug auf einem Speer getragen.

Unter Sir Walter Elliot griffen die durch die Niederlage aufgestachelten Briten erneut an, entschlossener denn je, das Fort und vor allem seine Reichtümer in ihren Besitz zu bringen. Diesmal siegten sie. Rani Chennamma kam in Gefangenschaft, wo sie fünf Jahre später im Alter von 50 Jahren starb.

Rund um die Zinnen Bijapurs: Die Geschichte der Adil-Shahi-Dynastie nahm ihren Anfang im 15. Jahrhundert, mit dem Tod des Sultans von Konstantinopel. Zu dieser Zeit betrachteten pragmatische Thronerben weitere männliche Nachkommen als überflüssig. Die Witwe des Sultans war sich dessen bewußt und brachte ihren zweiten Sohn Yusuf außer Reichweite seines Bruders. So gelangte der junge Mann nach Indien: 17 Jahre alt, klug und abenteuerlustig. An einen Minister des mächtigen Bahmani-Reiches verkauft, erhob sich Yusuf über seinen Stand und wurde Adil Khan, Gouverneur von Bijapur, einem Bahmani-Territorium im Nordwesten Karnatakas. Die Bahmani-Dynastie aber war im Niedergang begriffen, und so erklärte sich Yusuf 1489 für unabhängig und nannte sich fortan Adil Shah. Zweihundert Jahre lang regierten die Adil Shahi in Bijapur – eine Linie, deren bleibende Hinterlassenschaft eine architektonische Tradition ist, die

Ibrahim Rauza in Bijapur.

Generationen von Baumeistern inspirierte und unverkennbaren Einfluß auf den indo-sarazenischen Stil des Raj hatte.

Yusuf Adil Shah umgab Bijapur mit einer zehn Kilometer langen Mauer. Sie steht, mit Graben und Zinnen, noch heute. Man erkennt, wie sie das trockene, unwirtliche Land beherrschte und den Zugang zur Stadt sicherte. Auf einer nach ihren steinernen Löwen benannten Bastion steht **Malik-e-Maidan,** „der Herr der Ebene" und die vermutlich größte mittelalterliche Kanone der Welt. Zehn Elefanten, 400 Ochsen und viel Muskelkraft waren nötig, sie von Maharashtra hierher zu befördern. Sie ist wie ein gewaltiger Löwenrachen geformt, und in ihrer Nähe stand ein kleiner Wasserbehälter, in den die Schützen ihre Köpfe stecken konnten, um beim Abschuß das Trommelfell zu schützen. In beruhigendem Gegensatz zu ihren Fähigkeiten steht die Legende, derzufolge ein Wunsch in Erfüllung geht, wenn man die Kanone berührt.

Während die Reste der Festungsanlagen von der Umsicht ihrer Herrscher zeugen, weisen die (oft schlecht erhaltenen) zivilen Gebäude darauf hin, daß die Deccani-Architektur unter den Adil Shahi ihre Blütezeit erlebte. Doch über 30 Gebäude sind noch zu bestaunen, deren Silhoutten von schlichter Eleganz sind und deren Details mathematisch festgelegt sind wie im islamischen Stil. Besonders zu erwähnen sind Gol Gumbaz, Ibrahim Roza, Jami Masjid, Anand Mahal und Mehtar Mahal.

Gol Gumbaz: Das letzte große Bauprojekt der Dynastie war bezeichnenderweise ein Mausoleum; es ist zugleich der augenfälligste Bau des Hauses geworden. Die mächtige Rundung des Gol Gumbaz beim Bahnhof beherrscht den Himmel im Osten. Sie ist das erste, was der Bahnreisende zu Gesicht bekommt.

Muhammad Adil Shah, der Erbauer von Gol Gumbaz, erbte 1626 von seinem Vater ein von internen Zwistigkeiten so zerrissenes Reich, daß er – vielleicht einer Vorahnung folgend – viel Zeit und Geld für den Bau seines Mausoleums verwendete. Die 1659 errichtete Kuppel wird nur von der des

Gol Gumbaz mit der größten Kuppel Asiens.

Petersdoms in Rom übertroffen (um nur fünf Meter). Zwischen Kuppel und Sokkel liegen sich kreuzende Bögen über einer riesigen, quadratischen Halle, der größten Fläche der Welt, die von einer einzigen Kuppel überdacht wird. Hier liegen in friedlicher Eintracht neben Muhammad Adil Shah seine Frau und seine Lieblingskurtisane.

Vier achteckige, siebenstöckige Türme, die in einer kleinen Kuppel enden, vervollständigen den Bau. Sie führen auf die legendäre Flüstergalerie, die im Inneren der Hauptkuppel verläuft, von unten kaum zu sehen. Die Akustik ist unglaublich. Passen Sie auf, was sie hier oben sagen, denn so leise man auch spricht, die Stimme wird durch ein nicht enden wollendes Echo verstärkt.

Im Westen der Stadt liegt **Ibrahim Rouza,** das Ibrahim II. erbaute, der sechste Herrscher der Dynastie, der 1580 den Thron bestieg. Er baute es für seine Frau, doch starb vor ihr und liegt nun auch dort begraben. Ibrahim Rouza gab mit seinen umfriedeten Gärten und der Moschee viel Anlaß zu Nachahmung und Neid: die Architekten des Tadj Mahal studierten es genau, bevor sie sich an ihre große Aufgabe machten, und auch Gol Gumbaz war ein Versuch, es zu übertrumpfen. Am besten wird es von einer Inschrift an der Wand beschrieben: *„Der Himmel stand still vor Bewunderung. Als [Ibrahim Rouza] sich aus der Erde erhob, war ein zweites Paradies geschaffen. Jede Säule ist so anmutig wie die Zypresse im Garten der Reinheit.“*

Innerhalb der Zitadelle ließ Ibrahim II. das **Anand Mahal** errichten, den „Palast der Freude“, und das **Taj Baori** im Frauentrakt *zenana*, das nach seiner Frau Taj Sultana benannt ist. Das **Mehtar Mahal** im Osten der Zitadelle ist kein Palast, wie sein Name erwarten läßt, es soll vielmehr für die Teppichkehrer des königlichen Haushaltes erbaut worden sein. Die Reliefs an Durchgängen, Balkonen und Decken zeugen von großem Stolz auf die Ausführung, sowohl seitens des Bauherrn als auch seitens des Künstlers.

Der Regentschaft Yusufs folgten unruhige Jahre. Als Ali Shah (Vorgänger und

Die Ruinen des Deccan-Sultanates Bidar.

Onkel Imbrahims II.) 1557 an die Macht kam, erreichte er etwas Stabilität, nachdem er 1565 mit Hilfe dreier weiterer Splitterstaaten des ehemaligen Bahmani-Reiches das Hindu-Reich der Vijayanagara besiegt hatte. Zum Dank begann er mit dem Bau der **Jami Masjid,** einer Moschee, deren Größe nur durch ihre Schlichtheit übertroffen wird – mit Ausnahme des *mihrab*, das mit goldblätterverzierter Kalligraphie und Nischen mit *trompe l'oeil*-Büchern, Räuchergefäßen und Blumenarrangements prunkt.

Die relativ ruhige Regierungszeit Ali Shahs ließ ihm Zeit genug für den Bau des riesigen **Gagan Mahal** („Himmelspalast") und der **Mecca Masjid,** einer Mini-Moschee für die Hofdamen (beide innerhalb der Festungsmauern). Ali Shah verstärkte auch die Befestigungen der Stadt und verbesserte die Wasserversorgung – in dieser trockenen Gegend das wichtigere Unterfangen.

1686 fiel das Adil-Shahi-Reich nach 18 Monaten Belagerung in die Hand der Mughal, die letzten einer Reihe von Angreifern, die die Dynastie im Laufe der Zeit abzuwehren hatte. Ohne Nahrung und Munition und mit geschwächten Truppen öffnete der 19jährige Sikander, der letzte der Adil Shahi, die Tore für Aurangzeb.

Gulbarga: In Gulbarga befindet sich die Grabstätte eines Moslem-Heiligen und ein einem Hindu geweihter Tempel; beide waren Gelehrte, deren Weisheit Tausende Anhänger anzog. Khwaja Bande Nawaz war aus Delhi und Anhänger der religiösen Lehren Hazrat Khwaja Peer Naseeruddin Mahmood Chirags. Die Bahmani boten ihm in Gulbarga Zuflucht vor den Orthodoxen des Nordens. Das Königshaus der Bahmani regierte Deccan vom 13. bis ins 15. Jahrhundert.

Bildung und Wissenschaft wurden an ihrem Hof gefördert, und große Astronomen und Mathematiker lehrten an den von dieser Dynastie gegründeten Schulen. Lehrer und Studenten lebten auf Staatskosten, und Sultan Muhammad Shah II. hielt selbst, nach Stundenplan, regelmäßig Vorlesungen über Logik, Mathematik und Rhetorik. Im Gegensatz zu seinen Vorgängern und

Die große Moschee von Gulbarga.

Nachfolgern konnte er sich das leisten, denn seine 19jährige Regierungszeit war die längste und friedlichste. Muhammad II. sprach neben Dakhni-(Deccan-)Urdu, der Sprache der neuen islamischen Aristokratie des Südens, auch fließend Arabisch und Persisch. Arabisch war im Zuge der Handelsbeziehungen der Westküste zum Nahen Osten nach Indien gelangt. Verbindungen zu Persien hatte der Gründer des Reiches durch angebliche Urahnen. (Seine direkteren Vorfahren waren bescheidenerer Herkunft.)

Neben Khwaja Bande Nawaz sammelten sich auch persische Gelehrte am Hof der Bahmani, von denen manche angesichts der intellektuellen Fähigkeiten und pädagogischen Neigungen eines Herrschers wie Muhammad II. sicherlich erblaßten. Der Heilige lebte über 20 Jahre in Gulbarga. Unter seinen über 100 Werken finden sich die ersten Schriften in Dakhni-Urdu. Sein Glaube an Frieden und Brüderlichkeit gewann Tausende von Anhängern. Immer noch strömen sie in Scharen zu seinem brokatbedeckten Grab im Osten Gulbargas, wenn das Urs, sein jährliches Gedenkfest, stattfindet. (Heute ist es vornehmlich die Tempelwagenprozession vom Basaveshwara-Tempel im April, die 100 000 Pilger zum Gulbarga-Reservoir lockt.) Die benachbarte Moschee beherbergt eine kostbare Sammlung von Werken in allen drei Sprachen, die der fromme Mann beherrschte. Der Philosoph lebt weiter in den Namen mehrerer Colleges, und bis heute werden in der Zwei Millionen-Stadt Medizin und Geschichte, Naturwissenschaften und Kunst gepflegt.

Die imposanteste Lehrstätte war **Madrasa** im nahen Bidar, wohin der Bahmani-Hof 1428 umsiedelte. Der stark beschädigte Bau zeigt noch genügend architektonische und dekorative Details, um verständlich zu machen, warum der Kunsthistoriker Percy Brown darüber schrieb, er „könnte aus Samarkand hierher versetzt worden sein". Das ursprüngliche, von dem Perser Muhammad Gawan, einem Minister der Bahmani, gegründete Institut umfaßte eine Bibliothek, eine Moschee sowie Hörsäle, Schlafsäle und Zimmer für die mindestens 300 Studenten islamischer Theologie und Kunst.

Der Bau stand innerhalb einer Sandsteinfestung aus dem 15. Jahrhundert, die das Umland beherrschte. Auf ihrem Gelände herrscht lebhaftes Treiben zwischen modernen Gebäuden und verwitterten *mahals* und Moscheen.

Bevor Sie Gulbarga verlassen, sollten Sie der ausgedehnten Festung und der **Jami Masjid** unbedingt auch einen Besuch abstatten. Jami Masjid wurde im 14. Jahrhundert von einem maurischen Architekten erbaut. Unverkennbar ist die Verwandtschaft des 3420 Quadratmeter bedeckenden Gebäudes mit der Moschee von Cordoba. Erstaunlich ist, daß der gesamten Hof überdacht ist – was kein anderer muslimischer Baumeister Südasiens erreichte. Kuppel um Kuppel schmückt den Gebetsraum. Die Säulenbögen darunter sind so plaziert, daß man von überall frei auf die Kanzel blicken kann. Die Akustik ist so perfekt, daß jedes auf der Kanzel gesprochene Wort überall zu hören ist.

Gebete am Grab von Hazrat Bande Nawaz.

Hampi

Hampi ist vielleicht die schönste, eindrucksvollste Ruine Karnatakas. Die großartigen Relikte eines einst mächtigen Reiches stehen in krassem Gegensatz zur Trostlosigkeit der düsteren Umgebung: kahles, unfruchtbares Land mit vereinzelten Felsblöcken.

Das Vijayanagara-Reich war eines der größten der indischen Geschichte. Über die Gründung des Reiches gehen die Meinungen auseinander, doch die meisten Historiker sind sich einig in der Annahme, daß die Sangamas die erste Herrscherdynastie dieses Königreiches waren. Im 14. Jahrhundert vergrößerten die Telugu-Fürsten Harihara und Bukka ihr Königreich vom Tungabhadra bis zu Trichinopoly im Süden. Hundert Jahre später erlebte das Reich seine große Zeit unter Krishnadeva Raya, der über die ganze Halbinsel südlich des Krishna herrschte.

Zwei Jahrhunderte währte die ruhmreiche Epoche. Dem italienischen Kaufmann Nicolo Conti zufolge hatte die Stadt Vijayanagara einen Umfang von dreizehn Kilometern, und ihr Herrscher war der mächtigste Mann Indiens. Der portugiesische Reisende Paes dagegen, der Vijayanagara in seiner Blütezeit besuchte, berichtete, es sei so groß wie Rom, und die Paläste seiner Könige seien größer als die Schlösser Lissabons. Außerdem sei es die blühendste Stadt der Welt und bestehe aus über 100 000 Häusern.

Ein muslimischer Gesandter besuchte die Stadt 1443 und schrieb: *„Nie vorher hat die Pupille des Auges ähnliches erblickt wie Vijayanagara, noch hat das verstehende Ohr je Kunde genommen, daß dergleichen auf der Welt existiert. Der Audienzsaal des Königspalastes erhebt sich über alles andere. In den langen Basaren werden überall Blumen verkauft. Die Menschen hier könnten ohne Blumen nicht leben und betrachten sie als so notwendig wie das tägliche Brot. Juweliere verkaufen öffentlich Perlen, Rubine, Smaragde und Diamanten. An diesem angenehmen Ort, wie auch im Königspalast, sieht man viele Wasserläufe und Kanäle, in Stein gemeißelt und glatt poliert."*

Der 6,70 m hohe Koloss Narasimha in Hampi.

Die großen Könige der Dynastie waren Deva Raya II. (Anfang des 15. Jahrhunderts), Krishnadeva Raya und sein Nachfolger Achyutadeva Raya (Anfang des 16. Jahrhunderts). Krishnadeva Raya (1509-1529), der Bruder Vira Narasimhas, war der mächtigste Herrscher Vijayanagaras. Er hielt die Bahmanis im Zaum und trotzte der Bedrohung durch den König von Orissa, einen weiteren Erbfeind. Seine Truppen rückten nach Norden vor, und sein Reich erstreckte sich von Konkan im Westen nach Waltair im Osten und Cape Comorin im Süden. Auch einige Inseln im Indischen Ozean zählten zu seinem Herrschaftsgebiet.

Die Vijayanagara-Könige waren große Mäzene. Selbst an den Ruinen kann man noch erkennen, daß die Kunst unter ihrer Herrschaft geblüht haben muß. Mit gleichem Eifer widmeten sie sich der Entwicklung des Ackerbaus, der Kriegführung, der Wasserversorgung und diversen Bauvorhaben. Textilindustrie und Bergbau florierten. Handwerker- und Kaufmannsgilden spielten im Wirtschaftssystem eine wichtige Rolle. Es lagen 300 Häfen in verschiedenen Teilen des Reiches, über die Handelsbeziehungen nach Burma, der malaysischen Halbinsel, China, Arabien, Abessinien, Portugal und zu Inseln im Indischen Ozean unterhalten wurden. Hauptexportgüter waren Textilien, Reis, Eisen und Zucker. Importiert wurden Pferde, Elefanten, Perlen, Kupfer und chinesische Seide. Die hochseetauglichen Frachtschiffe wurden auf den Malediven gebaut.

Zwar waren die Vijayanagaras Hindus, doch tolerierten sie in ihrem Land andere Religionen und praktizierten selbst verschiedene Hindu-Kulte. Die bekannteren darunter sind Virupaksha, Krishna, Vittala, Rama und Venkateshwara. Die Bevölkerung Hampis war daher kulturell bunt gemischt.

Bis 1565 hatten die muslimischen Sultanate den Vijayanagara den Krieg erklärt und ihren Heerführer besiegt. Der König floh mit Hofstaat und Schatz nach Süden. Die verlassene Stadt wurde verwüstet. Die rauchenden Ruinen Vijayanagaras sollten nie wieder besiedelt werden. Die Pracht Vijayanagaras ist jedoch nicht vollständig untergegangen. In Städten und Dörfern um Hampi werden noch heute Reste alter Tempel entdeckt, und man will das Gebiet unter Denkmalschutz stellen. Indian National Trust und Archaeological Survey of India bemühen sich um die Erhaltung der Relikte.

Durch seine Lage war Vijayanagara gegen Invasoren geschützt. Die Hauptstadt war an drei Seiten von felsigen Bergrücken umgeben, an der vierten vom Fluß. Der Tungabhadra strömt durch eine Felsschlucht im Norden, und im Südwesten erstrecken sich weite Ebenen bis zu den Sandur Hills.

Am Südufer des Tungabhadra blikken von Felsnasen aus die Haupttempel über die Schlucht. Diese heilige Achse der Stadt soll schon vor Gründung des Königreiches bestanden haben. Der Stadtkern wurde durch Befestigungsanlagen vor Eindringlingen geschützt und war vom Tempelzentrum durch ein bewässertes Tal getrennt, durch das noch heute alte Kanäle und Wasserläufe führen. Der Stadtkern weist Spuren menschlicher Besiedelung auf: Tempel, Tore, Wasserbehälter und Brunnen – viele davon nur fragmentarisch erhalten oder verschüttet. Hier, aufgeteilt in jainistische und muslimische Viertel, haben vermutlich die meisten Einwohner der Stadt gelebt.

Im Südwesten des Zentrums liegt ein von hohen Granitwällen umschlossenes Gelände. Hier hielt sich vermutlich der König auf, denn große Bauten standen meist mit dem Hof oder dem Militär in Verbindung. Das wichtigste Ereignis des Jahres war das Mahanavami-Fest, bei dem die Vijayanagara-Herrscher hier ihre Rituale vollzogen.

In der Ebene in Richtung Südwesten lagen die Vorstadtgebiete. Überreste von älteren Festungsanlagen, die hier entdeckt wurden, lassen vermuten, daß die Stadt von mehreren konzentrischen Schutzwällen umschlossen war. Ins Stadtzentrum gelangte man durch die

Der Virupaksha-Tempel aus dem neunten Jahrhundert wird noch benutzt.

darin befindlichen Tore. Die ausgeklügelten Verteidigungsanlagen Hampis weisen darauf hin, daß die Stadt als gigantische Festung geplant war. Auf die natürlichen Granitfelsen wurden Granitbefestigungen gebaut, Tore und Zugänge in den Festungsmauern wurden mit Balken und auskragenden Konsolen überdacht. **Bhima's Gateway,** einer der besterhaltenen dieser Durchgangsbögen, hat herrlich verzierte Konsolen. Manchmal überwiegt auch der islamische Stil mit vier kuppelförmig angeordneten Bögen. Vor den Toren lagen von dicken Mauern umfriedete Vorhöfe. Wer in die Stadt wollte, wurde hier überprüft.

Hemakuta Hill: Südlich von Hampi liegen im religiösen Zentrum die Tempel auf dem Hemakuta Hill. Diese Tempel sind älter als das Vijayanagara-Reich, vermutlich aus dem neunten oder zehnten Jahrhundert. Hier regierten die Vijayanagara-Könige, bevor sie die Festung anlegten. Diese ist im mittelalterlichen Deccan-Stil gehalten und besteht hauptsächlich aus Granit. Typisch für diesen Stil sind schlichte Außenfronten, Türme, die an stufige Pyramiden erinnern, und Terrassen mit Sitzgalerien. Die Tempel standen in Zweier- oder Dreiergrüppchen. Die hier eingemeißelten Legenden lassen vermuten, daß die Schreine Shiva geweiht waren.

Die Tempelanlage von Virupaksha: Lange vor der Errichtung des Vijayanagara-Reiches herrschten in dieser Gegend Pampa, eine primitive Göttin, die den Tungabhadra symbolisierte, und ihr Gefährte Virupaksha, auch Pampapati genannt (eine Verkörperung Shivas). Sie waren nicht nur vor den Vijayanagara da, sondern überdauerten sie auch – ihr Tempel ist der einzige in Hampi, der noch in Gebrauch ist. Jedes Jahr findet hier zum Gedenken an die Hochzeit Virupakshas und Pampas ein Fest statt, das Tausende von Pilgern aus dem ganzen Land anzieht.

Die Struktur der Anlage zeigt, wie sie über die Jahrhunderte erweitert wurde. Im Herzen des Komplexes liegen alte Chalukya- und Hoysala-Schreine, umgeben von späteren Ergänzungen. Die

Ziegelmauern und Stuckarbeiten am Krishna-Tempel in Hampi.

beiden Haupthöfe sind durch Tore mit bis zu 50 Meter hohen Aufbauten erreichbar. Die Halle, die zum zentralen Heiligtum führt, hat fein verzierte Säulen mit Tierfiguren. Die Decke zieren gemalte Shiva-Legenden. Eine säulengesäumte Straße führt aus dem Tempel hinaus. Sie endet bei einem stark beschädigten, monolithischen Nandi.

Die Monolithen: Im Süden liegen zwei Granitblöcke mit dem gemeißelten Bildnis des Elefantengottes Ganesha. Einer davon ist von einem Tempel mit hohen Säulen umgeben, während der andere in einer offenen Halle steht. Weiter südlich befindet sich die berühmte Narasimha-Skulptur, die aus einem einzigen Steinblock gehauen wurde. In einer Kammer im Norden findet man ein monolithisches *lingam*.

Der Krishna-Tempelkomplex: Hier soll Krishnadeva Raya gebetet haben. Er stammt aus dem Jahr 1513 und beherbergt ein Bala Krishna-Bildnis (eine Darstellung Krishnas als Kind). Hier entstand eine Anlage nach dem im 16. Jahrhundert üblichen Muster, mit einem von Kolonnaden umgebenen Allerheiligsten. Im südlichen Hof befindet sich ein ungewöhnlicher Kornspeicher im islamischen Stil. Interessant sind auch die Gipsfiguren am Osttor.

Matanga Hill: Von diesem Hügel aus hat man einen phantastischen Blick über Hampi. Er ist nach einem weisen Mann benannt, der die Affengötter Sugriva und Hanuman beschützt haben soll. Trotz dieser Verbindung zur *Ramayana* ist der Tempel einer wilden Seite Shivas geweiht. (In dem Epos heißt Hampi Kishkindha und ist das Reich der Affenhäuptlinge, mit denen Rama den Feldzug zur Rettung Sitas vor dem Dämonenkönig Ravana plante.)

Gleich unterhalb des Hügels am Südufer des Flusses liegt der Kodandarama-Tempel, der Rama geweiht ist und von seinen Anhängern immer noch besucht wird.

Die Tiruvengalanatha-Tempelanlage: Die Tempel sind von zwei Mauern umgeben, jede von hohen Toren durchbrochen. Erotische Skulpturen zieren die Säulen in den offenen Hallen beim

Fries mit Tänzerinnen und übenden Soldaten.

Haupttor. Es ist sehr bedauerlich, daß die Haupttempel dieses Komplexes nicht besser erhalten sind. Wo früher eine Wagenstraße aus dem Tempel führte sind heute Reisfelder.

Die Höhle Sugrivas: Nicht weit von der gerade beschriebenen Tempelanlage soll oberhalb des Flusses in einer von zwei riesigen Felsblöcken gebildeten Spalte Sugriva Sitas Schmuck verborgen haben, nachdem sie von Ravana entführt worden war.

Der Musiker Purandaradasa aus dem 16. Jahrhundert, dessen Werke heute noch aufgeführt werden, wird mit einer Säulenhalle am Flußufer in Verbindung gebracht. Von der einstigen Brücke über den Tungabhadra stehen noch zwei steinerne Pfeiler.

Der Vittala-Tempelkomplex: Fachleute betrachten den Vittala-Komplex als eines der schönsten Beispiele der Bildhauerkunst aus der Vijayanagara-Zeit. Die herrliche Tempelgruppe aus dem 16. Jahrhundert steht innerhalb des Haupthofes. Die auf einer leichten Erhebung erbauten Tempel bilden ein elegantes Muster, der Turm ist aus Ziegeln und Gips. In der vorderen Halle sind herrliche Darstellungen sich aufrichtender Tiere eingemeißelt. Die abgesetzten Säulen wurden aus einem Stück gefertigt. Die Stützpfeiler sind aufwendig verziert und tragen Balken von immenser Spannweite. Die Decke ist üppig mit Blumenmustern und geometrischen Ornamenten versehen.

Im Osten dieser Halle befindet sich, als Miniaturschrein gearbeitet, der berühmte Steinwagen von Hampi. Ganz in der Nähe ist noch eine Säulenhalle mit kunstvollen Skulpturen.

An einem Pfad beim Fluß liegt eine interessante Anlage, die **Königswaage.** Hier wurden die amtierenden Könige gegen Getreide, Gold oder Geld aufgewogen, das – gewöhnlich am Geburtstag des Herrschers – an die Armen verteilt wurde.

Die Raghunatha-Tempelanlage: Der in der Ramayana erwähnte Malyavanta Hill ist Standort eines Rama, Sita und Lakshman geweihten Schreins. Zwei Schreine und eine Säulenhalle liegen

Reliefdarstellungen von Vishnu dem Schöpfer (unten) und dem Affengott Hanuman (unten rechts).

innerhalb hoher Mauern, deren Tore mit dem darunterliegenden Granit eine Einheit bilden. Bildnisse der Gottheiten wurden in einen großen Felsblock gemeißelt, der sich im Tempel befindet und als eine Art natürlicher Turm aus dem Dach ragt. Auch mehrere Shaivite-Schreine wurden hier entdeckt. Hinter dem Ragunatha-Tempel befinden sich zwei Reihen von *lingams* und Nandis, die in den Fels einer natürlichen Spalte gehauen wurden.

Hazara Rama: Dies war die Staatskapelle des Herrschers. Sie lag zwischen dem königlichen Hof und der Residenz, hat prächtige Details und stammt aus dem 15. Jahrhundert. In der Haupthalle befinden sich herrlich gearbeitete Basaltsäulen, auf denen die verschiedenen Inkarnationen Vishnus dargestellt sind. Um die Außenwände führen drei Reihen von Skulpturen herum, die lebendig die Geschichte der *Ramayana* erzählen. Draußen befinden sich zwei Tore, und um die äußere Umfriedung verlaufen durchgehende Friese mit Elefanten, Tänzerinnen, Soldaten und Pferden, die bei religiösen Zeremonien vor dem Königshof auftraten.

Die Kammern der Königsfamilie: Überreste öffentlicher Gebäude, die Fundamente einer riesigen Halle mit hundert Säulen, möglicherweise der Gerichtshof, abgetreppte Steinplattformen, von wo aus der König das Mahanavami-Fest beobachtet haben mag, und andere Bauwerke für religiöse oder administrative Aufgaben des Königshofs wurden ebenfalls entdeckt. Auch das Schatzamt soll sich hier befunden haben. Mehrere Brunnen, Aquädukte und Wasserbehälter mit abgetreppten Seitenwänden wurden gefunden, die darauf hindeuten, daß das königliche Bad eine bedeutsame Zeremonie war. Das Bad der Königin ist ein von einem gewölbten Gang umgebenes quadratisches Becken im islamischen Stil. Hübsche filigrane Balkons ragen aufs Wasser hinaus.

Beim Ramachandra-Tempel liegt die *zenana*, die Gemächer der Frauen. Hier stehen mehrere islamisch beeinflußte Bauwerke, deren bekanntestes das Lotos Mahal ist, ein Paradebeispiel für die höfische Vijayanagara-Architektur.

Im Osten dieses Bereiches lagen die berühmten Elefantenställe, eine Reihe von zwölf Kammern mit hohen Eingangsbögen, verschieden gestaltet und um einen zweistöckigen Pavillion herum angeordnet. In der nahen Arena haben vielleicht militärische und sportliche Wettbewerbe stattgefunden.

Die königliche Residenz: Jüngste Ausgrabungen, die zeigten, daß hier einst große Paläste existierten, sind ganz besonders interessant, weil sie eine Lücke in der indischen Kunstgeschichte schließen. Leider sind nur noch Steinfundamente, Gipsböden und Mauerruinen übrig. Zu besichtigen sind in dieser Gegend viele Gartenlauben im islamischen Stil und auch Wachtürme.

Der hier gelegene Virupakshi-Tempel ist dem von Hampi sehr ähnlich. Er war vermutlich ein Privatheiligtum der Königsfamilie. Nach der Verwüstung Hampis war dieser Tempel halb verschüttet, und so nahm man irrtümlich an, er sei unterirdisch gewesen. Ausgrabungen zeigten jedoch, daß er sich auf dem Gelände der Residenz befunden haben muß.

Rechts: Eine Dame spricht mit einem Liebesboten, dem Papagei. **Unten:** Säulenverzierte Tanzhalle im Hazara-Rama-Tempel.

Wiege der Tempelkunst

Der Fels, aus dem die Tempel von Badami, Aihole und Pattadakal gehauen sind, stammt aus der ältesten Landformation der Erde, der Gondwana-Platte. Die Lavamassen der Vulkane des Archaikums erstarrten zu Fels, der nach Ansicht von Geologen tausend Millionen Jahre alt ist. Am Malaprabha im Hochland Nordkarnatakas besteht der Boden aus rotem Sandstein, den die Witterung abgeschliffen und zu Klippen und Schluchten geformt hat. Knapp fünf Kilometer vom Fluß entfernt, strategisch günstig, liegt Badami mit den darunterliegenden Canyons. Sein früherer Sanskrit-Name war Vatapi. Wie Mysore nach dem Dämon Mahishasura benannt wurde, heißt Badami nach dem Dämon Vatapi, den sein Schicksal ereilte, als ihn ein ausgehungerter Weiser verschlang. Acht Kilometer von Badami entfernt liegt Pattadakal und dreizehn Kilometer flußabwärts Aihole – drei Orte, deren Steintempel vom großen architektonischen Erbe der Chalukya-Dynastie zeugen.

Wie bei vielen Dynastien haben auch Name und Herkunft der Chalukya eine mythologische Erklärung; sie wurde von Bilhana, dem Hofdichter des fünften Chalukya-Herrschers, Vikramaditya, aufgezeichnet: Eines Tages kam der Gott Indra verzweifelt zu Brahma, als dieser gerade seine Morgenandacht hielt. Die Welt, so sagte er, sei so schlecht geworden, daß niemand mehr den Göttern Geschenke mache oder brahmanische Opfer vollziehe. Ob nicht Brahman ein göttergleiches Wesen schaffen könne, aufrecht und mutig genug, die Sünde aus der Welt zu vertreiben? Brahma schuf darauf einen heldenhaften Krieger, der aus seiner gewölbten Handfläche sprang, seinen *chaluka* – einen Mann, der die Macht hatte, die drei Welten zu schützen. Von ihm leiteten die Chalukya ihre Herkunft ab.

Die Göttin tötet Mahishasura, Durga-Tempel von Aihole.

Das Chalukya-Reich bedeckte ungefähr das ursprüngliche Gebiet Karnatakas. Sein Name war in ganz Indien bekannt. Es gibt sogar Fachleute, die aus einer Höhlenmalerei in Ajanta schließen, daß der Ruhm der Chalukya bis nach Persien gedrungen war. Die Vorherrschaft der Chalukya dauerte von 547 bis 735. Der chinesische Reisende Hieun Tsang, der Karnataka im Jahr 641 besuchte, zur Regierungszeit Pulakesins II., beschreibt die Chalukya als stolzes, kriegerisches Volk. Ein Zehnzeiler, der ihren Kampfesmut rühmt, ist auf einen großen Felsblock im nahen Dorf Tattukute eingemeißelt. Hieun Tsang berichtet auch, daß die Chalukya-Krieger berauscht in den Kampf zogen, und daß sie ihre Reitelefanten ebenso vorbereiteten. Wer im Kampf unterlag, mußte Frauenkleider tragen – eine Schmach, die schlimmer war als der Tod.

Generell waren die Chalukya aufgeklärt, tolerant und um das Wohlergehen ihrer Untertanen ehrlich besorgt. Sie bauten eifrig und leiteten den Wechsel der mittelalterlichen religiösen Baukunst ein, von Ziegel und Holz zu Stein und Fels. Obwohl Badami, Pattadakal und Aihole die Spuren der Reiche und Herrscher tragen, die nach den Chalukya kamen – den Rashtrakutas, die bis zu den Marathas des 15. Jahrhunderts regierten – waren es die baulichen Leistungen der Chalukya, die den Tempeln ihren typischen Charakter verliehen. Der erste Chalukya, Pulakesin I., erklärte seine Alleinherrschaft über das Gebiet mit einem Ashvamedha – dem traditionellen Brauch, ein reiterloses Pferd mit königlichen Farben und Insignien frei herumstreifen zu lassen. Wer es unbehelligt durch sein Territorium ließ, hatte damit die Souveränität seines Herrn anerkannt. Dann begann Pulakesin mit dem Bau von Festungsanlagen und in den Fels gehauener Tempel.

Die Höhlentempel von Badami: In den Klippen Badamis liegen vier in den Felsen gehauene Tempel: drei hinduistische und ein jainistischer. Die ersten wurden nach dem gleichen Prinzip angelegt wie viele Tempelbauten Karnatakas. Eine Treppe führt zu einer pfeilergestützten Veranda, dahinter folgt eine Halle mit dem in die Rückwand gemeißelten *garbha griha*. Außen sind die Tempel schmucklos, mit Ausnahme der einen oder anderen Figurenreihe im Sockel der Veranda. Im Inneren sind Reliefs mit religiösen und mythologischen Motiven, die Wände, Pfeiler und Decke bedecken. Die Ausführung ist so gelungen, daß lebendige Bewegung, Kraft und Anmut in Stein gebannt wurde.

Die größte und kunstvollste ist die Vishnu geweihte **Höhle Nr. 3.** Einer Inschrift nach wurde sie von Pulakesins I. zweitem Sohn, Mangalesa, geschaffen – für seinen älteren Bruder und Vorgänger. Die Veranda am Ende der Treppe schmückt auf einer Seite eine Darstellung des vierarmigen Vishnu, der auf Ananth Naga sitzt, der Schlange, deren fünf Brillenzeichnungen sich schützend über seiner Krone spreizen. Zu Füßen sitzt der Vogel Garuda, sein Tragtier. Dies ist das Vaishnavite-Avatar von Chaturbhuj. Ein anderes Bild zeigt ihn als kosmischen Eber Varaha, ebenfalls vierarmig, der auf einer Lotosblume in einer der Hände die Erdgöttin Prithvi hält: „entspannt in bezaubernder und völliger Resignation", wie der Kunsthistoriker Zimmer in *The Art of India and Asia* formulierte. Am anderen Ende der Veranda ist Vishnu in seinem *avatar* als achtarmiger Zwerg Vamana. Kaum erkennbar an der Decke sind die vermutlich ersten Hindu-Malereien Karnatakas. (Verwitterung, Vernachlässigung oder Vandalismus – was auch immer der Grund sei, der Zustand dieser Bauwerke ist traurig.) Die übrigen Höhlen sind kleiner, doch ebenso faszinierend: Der Übergang vom Tageslicht zum Höhlendunkel ist beeindruckend, erst nach und nach erkennt man im Dämmerlicht die gemeißelten Figuren. Der jainistische Tempel oben auf einer Klippe ist bescheidener als die übrigen, ein früher Versuch der Felsbauweise.

Die Tempelbauten von Badami stellen, nach Aihole, den zweiten Schritt in der Entwicklung der Chalukya-Architektur dar. **Malegitti Shivalaya** am Nordhügel und der **Mahakuteshvara-Tempel** im fünf Kilometer entfernten Mahakuta sind im dravidischen und im nordindischen Nagara-Stil gehalten. Im

Muslimische Grabmale in Badami.

Osten, am Rande des **Agastyathirta-Reservoirs,** das heilkräftiges Wasser führen soll, liegen weitere Tempel. Während der Monsunregen stürzt Wasser über eine Felskante in den nach dem Gelehrten Agastya Muni benannten See, der einst an einem heiligen Tümpel auf den Klippen meditierte und durch die Heilung eines Königs von der Lepra bekannt wurde. Der künstliche See wird auch Bhuthanath genannt, nach Shiva, dem Herrn der Geister. Sein angemessen furchterregendes Antlitz blickt aus dem innersten Heiligtum des Tempels auf die Gläubigen herab. Hier finden sich Stilelemente – etwa die Türme –, die von dem vorausgegangenen Kadamba-Reich übernommen sind.

Aihole: Aihole gilt als Wiege der indischen Tempelbaukunst. Um das Dorf liegen über hundert Tempel verstreut, deren Silhouetten und Stilmerkmale das hohe Niveau späterer Bauten in Belur und Halebid erahnen lassen. Die den zeitgenössischen Stilen im Norden und Süden entliehenen Merkmale überdecken nicht die Wahrzeichen der Chalukya-Architektur: luxuriöse Türrahmen, verzierte Sockel, achteckige Zierspitzen und Dächer.

Der **Lad-Khan-Tempel** aus dem fünften Jahrhundert, benannt nach einem hier ansässigen muslimischen Adligen, ist wohl der älteste. Das niedrige, flache Gebäude mit einer Veranda im Osten wurde ursprünglich für königliche Hochzeiten und Versammlungen genutzt. Die in der Gupta-Epoche des vierten Jahrhunderts so populären Flußgöttinnen Ganga und Yamuna flankieren den Eingang. Das Tempelinnere überragt ein quadratischer Überbau mit flachem Dach, der ein zweistöckiges Allerheiligstes bildet. Das Dach selbst ähnelt noch den früheren Holzkonstruktionen, weist aber schon die bei späteren Chalukya-Bauten übliche Steinplattenverbindungen mit Nut und Feder auf.

Der **Durga-Tempel** repräsentiert eine weitere Entwicklungsphase. An dem üppig verzierten Bau fallen die halbkreisförmige Apsis, der erhöhte Sockel und die Galerie auf, die das Allerheiligste umgibt. Das Dach *(shikhara),* wiederum

Der in den Felsen gehauene vierte Vishnu von Badami.

im Nagara-Stil des Nordens, scheint ein architektonischer Nachtrag gewesen zu sein. Der Name des Tempels kommt nicht von der Göttin Durga, wie oft vermutet, sondern von seiner Nähe zur Mauer der Festung *(durg)*. Im Inneren befinden sich viele Darstellungen Shivas und auch Chamundis, der Schutzgöttin Mysores, wie sie gerade den büffelköpfigen Dämon besiegt.

Die Vishnu-Skulptur im **Hutchimalli-Tempel** zeigt ihn in der Sitzposition der Chalukya-Könige, nur daß er auf einer großen Kobra thront. Die bauliche Neuerung dieses Tempels ist das Vestibül *(antarala)*, das *garbha griha* und den großen Saal miteinander verbindet.

Die **Ravalphadi-Höhle** – ebenfalls Shiva geweiht – ist Aiholes einziger ausgeschachteter Tempel. Von der Anlage her ähnelt er den Höhlen von Badami, doch seine Vishnu- und Shiva-Darstellungen (etwa Ardhanarishwara, das Doppelwesen Shivas und Parvatis) sind künstlerisch weiterentwickelt.

Neben der opulenten Tempelkunst der Hindus wirken die zwei jainistischen und buddhistischen Tempel Aiholes asketisch. Das Dach über den Ruinen des schlichten jainistischen **Megutti-**(Gipfel-)**Tempels** bedeckt noch das Allerheiligste, wo ewig heiter Mahavira sitzt. Von diesem Tempel aus überblickt man das verschlafene Dorf darunter. Ein kurzes Stück bergab geht es zum buddhistischen Tempel, dessen Einsamkeit gelegentlich von Fledermäusen belebt wird, die geräuschvoll unter einer Decke herumflattern, in die das Bildnis des Erleuchteten eingemeißelt ist.

Pattadakal: Dies war die letzte Hauptstadt der Chalukya vor ihrer Ablösung durch die Rashtrakutas, die Familie eines Lehnsmannes, der Gründer der nächsten großen Dynastie werden sollte. Hier wurden die Chalukya-Könige gekrönt, und die Tempel, die sie hier errichteten, Zeugen von der Perfektion ihrer Kunsthandwerker.

In den Hügeln liegen Tempel im dravidischen und im Nagara-Stil. Ersterer kennzeichnet den Virupaksha-, den Mallikarjuna-, den Sangameshvara- und den Galaganatha-Tempel.

Ravanapadhi, Aihole.

Vor dem **Virupaksha-Tempel** steht ein separates Nandi-*mandapa* aus grünem Stein. Der Tempel selbst wurde unter Königin Lokamahadevi im Jahr 740 erbaut. Sein *vimana* (der Turm über dem Heiligtum) ist ein Paradebeispiel für dravidische Baukunst. Die einfachen Proportionen des Gebäudes zeigen die Fortschritte seit Badami. Bildhauerarbeiten mit Motiven aus Epen und Mythen wurden hier verschwenderisch verwendet.

Der älteste aus der Nagara-Gruppe ist der **Papanatha-Tempel,** wobei hier dravidische Einflüsse deutlich sind. Auf zwei axiale Hallen – eine mit einer offenen Veranda, die zweite mit einem den Zugang zum Heiligtum bewachenden *antarala* – folgt das *garbha griha.*

Die vielen Tempel, die vielen Glanzpunkte und Sehenswürdigkeiten, der Fluß von Form, Linien und Silhouette der Bildhauerarbeiten von Halle und Portal, die verschwenderischen Details – all das kann einen schon überwältigen. Für die Hindus waren ihre Tempel Metaphern für den menschlichen Körper: der Turm war der Kopf, die Seitenteile die Arme, die Säulen die Beine und das Heiligtum der Schoß. Die Alltagsroutine verleiht der Bedeutung von Überlieferung und Legende noch Nachdruck. So liegt am Wege, zwischen Pattadakal und Badamai, Mahakuta, wo die Gläubigen sich in der Kashi Tirtha-Quelle von ihren Sünden reinigten.

Vor dem Tempel im nahen Banashankari, benannt nach der Göttin der Gegend, liegt die heilige Wasserstelle, in die sie verwandelt wurde. Im Tempel sehen sich ihre Anhänger den durchdringenden Blicken ihrer achtarmigen Gestalt ausgesetzt, die auf dem Rücken eines goldenen Löwen mit wild aufgerissenem Rachen sitzt.

Die Festung auf einem Hügel oberhalb Badamis baute Pulakesin I. unter Ausnutzung der vorteilhaften Lage und der herumliegenden Felsblöcke. Das Material war leicht zu bearbeiten und bot dauerhaften Schutz. Es war eine schwere, knochenharte Arbeit. Wie R. K. Narayan feststellte, wäre es leichter gewesen, in der Ebene zu bauen – doch die Nachwelt wäre um vieles ärmer.

Verzierte Tempelsäulen, Pattadakal.

TAMIL NADU
N
0 35 Kms. Appx.
Lepakshi
ANDHRA
PRADESH
Sri Kalahasti
Tirupati
Horsley Hills
Nandi Hills
KARNATAKA
Pulicat Lake
Pulicat
Madras
Kolar
Tiruttani
Bangalore
Shravanabelagola
Vellore
Kanchipuram
Covelong (Kovilam)
Mahabalipuram (Mamallapuram)
Tirukkalikkundram
Vedantangal
Hosur
Palar
Krishnaraja Sagar
Melkote
Thali Downs
Krishnagiri
Somnathpur
Kaveri
Mysore
Kaveri
Nanjangud
Sivasamudram
Hogenakal Falls
Tiruvannamalai
Gingee
Sattanur
Tiruvakkarai
Auroville
Stanley
Ponnaiyar
Pondicherry
(Puducherri)
Sultan's Battery
Gundlupet
I N D I A
Wynad
Bandipur
Mettur
Yercaud
Bay of Bengal
Ulundurpet
Mudumalai
Salem
Kotagiri
Udagamandalam (Ooty)
Bhavani Sagar
Coonoor
Erode
Chidambaram
Pichavaram
Gangaikonda Cholapuram
Namakkal
Kaveri
Mettupalaiyam
T A M I L N A D U
Kollidam
Tranquebar (Tarangambadi)
Kumbakonam
Darasuram
Tribhuvanam
Coimbatore
Tiruvaiyaru
Srirangam
Swamimalai
Karaikal (Py.)
Palghat
Dharapuram
Tiruchchirappalli (Tiruchi)
Thanjavur
Thiruvarur
Nagappattinam
K
Trichur
Anaimalai (Top Slip)
Palani
E
Pudukkottai
Vedaranniyam
Dindigul
Kodaikanal
Kodikkarai (Point Calimere)
Malayattur
Munnar
R
Karaikkudi
Palk Strait
Ernakulam
Vaigai
Periyar
Cochin
Madurai
Vaigai
Mimisai
Vembanad Lake
A
Thekkady
Virudunagar
Manamadurai
Jaffna
Palk Bay
Kottayam
Periyar
Srivilliputtur
Alleppey
Sabarimalai
Mandapam
Rameswaram
A
Ettaiyapuram
Kurusadai
Dhanushkodi
Talaimannar
Tenkasi
Kuttalam
Quilon
Tuticorin
Tirunelveli
Gulf of Mannar
Mundanthurai
SRI LANKA
Kalakkadu
Trivandrum
Tiruchendur
Kovalam
Padmanabhapuram
Nagercoil
Suchindram
Kanniyakumari
Cape Comorin
INDIAN OCEAN
LEGEND
National Highway Number
Hill Stations
National Park/Wildlife Sanctuary/ Bird Sanctuary

TAMIL NADU

Tamil Nadu liegt am Südostende der indischen Halbinsel. Es zählt mit 130 000 Quadratkilometern und über 48 Millionen Einwohnern zu den größeren Staaten des Landes. Die Amtssprache ist Tamil, eine alte, klassische Sprache mit einer reichen Literatur.

Tamil Nadu hat drei verschiedene agro-klimatische Zonen: den Bergrücken der Nilgiris an seinem Westrand, die semiariden Ebenen, die von Monsun und Bewässerungsmaßnahmen wie Stauseen, Brunnen und Rohrleitungen abhängig sind, und das Schwemmland des Kaveri-Beckens. Reis, Hirse, Zuckerrohr, Hülsenfrüchte und Bananen machen neben ausgedehnten Kokoshainen und den Tee- und Kaffeeplantagen in den Bergen den Großteil der landwirtschaftlichen Produktion aus. Die Küste Tamil Nadus ist langgestreckt, mit vielen Stränden, Mündungsgebieten und Lagunen. Der Marina-Strand bei Madras gilt als der zweitgrößte der Welt. Südindiens große Gebirgsorte – Ootacamund oder Ooty, Kotagiri und Coonoor – liegen alle in Tamil Nadu.

Tamil Nadu ist, wie sein offizielles Hoheitszeichen verrät, der Tempelstaat Indiens. Die Geschichte des südindischen Tempelbaus und Bildhauerhandwerks beginnt mit den Pallava, die vom Anbruch des fünften bis zum letzten Viertel des neunten Jahrhunderts weite Teile Vorderindiens regierten. Ihre Nachfolger, die Chola, herrschten bis Mitte des zwölften Jahrhunderts und waren ebenfalls eifrige Tempelbauer. Sie trugen zur dravidischen Tempelarchitektur das *gopuram* (das Tor) bei. Später nahmen die verzierten *gopurams* auf dem Tempelgelände in Zahl und Größe zu und stellten manchmal sogar das eigentliche Heiligtum in den Schatten. Die späteren Chola und ihre Nachfolger, die Pandya und Nayak, die den Südrand von Madurai regierten, fügten ihren Tempeln Säulenhallen und lange Kolonnaden hinzu.

Auch die Briten hinterließen in Tamil Nadu ein reiches Erbe an Bausubstanz: Anlagen wie Fort St George oder Gebäude der viktorianischen Gotik, wie die Egmore Railway Station, den High Court, das Senate House und die San Thome Church in Madras. Da sich die Briten in Tamil Nadu länger aufhielten als in anderen Staaten, ist die englische Sprache entsprechend verbreitet – was dem Touristen nur Recht sein kann.

Tamil Nadu ist ein sich rasch entwickelnder Staat, wo Altes und Neues harmonisch zusammenlebt: moderne Fabriken und Büros neben karnatischer Musik und althergebrachten Tanzformen und einer lebendigen Tradition in Kunst und Literatur.

Vorherige Seiten: Alljährliche Feier der Hochzeit Shivas und Meenakshis in Madurai.

Das Tor zum Süden

Madras (neuer Name: **Chenney**), Hauptstadt Tamil Nadus und „Tor zum Süden", verkörpert für jeden etwas anderes. Die Stadt gehört mit 180 Quadratkilometern Fläche und vier Millionen Menschen zu den vier großen Metropolen Indiens und wurde unter anderem als „Königin des Koromandel" bezeichnet, als „Erste Stadt im Empire", „Stadt der Tempel", „Stadt der Tradition und Kultur", „Stadt der Liebenswürdigkeit und Weite" und sogar als „verwelkte, über vergangene Größe nachsinnende Schönheit". Diese Vielfalt ist es, die Madras zur faszinierendsten Stadt Indiens macht.

Für eine indische Stadt ist Madras nicht besonders alt. Es wurde erst vor 350 Jahren gegründet, als erste Stadt in der Ära des britischen Empire. Doch im Wachsen verschluckte es viele alte Orte und Häfen der Koromandelküste. So verschmolzen hier wundersam Geschichte, Kolonialzeit und Moderne.

Die Koromandelküste ist Indiens legendäre Südostküste. Doch damals, als Araber und Chinesen, Römer und Griechen in ihren Häfen Handel trieben, und alte Chola- und Pallava-Könige die Kultur Hindustans von hier aus in die Länder des heutigen Südostasien trugen, gab es noch kein Madras. Die Stadt ist ein Kind des modernen Handels, dort geboren, wo Vasco da Gamas Reisen hinführten. Portugiesen und Holländer, Briten, Franzosen und Dänen wurden von den Reichtümern Koromandels angelockt, von Textilien und Tauwerk, Stoffarben, Holz und Gewürzen, den Produkten des Hinterlandes.

Tatsächlich gründete man Madras als günstige Handelsstadt. Als die britischen Handelsniederlassungen im Norden des heutigen Madras durch Portugiesen und Holländer unter Druck gerieten, versuchten Francis Day, ein Kaufmann der East India Company, und sein einheimischer Agent, *dubash* Thimanna, ihr Glück weiter südlich. Doch das einzige Stück Land, das der Gouverneur des im Niedergang begriffenen Vijayanagara-Reiches abzu-

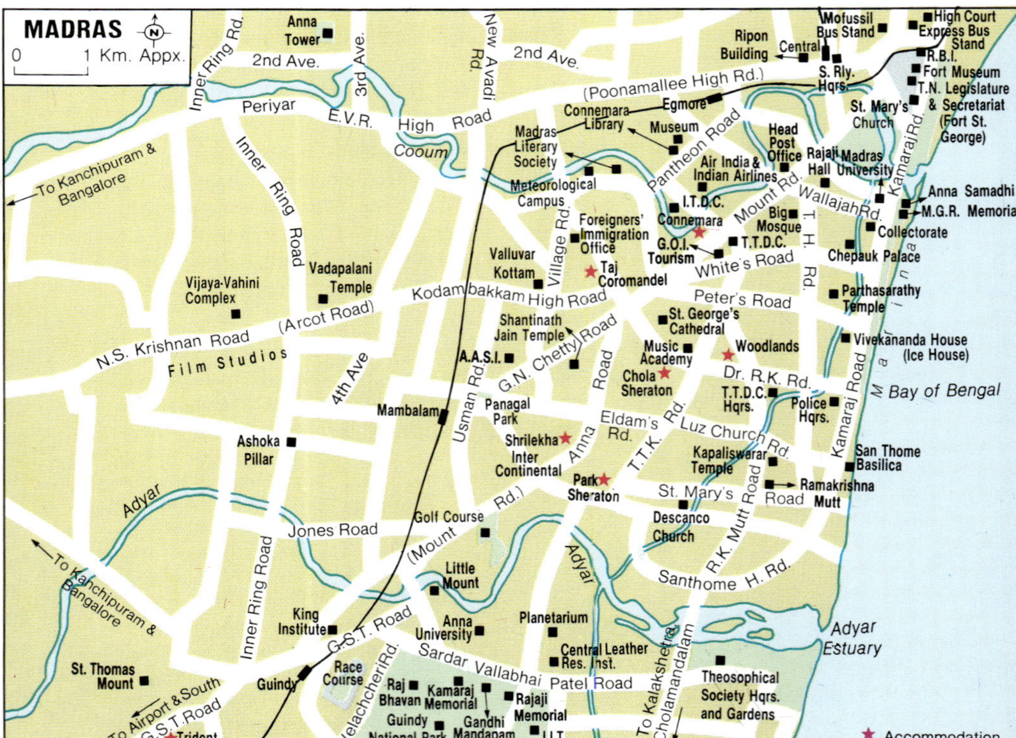

treten bereit war, war ein sandiger Streifen an wellengepeitschtem Strand, fünf Kilometer lang, bis eineinhalb Kilometer breit, an zwei Seiten von Flüssen und an der dritten von der wütenden See geschützt. Auf diesem, im Juli 1639 übertragenen Land errichteten Day, sein Vorgesetzter Andrew Gogan und ihre *dubashes* eine befestigte „Factory", die sie am 23. April 1640 auf den Namen Fort St George tauften.

Aus dieser winzigen Siedlung, Großbritanniens erster Bastion auf indischem Boden, entwickelte sich ein Imperium. Und Madras sollte einen entscheidenden Anteil an diesem Prozeß haben. Es gibt keinen Bereich in der Entwicklung des modernen Indiens, zu dem Madras nicht beigetragen hätte. Die Untersuchung dieses Beitrags führt weit zurück in die Geschichte einer Stadt, die, während große Ereignisse das Antlitz der Nation neu gestalteten, zu ihren Ursprüngen als „Tor zum Süden" zurückfand.

Fort St George, die frühere Festung der Briten.

Doch Madras zeugt nicht nur von der Herrschaft der Briten. Hier sind alte Legenden und Symbole uralter Religionen zuhause, überlieferte Bräuche und Lebensweisen, die jahrhundertelang fast unverändert blieben. Außerdem ist Madras an Liebenswürdigkeit von kaum einer anderen Metropole zu übertreffen – und dennoch eine pulsierende Großstadt, wo Industrie und Handel, Politik und ein modernes Freizeitangebot um die Aufmerksamkeit von Geschäfts- und Urlaubsreisenden wetteifern. Ob privat oder geschäftlich, Madras wird Sie nicht enttäuschen.

Fort St George, Geburtsort der Stadt, ist der ideale Ausgangspunkt für eine Entdeckungsreise durch Madras. Wie die meisten Festungen Indiens ist auch diese ein historisches Denkmal. Doch anders als andere bietet sie ein lebhaftes all- und sonntägliches Treiben innerhalb ihrer Mauern – Regierung und Militär, Beamte und Kirchgänger, jeder scheint auf dem Festungsgelände zu tun zu haben.

Ein Bummel durch das Fort zeigt, daß die Gebäude sich wenig verändert haben, seit Clive und Pitt, Wellesley und Hastings hier lebten und arbeiteten. Der größte Teil der Festung, wie sie heute

steht, wurde vor über 125 Jahren gebaut, im Anschluß an ein kleines, rhombenförmiges Gebäude, dem Fort House Cogans und Days; es war umgeben von 17 Hektar Straßen, Häusern und Paradegelände, befestigt von vier Mauern. Außerhalb der Bastion wurden weitere 24 Hektar in ein Schußfeld verwandelt. Heute befinden sich hier Wohnviertel und Parkanlagen.

Als das Fort wenige Jahre nach seiner Gründung weitergebaut wurde, ging die Bezeichnung **Fort House** auf ein neues Gebäude im Osten des ursprünglichen Fort House über. Im diesem zweiten Fort House, dem ältesten erhaltenen Bauwerk der Briten in Indien, lebten die ersten Gouverneure von Madras. Im Laufe der Jahre wurde es mehrmals erweitert. Die letzten größeren Anbauten vom Anfang des 20. Jahrhunderts in klassischem Stil, die Fassaden mit glänzenden schwarzen Säulen verschönert, beherbergen **Sekretariat** und **Legislatur** der Regierung Tamil Nadus.

Die Haupttore des Forts führen heute zu Sekretariat und Legislatur, deren herrliche **Assembly Hall** mit Erlaubnis des Speaker-Büros besichtigt werden kann. Im Süden des harmonischen, symmetrischen Blocks liegt das zweitälteste britische Gebäude Indiens, das gleichzeitig die älteste protestantische Kirche Asiens ist – **St. Mary's Church.** Sie wurde 1680 erbaut, gilt heute als historisches Denkmal und wird von der Archäologiebehörde und einer treuen Gemeinde liebevoll gepflegt.

St. Mary's Church war ursprünglich ein rechteckiger Schachtelbau mit einem gewölbten, kanonenkugelsicheren Dach. Die im Laufe der Jahre hinzugefügten Türme und runden Treppen machten es zum heutigen St Mary's. Die von Bäumen beschattete Kirche ist eines der reizvollsten Zeugnisse britischer Herrschaft in Indien. Der Kirchhof ist teilweise mit Grabsteinen aus dem britischen Friedhof von Madras nördlich des Forts gepflastert. Darunter ist auch der Grabstein einer Elizabeth Baker, dessen Inschrift ihr Todesjahr mit 1652 angibt. Er ist damit der älteste britische Grabstein Indiens.

Unten und rechts: Madras Marina: Straßenverkäufer.

In der holzverzierten, säulenreichen Kirche befinden sich Annalen und Register, Gemälde und Versilberungen, die alle etwas zu erzählen haben. Etwa von Elihu Yale, der zur Gründung der Kirche beitrug, hier heiratete und an der Gründung der Yale Universität in den USA beteiligt war. Oder von Robert Clive, der hier Margaret Maskelyne ehelichte. Oder von Job Charnock, der hier seine drei Kinder einer indischen Mutter taufen ließ, bevor er Kalkutta gründete. Oder von Arthur Wellesley, der hier Trauzeuge war. Und auch von Hastings und seiner Maid Marian, die hier zur Kirche ging, bevor sie Mann und Frau wurden. St Mary's ist voll von Erinnerungen an die Männer und Frauen, die ein 200 Jahre währendes Weltreich gründeten.

Im Westen, über die Straße, liegt **Clive House,** ein majestätisches Gebäude, in dem Clive, einer der Helden der Karnatischen Kriege 1753, mit seiner Braut lebte. Daneben, ebenfalls als Verwaltungsgebäude genutzt, steht das frühere **Writers' Building,** in dem die neuankommenden Schreiber (Angestellten) aus England untergebracht wurden. Zu ihnen gehörte auch Clive, der hier den ersten seiner vielen Selbstmordversuche unternahm. Im Süden dieser Gebäude liegt **Wellesley House,** dessen Verfall dem Mann ein trauriges Denkmal setzt, der soviel zur Konsolidierung des Britischen Empire in Indien beitrug.

Im Norden befinden sich die Parade Grounds, wo vor und nach der indischen Unabhängigkeit so manche Parade stattfand, und ein moderner, vielstöckiger Glas-und Betonklotz, den man am besten ignoriert und sich stattdessen im Osten dem dem **Fort Museum** zuwendet und dem zweiten **Fort House,** dessen Pracht des 18. Jahrhunderts die Armee erhält. Gleich bei dem Museum blickt die **Cornwallis Cupola** auf ihre Kanonen herab, die von den Parade Grounds hierher versetzt wurde. Eine Cornwallis-Statue begrüßt den Besucher am Eingang des Museums. Das Museum ist ein Schatzkästlein von Erinnerungen an die Briten und befindet sich in der einstigen **Börse.** Im Erdgeschoß waren früher Lagerhäuser und die erste Bank der Stadt. Im ersten Stock, der heutigen Kunstgalerie, war einst das Café, wo sich die Kaufleute und Beamten von Madras zu Klatsch, Kaffee und Geschäften trafen.

Im Südosten des Museums erhebt sich der mit 45,7 Metern höchste Fahnenmast des Landes, der aus dem Jahr 1687 stammt, als Gouverneur Elihu Yale den ersten Union Jack über der ersten britischen Siedlung in Indien hißte. Heute flattert die indische Trikolore über den klassisch angelegten Bastionen und Wällen mit hohen Mauern und mächtigen Holztoren – ein Denkmal der Uneinnehmbarkeit.

Der Yachthafen: Madras erkundet man am besten auf den vier Straßen, die aus der Festung führen: als erstes die Südroute ins „alte Meliapor", von dem Camoes sang. Dann geht es nach Westen in Richtung Berg. Noch weiter westlich verläuft die alte Straße nach Poonamallee, dessen Gouverneur Madras auf „John Company" überschrieb. Schließlich bleibt noch die Nordroute, die jüngste der vier Straßen.

Die Straße nach Süden beginnt beim Kriegerdenkmal von **Fairlands,** wo die

Regierung einen ganzjährigen Vergnügungspark plant. Bis dahin ist hier noch von Mitte Januar bis April der Trubel einer indischen Ausstellung geboten – neben den vielgepriesenen Leistungen der Regierung. Dann beginnt die **Yachthafen-**Promenade mit einem Strandweg, der vor 150 Jahren angelegt wurde.

Der Yachthafen beginnt bei dem **Anna Memorial,** das an C.N. Annadurai erinnert, der die Dravidenbewegung zu politischer Macht führte und die sozialen und politischen Strukturen Tamil Nadus veränderte. Daneben soll ein Denkmal für M. G. Ramachandran entstehen, ein von der Masse vergötterter Filmstar und Annadurais größter Stimmenfänger. Fast zehn Jahre nach dem Tod seines Mentors kam „MGR" selbst an die Macht, als erster Filmstar, der den Sprung von der Bühne ans Ruder eines indischen Bundesstaates schaffte.

Ein anderer Teil von Madras beginnt gegenüber den Denkmälern. Die Skyline von Madras beherrschen die Universitätsgebäude und der Chepauk Palace weiter südlich. Beide zeigen einen Baustil, der als indo-sarazenisch bezeichnet wird: Hindu- und Moslemelemente, die von mit Gotik, Klassizismus und Regency aufgewachsenen Briten vermengt wurden. Heraus kamen spektakuläre Bauten wie das **Senate House** von 1879 – das älteste Universitätsgebäude.

Nicht weniger aufsehenerregend ist der Turm, der die beiden Hälften des Chepauk Palace verbindet, einst Heimstatt der Nawabs von Karnataka, deren ständige Extravaganzen schließlich zur Einnahme Südindiens durch die Briten führten. Das **Presidency College,** das erste Institut seiner Art in Vorderindien, bildet das letzte indo-sarazenische Segment der Skyline. Ihm folgen viktorianische Bauten wie das **Ice House,** heute eine Frauenunterkunft namens Vivekananda House, einst ein faszinierender Rundbau, in dem aus Boston importiertes Eis gelagert wurde, und das **Polizeipräsidium,** ehemals eine riesige Halle im Regency-Stil.

Gegenüber dem Yachthafen liegt Gouverneur Grant-Duffs Anlage von Spazierwegen, Gärten und Straßen, heu-

In dem im Raj als Ice House bekannten Gebäude wurde einst aus Boston importiertes Eis gelagert. Heute ist es ein Frauenwohnheim.

te verschönt durch Skulpturen und Beleuchtung. Dahinter liegt einer der schönsten Strände der Welt. Vom Schwimmen ist abzuraten, doch die Einheimischen wagen sich bei Strandspaziergängen weit genug vor, um sich nasse Füße zu holen. Sonnenbaden ist im seriösen Madras verpönt.

Die Türme der Gläubigen: Der Yachthafen endet am Stadtrand von Thomas. Etwas weiter, abseits des Yachthafens, liegt Triplicane, Mylapores Stadtteil „des Teiches der heiligen Seerosen". Der alte Teich ist noch da, doch die Seerosen machen sich rar. Schön ist der **Parthasarathy** geweihte Vaishnavite-Tempel. Das größtenteils intakte Bauwerk aus der Mitte des achten Jahrhunderts ist das älteste Gebäude der Stadt.

Nicht weit vom Parthasarathy-Tempel liegt die schöne **Wallajah** (Große) **Moschee,** die die Nawabs Karnatakas vor 200 Jahren Madras hinterließen. In der Nähe ist auch das **Amir Mahal,** die Residenz der Nawabs, die auf besondere Einladung besichtigt werden kann.

Hinter Triplicane und dem Yachthafen liegen Mylapore und San Thome. Mylapore war einer der großen Häfen der Pallavas im siebten und achten Jahrhundert, doch seine Geschichte als eines der führenden religiös-kulturellen Zentren des Südens reicht 2000 Jahre zurück. Mit der Ankunft der Portugiesen im 16. Jahrhundert wurde Mylapore von der Küste zurückgedrängt, und der große **Kapaleeswarar-Tempel** mußte an seinem heutigen Standort wiederaufgebaut werden. Die herrlichen Skulpturen in seinem Inneren und das hochaufragende *gopuram* gehören zu den großartigsten Kunstwerken von Madras.

In den engen Gassen um den Kapaleeswarar-Tempel hat sich das Leben kaum verändert. Kleidung und Gegenstände stammen aus dem 20. Jahrhundert, doch Bräuche, Hausgottesdienste, Eßgewohnheiten und Feste sind jahrhundertealt.

Mylapore gehört zu den lebendigsten Stadtteilen von Madras – alte Holzhäuschen im traditionellen Stil, Hindu-Gemeinden und quirlige Basare, wo traditionelle Waren angeboten werden, wie „Tempeljuwelen", Blumenschmuck und die schimmernde Seide, in die sich Bharata Natyam-Tänzer hüllen. Doch im Gegensatz zu dem Trubel der Geschäftszentren von Madras ist die Atmosphäre in Mylapore gelöster, die Menschen sind geduldiger, ja, es liegt eine ruhige Heiterkeit über dem Verkehrs- und Menschengewühl.

Die Portugiesen haben Mylapores Küste besetzt und San Thome getauft, doch lange vor ihnen gab es schon einen Thomas in Mylapore, das von den alten Nestorianern Stadt des Thomas genannt wurde. Eine der langlebigsten Legenden Südindiens, die Millionen von Anhängern der verschiedensten Glaubensrichtungen hat, ist die Legende von Thomay Didymus, dem zweifelnden Apostel. Diese Geschichte ist ein so fester Bestandteil des Glaubens südindischer Christen, daß Thomas 1972 zum Apostel Indiens erklärt wurde. Die Legende gipfelt in der **San Thome Basilika.**

Wer in Madras Thomas' Spuren folgt, weicht von der Straße nach Süden ab, doch er lernt das alte Mylapore kennen, wo er der Legende nach täglich gepredigt

Das Innere der Armenian Church.

haben soll. Thomas lebte in einer Höhle am **Little Mount** am Rande von Mylapore. Von dort wanderte er jeden Tag zum Strand Mylapores, ruhte eine Weile und predigte in den Hainen, wo die Portugiesen später **Luz Church** und **Descanco Church** errichteten. Viele Menschen warteten am Strand, um ihn zu hören, und hier wurde er auch nach seinem Märtyrertod begraben. Die Portugiesen entdeckten sein Grab in einer alten nestorianischen Kirche. Sie brachten die sterblichen Überreste des Apostels weiter landeinwärts und bauten eine neue Krypta mit einer neuen Kirche darüber. 1898 entstand die prunkvolle Basilika auf den Überresten der ersten portugiesischen Kirche. Der hohe Kirchturm, der verzierte Innenraum und die herrlichen bunten Glasfenster, die Thomas' Geschichte erzählen, stehen in krassem Gegensatz zur Schlichtheit der Krypta, aus der der Apostel ins italienische Ortona umgebettet wurde.

Die Geschichte des Heiligen Thomas wäre unvollständig ohne einen Ausflug zum **St. Thomas' Mount** im Südwesten vor der Stadt beim Flughafen. Hierher floh er aus der Höhle am Little Mount und hier starb er auch. Die hübsche kleine Portugiesenkirche hier mit ihren Reliquien des Heiligen und den Stufen für die Gläubigen ist eine der freundlichsten Kirchen von Madras und gewährt einen phantastischen Blick über die Stadt.

Das Stadtgebiet: Einst erreichte die Straße nach Süden die Stadtgrenze an der Mündung des Adyar. Er ist die meiste Zeit trocken, führt nur während der Monsunregen Hochwasser und findet nur bei Historikern und Naturfreunden Beachtung. Für die Historiker ist er der Fluß, an dem eine Handvoll von den Franzosen gedrillte Soldaten die Nawab-Armee aufhielt. Für Vogelbeobachter ist die **Adyar-Mündung** ein Schutzgebiet aus Fluß, Dünen, Inseln und Wäldern, das viele Kleintiere und Vögel beherbergt, darunter zahlreiche Zugvogelarten.

Das heutige Stadtgebiet reicht weit über den Adyar hinaus und umfaßt die Orte Adyar und Guindy. In Adyar befindet sich die Zentrale der 1882 gegründeten **Theosophischen Gesell-**

Der berühmte Sitz der Theosophical Society.

schaft. In vielen Hektar Garten und Dickicht liegt ein großes, indologisches Forschungszentrum. Die Gesellschaft verfügt über ein paar herrliche Gebäude, die typisch für das Madras von einst sind, über Schreine aller Glaubensrichtungen und eine international renommierte Bibliothek.

Die größte Attraktion steht in den Gärten der Gesellschaft: der zweitgrößte Banyanbaum des Subkontinents, der über 200 Jahre alt ist und eine Fläche von 4180 Quadratmetern überschattet. Hier finden Versammlungen und Vorträge statt. Der Hauptstamm des Baumes wurde 1989 von einem heftigen Sturm entwurzelt, doch wieder eingepflanzt. Inzwischen zeigt er Zeichen von neuem Leben. Das Gelände der Gesellschaft reicht von der Hauptstraße nach Süden bis zu **Elliot's Beach** an der Koromandelküste. Einst für die Sahibs des kolonialen Madras reserviert, ist der Strand heute ein Freizeitziel der neuen Kolonisten aus Adyar und anderen Orten. Nicht weit vom Strand liegt der **Ashtalakshmi-Tempel,** einer der beiden einzigen Schreine an der Küste, die der Göttin Mahalakshmi geweiht sind.

Die Straße nach Süden biegt bei der Theosophical Society nach links in Richtung Strand/Mahabalipuram ab. Um die Stadt weiter zu erkunden, halten Sie sich geradeaus, bis sie Guindy erreichen, wo die feinen Leute aus Madras ihre Landsitze hatten. Guindys letzter Zufluchtsort ist das **Raj Bhavan,** das Anwesen des Gouverneurs. Im Osten erstreckt sich das private Waldreservat, der einzige innerstädtische Nationalpark der Welt. Auch von außen kann das Raj Bhavan nur mit Genehmigung besichtigt werden, doch der **Guindy-Nationalpark** kann gegen eine Gebühr durchfahren werden. Hier leben Herden von Axishirschen und Hirschziegenantilopen, zahllose Vogelarten und viele kleinere Tiere. Ein Teil dieses großen Waldgebietes des Gouverneuranwesens wurde zum Unmut der Naturschützer für verschiedene Zwecke abgezweigt. So hat das **Indian Institute of Technology,** eine der ersten Hochschulen des Landes, ein großes Stück Land bekommen. Daneben liegen der

Gebetsstätte in der Höhle des Apostels Thomas Didymus, Little Mount.

Snake Park, ein Vergnügungspark mit Minizoo für Kinder, und Denkmale **Ghandijis, Rajajis** und **Kamarajs,** des Premierministers aus Madras, der der Vater der Nation, der erste indische Generalgouverneur des freien Indiens wurde und der erste politische Führer, der Tamile war.

Die Straße zum Berg: Mount Road, Madras' Hauptdurchgangsstraße, deren offizieller Name (Anna Salai) kaum benutzt wird, war einst der Weg zum Berg des Heiligen Thomas und zum Militärstützpunkt mit den dazugehörigen Bungalows und Krankenhäusern. Zu beiden Seiten lagen bis Anfang unseres Jahrhunderts die „Gartenhäuser" der Elite von Madras. Heute ist sie eine moderne Geschäftsstraße. Die noblen Residenzen weichen schnell vielstöckigen Blocks. Die Stadt schlängelt sich am St Thomas' Mount vorbei aus der Stadt hinaus, zu Indiens zwei modernsten Flughäfen und weiter, als National Highway 45, ins Kernland der Tamilen und darüber hinaus. Vom Fort aus führt die Mount Road über die künstliche Insel mit dem Standbild Sir Thomas Munros und wendet sich nach Südwesten zum **Government Estate.** Das Anwesen, wo einst mit königlichem Prunk die Gouverneure von Madras residierten, ist dem Verfall preisgegeben. Über einen Hof ist es mit dem schönen Bankettsaal verbunden, den der zweite Lord Clive zum Gedenken an den Sieg seines Vaters bei Plassey und den Sieg der Armee von Madras in Seringapatnam eine Generation später errichtete. Das Gebäude heißt heute **Rajaji Hall** und hat viel seines einstigen Glanzes verloren, doch wird es bei offiziellen Anlässen noch genutzt.

Heute ist die Mount Road bis in die Vorstadtgebiete eine Geschäftsstraße; sie führt vorbei an den ältesten Handelszentren der Stadt und an Spuren aus der Zeit des Empire. Hier liegen auch die Büros von *The Hindu*, einer Zeitung, die für den kultivierten Madrasi zum Morgenkaffee einfach dazugehört. Dann ist da noch **Higginbotham's,** die größte Buchhandlung des Landes, **Spencer's,** ein blasser Schatten des Kaufhauses, das einst zu den besten Asiens zählte, und das traditionelle **Connemara,** das feinste Hotel der Stadt.

Wo Geschäfte gemacht werden, sind auch die Clubs nicht weit. Gleich vis-à-vis der erwähnten Handelshäuser lagen die ersten Clubgebäude des exklusiven **Madras Clubs** für die Engländer und die ionischen Lineamente des **Cosmopolitan Clubs,** in dem die Inder es den Briten gleichtaten. Nicht weit von hier liegen Schule und College, deren Gebäude und Gelände einst zum Anwesen der Begums von Karnataka gehörten. Weniger geschäftig geht es bei den **Horticultural Gardens** zu, die seit über hundert Jahren jede Saison ein farbenprächtiges Blütenmeer hervorbringen, und bei der **St. George's Cathedral,** einer herrlichen Replik der Londoner St Martin's-in-the-Fields.

Im Norden des verkehrsreicheren Teils der Mount Road liegen die neueren Wahrzeichen der Stadt, meist 100 bis 150 Jahre alt. An der Pantheon Road, wo das **Pantheon** zu Zeiten Arthur Wellesleys Unterhaltung bot, liegen das sehenswerte **Museum** von Madras mit seiner großen Bronzesammlung, buddhistischen Anti-

Details des Kapaleeswarar-Tempels von Mylapore.

quitäten und Waffen, die **Connemara Public Library,** eine der vier Nationalbibliotheken Indiens, in die jedes in Indien veröffentlichte Buch geschickt wird, und die **National Art Gallery** mitsamt ihren neueren Trakten. Hier ist das Beste aus Gegenwart und Vergangenheit indischer Kunst ausgestellt.

Nicht weit von hier befindet sich das Gelände des Director of Public Instruction. Die Tore stammen noch aus der Zeit, als es das College von Fort St George war, wo die Angestellten der Company studierten. Auf diesem Gelände liegt das schöne, indo-sarazenische Gebäude der **Madras Literary Society,** eine Schatztruhe voller alter Bücher. Nebenan sind **Doveton House,** wo Tippu Sultans Söhne möglicherweise als Geiseln festgehalten wurden, das sie aber bestimmt als Mündel von Sir John Doveton besucht haben, und das **Meteorological Centre,** dessen Gedenksäulen und Maßstäbe zu den ältesten Asiens zählen.

In der Nähe liegen auch **Valluvar Kottam** und das **Archiv.** Ersteres ist ein riesiges Auditorium, das von einem 31 Meter hohen Tempelwagen beherrscht wird, der das Können der Chola- und Pallava-Künstler beweist. Er erinnert an Thiruvalluvar, den großen Philosophen und Heiligen, der für die Tamilen einen Moralkodex in Versen schrieb.

Die alten Towns: George Town liegt hinter dem Archiv; hier befindet sich die indo-sarazenische Pracht der **Egmore Railway Station,** die lebendige **Kirk of St. Andrew's** mit dem hochaufragenden Turm, dem Kuppeldach und dem säulengesäumten kreisrunden Kirchenschiff, das **College of Arts and Crafts,** das strahlende Weiß des **Ripon Buildings** der Municipal Corporation, das reizvoll zum leuchtenden Rot der **Victoria Public Hall** im Kontrast steht, einem Saal aus der Zeit der Gasbeleuchtung, die **Central Station,** die majestätische **Memorial Hall** und die gefällige Schönheit der **Southern Railways Headquarters.** Das Inderviertel außerhalb der Mauern der ersten „Weißen Stadt" in Fort St. George wurde „Schwarze Stadt" genannt und ist heute das Handelszentrum von Madras.

Reklametafeln an der Anna Salai.

Die Straße vom Fort aus nach Norden ist der schnellste Weg nach George Town. Sie führt vorbei an der wohl schönsten indo-sarazenischen Anlage der Stadt, dem **High Court** und dem **Law College.** Die Säule des ersten Leuchtturmes der Stadt und der Obelisk am Grab von David, Elihu Yales Sohn, die letzte Erinnerung an den ersten Friedhof der Weißen Stadt, sind Wahrzeichen, die neben den schönen Säulen der Juristen fast verschwinden. Auf diesem Gelände befand sich die erste Schwarze Stadt des Forts, die erste Indersiedlung des neuen Madras. Als sie verschwinden mußte, um den Kanonen des Forts freies Schußfeld zu geben, entstand eine neue Schwarze Stadt. Die Grenze des freien Feldes markiert bis heute eine Säule an der Südostecke George Towns bei **Dare House,** dem Sitz der 200 Jahre alten Firma Parry & Company. **Parry's Corner,** an der Kreuzung von Esplanade Road und North Beach Road, ist dem Mann gewidmet, der das zweitälteste Geschäftshaus Indiens gründete.

Meilensteine dieser Straße nach Norden, die die Ostgrenze von George Town bildet, sind die schönen, indo-sarazenischen Gebäude der **State Bank of India,** der Nachfolgerin der ersten modernen Bank Indiens, und das **General Post Office.** Etwas weiter folgt **Bentinck's Building** im Regency-Stil, erbaut für den ersten obersten Gerichtshof der Provinz, die Ostbastion **Clive Battery,** in der heute Hafenbeamte untergebracht sind, und, in Royapuram, die ersten Eisenbahngebäude der Stadt. In diesem Abschnitt, im Anschluß an den Hafen, liegt auch der **Burma Bazaar,** eine Zeile winziger Läden, wo jeden Tag im Gedränge um ausländische Luxusartikel und ihre indischen Imitationen gefeilscht wird.

Das 3,4 Quadratkilometer große, nahezu quadratische Labyrinth von **George Town** jenseits der North Beach Road ist das Banken- und Großhandelszentrum von Madras. Die im klassischen Gittermuster angelegten Gassen von George Town waren für eine ruhigere Zeit konzipiert. Heute zählen sie tagsüber zu den geschäftigsten Gegenden der bevöl-

Schimmernde Straßenszene, Burman Street.

kerungsreichen Stadt. Das Gedränge in den Straßen ist eine Attraktion für sich. Abends leert sich George Town, und wenn die Geschäfte am Straßenrand schließen, gehen darüber die Lichter an. Hinter schäbigen Fassaden lebt man hier sehr komfortabel.

In George Town stehen die ältesten Tempel und Moscheen von Madras und die Kirchen der ersten protestantischen Missionare. Die Zwillingstempel **Chennakesavarar** und **Chennammallikeswarar,** die ersten „Stadttempel", und die gepflegte **Armenian Church** sind ein Muß, wenn die Zeit nicht für alle bedeutenden Heiligtümer George Towns reicht. **Kothawal Chavadi** ist besonders in der Dämmerung sehenswert, wenn die Laster die täglichen Obst- und Gemüseladungen für die Märkte und Händler der Großstadt anliefern. Von allen Eindrükken dieser Stadt ist der von George Town der wohl nachhaltigste. Wie im Fort St George spürt der Besucher hier die Seele der Stadt.

Tradition offenbart sich überall: Man sieht blumen- und juwelengeschmückten Frauen in edlen *saris,* in jedem Haus stehen Schreine für den Gottesdienst, *kolam*-Zeichen werden vor Anbruch der Dunkelheit vor jedes Haus gezeichnet, und in den Festsälen der Stadt wird klassischer karnatischer Gesang, *Bharata Natyam* (Tanzdramen), Theater und religiöse Veranstaltungen das ganze Jahr über aufgeführt – vor allem während des alljährlichen Musikfestivals von Mitte Dezember bis Anfang Januar, wenn die vor 60 Jahren von der Madras Music Academy ins Leben gerufene Tradition die ganze Stadt gleichsam zu einer einzigen Bühne werden läßt.

Gläubiger Shaivite.

Wer andere Formen der Unterhaltung vorzieht, kann das ganze Jahr über Sportveranstaltungen in komfortablem Ambiente besuchen. Cricket, ob in den Straßen oder bei einem Testspiel im Stadion, ist ein Aspekt des Stadtlebens, den man ruhig kennenlernen sollte. Madras ist außerdem Tennis- und Schachhauptstadt Indiens, was man in den jeweiligen Clubs erleben kann. Man kann als zeitweiliges Mitglied eintreten und Clubangebote wie Schwimmen, Billard, Squash, Bridge, Golf, Rudern und Segeln wahrnehmen. Von Winter bis Frühling finden auf einer der besten Rennbahnen des Landes Pferderennen statt.

Auch Essengehen ist in Madras ein besonderes Erlebnis. Wie überall in Indien wird „kontinental", chinesisch und nordindisch gekocht. Die vegetarischen Varianten der südindischen Küche lernen Sie in Udupi-Restaurants wie **Woodlands** und **Palimar** kennen, Fleischgerichte nach Chettinad-Rezepten bei **Ponnusamy's** oder **Raintree,** die hier üblichen muslimischen Speisen bei **Buhari's.** Bleiben die vielen Spezialitäten, die in Madras als Schnellimbiß, anderswo als Delikatessen gelten – *vadais* (aromatische Teigringe), *dosais* (waffeldünne Reispfannkuchen) und *idlis* (gedämpfte, dicke Reiskuchen).

Wer nach dem Essen noch Energie zum Einkaufen hat, findet nirgendwo eine bessere Auswahl an reich verzierten, goldbetreßten Kanchipuram-Seidensaris (die sich leicht in Kleider verwandeln lassen), herrlichen Baumwollstoffen und handgefertigter Tisch- und Bettwäsche.

Mahabalipuram

Madras, Mahabalipuram (offiziell wieder: Mamallapuram) und Kanchipuram bilden quasi das „Goldene Dreieck“ des südindischen Reiseverkehrs. Die Strekke nach Mahabalipuram ist ein schöner Tagesausflug über sechzig abwechslungsreiche, anregende Kilometer.

Kurz vor Madras liegt das Dorf **Tiruvanmiyur**, die Heimat Kalakshetras. Während Rukmini Devi Arundale, berühmt für ihre Tanzkunst und Gelehrsamkeit, die alte Tanzform Bharata Natyam aus den Tempeln holte und ihr zu neuem Ruhm verhalf, ging Kalakshetra noch einen Schritt weiter: Sie entschloß sich, diese Kunst, die weltbekannt werden sollte, zu lehren. Heute kommen Schüler aus aller Welt zu ihr, nicht nur, um Bharata Natyam zu erlernen, sondern auch zum Studium der karnatischen Musik und der alten Handwerkskünste Koromandels (vor allem Weben und Färben). Es wird noch nach dem uralten *gurukulam*-System unterrichtet: Viele Kurse finden im Wald statt.

Künstlerdorf: In Tiruvanmiyur steht auch der alte **Marundiswarar-Tempel**, der von den großen Tempelbauern der Chola im elften Jahrhundert errichtet wurde und reich an Bildhauerarbeiten ist. Zehn Kilometer weiter liegt **Cholamandal** mit dem einzigartigen **Künstlerdorf**. In dieser Künstlerkommune am Meer leben und arbeiten die größten Maler Südindiens. In der Galerie wird das ganze Jahr über zeitgenössische Kunst ausgestellt, doch für Besucher ist das außerhalb angebotene Kunsthandwerk interessanter – vor allem preislich. Viele Maler finanzieren sich durch den Verkauf von solchen Handarbeiten. Auf einer Freilichtbühne in den Dünen wird Avantgarde-Theater gespielt, es finden Dichterlesungen und Tanzdarbietungen statt.

Die nächste Station ist das **VGP Golden Beach Resort**. Die Hütten in den Kasuarinenhainen haben es zum beliebtesten Wochenendziel der Madrasi gemacht. Hier wurden viele von Südindiens berühmten „Historicals“ und „Mythologicals“ gedreht. Jede Ecke ist eine perfekte Kulisse mit Konstruktionen aus Holz, Granit, Metall und Gips. Fast jeder tamilische Regisseur dreht wenigstens eine Szene in dieser malerischen Gegend, damit sein Film ein Erfolg wird.

Die Wasser von **Muttukadu** sind für Bootsfahrten gut geeignet. Das Fisherman's Cove, ein Luxushotel am **Covelong Beach**, wurde auf den Ruinen einer alten holländischen Festung errichtet. Am Strand von Covelong kann man relativ sicher baden (außer von Juni bis August und Oktober bis Januar während der Monsunregen); man sieht auch viele Windsurfer und andere Wassesportler.

Gezähmte Bestien: Fünf Kilometer weiter liegt **Crocodile Bank**, die von Romulus und Zai Whittaker geleitet wird. Rom Whittaker, der den Schlangen-Park von Madras gründete, reagierte damit auf einen Aufruf zur Rettung der Krokodile Indiens. Hier wurden über 3000 Sumpfkrokodile und Gaviale gezüchtet sowie andere Krokodil- und Echsenarten aus anderen Erdteilen. Seine „erste Liebe“ hat er dabei nicht aufgegeben: Die von ihm geförderte Schlangefängerkooperative hält in einer Ecke Hunderte von Kobras, Kraits und Vipern, die regelmäßig „gemolken“ werden. Das Gift, das zur Entwicklung von Gegengiften an Institute verschickt wird, sichert der Kooperative ein nettes Einkommen, in das auch die kleine Gebühr einfließt, die fürs Zuschauen beim „Melken“ erhoben wird.

Etwas weiter liegt **Silver Sands**, ebenfalls ein Badeort, und danach: **Tiger Cave**. Wie so vieles in Mahabalipuram blieb auch die „Tigerhöhle“ unvollendet. Sie sollte wohl ein Amphitheater werden. Gemeißelte Tigerköpfe umrahmen die Bauruine einer kleinen Bühne in einem Kasuarinenhain. Auch alles übrige ist unvollendet, doch die Details der Tigerköpfe sind schon der Vorgeschmack auf die Dinge, die den Besucher ein paar Kilometer weiter erwarten.

Möglicherweise wird auch Mahabalipuram einmal ein moderner Badeort sein, doch noch liegt das kleine Dorf im Schatten einer Traumwelt tamilischer Kunst. Hier ist ein Freilichtmuseum,

Hirtenszene in Stein, Mahabalipuram.

das auf der ganzen Welt seinesgleichen sucht und dessen Skulpturen direkt in den Felsen gehauen sind.

Das *Pièce de Résistance* dieser monumentalen Kunstausstellung ist zweifelsohne **Arjuna's Penance oder Descent of the Ganga**, das mit 27 mal 9 Metern größte Basrelief der Welt und eines der Meisterwerke indischer Kunst. Es ist eine herrliche Darstellung Hunderter himmlischer Wesen, Menschen und Tiere, die alle auf eine Felsspalte zustreben, welche das riesige Steinbild teilt. Die Szene beherrscht ein 4,9 Meter langer Elefant, der eine ganze Elefantenprozession zu der Spalte führt, wo Arjuna büßend auf einem Bein steht und Shiva bedrängt, ihm bei der Rückeroberung seines Königreiches von den Pandava zu helfen.

Das bekannteste Wahrzeichen Mahabalipurams ist jedoch der von der UNESCO zum Weltkulturerbe erklärte **Küstentempel.** Er steht direkt am Meer, von einer Mauer geschützt, die seine Fassade zwar verdeckt, aber auch vor den Elementen schützt. Der Doppelturm ist Poesie in Granit – perfekte Proportionen und herrliche Bildhauerarbeiten. Ungewöhnlich ist auch der Umstand, daß dort sowohl Shiva als auch Vishnu zuhause ist. Die *mandapams* sind ein weiteres Wunder Südindiens – beide aus dem harten Fels geschlagen und mit Säulen und Reliefs verziert, die Teil der Höhle sind – und nicht minder die *rathams*: monolithische Schreine, die Generationen südindischer Tempelbauer beeinflußten.

Im **Krishna mandapam** behütet Krishna die Heiterkeit einer Hirtenszene. Mit dem Berg Govardhana als Schirm schützt er die Geschöpfe Gottes vor einem wütenden Sturm. Im **Varaha mandapam** bricht Vishnu in seiner Inkarnation als Wildeber Varaha aus dem Ozean hervor, mit sich führt er die gerettete Erdgöttin. Im **Mahishasuramardini mandapam** bekämpft die Göttin Durga, eine Amazone, auf dem Rücken eines Löwen den mächtigen, büffelköpfigen Dämon Mahishasura.

Die fünf *rathams*, benannt nach den Pandava-Brüdern, den Helden der

Bharata Natyam-Unterricht in Kalakshetra.

Mahabharata, und ihrer Gemahlin Draupadi, sind Teil eines Amphitheaters der Kunst. Keiner der Tempel ist vollendet, und doch ist jeder einzelne ein architektonisches Juwel. In dieser Arena befinden sich auch ein mächtiger Elefant und eine herrliche Darstellung des heiligen Nandi-Bullen. Es gibt noch vier weitere *rathams*, außerdem die **Trimurti-Höhle** und den **Adivaraha-Tempel,** die bis heute in Gebrauch sind, und zahllose Skulpturen und Bildnisse von *yalis*, Affen und anderen mythischen oder lebenden Wesen. Ansonsten gibt es noch ein kleines Freilichtmuseum, in dem die rund um diese Stätte verstreuten Kunstwerke gesammelt wurden. Daß gerade hier im Ort eine Bildhauerschule eingerichtet wurde, die übrigens keineswegs nur Diplome verleiht, sondern zum Teil beachtliche Stücke hervorbringt, kann man als Hommage an das Können der früheren Bildhauer deuten.

Stadt der Tempel und der Seide: Nur 60 Kilometer westlich von Mahabalipuram liegt eine der sieben heiligen Städte der Hindus und die älteste Stadt Südindiens: Kanchipuram. Noch vor „Kanchi" liegt, auf halber Strecke von Mahabalipuram, **Thirukkalikundram**. Hier steht auf dem 1525 Meter hohen Vedagiri ein reich verzierter Tempel Shivas. Der Blick von hier oben ist atemberaubend, doch die meisten Pilger machen den anstrengenden Aufstieg nur wegen der beiden Geier, die sich pünktlich jeden Mittag das geweihte Futter holen, das die Tempelpriester für sie auslegen.

Kanchipuram, die „Goldene Stadt der tausend Tempel", hat rund 125 offiziell anerkannte Schreine, alle jahrhundertealt. Das aus der Zeit der ersten Chola um 200 v. Chr. stammende Kanchipuram war nacheinander Hauptstadt der Chola, der Pallava und der Rayas von Vijayanagara. Seine große Zeit erlebte es als Hauptstadt des ausgedehnten Pallava-Reiches vom sechsten bis zum achten Jahrhundert, als Mahabalipuram und Mylapore die großen Häfen waren. Das einzige, was heute noch an diese Epoche erinnert, sind die großartigen Tempel.

Basrelief „Descent of the Ganges", Mahabalipuram.

Der **Ekambareswarwar-Tempel,** ein vergleichsweise junger Tempel aus dem 16. Jahrhundert, ist der größte der Shiva-Tempel und erstreckt sich über mehr als 80 000 Quadratmeter. Er hat eine herrliche 1000-Säulen-Halle und ein hochaufragendes *gopuram*, mit 185 Metern eines der höchsten Südindiens.

Der **Kailasanathar-Tempel** ist ein über 1000 Jahre alter Bau der Pallava zu Ehren Shivas. Die kleinen Kammern, die seine Höfe verbinden, zieren Malereien und Skulpturen aus dem siebten und achten Jahrhundert, die die Geschichte Shivas erzählen.

Der **Kamakshi-Tempel** ist Parvati geweiht, der „Göttin mit den Augen der Liebe", die im Spiel ihrem Gefährten Shiva die Augen verband und für ihren Schabernack büßen mußte. Schließlich verzieh er ihr auf eben der Stelle, auf der dieser Tempel errichtet wurde.

Ein Musterbeispiel für die Tempelbaukunst der Pallava ist der **Vaikuntanathar-Perumal-Tempel** aus dem achten Jahrhundert. Ein einzigartiges Fries erzählt die Geschichte der Pallava und ihrer Schlachten gegen die Chalukya. Bemerkenswert sind die drei übereinandergelegenen Heiligtümer.

Ein relativ junger Tempel ist der **Varadarajaswamy-Tempel** – mit schönen Pavillions in den Höfen, einer herrlichen Einhundert-Säulen-Halle, die für sich alleine schon ein Kunstwerk ist, und einem 31 Meter hohen, siebenstökkigen *gopuram* von erlesener Schönheit. Die Bildhauerarbeiten dieses Tempels zählen zu den größten Kunstschätzen Kanchipurams.

Die herrlichsten Saris: Berühmt ist Kanchi außerdem für seine Seide, und zwar schon seit über vierhundert Jahren. Lebhafte, kontrastierende Farben, mit Goldfäden verwobene Kanten, traditionelle Motive wie Pfauen, Papageien, Mangos und Blumen sowie nicht zuletzt die herrliche Seide selbst machen Kanchipurams *saris* zu den schönsten und gefragtesten ganz Indiens. Der Preis richtet sich – unter Berücksichtigung der Seidenqualität – nach Gewicht und Menge des verwobenen Goldfadens. Ein System von Weberkooperati-

Eingang ins Krishna Mandapam, Mahabalipuram.

ven produziert und vertreibt die Kanchi-*saris*. Die Läden liegen an der Hauptstraße. Die Verkäufer und auch die Weber in den Seitenstraßen zeigen gerne ihre Ware und ihr Können, das von Generation zu Generation überliefert wurde. In den Verkaufsräumen der Kooperative werden Seiden- und Baumwoll-*saris* angeboten, Seide vom Meter, Stolen und Schals.

Die 60 Kilometer von Kanchipuram nach Madras kann man sich im letzten Streckendrittel mit einem Besuch des **Vandalur-Zoos** versüßen. Der neue, noch im Bau befindliche Zoo von Madras repräsentiert alle Prinzipien moderner Zoowirtschaft. Die Tiere und Vögel sind in möglichst naturnahen Einfriedungen untergebracht. (Für den Besucher bedeutet das: lange Fußmärsche.)

Hinter Vandalur liegen mehrere alte Dörfer: Pallavaram, Kunrathur, Thiruneermalai, Thirusoolam – alle mit Schreinen aus dem elften und zwölften Jahrhundert. In **Pallavaram** stieß man auf prähistorische Funde, **Tambaram** beherbergt das schattige Gelände des Madras Christian College, in **Tirusoolam** befinden sich der neue Flughafen und alte Armeegebäude und auch der **St. Thomas Mount** ist ein lohnender Halt auf der Strecke von Vandalur in die Stadt.

Am besten brechen Sie nach dem Frühstück in Madras auf, verbringen den Tag mit der Fahrt nach Mahabalipuram und die Nacht dort, besichtigen einen Tag lang das gigantische Freilichtmuseum und machen einen Abstecher zum Strand. Nach einer zweiten Nacht in Mahabalipuram verlassen Sie den Ort, so daß Sie gegen elf Uhr in Thirukkalikundram sind.

Geier hin oder her, zum späten Lunch sollten Sie in Kanchi sein und die dortigen Tempel besuchen. Verbringen Sie die Nacht dort und den Vormittag eventuell mit dem Einkauf von Seide. Nach dem Mittagessen fahren Sie dann gemütlich zurück nach Madras, wobei Sie unterwegs noch den Zoo und andere Sehenswürdigkeiten mitnehmen. Mit ein bißchen Zeit wird die Rundfahrt um das Goldene Dreieck des Südens zu einem wirklich schönen Erlebnis.

Der Kailash-Tempel in Kanchipuram.

DIE TEMPEL IM DELTA

In den Hügeln der oberen Regionen Karnatakas ist der Kaveri wenig mehr als ein kleines Rinnsal. Langsam schlängelt er sich durch die Ebenen, wird breiter und stärker und durchschneidet Teile Tamil Nadus, bevor er in den Golf von Bengalen mündet. Er ist eine Lebensader: Die Tamilen, die vor über 2000 Jahren eine eigene Kultur entwickelten, erkannten die Bedeutung des Stromes für ihr Leben und verehrten ihn als Göttin, die in Liedern und Geschichten gepriesen wurde. Überall am Fluß finden sich heilige Städte und Dörfer und zahllose Tempel. Das wahre Wesen des Flusses zeigt sich aber erst in seinem riesigen Delta an der Küste Tamil Nadus.

Das Deltagebiet ist schwer abzugrenzen, doch für unsere Zwecke betrachten wir als Grenzpunkte: Chidambaram an dem Küstenabschnitt, wo der Fluß ins Meer mündet, und Tiruchirapalli 200 Kilometer landeinwärts im Süden. Dieses Gebiet ist Reisland – ein grünes Meer, aus dem sich alle paar Kilometer ein Tempelturm erhebt. Die meisten dieser Tempel stammen von den frommen Chola. Chidambaram ist per Auto oder Bahn von Madras aus in sechs bis sieben Stunden zu erreichen. Kürzer ist die Anfahrt – vor allem über die Straße – von Pondicherry aus.

Der beste Ausgangspunkt für diese Tempeltour ist Chidambaram, wo der berühmte **Nataraja-Tempel** – der Tempel des Tanzenden Shiva – steht.

Chidambarams Geschichte ist sagenumwoben. Der Gott Shiva vollführte seinen kosmischen Tanz, nachdem er mehrere anmaßende *rishis* (Weise) gedemütigt hatte, die glaubten, durch ihre asketische Lebensweise außergewöhnliche Kräfte erlangt zu haben. Andere Weise und auch Götter und Göttinnen baten, den Tanz sehen zu dürfen, und Shiva willigte ein, im Wald von Thillai (oder Chidambaram) für sie zu tanzen. Pikant wurde die Situation, als Kalika Devi, die Hüterin des Waldes (in Wirklichkeit Shakti, die Gefährtin Shivas), ihn zu einem Tanzwettbewerb herausforderte. Durch Bewegungen, die sie als sittsame Frau nicht ausführen konnte, siegte Shiva. Er beendete seine Darbietung mit dem Tanz der Glückseligkeit. Auf Bitte der *rishis* tanzt Shiva seinen kosmischen Tanz für alle Zeit in Chidambaram, wie das herrliche Bronzebild im Tempel zeigt.

Lingam **im Sri-Brihadiswara-Tempel, Tanjore.**

Über den Tanz kursieren viele Interpretationen: So sagte ein großer Gelehrter, er sei Symbol für das rhythmische Spiel Gottes als Quelle aller Bewegung im Kosmos. Er befreie die Seelen der Menschen von der Fessel der Illusion. Er existiere im Herzen jedes Menschen.

Die Deutung des Bildnisses vom tanzenden Shiva erläutert diese Vorstellungen: Nataraja hält eine Trommel. Mit dem Schlag dieser Trommel kommt Leben in alle Wesen. Das Reh in seiner anderen Hand symbolisiert den unsteten Geist des Individuums. Das Tigerfell, das er trägt, ist die Haut des besiegten Egotismus. Der Fluß Ganga, der sich in seinen verfilzten Locken verfängt, steht für kühle, erfrischende Weisheit. Einer seiner Füße steht auf *maya*, dem Dämon der Illusion, der andere ist zum Zeichen eines Zustands transzendentaler Glückseligkeit erhoben. Andere Details führen zu der Auffassung, daß das Ego überwunden werden muß, wenn der Mensch Herr seiner selbst werden will.

Das Nataraja-Konzept regte jahrhundertelang die Phantasie der Künstler an, bis es unter den begnadeten Händen der Chola, die es unermüdlich in Bronze und Stein wiedergaben, seinen schönsten Ausdruck fand. Der Bildhauer Rodin sah darin die perfekte Darstellung von Bewegung, während Einstein sagte, all seine Gedanken über die Struktur der Welt und ihre Bewegungen seien in der Darstellung Natarajas bildlich umgesetzt.

Große Teile des Tempels, wie er heute zu sehen ist, wurden unter den Chola-Herrschern erbaut. Mächtige *gopurams* erheben sich über großen Toren. Auf dem Tempelgelände befinden sich mehrere Schreine, darunter ein Vishnu geweihter. Im Allerheiligsten befindet sich der tanzende Gott. Daneben liegt das Heiligtum der Göttin, die hier

Shivakamasundari heißt, „die schöne Frau, die Shivas Liebe erweckte“. Ungewöhnlich ist ein Schrein, der kein Götterbildnis enthält. Er gilt als Geheimnis Chidambarams und deutet an, daß Gott überall ist, vor allem in den Herzen der Menschen.

Das Dach des Tempels ist vergoldet. Wie es sich für einen Tempel eines tanzenden Gottes gehört, wurden klassische Bharata Natyam-Szenen um Schreine und Torbögen gemeißelt. Diese werden von Fachleuten als eine Art Enzyklopädie dieser Tanzform gewertet.

Chidambaram ist eine etwas chaotische Stadt, vollkommen vom Tempel beherrscht. Die Reisfelder der Umgebung mildern seine Düsterkeit etwas. Die hiesige Wirtschaft lebt hauptsächlich von Touristen und Pilgern. Berühmt ist die Stadt außer für den Tempel auch für die Annamalai-Universität, die im Ostteil Chidambarams liegt. In dem vor über 50 Jahren gegründeten Institut werden Künste und Naturwissenschaften gelehrt, technische Fächer, Medizin und Landwirtschaft.

Das Fremdenverkehrsamt Tamil Nadus bietet zwar in seinem Gästehaus passable Übernachtungsmöglichkeiten, doch die meisten Besucher reisen nach der Tempelbesichtigung weiter. Thanjavur (Tanjore) und Tiruchirapalli (Trichy) erreicht man am besten auf der Straße, aber es gibt auch Busverbindungen in alle Richtungen. Auf der Strecke von Chidambaram nach Thanjavur kommt man an Dörfern und Städtchen vorbei, jedes mit einem Tempel. In **Darasuram**, kurz vor dem Ort Kumbakonam, sollten Sie unbedingt Station machen.

In Darasuram befindet sich nämich ein großartiges Shiva-Heiligtum: der vom Chola-König Raja Raja II. im zwöften Jahrhundert erbaute **Airavateswarar-Tempel.** Durch Vernachlässigung ist der Tempel zum Großteil verfallen – und dennoch ein Juwel der Bau- und Bildhauerkunst der Chola. Der Hauptschrein mit dem 26 Meter hohen Überbau *(vimana)* und der Schrein der Göttin sind relativ gut erhalten. Die Eingangshalle ist wie ein großer Wagen geformt und die Stufen zu

Himmlische Musikanten.

ihr hinauf geben Töne ab. Skulpturen und Reste von Malereien zeigen eine Welt von Tänzern und Akrobaten und viele Alltagsszenen. Der Bau ist als „Tempel ewiger Unterhaltung" bekannt.

Kumbakonams Tempel sind zahlreich und teilweise recht beeindruckend. Ihr Wert ist allerdings mehr religiöser als künstlerischer Natur. Bevor Sie die Gegend wieder verlassen, sollten Sie jedoch einen kurzen Abstecher nach **Swamimalai** machen. Auf einem kleinen Hügel steht hier ein alter und heiliger Tempel, doch die wirkliche Attraktion Swamimalais sind seine Handwerker, die noch auf traditionelle Weise Bronzen herstellen. Sie erreichen die Perfektion ihrer Chola-Ahnen, indem sie nach demselben Prinzip arbeiten, das geschmolzene Metall in sorgfältig bearbeitete Formen gießen und ihm von Hand den letzten Schliff geben.

Die Straße nach **Thanjavur** schlängelt sich über eine Stunde lang an kleinen Dörfern vorbei, Reisfeldern und Tempeltürmen in der Ferne. Den mächtigen Turm über dem Allerheiligsten des **Brihadeesvara-Tempels** sieht man schon von weitem. Im Gegensatz zu den anderen Tempeln des Südens werden die Eingangs-*gopurams* dieses Tempels (der passend „der Große Tempel" heißt) von dem *vimana* über dem Heiligtum überschattet. Die *gopurams* sind über 27 Meter hoch und schön bearbeitet. Sie führen in einen geräumigen Hof, in dem der Haupttempel steht, behütet von zwei überdimensionalen, monolithischen *dwarapalakas* (Wachposten), die trotz ihrer furchterregenden Zähne entwaffnend lächeln. Durch einen Gang getrennt, befindet sich gegenüber dem Heiligtum ein *nandi* (Bulle), Shivas liebstes Reittier.

Im Heiligtum selbst steht ein *lingam*, das Symbol Shivas, das als das größte im ganzen Land gilt. Die Gänge, in denen die Gläubigen im Uhrzeigersinn um das Heiligtum spazieren, zieren viele Skulpturen und Chola-Fresken, die erst jüngst entdeckt wurden.

Das *vimana* über dem Heiligtum ist pyramidenförmig und erhebt sich 65 Meter über einer 30,5 Quadratmeter gro-

Chola-Fresko im Sri-Brihadiswarar-Tempel.

ßen Plattform. Eine herrlich verzierte achteckige Kuppel mit einem glitzernden, 3,8 Meter hohen Turmaufsatz, dem *kasala*, ist vergoldet und krönt das *vimana*. Die Kuppel selbst ist aus einem einzigen Felsblock gearbeitet.

Die Seiten des *vimana* sind mit schönen Skulpturen bedeckt, und viele Nischen, kleine Säulen und Balkonfenster umrahmen die Bildhauerarbeiten. Die schlanke Pyramide des *vimana* ist so exakt konstruiert, daß ihr Schatten nie auf ihren Sockel fällt. Die Gesamtwirkung ist einmalig. Ein Fachmann bezeichnete sie als „fraglos das schönste Einzelwerk eines drawidischen Künstlers"), während die *Encyclopedia Britannica* einfach vom „prächtigsten Tempel Indiens" spricht. Das Gelände ist von solcher Größe – 150 mal 75 Meter –, daß es selbst an Tagen, an denen viel los ist, eine stille Heiterkeit bewahrt.

Den Gang entlang liegen nicht weniger als 250 *lingams*. Von den angegliederten Heiligtümern verdient vor allem der schöne **Subramanya-Tempel** besondere Beachtung. Der „Große Tempel" wurde vom großen Chola-Herrscher Raja Raja I. gegen Ende des zehnten Jahrhunderts erbaut. Der Subramanya-Tempel wurde später angebaut, vermutlich von einem der Nayak-Könige Madurais. Er ist ein schöner, kleiner Tempel, verziert mit Bildhauerarbeiten.

Es bietet sich an, nach dem Tempel auch den **Palast** im Nordosten zu besuchen. Überreste der Festung, die ihn einst umschloß, sind noch zu erkennen. Ein 58 Meter hoher Aussichtsturm ist gut erhalten. Mitglieder der ehemaligen Königsfamilie Thanjavurs wohnen bis heute in den inneren Gemächern, doch dient der Palast hauptsächlich praktischen Zwekken und beherbergt eine Kunstgalerie und die Saraswathi Mahal Bibliothek.

Die **Kunstgalerie** entstand eher zufällig, um 1951. Es wird erzählt, daß eine schöne Brahma-Statue unbeachtet im Dorf herumlag, doch als jemand kam und sie entfernen wollte, griffen die Dorfbewohner zu den Waffen. Als der Collector von Thanjavur, Verwaltungschef des Distrikts, davon erfuhr, begab er sich selbst ins Dorf und überredete

Der Eingang zum Großen Tempel.

Tanjore-Malerei

Die Tempel wurden mit Metall- und Steinbildnissen und Wandmalereien verschönert – für die häusliche Gottesverehrung verwendete man andere Ikonen. In ganz Südindien sind nämlich die Häuser – ob arm oder reich – zum Willkommen der Götter bereitet. Der Eingang wird jeden Morgen gefegt und geputzt, und die Frauen des Hauses, die heimlichen Künstler Indiens, verzieren den Boden mit kunstvollen *kolam*-Bildern aus Reispaste, Kreide und farbenkräftigen Blumen. Der Türstock des Haupteingangs ist oft mit Mangoblättern und Blumen geschmückt. Im Haus ist eine besondere Nische, ein Regal oder ein Zimmer fürs Gebet reserviert. Hier sind die Gottheiten der Familie dargestellt, denen jeden Tag mit Blumen, Weihrauch oder Öllampen Ehrerbietung erwiesen wird. Früher waren die Götterdarstellungen entweder Skulpturen aus Metall (Bronze oder Silber), Holz oder Ton, oder gemalte Bilder. Heute enthalten viele Familientempel Kalenderbilder oder Postkarten. Aus dem Bedarf an Bildern für den Hausgebrauch entwickelte sich die Kunstrichtung der Tanjore-Malerei.

Die Bezeichnung „Tanjore-Malerei" ist ein Sammelbegriff für viele Stilrichtungen. Es gibt Bilder aus Karnataka, aus Sholapur in Maharashtra, die auf Holz, Stoff und – nach dessen Einführung im 18. Jahrhundert – auch auf Glas aufgebracht wurden. Diese Kunst wird heute hauptsächlich in Trichy, Kumbakonam, Pudukottai und anderen Regionen Tamil Nadus gepflegt. Traditionelle Bildhauer und Maler fertigten in Auftrag Skulpturen oder Bilder in der vom Kunden gewünschten Größe, Ausführung und Preisklasse. Das konnte etwa ein Krishna als Kind oder als Erwachsener sein, denn jede Phase der Gottheit hat ihre spezifische Bedeutung.

Für eine Tanjore-Variante wird Stoff über ein Stück Holz gespannt. Auf dieser Leinwand wird dann die Hauptgottheit mit Gefährten und Nebenfiguren abgebildet. Skulpturen zeigten den Gott stehend, sitzend oder liegend, auf einer Lotosblüte, einem Thron oder seinem Reittier (*vahana*). Der Hintergrund ist flach und farbig, oft leuchtend rot, und wird mit Mangoblättern, Blumen und (später) Vorhängen ergänzt.

Tanjore-Bild: Krishna, wie er mit den Milchmädchen scherzt.

Den letzten Schliff erhält das Werk durch Reliefarbeiten mit einer Paste aus Leim und Kalk, mit der Schmuckelemente wie Kronen, Ketten, Girlanden, Gürtel, Arm- und Fußreifen und manchmal auch die Randmuster ausgeführt wurden. Darauf klebt der Künstler dann noch Blattgold, oft mit eingestanzten Mustern. Im Tanjore-Gebiet kamen noch ungeschliffene Diamanten, Rubine und Smaragde hinzu, oder – wenn dies der Geldbeutel des Kunden nicht erlaubte – Halbedelsteine oder auch farbige Kunststeine.

Die Farbpalette der Tanjore-Malerei richtete sich nach den vorhandenen Farbstoffen, wobei Rot, Blau, Schwarz und Weiß dominierten. Jede Farbe symbolisierte etwas – wie beim Kathakali-Tanz, wo jede Figur in einer bestimmten Farbe geschminkt wird. Glasmalereien waren preiswerter. Sie zeigten neben den Gottheiten auch oft den Hausherrn. Die Motive sind sehr unterschiedlich, je nach Entstehungszeit: Höfische Szenen, Liebespaare, Kopfbedeckungen und Tanzschuhe, Sofas und Blumenvasen kamen erstmals in späten Werken vor, von denen es nur ein Schritt war bis hin zu den lebendigen Kalenderbildern, dem Kitsch und dem Plastikramsch, der heute den Markt überschwemmt.

Die Tanjore-Malerei wurden von dem Maratha-Herrscher von Thanjavur, Serfoji, gefördert und geprägt. Auch mit Elfenbein und Glas wurde gearbeitet. Ein interessantes Detail an der Tanjore-Malerei ist, daß der Gott Krishna, der sonst mit blauer oder schwarzer Haut dargestellt wird, immer in hellen Farben oder Weiß erscheint. Häufigstes Thema der Malerei ist *Balakrishna*, der Gott als Kleinkind, der immer lausbubenhaft frech oder in Begleitung von Frauen erscheint.

Tanjore-Malerei ist heute wieder sehr gefragt, und Sammler geben viel Geld für neue Bilder oder die Restaurierung alter Meisterwerke aus.

die Einwohner, ihm die Statue nach Thanjavur mitzugeben, wo sie an einem geeigneten Ort öffentlich ausgestellt werden sollte. Dieser Ort war der Eingang zur späteren Kunstgalerie. Der Collector sammelte weitere Statuen aus verfallenden Tempeln und verlassenen Städten, und so entstand die Kunstgalerie. Mit den Jahren wuchs die Sammlung und wurde durch eine separate Bronzesammlung bereichert. Da der Gott Brahma als der Schöpfer des Dreigestirns gilt, liegt es nahe, daß er für die Entstehung der Kunstgalerie verantwortlich sein könnte. Heute beherbergt die Galerie einige der schönsten Skulpturen der Chola-Perdiode, vor allem aus dem 9. bis 14. Jahrhundert, und eine herrliche Sammlung von Chola-Bronzen, darunter ein paar einzigartige Darstellungen Shivas als Nataraja.

Zu den Skulpturen gehören freistehende Statuen (viele aus dem bereits erwähnten Tempel in Darasuram) und ganze Gruppen. Eine der schönsten Kompositionen zeigt Shiva als gutaussehenden Bettelmönch, dem die keuschen Frauen mehrerer *rishis* verfallen. Die Frauen der *rishis* hatte die asketische Lebensweise ihrer Männer hochmütig gemacht, und Shiva wollte sie ernüchtern. Es ist beeindruckend, wie der Künstler mit einem so einfachen Werkzeug wie dem Meißel soviele zarte Nuancen von Liebe und Begehren auf die Gesichter der Frauen zaubern konnte.

Die jüngste Ergänzung der Kunstgalerie ist das **Rajaraja-Museum,** das Chola-Kunstwerke beherbergt, von denen viele am Standort des Palastes von Rajendra Chola in Gangaikondacholapuram ausgegraben wurden. Es befinden sich darunter Münzen, Terrakotta-Gegenstände, verzierte Muscheln und Metallgefäße und Maße.

Die **Saraswathi-Mahal-Bibliothek** ist in einem anderen Flügel des Palastes untergebracht. Die Maratha-Herrscher Thanjavurs im 17. und 18. Jahrhundert waren aufgeklärte Monarchen, die Kunst und Kultur förderten. Der größte Herrscher, König Serfoji, gründete die Bibliothek. Er war ein engagierter und grenzenlos neugieriger Intellektueller

Links: Veena-Spieler. Unten: Büßer mit durchstochener Zunge und Feueropfer beim Murugan-Festival in Tanjore.

und sammelte nicht nur Manuskripte und Illustrationen, sondern auch Bücher in vielen europäischen Sprachen. Zu der Sammlung gehören über 40 000 Werke, darunter seltene Kunstbücher und wissenschaftliche Schriften – viele auf Palmblättern. Serfojis Berater und Vertrauter war ein Missionar namens Schwarz. Die Kirche, die 1779 für den Priester im Osten des Palastes erbaut wurde, ist heute noch in Gebrauch.

Thanjavur ist klein und schnell besichtigt. Eine gute Zeit für einen Besuch ist der Januar, wenn man die Fahrt hierher mit einem Abstecher zu dem jährlichen Musikfestival zu Ehren des heiligen Komponisten Thyagaraja im elf Kilometer entfernten **Thiruvayaru** verbinden kann.

Vor der Weiterreise nach Thiruchirapalli sollten Sie einen Umweg über **Gangaikondacholapuram** in Erwägung ziehen, das 64 Kilometer von Thanjavur entfernt ist. Der lange Name bedeutet „Stadt des Königs, der Ganga [den Ganges] eroberte" und erinnert an den Sieg von Raja Rajas Sohn Rajendra. Er marschierte nach Norden, eroberte viele Gebiete und erreichte schließlich den Ganges. Bei seiner Rückkehr baute er eine Stadt und einen Tempel, der fast dem Großen Tempel von Thanjavur gleichkam. Manche halten die Skulpturen dieses Tempels sogar für kunstvoller als die Thanjavurs. Touristen sollten eine Fahrt hierher als Tagesausflug planen, da es in dem schäbigen Dörfchen, das von der prachtvollen Stadt des elften Jahrhunderts noch übrig ist, keine Übernachtungsmöglichkeiten gibt.

Tiruchirapalli (Trichy) ist eine Auto- oder Zugstunde von Thanjavur entfernt. Hier gibt es einen Flughafen mit Verbindung nach Madras und Madurai. Betuchtere Reisende fliegen vielleicht lieber nach Trichy und erkunden die Gegend von hier aus. Trichy, zeitweilig Hauptstadt der Chola, ist ebenfalls eine Stadt mit Geschichte. Der Ankömmling sieht als erstes die 90 Meter hohe **Felsenfestung,** die die Landschaft beherrscht. Ganz oben, an einem Felsen, der aus bestimmten Blickwinkeln einem Bullen mit erhobe-

Beim Murugan-Festival wird über glühende Kohlen gelaufen.

nem Kopf gleicht, steht ein Ganesha-Tempel, der trotz des anstrengenden Aufstiegs gut besucht wird. Auch ein 100-Säulen-*mandapam* befindet sich hier, das für Konzerte und religiöse Veranstaltungen genutzt wurde. Bemerkenswert ist nicht zuletzt die Aussicht.

Die größte Attraktion Trichys liegt jedoch jenseits des Kaveri, auf der fünf Kilometer entfernten Insel Srirangam. Srirangam ist eine dem Gott Vishnu geweihte Tempelstadt. Er ist im Allerheiligsten als **Ranagatha** dargestellt, auf der fünfköpfigen Schlange Adisesha ruhend. Der Tempel ist eine Stadt für sich: mit mehreren Wohnstraßen – und sogar Einkaufsstraßen – auf seinem 1,6 Quadratkilometer großen Gelände. Srirangam gilt bei Vishnu-Anhängern als einer der heiligsten Tempel. Das alljährliche Winterfest (Dezember-Januar) wird von Tausenden besucht. Da der Komplex im Laufe von Jahrhunderten entstand, wirkt er recht chaotisch. Die von verfallenen Granitwällen mit 21 Ziertürmen (ohne besonderen Wert) umgebene Anlage stellt den unvorbereiteten Besucher vor Orientierungsprobleme, obwohl er sich fast überall frei bewegen kann. Der Zauber Srirangams liegt darin, daß er ein lebendiger Tempel ist – in mancher Hinsicht sogar lebendiger als der Madurai Meenakshi-Tempel.

Die wichtigsten Merkmale dieses Komplexes sind der Krishna-Schrein, der **Venugopala-Tempel** und die Reiterstatuen. Die *gopi*-Darstellungen (Hirtenmädchen, die den Gott Krishna liebten) des Venugopala-Tempels sind bemerkenswert. Die Gesichter der *gopis* drücken lebhaft die vielen Formen der Liebe aus, ihre Körper sind von ungewöhnlicher Sinnlichkeit. Die Reiterstandbilder, offensichtlich aus der Nayak-Epoche Madurais, sind in monolithische Säulen gemeißelt und so lebensecht, daß man meint, sie könnten sich jeden Moment bewegen. Auf der Rückfahrt nach Trichy können Sie noch den **Siva-Tempel** Jambukeswarams in **Tiruvanaikkaval** besuchen. Das Heiligtum selbst ist nur für Hindus zugänglich. Man darf jedoch das Gelände mit den interessanten Tierskulpturen aus

Blick vom Srirangam-Tempel über die Dächer von Trichy.

dem 16. Jahrhundert besichtigen, die in Wände und Säulen gemeißelt wurden.

Trichy ist ein geschäftiges Industrie-, Handels- und Bildungszentrum. Es hat eine große Christen- und Moslemgemeinde und sehenswerte Kirchen und Moscheen. Die langgezogene, gewundene Stadt ist nicht leicht zu erkunden, doch wer ein Ziel hat, kann sich führen lassen.

Pudukottai liegt 50 Straßenkilometer von Trichy entfernt, abseits der Touristenrouten, doch ist nicht ohne Reize. Bis 1948 war es 30 Jahre lang ein Fürstentum, das seine eigenen höfischen Traditionen entwickelte. Die Rajas waren große Kunstfreunde, so daß Tanz und Musik in dem kleinen Land erblühten. Die Stadt selbst ist weniger interessant. Der Palast ist ein prächtiger Bau, in dem heute jedoch Behörden untergebracht sind. Hauptanziehungspunkt Pudukottais ist das Government-Museum, das trotz seines schäbigen Gebäudes gut sortiert ist.

Die Touristenattraktionen Pudukottais liegen in unterschiedlicher Entfernung außerhalb der Stadt. Ein paar Kilometer vor Pudukottai liegt an der Strecke aus Trichy **Narthamalai,** etwa 1,6 Kilometer rechts ab von der Straße. Hier steht an einem Abhang der **Vijayalaya-Chelesvaram-Tempel,** einer der frühesten Chola-Tempel, erbaut von Vijayalaya, dem ersten Herrscher der Chola-Ära. Der Bau ist klein, doch zeigt er alle Facetten der Tempelarchitektur der Chola, die in Thanjavur und andernorts voll erblühte. Außerdem markiert er den Übergang vom älteren Pallava-Stil zum Chola-Stil.

Nicht weit von Narthamalai, in **Sittannavasel,** liegt eine jainistische Höhle, die aus einem Hügel gegraben wurde und mit Fresken im Stil von Ajanta und Ellora verziert ist. Trotz ihres Alters ist zu erkennen, wie schön die Farben der Blumen, Vögel, Fische und Tiere einst waren.

In einer Entfernung von 30 Kilometern von Pudukottai liegen mehrere kleine Dörfchen wie **Kudimiyamalai, Kunnadarkoil** oder **Kodumbalur,** die alle kleine, doch bemerkenswerte Tempel aus der Zeit der Pallava und Chola beherbergen, ausgestattet mit vielen herrlichen Skulpturen.

***Gopurams* des Tempels von Trichy.**

DIE KOROMANDELKÜSTE

Indiens historische Koromandelküste erstreckte sich einst von Ganjam in Orissa, dem Königreich der Kalinga, bis nach Point Calimere (Kodikkarai) im Lande der Chola. Die East India Company und das Zeitalter des Empire verkürzten sie auf etwa die Hälfte der Küste des heutigen Tamil Nadu und fügten hinzu, was die Portugiesen einst „Fischereiküste“ nannten.

Kein Gestade Indiens ist faszinierender als dieser 900 Kilometer lange Küstenstreifen, der nördlich von Madras beginnt und bis nach Land's End in Kanniyakumari reicht. Irgendwann soll der geplante East Coast Highway seine Strände und sein reiches kulturelles, historisches und natürliches Erbe dem Chartertourismus öffnen. Gegenwärtig ist die Fahrt zu den Stätten an der Küste und in ihrem unmittelbaren Hinterland immer noch ein Abenteuer. Wer bereit ist, einmal auf Komfort zu verzichten, sollte Orte abseits der Küste in sein Programm aufnehmen. Sie sind oft die interessanteren.

Wer heute die Koromandelküste bereist, kann mit einem Trip ins nördlich von Madras gelegene **Durgarayapatnam** beginnen, einem alten Hafen am Nordende des Pulicat-Sees, den Francis Day, der Gründer von Madras, als Armagaon kannte. Es war während seiner Zeit als Agent hier, daß Day weiter im Süden der Küste einen geeigneteren Handelsplatz zu suchen begann. Auf der anderen Seeseite, gegenüber den Resten der frühen Britensiedlung und ihrem obligatorischen Friedhof, liegen die besser erhaltenen Ruinen und Grabsteine von Fort Geldria, das die Holländer 1609 in **Pulicat** gründeten.

Der friedliche Pulicat-See und seine Ausläufer sowie die südlichen und nördlichen Abschnitte des **Buckingham-Kanals** sind für Bootssport, Fischen und Picknicks geeignet. Die 650 Kanalkilometer verbinden Kakinada in Andhra Pradesh mit Markanam in Tamil Nadu. Früher waren sie auf ganzer Länge schiffbar, heute sind aufgrund der hohen Instandhaltungskosten nur Teile befahrbar. Eine solche Schiffsroute führt vom Norden von Madras in die Reisstadt Nellore in Andhra Pradesh. Die gemächliche 200 Kilometer-Bootsreise ist nur etwas für Wagemutige und Geduldige.

An der Straße nach Madras liegt das alte Dorf **Tiruvottiyur** mit mehreren Tempeln, die bis ins achte und neunte Jahrhundert zurückreichen. Darunter ist der **Aadipureswarar-Tempel,** ein herrliches Beispiel für Chola-Architektur. Madras und die Herrlichkeiten Mahabalipurams wurden bereits beschrieben. Daher wenden wir uns jetzt nach Süden zur Erkundung Cholamandalams, dem Abschnitt der Koromandelküste, an dem die Chola herrschten.

Südlich von Mahabalipuram liegt **Sadras,** die Ruine eines Holländerforts aus dem frühen 18. Jahrhundert, wo man geschützt picknicken und an schönen, menschenleeren Stränden sonnenbaden kann. Wie in Mahabalipuram ist Baden außerhalb der Monsunregenzeit relativ ungefährlich. Man muß aber

Links: Wachende Geister an einem ländlichen Schrein. Rechts: Salzbecken an der Koromandelküste.

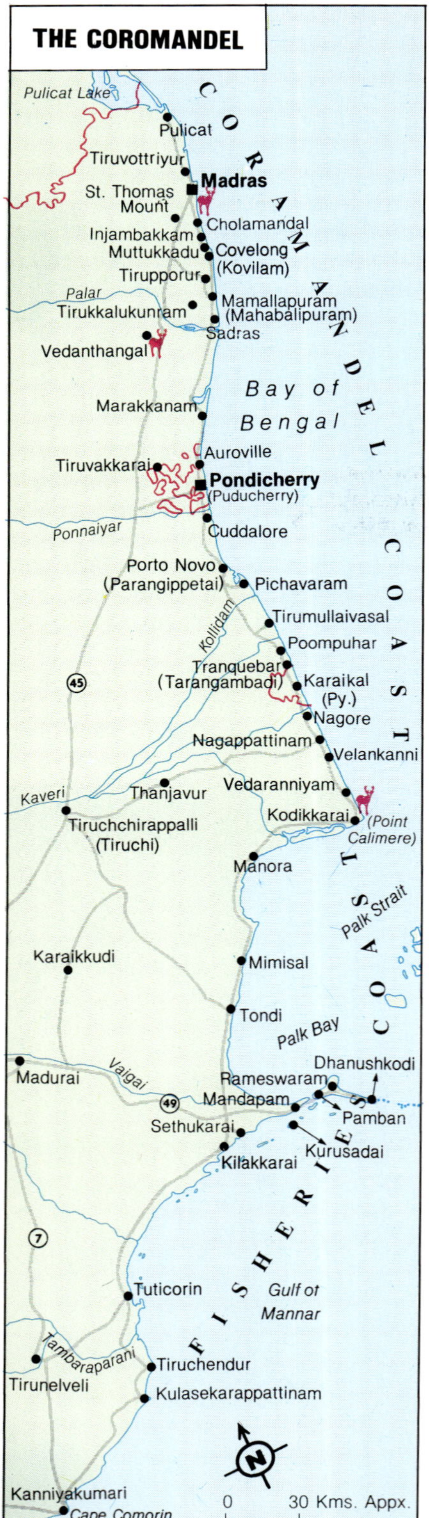

wissen, daß es hier keine Rettungsschwimmer gibt – man badet also auf eigene Gefahr. Sadras oder Sadraspatnam, wie der alte Hafen richtig heißt, gehört zu einer Nuklearanlage, doch auf Anfrage erhält man Pässe dafür.

Die schlechten Straßen erzwingen einen kurzen, doch lohnenswerten Umweg über **Vedanthangal,** das landeinwärts gleich westlich des National Highway 45 liegt und eines der schönsten Vogelschutzgebiete Südindiens ist. Von Oktober bis März, vor allem im Dezember und Januar nach den großen Regen sind die Bäume des 30 Hektar großen Feuchtgebietes voller Vögel und Nester. Über 100 000 Zugvögel kommen jedes Jahr hierher, manche bis aus Sibirien.

Weiter südlich, ebenfalls westlich des NH-45, liegt das 700 Jahre alte **Gingee-Fort,** eine der faszinierendsten Militäranlagen des Südens, deren Zinnen sich über drei Hügel erstrecken. Es ist eine Vijayanagara-Festung, die Maratha, Mughal, Arcot und Franzosen im Laufe der kriegerischen Jahre erweiterten. Innerhalb ihrer Mauern liegen mehrere reich verzierte Tempel, ein Palast, ein Harem, eine Moschee, ein Audienzsaal, eine Sporthalle und ein Kornspeicher. Sie hatte ein interessantes System von Wasserspeichern und -leitungen, dessen Überreste noch sichtbar sind. Über all das erhebt sich Rajagiri, ein steiler, 150 Meter hoher Hügel, „den die Natur sicher und menschliche Kunst uneinnehmbar gemacht hatte".

Über die Tindivnam-Kreuzung des NH-45 gelangt man nach Cholamandal im Osten. Kurz bevor Sie die Küste erreichen, können Sie 20 Millionen Jahre zurück ins Miozän reisen – im kleinen Fossilienpark von **Thiruvakkarai,** wo riesige Stämme ausgestellt sind, die auf einen Hammerschlag hin wie Metall klingen. Abgeschlagene Holzspäne versinken im Wasser. Die Hänge der nahegelegenen Schlucht bedecken ähnliche Stämme, Überbleibsel einer Zeit, als die heute nahezu kahlen Western Ghats noch ein Bergzug mit mächtigen Bäumen waren. In der Nähe befinden sich prähistorische Grabstätten. Auch Pondicherry und Auroville, an anderer Stelle näher beschrieben, sind nicht weit.

Ein weiterer schöner Strand ist der von Tegnapatnam, **Cuddalore,** einst von Fort St. David bewacht. Elihu Yale, Gouverneur des Forts, benannte es zugleich nach seinem Sohn, den er so jung in Madras begrub, und nach dem Patron seiner walisischen Heimat. Von der wichtigen Festung, die es den Briten ermöglichte, den Franzosen im 18. Jahrhundert Madras abzuringen und das Indische Empire zu gründen, ist wenig übrig. Hier erlernte Clive die Kriegskunst. In seinem damaligen Haus ist heute das Collectorate. Auf den Mauern von Fort St. David hat das 200 Jahre alte Unternehmen Parry & Co. aus Madras Bungalows gebaut.

Parrys Bauten im Ort Cuddalore beherbergten im frühen 18. Jahrhundert die Gouverneur-Stellvertreter der East India Company – im **Factory House.** Die Christ Church nebenan wurde 1767 geweiht und ist in jeder Hinsicht eine „Company Church". Hier liegt Thomas Parry begraben, einer der Begründer modernen Handels in Indien. Nicht weit von Cuddalore liegt landeinwärts **Nellikkuppam,** wo Parrys Zuckermühle liegt, eine der ältesten des Landes. Seine Club- und Privaträume vermitteln einen Eindruck von der alten britischen Institution der „Company-Stadt". Erkundigen Sie sich bei Parry's in Madras nach der großen Tour durch Cuddalore und Umgebung. Dort ist man so stolz auf das geschäftliche Erbe, daß man Ihnen gerne weiterhelfen wird.

Parry's gab es früher auch in **Porto Novo** weiter südlich, das einer der schönsten portugiesischen Häfen an der Ostküste war. Überreste der Festung sind noch zu erkennen. Hier befindet sich auch eine der besten meeresbiologischen Forschungsstationen des Landes, die der Annamalai-Universität in der nahen Tempel- und Universitätsstadt Chidambaram angegliedert ist.

Porto Novo bietet Bootssportmöglichkeiten, doch noch besser aufgehoben sind Anhänger dieser Sportart im benachbarten **Pichavaram.** Die dortigen Gewässer säumen die schönsten Mangrovenwälder Indiens. Sie bieten zahllose, geschützte Bootsstrecken, un-

Rajgiri von der Gingee-Zitadelle aus.

ter deren Blätterdach auch der Vogelfreund auf seine Kosten kommt.

Das Land von hier bis Point Calimere ist das Kernland des Chola-Reiches. Hier stehen die schönsten Tempel Indiens. Fast jedes Dorf verfügt über einen prächtigen Schrein. Die Tempel Chidambarams, Thanjavurs und des übrigen Cholanadus wurden bereits ausführlich beschrieben. An der Küste vermittelt der prächtige Tempel von **Tirumullaivasal** einen Vorgeschmack auf die Herrlichkeiten des Hinterlandes.

Der Reisende betritt hier die Reiskammer Tamil Nadus, das Delta des heiligen Kaveri. Hier, vor grünschimmernden Reisfeldern und Kokos- und Mangohainen, liegt an der Küste **Poompuhar,** der einst große Hafen der Chola, der Kaveripoompattinam genannt wurde, „Blume des Kaveri". Von hier verbreitete sich südindische Kultur übers Meer, und hier legten auch die ersten Griechen und Römer an, die diesen Hafen zum ersten internationalen Handelsplatz machten. Ausgrabungen und ein Museum, in dem ein Basrelief die Geschichte ihrer großen Vergangenheit erzählt, erweckten diese Stadt zu neuem Leben, die (wie soviele an der Küste) nach den Chola einschlief und nur durch die ersten Europäer noch einmal kurz erwachte.

Ähnlich ging es Tarangambadi, dem „Dorf der tanzenden Wellen". Der unter dem Namen *Tranquebar* bekannten Dänensiedlung hat Indiens Verlags- und Bildungswesen viel zu verdanken. Die Ruinen des um 1620 von Ove Gedde erbauten Dansborg Forts verfallen. Nicht besser steht es um das Anwesen der Tranquebar Mission, Kirche und Friedhof. Dies war die erste protestantische Mission, die in Indien Fuß faßte, und hier hinterließ Bartholomeus Ziegenbalg Dänemarks wertvollstes Geschenk für Indien – das gedruckte Wort.

Nicht weit von hier liegen nahe beieinander drei Wallfahrtsorte, die die erstaunliche religiöse Toleranz versinnbildlichen, die an der Koromandelküste herrschte. Die Heiligtümer der drei Orte gehören verschiedenen Glaubensrichtungen an, wobei das jeweils bekannteste von Menschen aller Reli-

Diese Felsen markieren das Ende des Festlandes.

gionen aufgesucht wird – am eifrigsten allerdings von den eigenen Anhängern. Karaikkal war einst französisch und gehört heute zu Pondicherry. Hier finden sich Spuren der Franzosen, doch die größte Attraktion ist der **Sanneswarar-Tempel.** Er ist einer der wenigen Saturn geweihten Tempel des Landes und damit eine Rarität. In Nagore, dem Ort der Naga-Bäume, glitzern fünf Minarette und eine goldene Kuppel über dem 500 Jahre alten Grab des weisen Moslems Hazrat Mian Sahib. Hier opfern Hindus ihr Haar, um Buße zu tun, und Anhänger aller Religionen erhoffen sich Wunderheilungen von einem Bad in dem Tempelteich **Peer Kulam.** In der großen Marienkirche von **Velanganni,** deren hoher Turm weithin zu sehen ist, zünden Anhänger aller Glaubensrichtungen Kerzen an und beten zur jungfräulichen Mutter in der Überzeugung, das die Zeiten der Wunder nicht vorüber seien. Hindus, Moslems und Christen durchwandern diesen kleinen Teil Cholamandals jedes Jahr im Vertrauen darauf, daß die göttlichen Wächter dieser Heiligtümer ihre Bitten nicht abweisen werden, welchen Glaubens die Bittsteller auch seien. Es gibt auf der Welt kaum ein besseres Beispiel für die „friedliche Koexistenz" der Religionen.

Vedaranyam kurz vor Point Calimere wird Dakshina Kailasam genannt und ist einer der heiligen Orte der Hindus. Er kommt auch in der Geschichte Ramas vor, als einer der Orte, in denen er sich auf der Rückkehr aus Lanka aufhielt. Archäologen befassen sich mit einem nahen Hügel, wo Fußabdrücke im Fels erhalten sind, die vom Helden der *Ramayana* stammen sollen. Salzbecken erstrecken sich um den Tempel, soweit das Auge reicht. Vor vielen Jahren demonstrierte eine Abordnung des Kongresses hier gegen die Ablehnung der britischen Salzvorschriften. Diesem Marsch, einer Parallele zu Gandhis Dandi-Marsch, mit dem Indiens Satyagraha-Kampagne begann, wird hier gedacht, weshalb der Ort Ziel vieler Pilger ist.

Ein paar Kilometer weiter kommt man ins Schutzgebiet von **Point Calimere.** Im letzten Jahresviertel werden seine

Säulen-verzierte Tempelhalle, Rameswaram.

CHETTINAD

Zwei Autostunden östlich von Madurai und südlich von Tiruchchirappalli liegt das Herz von Chettinad, das Land der Chettiar. Die 78 erhaltenen der ursprünglich 96 Dörfer sind faszinierende Studienobjekte für alle, die sich für Architektur und Handwerk, Glauben und Kultur, Bank- und Finanzwesen, Antiquitäten und Schmuck oder Komfort und Küche dieser Menschen interessieren.

Das alte Kaufmannsgeschlecht der Chettiar war im 19. Jahrhundert als die Bankiers von Südindien bekannt. Ihren Ruf in finanziellen Dingen und ihren Reichtum erwarben sie allerdings im Ausland, in Burma, Sri Lanka, Malaysia, Indochina, Singapur und auf dem malaiischen Archipel. Der Gewinn floß aber immer in die Dörfer ihrer Ahnen zurück. Dort, in der verdorrten Buschwildnis, bauten sie Häuser, die in Indien ihresgleichen suchen. Auch waren die Chettiar weithin für ihre Gastfreundschaft bekannt.

Dem reisenden Neuankömmling kommen die gewaltigen Anwesen vor wie riesige Trugbilder, die sich aus dem aufgewirbelten Staub erheben. Noch größer wird die Überraschung bei ihrer Besichtigung. In jedem Haus gibt es zahllose Säulen aus Teak, Satinholz oder schimmerndem schwarzen Granit und Türen aus massivem Teakholz mit kunstvollem Schnitzwerk. Die Fußböden bestehen überwiegend aus italienischem Marmor. Die Wände sind strahlend weiß. Durch eine besondere Behandlung fühlen sie sich samtig weich an. Kalk, Eiweiß, gemahlene Muschelschalen und eine harte Frucht namens *myrobalan* werden zu einer Paste vermischt, die diesen Effekt erbringt. Auch die Schnitzarbeiten, v. a. an den Türen, sind von erlesener Qualität. Kronleuchter, Einrichtung und Gemälde, die eines Palastes würdig wären, setzen den verlassenen Residenzen die Krone auf.

Schon fast hundert Jahre vor der Unabhängigkeit verfügten diese Häuser über Küchengeräte aus Messing und Edelstahl, Schränke, Matratzen und Kissen und alles, was man im Haushalt so brauchte, und zwar in Mengen, die für eine ganze Armee gereicht hätten. In Tresoren wurden Silber und Schmuck aus Gold, Diamanten, Rubinen, Smaragden und Perlen verwahrt, auf die jeder König stolz gewesen wäre.

So war es vom Ende des 19. Jahrhunderts bis zur Unabhängigkeit. Die Veränderungen, die in Indien vonstatten gingen, brachten auch den Ländern die Unabhängigkeit, in denen die Chettiar ihr Geld verdient hatten. Der neue Nationalismus hatte den Exodus der Chettiar zur Folge – sie mußten nach Hause zurückkehren, in eine unsichere Zukunft, in der sie nur auf ihre materiellen Besitztümer zurückgreifen konnten.

Die Chettiar sind jedoch zäh und tüchtig. Sie verlegten sich aufs Bankgeschäft – den traditionellen Weg, sich den Lebensunterhalt zu verdienen – und wurden erfolgreiche Bankiers und Unternehmer. Doch das Geld reichte nicht mehr für den Unterhalt der kostspieligen Anwesen. Heute sind die meisten Chettiar-Dörfer verlassen, viele der Häuser niedergerissen, und von den übrigen stehen die meisten leer, nur noch ein Schatten ihrer früheren Pracht. Um zu überleben, mußte so manche Chettiar-Familie nach und nach den Familienbesitz veräußern, der oft ins Ausland wanderte. In den Antiquitätengeschäften der Seitenstraßen Karaikkudis, des größten Chettiar-Dorfes, findet man auch heute noch vereinzelt Kunstschätze aus diesen Häusern, v. a. Möbelstücke aus feinem Burma-Teak.

Beim Anblick der verfallenden Prunkbauten denkt man an die Unsummen, die sie verschlungen haben müssen, und bewundert die Leistung der Dorfhandwerker, die sie schufen. Wer das Glück hat, einer Chettiar-Hochzeit beizuwohnen – eine Feier, die einst eine Woche dauerte, heute nur noch einen Tag –, fragt sich, wie die umständehalber eingeschränkte Gastfreundschaft der Chettiar ausgesehen haben muß, bevor sie verarmten.

Ein weiteres Erbe der Chettinad-Kultur ist eine erlesene Kochkunst. Weit über die Grenzen des ehemaligen Fürstentums hinaus sind die Rezepte bei Liebhabern ungewöhnlicher Gewürze und scharf gewürzten Fleisches begehrt. ■

200 Quadratkilometer salziges Marschland zum Zielort von Scharen von Zugvögeln. Doch sie alle kommen nicht an die 30 000 bis 50 000 Flamingos heran, die plötzlich den Sumpf bevölkern und ihn in ein weißrosa Meer mit schwarzen Flecken verwandeln. Es ist ein Anblick für Götter, quasi die Krönung dieser Küste, ihrer prachtvollen Schöpfung.

Hinter Point Calimere beginnt der Bogen der Palk Bay. An dieser Küste, deren Wasser friedlicher sind als die Koromandels, liegen die Häfen, über die Gastarbeiter aus Indien nach Sri Lanka gelangten: Athirampattinam, Thondi und Devipattinam. Letzterer wird auch in den Rama-Legenden erwähnt. Bei Devipattinams Tempel stehen neun steinerne Pfeiler im Meer. Hier soll Rama zu den neun Planeten gebetet haben. Wo die Bucht in die Palkstraße übergeht liegt **Mandapam,** ein großes Meeresforschungszentrum. Die touristische Erschließung der Inseln vor Mandapams Küste sowie die Einrichtung eines Meeresparkes sind im Gespräch.

Über eine Brücke erreicht man von Mandapam aus die heilige Insel **Rameswaram,** eine der heiligsten Stätten der Hindus. Sie steht mehrfach in Zusammenhang mit dem Helden der *Ramayana*. So sollen die beiden *lingams* im Heiligtum des herrlich verzierten **Rathnaswamy-Tempels** von Rama selbst hier plaziert worden sein. Die Fertigstellung des Tempels, so heißt es, nahm 350 Jahre in Anspruch. Seine Krönung ist ein 1220 Meter langer Säulengang, der das Hauptgeviert umgibt.

Der **Kothandramar-Tempel** auf der Insel, mit Bronzen von Helden und Heldinnen der *Ramayana,* und **Gandhamadhanam Hill,** wo Ramas Fußabdruck von Hanumans Sprung nach Lanka aufbewahrt wird, sind weitere Pilgerziele Rameswarams. Die größten Attraktionen dieser Sonneninsel sind für Besucher aus dem Ausland jedoch der ehrfurchtgebietende Tempel und die schönsten unberührten Strände der Welt.

Rameswaram ist vom Festland aus per Straße oder Schiene zu erreichen. Von der Brücke aus sieht man riesige Felsen

Links: Verlassenes Herrenhaus, Chettinad. Unten: Der Vivekananda-Felsen, wo drei Meere aufeinandertreffen.

im Meer liegen. Sie sind die Fortsetzung der „Adamsbrücke“, der sagenumwobenen Landverbindung zwischen Indien und Sri Lanka. Früher fuhren Fähren zwischen Rameswaram und Talaimannar, die nun auf günstigere Zeiten und ihre Wiederbelebung warten.

Am Festland südlich von Mandapam erstreckt sich die „Fischereiküste“. Hier wetteifern die Fischerdörfer um die größte Kirche mit dem höchsten Turm. Aus diesen Dörfern kommen die Taucher, die den Golf von Mannar schon zu Zeiten der Römer durch die Perlenfischerei berühmt machten.

Heute sind Häfen wie Kilakkarai und Sethukarai fast verlassen, während **Tuticorin** (tamilisch: *Thoothukudi*) wieder auflebte. Sein Hafen ist einer der modernsten Indiens und trug viel zur Industrialisierung des Hinterlandes bei. Immer noch betreibt Tuticorin Perlenfischerei, wenn auch in kleinem Rahmen. Sie wirft nicht viel ab, erhält aber die Tauchertradition. Viele Jungen aus Tuticorin führen dem Besucher für eine kleine Gegenleistung ihre Tauchkünste vor.

Südlich von Tuticorin liegt, auf einer Klippe, die steil ins Meer abfällt, der Küstentempel von **Tiruchendur.** Der Tempel, eine der sechs Behausungen Murugas, ist über 1000 Jahre alt. Nur wenige Tempel Indiens liegen schöner, und noch weniger sind baulich reizvoller. Nicht weit von Tiruchendur liegen andere bekannte Tempelstädte, wie Alwar Thirunagiri oder Sri Vaikundam.

Schließlich gelangt man zum Cape Comorin, wo drei Meere aufeinandertreffen und der Küstentempel der jungfräulichen Göttin Kanniyakumari steht, ein Hindu-Heiligtum. Alle, die im Ganges baden und in Varanasi beten, müssen auch in den Wassern von **Kanniyakumari** baden, um ihre Wallfahrt zu vervollständigen. Der Tempel ist ein herrlicher Bau und die Göttin im Allerheiligsten von seltener Schönheit.

Kanniyakumari hat auch bedeutende Denkmale. Das **Gandhi Mandapam** im Kalinga-Stil erinnert an das Eintauchen der Asche Mahatma Gandhis, des Vaters der Nation, in die Wasser vor dem Tempel. In der großen Halle steht eine

Kanniyakumari: „Church of Our Lady of Ransom“, der Schutzpatronin der Fischer.

Mahatma-Statue, über deren Kopf eine Öffnung im Dach ist, durch die an seinem Geburtstag, dem 2. Oktober, ein Sonnenstrahl auf seine Stirn fällt, der das Licht der Freiheit symbolisiert. Das andere Denkmal, Swami Vivekananda gewidmet, steht 200 Meter von der Küste auf dem Felsen, wo er 1892 meditierte, bevor er die Botschaft der Vedanta, die Hindu-Philosophie, nach Westen trug.

Die Kirche Our Lady of Joy, die Francis Xavier um 1540 gründete, die Strände mit ihrem berühmten Sand und den siebenfarbigen Felsen, Sonnenauf- und -untergänge und Vollmondnächte gehören zu den Erlebnissen, die ein Besucher haben kann, wenn er sich entschließt, Kanniyakumari etwas mehr Zeit zu widmen als geplant.

Nicht weit von Kanniyakumari, dem südlichsten Punkt des indischen Festlandes, an dem kleinen Abschnitt der Westküste, der zu Tamil Nadu gehört, gibt es ein, zwei Orte, deren Besuch lohnt. Der Tempel in **Suchindram** beherbergt herrliche Beispiele für die Tempel- und Bildhauerkunst der Region. Die Tänzerinnen pflegen ihre Kunst nicht unbedingt zu Ehren der Götter, doch die Musik, zu der sie tanzten, schlug sich nieder in den Musiksäulen, die im Nordgang aus ganzen Granitblöcken gearbeitet wurden. Durch die Bedienung zylindrischer Stäbe an den Säulen erzeugt jede einen anderen Ton.

Nagercoil mit mehreren Tempeln und Kirchen und der einladende Strand von **Colachel,** über dem das Circular Fort ragt, sind Etappen auf der Strecke nach **Padmanabhapuram,** Tamil Nadus Erbe von Kerala. Eine Festungsanlage und ein pagodenähnlicher Palast sind die Attraktionen dieser Kleinstadt, wo die Maharajas von Travancore Ferien machten. Das Palastmuseum verfügt über eine schöne Sammlung von Wandmalereien, Skulpturen und heilkräftigen Hölzern. Es ist umgeben von üppiger Tropenvegetation, die mit den Feldern und Hainen des Kaveri-Deltas und der trockenen Küstenregion kontrastiert. Padmanabhapuram schließlich zeigt die vielen Gesichter der Küste Tamil Nadus auf einmal.

Dorfgötter vertreiben böse Geister.

PANAMA

Madurai

„Zauberhafte Stadt", „Tempelstadt", „Stadt der Feste" – dies sind die bekannteren Beinamen Madurais, der ehrwürdigen, sagenumwobenen Stadt, deren Geschichte in vorchristliche Zeit zurückreicht. Ihre Gründung gilt als heilig: Ein früher Pandya-König, dem berichtet wurde, himmlische Wesen kämen zur Erde, um in einem bestimmten Teich zu baden und Shiva anzubeten, ließ dort einen Tempel mit einem *lingam* errichten. Um diesen Tempel herum entstand eine Stadt. Als sie getauft werden sollte, erschien Shiva und segnete die Menschen. Nektartropfen fielen von seinen Locken auf die Stadt, die danach Madhurapuri genannt wurde – „Stadt des Nektars".

Madurai war bis ins 10. Jahrhundert Hauptstadt des Pandya-Reiches. Es war Umschlagplatz für Waren und Handelszentrum mit Beziehungen zu vielen Ländern, darunter China, Griechenland und Rom. Schon Megasthenes' Schriften aus dem dritten Jahrhundert v. Chr. bezeugen Madurais Größe und Reichtum, was 1500 Jahre später von Marco Polo bestätigt wurde. Bis zur Eroberung durch die Chola blühte Madurai unter den Pandya-Königen. Zwar gelangten die Pandya im 13. Jahrhundert wieder an die Macht, doch nur, um ihr Königreich an die Horden von Allauddin Khilji, den Sultan von Delhi, zu verlieren. Die Vijayanagara, die ihr großes Reich von Gouverneuren verwalten ließen (den Nayaks), beendeten dann die Herrschaft der Moslems. Die Nayaks übernahmen mit der Zeit die Herrschaft und ließen unter anderem den herrlichen Tempel errichten. Sie regierten bis in die Mitte des 18. Jahrhunderts, als sie von den Briten abgelöst wurden.

Trotz der Wechselfälle des Lebens ist Madurai eine große Stadt geblieben, deren Tempel Pilger aus ganz Indien anzieht. Die tamilische Literaturtradition Madurais stammt aus vorchristlicher Zeit. Seine Akademien (Tamil Sangams) sind das Herz tamilischer Kultur. Der Tempel von Madurai symbolisiert in gewisser Hinsicht alles, was einen Tamilen ausmacht. Sogar heute noch, wo die Stadt über eine Million Einwohner hat, ist der Tempel in Madurai allgegenwärtig.

Gläubige, die während des alljährlichen Festes ihre heilige Last durch die Straßen Madurais schleppen.

Der **Meenakshi-Sundareswarar-Tempel** (im Volksmund Meenakshi-Tempel genannt) im Herzen Madurais ist der wohl größte Tempel des Landes, was die Fläche und auch Gebäudezahl einer einzelnen Anlage betrifft. Das Tempelgelände ist fast quadratisch (mit Außenmaßen von 245 mal 228 Metern) und beinhaltet zahlreiche Schreine, Hallen und Kolonnaden. Angeblich sollen hier insgesamt 33 Millionen Skulpturen stehen. Diese Zahl mag übertrieben sein, doch zweifelsohne sind es genug, um einen Besucher tagelang zu beschäftigen. Die Hauptgottheit dieses Tempels ist nicht Shiva, sondern seine Gefährtin Meenakshi. Obwohl der Tempel ursprünglich um ein *lingam* herum errichtet wurde, das Indra, König der Götter, in dieser Gegend gefunden haben soll, wurde er Meenakshi geweiht, der Tochter eines Pandya-Königs, die Shiva umwarb und gewann. (Meenakshi und Sundareswarar sind Bezeichnungen für Shakti und Shiva).

Zunächst fallen die vier Türme an den Ecken des Tempelbereiches auf, die zwischen 43 und 49 Meter hoch sind. Innerhalb der Tempelanlage befinden sich weitere Türme, doch die vier *gopurams* an den Ecken stellen sie alle in den Schatten. Sie sind an sich Zugänge zum Tempel oder besser gesagt: Sie erheben sich über den 18 Meter hohen Tempeltoren. Jedes *gopuram* zieren zahllose Skulpturen von Göttern und Göttinnen, Menschen, Tieren und Vögeln. Der höchste der Türme ist der Südturm, den man gegen eine kleine Gebühr besteigen kann. Den Besucher erwarten hier schmutzige Stufen und Fledermäuse, doch die herrliche Aussicht entschädigt für alles.

Vor rund 30 Jahren wurden die Türme renoviert und einige alte Skulpturen durch neue ersetzt. Alles wurde fröhlich – oder besser grell – bemalt, wie es in alten Zeiten üblich war. Viele mokierten sich über das ihrem Empfinden nach vulgäre Ergebnis, doch mit der Zeit blieb eine mildernde Wirkung nicht aus. Im Laufe der Jahre verblaßten die Skulpturen und wurden so schön, wie die alten gewesen sein müssen. Es sollte noch erwähnt werden, daß die Skulpturen ohne Fernglas aus einer Entfernung von knapp 20 Metern betrachtet werden.

Die Skulpturen im Tempelinneren liegen dagegen größtenteils in Augenhöhe. Üblicherweise betritt man einen Tempel von Osten her, doch der Osteingang des Meenakshi-Tempels mit seinem herrlichen Turm ist immer geschlossen – obwohl er der älteste ist. Vor mehreren hundert Jahren beging ein Tempeldiener Selbstmord, indem er sich von der Spitze des *gopuram* stürzte. Seither betreten Besucher den Tempel durch ein Nebentor ohne Turm. Dieses führt in das **Ashta Shakti mandapam,** eine Halle mit Säulen, die die verschiedenen Gesichter der Göttin Shakti darstellen sowie einige der insgesamt 64 Wunder, die Shiva in Madurai vollbrachte. Die Halle säumen Verkaufsstände mit einer großen Auswahl an Devotionalien. An diese Halle grenzt das **Meenakshi Nayakkar mandapam,** wegen seiner 110 Säulen mit *yali*-Bildnissen, die an den Vogel Greif erinnern, auch **Yali mandapam** genannt. Der Votivleuchter dieser Halle hat 1008 Leuchten, die bei festlichen Anlässen entzündet werden und ein spektakuläres Bild abgeben.

Das **Chita gopuram,** das an das Yali *mandapam* angrenzt, ist der höchste Turm innerhalb des Tempels. Er ist siebenstöckig, mit Bildhauerarbeiten bedeckt und führt in eine Passage mit einer Darstellung Shivas als Bettelmönch. Als nächstes gelangt man zum **Potramaraikulam** („Wasser der Goldenen Lotosblüten"), das ein herrlicher Säulengang umgibt. Dieser ist rundherum mit Skulpturen und Gemälden geschmückt, die größtenteils tamilische Dichter oder Dichtungen und die verschiedenen Ansichten des Tempels zeigen. Von dem Säulengang führen Stufen zu dem Teich hinab, in dem der Gott Indra gebadet haben soll. Das ganze Jahr über baden hier Gläubige.

Die berühmten *gopurams* des Meenakshi-Tempels in Madurai.

Vorbei an **Rani Mangammal mandapam** und **Oonjal mandapam** – sogenannt wegen seiner Schaukel (*oonjal*), auf der jeden Freitag goldene Bildnisse Shivas und Meenakshis zum Hymnengesang der Priester geschaukelt werden – gelangt der Besucher ins **Kilikkoondu mandapam** („Papageienkäfighalle"), wo nicht nur Papageienkäfige stehen, sondern auch riesige, monolithische Säulen, von denen jede eine Figur aus Mythen oder Epen darstellt. Der dreistöckige Turm im Westen dieser Halle führt zum Schrein der Göttin, den nur Hindus betreten dürfen. Der Schrein besteht aus zwei konzentrischen Gängen und mehreren Hallen und Galerien. Das Bild der Meenakshi befindet sich im Allerheiligsten.

Ein Turm im Norden des Papageienkäfig-*mandapam* führt zum Schrein **Sundareswarars.** Hier begegnet dem Besucher zunächst eine gigantische Monolithfigur des Elefantengottes Ganesha, die vermutlich beim Ausheben des Mariamman Teppakulam entdeckt wurde. Der bedeutendste Teil des Schreins ist das **Kambattadi mandapam** um den Fahnenmast vor dem Allerheiligsten. Es ist ohnehin schwer, bei der Beschreibung des Madurai-Tempels nicht in Superlativen zu schwelgen, doch die Versuchung wird bei der Betrachtung der prächtigen, monolithischen Säulenskulpturen dieser Halle besonders groß. Die schönste zeigt den Gott Vishnu, wie er seine Schwester Meenakshi Sundareswarar zur Frau gibt. Zwei weitere herausragende Skulpturen zeigen Shiva in Tanzpose und Parvati als Kali (Mutter der Erde). Hinter diesem *mandapam* markiert ein dreistöckiger Turm den Eingang zum Allerheiligsten Sundareswarars. Auch hier ist der Zutritt nur für Hindus gestattet.

Das **Ayirakkal mandapam** – die 1000-Säulen-Halle – im Osten des Allerheiligsten ist eine der großen Attraktionen des Tempels. Tatsächlich stehen hier 985 Säulen und zahllose Skulpturen von Göttern, Göttinnen und Menschen. Die Halle dient heute als Museum für Bronzen und andere Kunstge-

Das Floßfestival von Madurai.

genstände, wie Gemälde und Fotografien, die tamilische Kultur und Architektur und ausgewählte Episoden aus Sagen und Legenden beschreiben.

Der Meenakshi-Tempel ist kein Museum, sondern ein Gotteshaus mit aktivem Tempelleben. Gläubige beten mehrmals am Tag an seinen zahlreichen Schreinen. Hier herrscht stets eine festliche Atmosphäre – nicht zuletzt, weil wenigstens einmal im Monat ein Fest stattfindet. Das bedeutendste darunter ist das **Chitra-Festival** (April-Mai) zum Gedenken an die Hochzeit von Meenakshi und Sundareswarar. Zu diesem Anlaß versammeln sich über 100 000 Gläubige aus ganz Indien. Lebendig macht diesen Tempel auch der Umstand, daß auf seinem Gelände Menschen leben. Es finden Hochzeiten statt, es wird gelehrt, die Menschen essen und schlafen hier und betreiben die vielen Läden.

Durch das Osttor gelangt man zu einem weiteren architektonischen Wunderwerk, dem **Pudhu mandapam** („Neue Halle"). Der große, rechteckige Saal wird von 124 verzierten, sechs Meter hohen Säulen getragen. Diese sind kunstvoll bearbeitet, und nicht zwei davon gleichen sich. Während des Chitra-Festivals werden hier die Bildnisse Meenakshis und Sundareswarars aufbewahrt. Leider ist das Pudhu-*mandapam* mit Ausnahme der Festtage voller Verkaufsstände, die den Blick auf die Skulpturen im Inneren verstellen. Ein unvollendeter Turm östlich des Pudhu-*mandapam*, ein ehrgeiziges Projekt mit unteren Abmessungen von 64 mal 36 Metern, ist eine weitere Hinterlassenschaft der Nayak-Baumeister.

Es gibt aber noch mehr sehenswerte Tempel in Madurai. **Koodal Alagar,** der Vishnu-Tempel, ist vielleicht ebenso alt wie der Meenakshi-Tempel und hat prachtvoll verzierte Gitterfenster aus Stein.

Ein anderer Vishnu-Tempel ist ebenfalls einen Besuch wert. Es ist der **Kallalagar-Tempel** in Alagarkovil, 20 Kilometer westlich von Madurai. Er liegt auf einem Hügel im Wald und besitzt Skulpturen, die die verschiede-

Unten und rechts: Details des Thirumalay-Nayak-Palastes.

nen Inkarnationen Vishnus darstellen. Von hier aus soll Vishnu über den Fluß Vaigai zum Tempel nach Madurai gereist sein, um seine Schwester Meenakshi Sundareswarar zur Frau zu geben.

Der Prunk der Nayak-Herrschaft in Madurai wird deutlich beim Anblick des **Palastes von Thirumalai Nayak,** des größten Königs der Nayak-Dynastie. Der Palast hatte ursprünglich eine Grundfläche von 300 mal 213 Metern und bestand aus vielen prächtigen Gemächern und Galerien, umgeben von Gärten, Teichen und Brunnen. Davon existiert nur noch wenig: der große Audienzsaal und ein dreiseitiger Pavillion von 67 mal 33 Metern Größe. Der Hof wird von 18 Meter hohen Säulen von 3,60 Metern Umfang getragen. Die 18 Meter hohe Kuppel stützen weder Sparren noch Träger. All dies zeigt, wie großartig dieser Palast einst war. Von den ursprünglichen Gemächern sind einige erhalten, und in einer der Hallen wurde ein Museum untergebracht. Tonbildschauen zeichnen täglich ein Bild der Nayak-Periode in Madurais Geschichte.

Ein weiteres Nayakar-Erbe ist **Mariamman Teppakulam,** einer der größten und schönsten Teiche des Landes. Er befindet sich in Vandiyur, im Ostteil der Stadt. Beim Aushub von Baumaterial für Palast und Tempel wurde hier der große Ganesha des Meenakshi-Tempels gefunden. Anstatt ein großes Loch zu lassen, ließ Thirumalai Nayak einen Teich anlegen und ein Leitungssystem, über das der Teich vom Vaigai im Norden der Stadt gespeist wurde. Wegen ausbleibender Monsunregen ist er heute die meiste Zeit des Jahres trocken, wird jedoch immer zum Floßfestival gefüllt, einem farbenfrohen Ereignis, bei dem ein geschmücktes und beleuchtetes Floß auf dem friedlichen Teich dümpelt. Inmitten des Teiches befindet sich ein vielstöckiger Pavillion, der per Boot zu erreichen ist.

Heute ist Madurai eine geschäftige und bevölkerungsreiche Industrie- und Handelsstadt. Hier sind Textilindustrie, Autozulieferindustrie und kleinere Unternehmen ansässig. Traditionell ist sie die Stadt der Weber, die immer noch herrliche Seiden- und Baumwollstoffe produzieren.

Sie sollten Madurai nicht verlassen, ohne vorher das **Mahatma Gandhi Memorial** gesehen zu haben, das im Tumkum-Palast in Tallakulam steht, dem Nordostteil der Stadt. Hier geben Bilder und Erinnerungsstücke einen Überblick über Gandhis Leben und Wirken. Auch einige persönliche Besitztümer Gandhis sind hier ausgestellt, doch das bedeutendste Stück ist das Modell der Hütte, in der Gandhi in Sewagram lebte. Es zeigt seine bescheidene Habe, eine Replik seines Bettes und andere Möbel. Der Tumkum-Palast wurde Ende des 17. Jahrhunderts von der großen Nayak-Königin Rani Mangamma erbaut. Er ist ein relativ schlichter, aber würdevoller Bau auf zwei Ebenen, gekrönt von einer Kuppel. Den Palast inmitten gepflegter Gärten umgibt eine Aura von Frieden. Unter der britischen Herrschaft war er als Tumkum Bungalow bekannt, in dem der jeweilige Collector aus Madras residierte.

81

DIE GEBIRGSORTE TAMIL NADUS

Die Ferienorte Tamil Nadus liegen im Gebirge. Diese Tradition geht zurück auf die Zeiten des Raj, als die Briten auf Hochebenen und Bergen Zuflucht suchten vor der Hitze des Flachlandes. Alte Gepflogenheiten sind hartnäckig, und so sind die Gebirgsorte während der „Saison" von Ende März bis Mitte Juni heute fast stärker frequentiert als damals. In den übrigen Monaten ist das Wetter nicht so angenehm, doch wem ein bißchen Nieselregen und hie und da ein Schauer, ein Sonnenstrahl, der in verschiedene Grauschattierungen übergeht, feuchte Morgen und kühle Abende nichts ausmachen, der kann sich hier abseits der Menge in Ruhe erholen.

Vedanthangal liegt südwestlich von Madras und 100 Kilometer westlich davon der heilige Berg Arunachala von **Thiruvannamalai.** Der Bergtempel ist eines der größten Heiligtümer Südindiens. Er bedeckt 10,1 Hektar Bergland und ist durch ein gigantisches Tor mit einem 60 Meter hohen, elfstöckigen *gopuram* zu erreichen. Das heilige Feuer, das zu Festtagen auf dem Gipfel entzündet wird, ist kilometerweit zu sehen. Am Fuße des Hügels lebte der Philosoph und Heilige Sri Ramana Maharishi. Das friedliche *ashram*, das er gründete, wird heute von Suchenden und Gläubigen aus vielen Ländern aufgesucht.

Es ist eine lange Fahrt von Thiruvannamalai nach **Hogenakkal** im Nordwesten, dessen Hauptattraktion seine Wasserfälle sind, um die gerade billige Urlaubsquartiere und ein Heilbad gebaut werden. Die Wasser der Fälle sollen Heilwirkung haben – was die natürliche Dusche noch reizvoller macht. Zum Baderitual gehört eine Massage mit Mineralölen. Ein aufregendes Erlebnis ist eine Fahrt durch die „Stromschnellen" unterhalb der Fälle in zerbrechliche Konstruktionen aus Holz und Leder, die eher für ein Bade- als für ein Bootsvergnügen sorgen.

Zug nach Ootacamund.

Südöstlich von Hogenakkal liegt das Handelszentrum **Salem.** Eine kurvenreiche Straße führt nach Osten, nach **Yercaud** in den Shevaroy Hills. Der Ort inmitten von Kaffee- und Orangenpflanzungen ist die erste Bergstation unserer Reise. Die verschlafene alte Schulstadt ist erst jüngst als Urlaubsziel entdeckt worden. Seine Gäste können zwischen Bummeln durch baumschattige Anwesen, Bergwanderungen, Spaziergängen am See und Angeltouren wählen. Die Bienenhäuser der Umgebung liefern herrlich gesunden Honig.

Bhavani Sagar südwestlich von Salem wurde vom Staat als Picknickplatz ausgewiesen. Der hiesige Staudamm bildet mit acht Kilometern den längsten Vielzweckstausee der Welt. Er liegt auf halber Strecke zwischen Salem und dem Industriezentrum Coimbatore, wo der Aufstieg in die Nilgiris, die Blauen Berge, beginnt. **Coimbatore,** das Herz des schwarzerdigen Baumwollandes, wird wegen der hohen Konzentration an Textilindustrie auch das „Manchester Südindiens" genannt. Nordwestlich von Coimbatore liegen die Nilgiris. Die Berge beginnen bei **Mettupalayam** und bieten sowohl Augenschmaus als auch den Nervenkitzel einer Berg- und Talbahn. Dabei ist die Bergstraße vollkommen sicher, und wer hier unterwegs ist, kennt die für Gebirgsstraßen geltenden Regeln.

Aufregender ist die Fahrt mit der Kleinbahn nach **Ooty** oder **Udhagamandalam,** wie es heute heißt. Ein Schmalspurzug mit zwei Loks zieht Sie im Wechsel bergauf und bergab. Mal scheint er sich förmlich an den Felsen zu klammern, mal tuckert er gemütlich durch kleine Bergdörfchen – und das alles in Schrittgeschwindigkeit, wobei sich hinter jeder Kurve neue Schönheit offenbart. An Steilstücken kann man auch neben dem Zug hergehen.

Ooty hat Besuchern das ganze Jahr über viel zu bieten. Während der Blumenschau im Mai zeigt der Botanische Garten ein wahres Farbfeuerwerk, doch ist er auch zu anderen Zeiten ein lohnendes Ziel. Die reißenden, kristallklaren Gebirgsbäche wimmeln von Forellen. Der Golfplatz wirkt wie die natürliche Fortsetzung der smaragdgrünen Wiesen, die leider so mißhandelt werden. Der große See lädt zu Bootstouren ein, und Gipfel und Hänge zu Entdeckungsreisen (etwa Dodabetta, die höchste Erhebung, oder Snowdon Peak, Elk Hill, Cairn Hill, Fern Hill, Glen Morgan Lake und Mukurti Fall). Außerdem finden in der Saison Pferderennen statt, und man kann am Clubleben teilhaben, wenn man Beziehungen zum Ooty Club hat. Hier wurde übrigens Snooker erfunden – was an den Wänden der Billiardräume dokumentiert ist. Dann ist da noch Charing Cross – wie so vieles von den Briten so getauft –, wo man sich Zeit nimmt für einen Plausch.

Ooty ist Teeland, und ein kurzer Besuch einer Teeplantage ist leicht zu arrangieren (bei einem längeren Aufenthalt wird das schon schwieriger). Die Zentrale der United Planters' Association of South India (UPASI) in Coonoor ist hierbei gern behilflich.

Sechshundert Meter tiefer als Ooty, in 2250 Meter Höhe, liegt **Coonoor,** wo es etwas wärmer ist als in Ooty (10 bis 20° C). Seine alten Kolonialvillen liegen inmitten von Teehängen. Wie Ooty hat Coonoor einen Park zu bieten (Sim's), einen See, Wasserfälle (Low's) und einen Gipfel (Tiger Rock), Picknickplätze, Bergpfade und Clubs. Es ist auch Forschungszentrum, zu dem Versuchsplantagen für Obst und das Pasteur Institut gehören. Hier finden Teeauktionen statt, ebenso in der nahen Garnisonsstadt **Wellington,** die nach dem Helden von Waterloo benannt wurde, der sich – wie der junge Wellesley – in der Provinz Madras seine ersten Lorbeeren verdiente. In Wellington ist das Madras Regiment stationiert, die älteste Einheit der indischen Armee; hier befindet sich auch das Ausbildungsinstitut der Streitkräfte. Beide verfügen über schöne Bibliotheken, ein gepflegtes Gelände mit prächtigen Bauten und Clubs mit ausgezeichneter Küche. Die Besichtigung der Anlagen ist gestattet, doch wer sich offiziell einladen läßt, hat mehr davon.

Im Osten von Ooty liegt in 1950 Metern Höhe **Kotagiri,** der erste Ort in den Nilgiris, der als ruhiger, kleiner Urlaubsort wiederentdeckt wird. Nicht weit sind **Kundah** und **Pykara,** Pick-

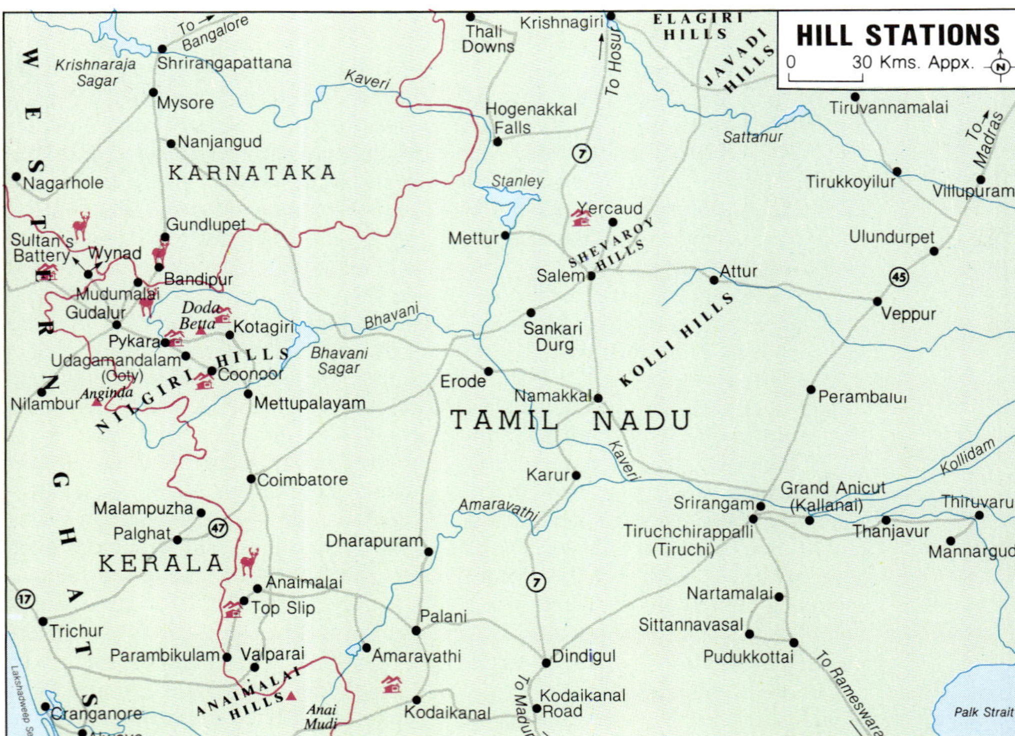

nickplätze, die an Wasserkraftanlagen eingerichtet wurden, und im Norden Ootys liegt **Mudumalai,** Tamil Nadus größter Wildpark, der in Karnatakas Bandipur und Keralas Wynaad übergeht. Hin und wieder läßt sich neben den Hirschen, Wildschweinen, Affen und Vögeln auch eine Elefantenherde blicken oder sogar ein Tiger oder Leopard, ein Rudel Wildhunde oder das eine oder andere einheimische Reptil. Der Stolz Mudumalais ist aber der Gaur, der indische Bison, den eine Krankheit fast ausgerottet hätte, dessen Bestand aber wieder zunimmt. Man kann die Tiere in Begleitung eines Wildwächters bequem vom Auto, Kleinbus oder Jeep aus beobachten. Abenteuerlicher ist aber ein Ritt auf einem der Elefanten der Forstbehörde. Allen Befürchtungen entgegen ist das eine ausgesprochen sichere Sache.

Wenn Sie die Ebenen nach Süden in Richtung Coimbatore durchqueren, gelangen Sie an die Vorberge der Annamalai Hills. Hier geht es hinauf nach **Top Slip,** dem Hauptcamp des Annamalai-Wildschutzgebietes. Hier liegen die dichtesten Regenwälder Südindiens. Allerdings ist das Gelände schwierig, so daß man sich am besten einem erfahrenen Führer anvertraut.

Im Osten **Pollachis** liegt **Palani,** ein Wallfahrtsort und die Ausgangsbasis für die Erkundung der Teeplantagen und Wildparks der Annamalais. Sein Bergtempel ist die bekannteste der sechs Heimstätten von Shivas Sohn Muruga. Sein Fest im April zieht Tausende von Menschen aus Tamil Nadu an, die Reliquien auf Köpfen oder Schultern tragen. Sie gehen den ganzen Weg nach Palani zu Fuß und erklimmen als Ausdruck ihres religiösen Eifers die 659 Stufen zum 135-Meter-Gipfel.

Nicht weit von Palani, am Südrand des Upper Palani Plateaus, liegt in 2100 Metern Höhe **Kodaikanal,** ein weiterer berühmter Gebirgsort Tamil Nadus. Kodaikanal ist kleiner und weniger überfüllt als Ooty und verdankt seine Entwicklung vor allem den in Tamil Nadu und im Norden Sri Lankas tätigen amerikanischen Missionaren. Sie er-

Ootys idyllisches Hügelland – eines der Paradiese des Raj.

wählten „Kodi“ um 1840 als Ruheplatz und Sanatorium. Zum Ferienort entwickelte es sich allerdings erst 1860, nach dem Besuch des britischen Gouverneurs Sir Charles Trevelyan. Hier sind Clubs, ein Observatorium, herrliche Wasserfälle, Wälder und Naturschönheiten, wie die Säulenfelsen. Kodis Stolz ist sein See mit Einrichtungen für den Bootssport und einer fünf Kilometer langen Promenade rundherum. Der Park, weniger großartig als der Ootys, ist während der Obst- und Blumenschau im Mai am reizvollsten. Alle zwölf Jahre bringt die Natur noch Schöneres zustande: dann blüht die Kurinji-Blüte, die die Hänge blassblau färbt (die nächste Blüte ist 1994). Aus dem grünen Kodi geht es durch den verdorrten tiefen Süden zu den wenigen, erfrischenden Oasen in den Vorgebirgen der Western Ghats. In 300 Metern Höhe liegt inmitten flacher Hügel und Wälder der ruhige Badeort **Kuttralam.** Er ist bekannt für seine fünf Wasserfälle und das belebende Klima. Von Juni bis Oktober stürzt der Cittar über die Felsen, dann sind die Wasserfälle am schönsten. Bäder im mineralreichen Wasser und gesunde Luft garantieren echte Erholung.

Ebenfalls malerisch im Wald liegen weiter südwestlich die **Papanasam Falls,** ein bedeutender Wallfahrtsort, dessen Tempelgottheit von allen Sünden befreit. Im Osten grenzt es an das Schutzgebiet **Mundanthurai,** das sich über die 600 Meter-Abhänge der Papanasam Hills erstreckt und eines der 18 Project-Tiger-Reservate ist. Im Osten des Reservates liegt bei Tirunelveli das **Kalakad**-Schutzgebiet, das verwaltungstechnisch zu Mundanthurai gehört. Hier leben Hirsche und vier der Primatenarten des Südens – Nilgiri-Langur, Hulman, Indischer Hutaffe und der bedrohte Wanderu. Mit etwas Glück sieht man auch einen Tiger oder Leoparden.

Von Kalakad sind es nur 30 Kilometer zu den Tempeln **Tirunelvelis** und den Kirchen **Palayamkottais.** Von hier geht es dann bequem auf dem National Highway zurück nach Madras, über Madurai und Tiruchchirappalli, von wo aus Flugverbindungen bestehen.

Unten: Blick über die blauen Berge der Nilgiris. Rechts: Kaffeeblüten und -bohnen.

Tee und Kaffee

Ursprünglich war Tee ein typisches Produkt Chinas, in dessen Literatur das Getränk bereits vor Jahrtausenden Erwähnung fand. So hatte China auch das Weltmonopol auf Tee, bis man Mitte des 19. Jahrhunderts in Assam wilde Teepflanzen fand. Eine alte chinesische Legende behauptet, daß *tay* oder Tee eigentlich aus Indien stammt.

Major Robert Bruce, der 1823 die Teepflanzen in Assam entdeckte, und sein Bruder Charles waren die Pioniere der indischen Teeindustrie. Da sich das Land für den Anbau von Tee geeignet erwies, wurden von der Empire-Regierung Indiens erstklassige Teesamen aus China importiert und 1834 in höheren Lagen Assams ausgesät. Die erste Ladung von acht Kisten Assam-Tee gelangte 1838 nach London und wurde am 10. Januar 1839 versteigert. Der 150. Jahrestag dieses Ereignisses wurde im Januar 1989 mit der Versteigerung erlesener Assam-Tees aus berühmten Plantagen feierlich begangen.

Die ersten Teeplantagen Südindiens entstanden zwischen 1859 und 1869 in den Nilgiris. In Südindien wächst Tee – im Gegensatz zu Assam – an Berghängen. Je höher die Lage, desto feiner das Aroma. Teepflanzungen erstrecken sich von den Nilgiris bis in die südlichen Teile Keralas.

Bei der Herstellung von Tee wird das Rohmaterial, die grünen Blätter nämlich, in Fabriken direkt auf oder nahe bei den Plantagen verarbeitet. Die Blätter werden dabei getrocknet, gerollt und vergoren, wiederum getrocknet und in verschiedene Qualitätsklassen sortiert. Dies ist die orthodoxe Art der Verarbeitung von Blättern und Staub. Allerdings wurden im Laufe der Zeit viele Neuerungen eingeführt – Tee ist schließlich eine Wachstumsbranche. Im Jahr 2000 soll die Produktion bereits eine Million Kilogramm erreicht haben.

In Nilgiris wird durch eine besondere Ernte und Verarbeitungsmethode *(CTC Method)* dunklerer und stärkerer Tee gewonnen. Die *United Planters Association of Southern India (UPASI)* ind Glenview, Coonoor, vermittelt Besichtigungen von Tee- oder Kaffeeplantagen. Der Kaffee aus dieser Region ist ebenfalls exzellent, v. a. wenn er aus gerösteten und bodennahen Bohnen gebraut und mit heißer Milch serviert wird.

Kaffee kam im 17. Jahrhundert nach Indien, also 200 Jahre früher als Tee. Ein arabischer Heiliger, Hazarat Shahi Janab Allah Mogatabi, allgemein bekannt als Baba Budan, säte sieben Kaffeesamen ein, die er von einer Pilgerfahrt zu den heiligen Stätten des Islam mitgebracht hatte. Die Samen fielen auf die Hügel Karnatakas, die bis heute seinen Namen tragen. Karnataka ist – nach Kerala und Tamil Nadu – immer noch der größte Kaffeeproduzent Indiens. Hauptsächlich werden die Sorten *Arabica* und *Robusta* angebaut. Im „Pulper House" wird das Fruchtfleisch der geernteten Frucht entfernt und die herausgelösten Samen kommen zum Trocknen. Das Verfahren ist einfach, verglichen mit der komplizierten Teeherstellung. Inzwischen haben multinationale Konzerne in Indien Fabriken, in denen Pulverkaffee produziert wird. Nach Schätzungen wird Indien im Jahr 2000 beinahe 300 000 Tonnen Kaffee herstellen.

Das Erbe der britischen Pflanzer ist sehr bemerkenswert. Die Teeplantagen sind nicht nur schön anzusehen, sondern steuern auch einen beträchtlichen Teil des Bruttosozialproduktes bei. Mit den ordentlichen Teereihen auf den Hügeln, den gewundenen Straßen und den kolonialen Bungalows sind sie ein Denkmal britischen Organisationstalents und britischer Ästhetik. Auch die Kaffeepflanzungen sind landschaftlich reizvoll. Zur Blütezeit sind die Felder mit weißen Blumen bedeckt, deren betörender Duft in weitem Umkreis wahrzunehmen ist. Wenn sie sich in grüne Beeren und schließlich in rote Kirschen verwandelt haben, ist die Erntezeit gekommen. Zu den Reizen der Plantagenländereien zählen die einladenden Bergpfade und die ausgezeichneten Fisch- und Jagdmöglichkeiten. Auch liegen einige der Wildschutzgebiete des Südens in der Nähe von Kaffeepflanzungen – etwa Mudumalai und Thekkady. ■

PONDICHERRY

Pondicherry war einst die Hauptstadt der französischen Territorien in Indien. Seine Geschichte ist voller Konflikte, zunächst mit den Holländern, dann mit den Briten, die die Franzosen stets auch in Indien angriffen, wenn es in Europa zu Feindseligkeiten zwischen den beiden Staaten kam. Mehrmals eroberten sie Pondicherry, wobei sie es während einer Besatzungsperiode (1761 bis 1765) dem Erdboden gleich machten. Nur wenige Heiligtümer blieben unversehrt. Erst 1816 brach für Pondicherry eine Zeit der Stabilität und des Friedens an. Die Stadt, wie wir sie heute sehen, entstand allmählich, buchstäblich aus der Asche des alten Pondicherry. Heute ist sie Verwaltungssitz eines Gebietes, zu dem auch andere ehemals französische Enklaven des Südens gehören: Mahe in Kerala, Yanam in Andhra und Karaikkal, ebenfalls in Tamil Nadu.

Um ganz Pondicherry zieht sich ein ovaler Boulevard. Innerhalb des Ovals führen Straßen von Osten nach Westen, die von Nord-Südverbindungen gekreuzt werden. Die Stadt ist (mit Ausnahme neuerer Viertel) in Quadraten und Rechtecken angelegt, was dem Besucher die Orientierung sehr erleichtert. Die Franzosen reservierten sich das Küstenviertel und bauten schöne Anwesen an fünf Parallelstraßen zum Strand. Dieser Stadtteil hieß *Ville Blanche*, Weiße Stadt, und war durch einen Kanal von der *Ville Noire*, der Schwarzen Stadt, getrennt. Im Laufe der Zeit trocknete dieser Kanal aus und wird heute leider als Müllgrube mißbraucht.

Pondicherry liegt 160 Kilometer südlich von Madras an der indischen Ostküste. Man bezeichnet es gern als „verschlafene, französische Provinzstadt", eine Beschreibung, die auf dem Eindruck des mediterran anmutenden Küstenviertels und der Weißen Stadt beruht, mit ihren ruhigen, gepflegten Straßen und den von hohen Mauern umgebenen Herrenhäusern zwischen schattenspendenden Bäumen. Das moderne Pondicherry ist eine Stadt voller Leben mit beinahe 700 000 Einwohnern. Mit der Zeit schwand der französische Einfluß, doch er war stark genug, Pondicherry eine besondere Note zu verleihen. In kultureller Hinsicht sind die Franzosen noch sehr präsent. So wird zum Beispiel ihre Sprache noch von vielen älteren Einwohnern und Franzosen indischer Abstammung gesprochen. Auch französische Straßennamen blieben erhalten, die an berühmte Generale erinnern, wie Rue Suffren, Rue Law de Lauriston oder Rue Mahe de la Bourdonnais. Und der Jahrestag der französischen Revolution wird hier nicht weniger enthusiastisch gefeiert als in Frankreich.

Nach Pondicherry kommen Sie von Madras aus am besten mit Auto oder Bus. Es fahren täglich mehrere Busse, die Straßen sind gut und die Fahrzeit beträgt etwa vier Stunden. Es gibt auch eine tägliche Bahnverbindung, doch die Zugfahrt ist lang und anstrengend. Eine Landebahn wurde in Pondicherry

Vorherige Seiten: Ein Eichhörnchen fixiert einen versunkenen Gläubigen am Aurobindo-*Samadhi*. Links: Kriegerdenkmal für die gefallenen Franzosen in Pondicherry.

zwar bereits angelegt, ist jedoch noch nicht freigegeben. Von Pondicherry aus fahren Busse in andere Städte Tamil Nadus. Das Klima ist die meiste Zeit des Jahres heiß und feucht, doch von November bis März recht gleichmäßig. Warme Kleidung wird kaum je benötigt.

Glücklicherweise liegen viele Sehenswürdigkeiten Pondicherrys in und um die alte Weiße Stadt. Der ideale Ausgangspunkt für eine Erkundung ist das **Raj Nivas,** die Residenz des Lieutenant Governeurs von Pondicherry, auf die man aber leider nur einen Blick von außen werfen kann. Der schöne, 200 Jahre alte Bau war einst Sitz des ehrwürdigen Marquis Joseph-Francois Dupleix, eines großen Gouverneurs und Baumeisters von Pondicherry. Er zeigt die schönsten Elemente des zeitgenössischen italienischen und französischen Baustils, eine keineswegs schlechte Mischung. Die Inneneinrichtung ist im französischen Stil gehalten, mit geschnitzten indischen Ornamenten (wie in vielen alten Häusern Pondicherrys). Unter den Steinskulpturen im Garten sticht eine Darstellung des Gottes Vishnu in seiner Inkarnation als Wildschwein hervor.

Gegenüber dem Raj Nivas liegt der **Government Park.** Es ist der alte **Französische Platz,** modernisiert und indianisiert. Mit den gepflegten Wegen und Grünanlagen ist er ein schöner Anblick. Zu seinen Attraktionen zählen ein paar Skulpturen, von denen die meisten nach einem längst vergessenen Krieg aus Gingee mitgebracht wurden. Außerdem verfügt der Park über mehrere Brunnen, einer davon aus der Zeit Napoleons III., und über ein geheimnisvolles Denkmal in seiner Mitte, um das sich verschiedene Geschichten ranken. Um den Park herum liegen Amtsgebäude, die Rechtsprechende Versammlung Pondicherrys, das Fremdenverkehrsamt und die Romain-Rolland-Bibliothek.

Die **Romain-Rolland-Bibliothek** ist einen Abstecher wert. Ihre 60 000 Bücher sind eine Sammlung katholischer Werke in Englisch und Französisch,

Fischer, die in Einbäumen den Wellen trotzen.

darunter einige Raritäten. Das **Pondicherry-Museum** gehört zur Bibliothek, liegt aber ein paar Straßen weiter südlich an der Rue Romain Rolland, auf dem alten Bibliotheksgelände. Das Museum verfügt über eine interessante Kunstsammlung, vor allem was die französische Vergangenheit Indiens betrifft. In einer Abteilung wurde recht erfolgreich versucht, durch Möbel, Bilder, Marmor, Spiegel und Uhren eine französische Atmosphäre herzustellen. Man fühlt sich fast wie in einem eleganten Franzosenhaus des frühen 19. Jahrhunderts. Sehenswert ist aber auch die Abteilung mit antikem Kriegsgerät. Außerdem beherbergt das Museum noch seltene Bronze- und Steinskulpturen aus den Epochen der Pallava und Chola und Gegenstänge römischer Herkunft, die im nahen Arikamedu ausgegraben wurden. Das Prunkstück der Ausstellung ist das Bett, in dem Dupleix schlief, als er Gouverneur von Pondicherry war.

Östlich des Government Park ist der Strand, den eine vier Meter hohe Mahatma Gandhi-Statue beherrscht, die ihn in seiner typischen Gangart mit Stock zeigt. Die Statue umgeben hohe, verzierte Steinpfeiler, vermutlich aus Gingee. Nördlich der Gandhi-Statue befindet sich das von den Franzosen zu Ehren der im Ersten Weltkrieg gefallenen Soldaten aus Französisch-Indien errichtete Denkmal. Auf der Rückseite des Monuments, einer großen, rechteckigen Platte, sind ergreifende Szenen eingemeißelt. Das würdige Mahnmal wird von gepflegten Hecken und Rasen gesäumt.

Der Strand ist in diesem Teil Pondicherrys schmal, aber schön und sauber und auf vier Kilometer nach Süden idealer Badestrand. Der Strandboulevard hier heißt **Goubert Salai** und ist breit und gepflegt und für Jogger, Spaziergänger und Nichtstuer gleichermaßen geeignet. Folgen Sie dem Boulevard nach Süden, gelangen Sie bald zum **Leuchtturm** und dem neuen **Pier.** Hier, wo die Küste einen Bogen macht, steht eine großartige Dupleix-Statue, die hierher versetzt wurde, als sie dem

Fassade der französischen Kolonialkirche Sacred Heart.

Gandhi-Denkmal weichen mußte. Inmitten des kleinen, liebevoll angelegten Kinderparks beherrscht das Standbild diesen Teil des Strandes ebenso wie Gandhi das Nordende.

Statt Richtung Stadt können Sie dem Boulevard, der jetzt South Boulevard heißt, bis zum Botanischen Garten folgen. Die Attraktion dieser Strecke ist die **Church of the Sacred Heart of Jesus.** Bemerkenswert an dem gotischen Bau sind vor allem die drei großen bunten Glasscheiben, die aus dem Leben Jesu erzählen, und die vielen schönen Bögen, die sich über dem Kirchenschiff wölben. Auf der Südseite des Boulevards liegt etwas weiter der **Friedhof.** Wer Interesse an Denkmalkunde hat, findet hier mehrere interessante Gräber mit Marmorschmuck aus Europa. Der **Botanische Garten** liegt am Ende des South, am Beginn des West Boulevards. Er wurde 1826 angelegt und entwickelte sich im Laufe der Jahrzehnte zu einem der schönsten in Südindien, mit außergewöhnlichen und exotischen Pflanzen aus dem In- und Ausland. An den Garten angeschlossen ist ein interessantes kleines Aquarium.

Der Rückweg zum Strand führt vorbei an einer Statue Jeanne d'Arcs in der Rue Dumas – wie gewöhnlich in einem Garten (wobei dieser nicht so gepflegt ist, wie man annehmen sollte). Als universales Symbol des Widerstandes ist die Jungfrau von Orleans in entsprechend heroischer Pose dargestellt. Nicht weit von hier liegt die Kirche **Notre Dame des Anges,** ein auffallender Bau mit zwei quadratischen Türmen. Die 1865 erbaute Kirche ist stolz auf ein seltenes Ölgemälde, „Mariä Himmelfahrt", abermals ein Geschenk Napoleons III.

Am Nordende der Rue Dumas liegt das bedeutende französische **Institut für Indologie.** Es wurde Mitte der 50er Jahre von dem französischen Indologen Dr. Jean Filiozat gegründet und befaßt sich inzwischen mit verschiedenen Gebieten der Wissenschaft. Das Forschungsinstitut bildet durch die Zusammenarbeit mit französischen Universi-

Unten: Das Innere der Kirche. Rechts: Tamilischer Gendarm.

täten und Forschungsteams ein bleibendes Band zwischen Frankreich und Indien. Die französische Regierung unterhält die **Alliance Francaise,** die am Südende der Rue Dumas liegt und die französische Kultur und Sprache fördert. Sie verfügt über eine gut sortierte Bibliothek und organisiert Kinovorstellungen, Musik-, Theater- und Kunstveranstaltungen.

Der herausragendste Inder in der Geschichte Pondicherrys war Ananda Ranga Pillai. Er war Dupleix' Vertrauter und Handelsagent und genoß seinerzeit unbegrenzte Befugnisse und hohes Prestige. Richtig berühmt machte ihn aber sein Tagebuch, das über die Jahre 1736 bis 1760 berichtet: nicht nur umfassend über die Herrschaft der Franzosen in Indien, sondern auch über die damaligen Sitten und Gebräuche. **Ananda Ranga Pillais' Haus** an der Rue Rangapoulle wurde in ein Museum verwandelt, das für jeden Besucher ein absolutes Muß ist. Baulich ist es eine Mischung französischer und indischer Stilelemente – ein elegantes Gebäude mit verschwenderischer Ausstattung. Es vermittelt einen Eindruck davon, wie ein hochrangiger Inder im 18. Jahrhundert in Pondicherry lebte.

Nun gelangt der Besucher in den Teil Pondicherrys, den man als den indischen bezeichnen könnte. Die Rue Rangapoulle geht über in die Jawaharlal Nehru Street, die Einkaufsmeile der Stadt. Das Gebiet vom Kanal bis zum West Boulevard ist voller Geschäfte, Restaurants, Teehäuser und Pubs mit Namen wie „Jolly Bar". Laufen Sie einfach mit der Menge, und Sie entdekken an jeder Ecke etwas Neues.

Letzte Station der Stadtbesichtigung ist der **Aurobindo Ashram,** das bekannteste Wahrzeichen Pondicherrys, das in der ganzen Stadt gegenwärtig ist. Sri Aurobindo, nach dem er benannt ist, beherrschte neben der englischen mehrere europäische und indische Sprachen. Nachdem er zunächst als Lehrer tätig war, schloß er sich begeistert der Unabhängigkeitsbewegung an, mußte aber erkennen, daß der rasche Erfolg eine Illusion war. Er wurde dreimal von

Die verschwenderischen Gaben der Natur werden hier konserviert.

den Briten verhaftet, doch nie verurteilt. Er wandte sich geistigen Dingen zu und begann während seiner letzten Gefangennahme intensiv mit Yoga. 1910 zog er sich aus der Politik zurück und fand in Pondicherry politisches Asyl, wo er verstärkt Yoga praktizierte. Er hatte ein paar Anhänger, doch erst nach Ankunft der Mutter, die als Mira Alfassa in Paris geboren wurde, organisierte sich der Ashram. Sri Aurobindo widmete sich bald nur noch seinen Yoga-Übungen und überließ seine Schüler und das Ashram-Leben der Mutter.

Sri Aurobindo starb 1950, die Mutter 1973. Ihr **Samadhi** bildet für die Schüler und Anhänger das Zentrum des Ashram. (Die Hauptgebäude des Ashram liegen in dem von der Rue de la Marine und der Rue Giles abgegrenzten Viertel.) Das Grab hat zwei Kammern übereinander, in denen die sterblichen Überreste Sri Aurobindos und der Mutter liegen. Das Ashram bietet neben seinen vordringlich geistigen Aufgaben auch Möglichkeiten für praktische Aktivitäten seiner Anhänger, die aus der ganzen Welt kommen. Dazu gehören Betriebe aller möglichen Branchen, wie Bau, Landwirtschaft, Schuhmacherei und Wäscherei. Außerdem hat es eine große Bibliothek und publiziert viel. Alle Aktivitäten des Ashram zu beschreiben führte zu weit. Besucher melden sich am besten im Empfangszentrum, wo sie den Ashram-Führer bekommen. Wer in einem der Gästehäuser des Ashram übernachtet, erhält einen Paß, der ihm die Besichtigung von Ashram-Anlagen ermöglicht, die anderen vorenthalten werden.

Auroville, die „Stadt der Dämmerung", ist die logische Fortsetzung der Vision, die Sri Aurobindo und die Mutter von der Menschheit hatten. Es soll eine zukunftsorientierte, internationale Stadt sein, wohin jeder Interessierte kommen und in jeder Hinsicht in Frieden leben kann, „nur einer Autorität gehorchend – der der Absoluten Wahrheit". Auroville ist eine Kommune, zehn Kilometer nordwestlich von Pondicherry, wo 800 Menschen aus 28 Nationen zusammenleben. Obwohl es ein Stadtgebilde für 50 000 Menschen hätte werden sollen, wurde Auroville nicht nach einem logischen Schema angelegt. Durch seine eigenartige Architektur, dem Ergebnis von Experimenten mit Materialien, Techniken und Stilrichtungen, wirkt es tatsächlich wie eine Stadt der Zukunft.

Im Herzen Aurovilles liegt das **Matrimandir,** das geistige Zentrum für die Meditation. Internationalität symbolisiert eine Urne im Amphitheater, die Erde aus 124 Ländern und allen Staaten Indiens enthält. **Bharat Nivas,** als Zentrum für indische Kultur, Kunst, Industrie und Küche gedacht, ist noch im Bau. Auroville ist auf trokkenem Land erbaut. Weite Teile davon wurden landwirtschaftlich nutzbar gemacht, kleine Stauseen und Brunnen wurden angelegt und viele Bäume gepflanzt. Fast die Hälfte des Nahrungsmittelbedarfs seiner Einwohner deckt die Stadt selbst. Auroville ist weitverzweigt, so daß man ohne Auto schlecht herumkommt. Der Neuankömmling sollte sich beim Informationszentrum in **Promesse** beraten lassen.

Pondicherrys architektonische Melange: jüdische Symbole auf einer Art Deco-Fassade.

KERALA
N
0 25 Kms. Appx.
Mangalore
48
Dharmastala
Shravanabelagola
Bellur
Kasaragod
Payaswani
Madikeri
(Mercara)
Krishnaraja
Sagara
Ranganathittu
Talakaveri
Mysore
Somnathpur
Sivasamudram
Bekal
Hosdurg
K A R N A T A K A
Nanjangud
Kaveri
Ezhimala
Nagarhole
Cannanore
(Kannur)
Manantavadi
Gundlupet
B.R. Hills
Mahe
(Py.)
Kuttyadi
Wynad
Sultan's
Battery
Bandipur
Mudumalai
Udagamandalam
(Ooty)
Lakshadweep
Silentvalley
Coonoor
Bhavani
Calicut
Nilambur
Mettupalayam
Beypore
Manjeri
Anginda
Malapuram
Pandikkad
Kottakkal
K E R A L A
Coimbatore
47
Pattambi
Malampuzha
Ponnani
Palghat
Cheruthuruthy
Guruvayur
17
Peechi
Anaimalai
TAMIL NADU
Trichur
(Thrussoor)
Palani
Parambikulam
Kodaikanal
Cranganore
(Kodungallur)
Malayattur
Kaladi
Anai
Mudi
Eravikulam
To Kavaratti I. (Lakshadweep)
Alwaye
Munnar
Narakal
Periyar
Ernakulam
Cochin
(Kochi)
Idukki
Sea
Vaikam
Kumarkom
Thekkady
Pirmed
Vembanad
Lake
Kottayam
Alleppey
(Aalappuzha)
Changanacheri
Periyar
Lake
Sabarimalai
Achankovil
Aranmula
Kakki
Ashtamudi
Lake
Chavara
Kuttalam
Thangasseri
Punalur
Quilon
(Kollam)
Pon
Mudi
Varkala
Mundanthurai
Anjengo
Neyyar
Trivandrum
(Thiruvananthapuram)
Veli
Nemom
Kovalam
Vizhinjam
Padmanabhapuram
LEGEND
National Highway Number
Hill Stations
National Park/Wildlife Sanctuary/
Bird Sanctuary

KERALA

Das nur knapp 38 800 Quadratkilometer große Kerala ist ein langer (576 Kilometer) und schmaler (im Durchschnitt 48 Kilometer, an den breitesten Stellen 120 Kilometer) Streifen am Südwestrand Indiens. Das schmale Band palmengesäumter Strände geht landeinwärts ins Hochland der Western Ghats über, die in diesem Staat bis 1525 Meter Höhe erreichen. Ein Viertel der Fläche Keralas ist mit Wald bedeckt, in dem über 600 Baumarten vorkommen. Mit einem jährlichen Niederschlag von über 2,54 Metern in manchen Gegenden ist Kerala das ganze Jahr über üppig grün. Reisfelder und Kokospalmen bedecken die Ebenen, während in den Hügeln Betelnuß, Kardamom, Gummi, Pfeffer, Tee und Kaffee angebaut werden.

Das moderne Kerala ist mit knapp 30 Millionen Einwohnern nicht nur der am dichtesten besiedelte Staat Indiens, sondern auch der fortschrittlichste, was Familienplanung und Alphabetisierung anbelangt. Die Amtssprache ist Malayalam. Die Menschen Keralas sind seit jeher für ihre Findigkeit und ihren Wagemut bekannt. Die Malayali Diaspora hat Keralas Einwohner in praktisch jeden bewohnten Winkel der Erde verschlagen, doch die Bindung an ihre schöne Heimat ist stets lebendig geblieben.

Die Mehrheit der Einwohner Keralas sind Hindus, etwa ein Drittel Christen – syrische Christen und Thomas-Christen, die zum großen Teil bereits im ersten Jahrhundert n. Chr. konvertierten. Außerdem gibt es noch einen beachtlichen Anteil von Moslems arabischer Abstammung und zum Islam Bekehrte. In Cochin gab es früher eine blühende Judengemeinde, doch sie schwand mit der Entstehung des Staates Israel. All diese Religionsgemeinschaften lebten im großen und ganzen harmonisch zusammen. Obwohl die Keraliten religiöse Menschen sind, sind sie stolz auf ihre rationalistische Tradition und haben mehr als einmal kommunistische Regierungen gewählt.

Kerala kann mit Naturschätzen und menschlichen Schöpfungen aufwarten: herrlichen Stränden und Flüssen, Bergen und Waldschutzgebieten, Festungen und Palästen, Monumenten und Denkmälern, Schreinen und Festen; und mit einem faszinierenden kulturellen und künstlerischen Erbe.

Vorherige Seiten: Keralas größtes Ereignis sind die Onam-Bootsrennen.

DIE STRÄNDE VON TRIVANDRUM

Vor langer, langer Zeit schleuderte der Weise Parasurama seine Streitaxt ins Meer und entsagte dem Krieg. Da teilte sich das Wasser, und die weichende See entblößte ein herrliches Tropenparadies am südwestlichsten Ende Indiens. Hier, im Land der Gewürze, des Holzes und des Elfenbeins, das die Kaufleute „Schatztruhe des Ostens" tauften, legten die Biremen König Salomons an, und es kamen der Glaube des Heiligen Thomas, die Araber, die Juden und Chinesen, die Griechen und die Römer und – auf den Spuren Vasco Da Gamas – die Portugiesen, Dänen, Holländer, Franzosen und Briten. Und sie entdeckten eine der gastfreundlichsten Gegenden der Welt.

Judentum, Christentum und Islam kamen nach Kerala und fanden in Indien Aufnahme, lange bevor sie sich nach Westen ausbreiteten. Sichtbare Zeichen der Einflüsse der Weltreligionen in Kerala sind die zahlreichen Gotteshäuser, Feste und der Friede, in dem die Religionen hier seit 2000 Jahren zusammenleben.

Das Tor zu Kerala ist Thiru-ananthapuram oder – Heimstatt der heiligen Schlange Anantha, auf der sich Vishnu, der Retter, niederläßt. Später nannten es die Portugiesen *Trivandrum,* bevor 1991 der usrprüngliche Name **Thiruvananthapuram** wieder eingeführt wurde. Trivandrum ist eine der hübschesten Hauptstädte des Landes: klein, grün und sauber.

Der **Sri-Ananthapadmanabhaswamy-Tempel** beherrscht Trivandrum. Dieser alte Vishnu-Tempel mit einem siebenstöckigen *gopuram* ist ein herrliches Beispiel für dravidische Tempelbaukunst (hier in der keralitischen Variante): herrliche Bildhauerarbeiten und Pavillions mit schön verzierten Säulen. Blickfang sind vor allem das Kulasekhara Mandapam und der Tempelgang. Der Tempel blickt auf einen idyllischen Teich, den **Padama Theertham.** Durch die drei Türen des Allerheiligsten sieht man das Bildnis von Padmanabha, wie er sich auf Anantha niederläßt.

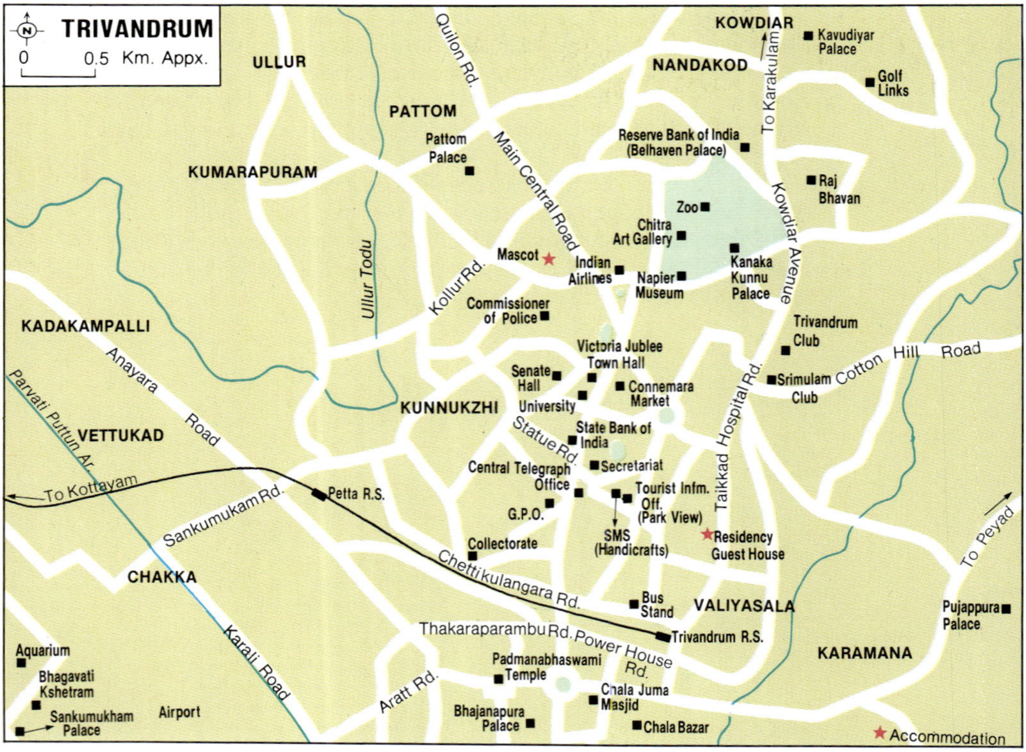

Der Legende nach wurde der Tempel errichtet, um ein Bildnis aufzunehmen, das im nahen Wald gefunden worden war. Mit der Zeit wuchs der Tempel, bis im 18. Jahrhundert das Fürstentum Travancore am Südende Keralas der Tempelgottheit geweiht wurde. Von da an galten die Maharajas von Travancore nur noch als stellvertretende Regenten für den Gott. 1773 ließen sie den Tempel neu bauen. Er ist nur für Hindus zugänglich, und selbst für sie nur zu bestimmten Zeiten. Wer das Tempelgelände betritt, muß sich den dortigen Kleidervorschriften unterwerfen. Trotz dieser Beschränkungen nimmt der Tempel jeden Besucher in der „Stadt der sieben Hügel" gastlich auf. Bei einer Rundfahrt bekommt man einen Eindruck von der herrlichen Architektur und der Frömmigkeit.

Uneingeschränkt zu betreten ist dagegen der öffentliche Park Trivandrums, in dem der **Zoo**, das **Napier-Museum,** die **Sri Chitra-Kunstgalerie** und der **Observatoriumshügel** liegen. Das farbige, rotbraune Museum beherbergt eine Sammlung südindischer Bronzen, kerlitischer Ornamente und Trachten und das Modell eines *tharawad*, das traditionelle Heim der Großfamilien der Nair-Gemeinden. In der Kunstgalerie hängen Meisterwerke aus Japan, China, Indonesien und anderen Teilen Indiens, darunter Rajput- und Mughal-Miniaturen und Repliken der Arbeiten Ajantas, Baghs und Tanjores. Der Stolz der Sammlung ist aber das Werk des einheimischen Künstlers Raja Ravi Varma aus Travancore. Als Anhänger des im 19. und frühen 20. Jahrhundert favorisierten Akademiestils galt Ravi Varma als größter indischer Künstler seiner Zeit. Seine mythisch-religiösen Themen beeinflußten viele der religiösen Bilder, die in jedem Hindu-Haus zu finden sind. Zu Ravi Varmas Meisterwerken gehören seine Portraits und realistischen Alltagsszenen. In der nach ihm benannten Galerieabteilung finden sich auch andere Erinnerungsstücke an Ravi Varma.

Den anderen halben Tag im Herzen der Stadt kann man dann in dem ausgedehnten Botanischen Garten verbringen, der nicht nur reich an exotischen Pflanzen ist,

Unten und rechts: Gesichtsbemalung ist in Kerala ein althergebrachtes Ritual, das für Thaiyyam und Kathakali von zentraler Bedeutung ist.

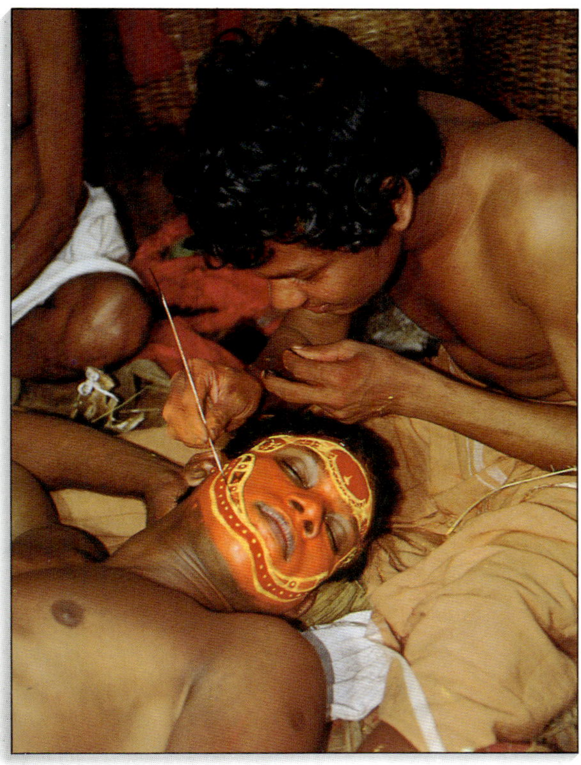

sondern auch einen Zoo und ein Aquarium hat. Auf kleinstem Raum wird Ihnen hier auf faszinierende Weise Kunst und Kultur, Flora und Fauna nahegebracht.

Glanzpunkt der Parkanlage ist das Napier-Museum. In seinen Giebeln und geneigten Dächern verschmilzt die traditionelle Architektur Keralas mit dem britischen Kolonialstil des frühen 20. Jahrhunderts. Dieses Phänomen ist bei vielen Palästen und öffentlichen Bauten Trivandrums festzustellen, zum Beispiel am **Kaudiyar-Palast,** der Residenz der Maharajas von Travancore, an weiteren Palästen des Forts, die heute meist Ämter sind, am Legislative Chamber, dem Secretariat, der Victoria Jubilee Town Hall und auch an den Universitätsgebäuden. Architekturinteressierte werden vermutlich die Begegnung mit Laurie Baker suchen, einem britischen Architekten, der in Kerala lebt und einen kostengünstigen Baustil propagiert, der traditionelle Elemente mit modernen verbindet.

Trivandrum entwickelt sich darüber hinaus zu einem Forschungszentrum mit mehreren nationalen Forschungslabors. In vielen sind Besucher – mit vorheriger Anmeldung, natürlich – gern gesehen. Eine Ausnahme bildet dabei das Weltraumforschungszentrum.

Doch Trivandrum hat noch mehr zu bieten. Der **Shanmukam-Strand** am Flughafen ist ein schöner, sauberer Küstenstreifen, doch kein Badestrand. (Diese liegen weiter abseits.) Außerdem gibt es hier mehrere Yoga-Schulen und tägliche Demonstrationen der berühmten Kampfsportarten Kerala Kalaripayattus, deren bekannteste älter sein sollen als *Kung Fu* und andere fernöstliche Formen stilisierten Kampfes. Auch gibt es jeden Tag Aufführungen des alten keralitischen Masken-Tanz-Dramas *Kathakali*. Phantastische Masken in leuchtenden Farben, üppige Kostüme, die bis zu 40 Kilo wiegen, das Licht der Öllampen und die vielsagende Mimik und Gestik machen das Ganze zu einem unvergeßlichen Erlebnis. Die selteneren *Mohini Attam*-Darbietungen, graziöse Tänze mit verführerischer Lyrik, sind vielleicht leichter verständlich, doch die reiche, würdevolle Stilisierung des *Kathakali* machen

Links: Der Palast von Padmanabhapuram. Unten: Kirche am Wasser.

es zu einer Kunstform, die den Zauber des reinen Rhythmus vermittelt.

In Trivandrum, ja, in ganz Kerala gibt es viel Kunsthandwerk: Elfenbein- und Holzschnitzereien und zarte Spitzenarbeiten. Ob Sie kaufen oder nur schauen wollen – das Angebot des **SMSM Handicrafts Emporium** in der Nähe des Secretariats sollten Sie besuchen.

Die meisten Touristen besuchen Trivandrum aber seiner Strände wegen. Das 15 Kilometer weiter südlich gelegene Kovalam etwa ist international bekannt. Der idyllische Ort liegt an einer geschützten Bucht mit breitem, weißem Palmenstrand und hat ein exklusives Freizeitangebot bis hin zu Yoga, Meditation, Ayurveda-Massagen und Kathakali-Aufführungen im gedämpften, flackernden Licht der traditionellen Öllampen. Einsamer Strand lädt zum Sonnenbaden ein, und das Baden in dem ruhigen, blauen Wasser der Bucht ist ein ungefährliches Vergnügen. Außerdem werden Katamaran-Törns angeboten, Tauchen und andere Wassersportarten, und es gibt mehrere luxuriöse Hotels.

Wer es lieber abenteuerlich als komfortabel mag, der sollte sich in einem der Ferienhäuser hinter der Bucht einmieten. Hier darf man auf alles gefaßt sein, und das Leben ist nicht immer einfach. Viele wünschen sich aber genau das, und Kovalam hat daher auch hier sein Publikum.

Das **Veli Tourist Village** dagegen ist mehr ein Feriendorf für Familien. Es liegt an einer großen Lagune, die durch eine Sandbank – den Strand – vom Meer getrennt ist. Sie ist nirgendwo tiefer als 3 Meter und liegt idyllisch inmitten von Kokospalmenhainen und üppig grünen Hügeln. Das Tourist Village bietet alle möglichen Wassersportarten, sichere Bademöglichkeiten in der Lagune, Sonnenbäder am Strand dahinter und einen Zugang zum offenen Meer. In der Gartenanlage um das Dorf gibt es schöne Picknickplätze, und die umliegenden Hügel laden zu Wandertouren ein.

Bis zur Unabhängigkeit und der Umstrukturierung der Fürstentümer gehörte dieser Küstenabschnitt größtenteils zum einstigen Königreich Travancore, dem heutigen Südteil Keralas. Es ist daher

Tierpflege im Fluß.

nicht überraschend, daß in **Padmanabhapuram** ein Palast der Maharajas von Travancore steht. Padmanabhapuram, 55 Kilometer von Trivandrum entfernt, war einst Haupstadt Travancores. Heute ist der kleine Ort im Niedergang begriffen. Seine einzigen Sehenswürdigkeiten sind der Palast aus dem 17. Jahrhundert und das Museum. **Puvar** heißt heute das ehemalige Ophir, mit dem König Salomon Handel trieb. Es ist ein Fischerdorf mit nur wenigen Überbleibseln der Vergangenheit. **Colachel** hat eine dänische Festung und einen schönen Strand; und **Suchindram** einen prächtigen Tempel.

Näher bei Trivandrum liegt im Nordosten der **Neyyar-Stausee.** Der Shivananada Yoga Vedanta Ashram hält hier einmal im Jahr eine Yoga-Versammlung ab, die Teilnehmer aus aller Welt anzieht. Gelehrt wird Yoga das ganze Jahr. Der Stausee liegt in einem Wildschutzgebiet mit Elefanten, Wildhunden, Bären, Affen und einer reichen Vogelwelt. Eine Krokodilzucht und ein Hirschpark liegen ebenfalls am See. Ein weiteres Reservat liegt nur 10 Kilometer weiter, kurz vor Ponmudi. Es ist das **Peppara-Wildschutzgebiet** in den Cardamom Hills.

Wie jeder indische Bundesstaat verfügt auch Kerala über höhergelegene Ferienorte, wo man der Hitze der südlichen Ebenen entfliehen kann. Einer davon ist **Pondmudi,** die „Goldene Krone" des „Goldenen Tals", Trivandrums Gebirgsrefugium. Ponmudi liegt etwa 60 Kilometer nordöstlich von Trivandrum, auf 1066 Metern Höhe in den Cardamom Hills an der Grenze zu Tamil Nadu, ist unverdorben, erfrischend kühl und fast das ganze Jahr über in einen Dunstschleier gehüllt. Rundherum liegen Teepflanzungen und bewaldete Hügel. Der Besucher Ponmudis kann Wanderungen durch Wald und Teeplantagen unternehmen und lernt so das Bergland kennen.

Noch erlebnisreicher wird ihre Reise durch Abstecher nach **Anjengo,** der nördlich von Trivandrum gelegenen ersten Siedlung der East India Company an dieser Küste (1684); nach **Aruvikkara** gleich bei Trivandrum; und schließlich nach **Varkala,** einem großen Pilgerzentrum 55 km nördlich von Trivandrum.

Historisch interessierte Besucher zieht vornehmlich der englische Friedhof nach Anjengo, andere Besucher finden die Strände attraktiver. Aruvikkara ist ein Picknickplatz, der allerdings als Wallfahrtsort besser bekannt ist. Varkala ist eines der größten Hindu-Pilgerzentren. Der **Janardana-Tempel** hier soll über 2000 Jahre alt sein. Seine Glocke soll von einem holländischen Segelschiff aus dem 17. Jahrhundert stammen, dessen Kapitän sie dem Tempel als Dank für die Erhörung seiner Gebete darbrachte. Die Mineralquellen sind wegen ihrer Heilwirkung sehr gefragt; in ihrer Nähe befindet sich ein naturheilkundliches Institut.

In einer östlichen Vorstadt Varkalas liegt **Sivagiri Hill,** wo Shri Narayana Guru, der Heilige und Philosoph, ein *ashram* gründete. Das *ashram* und das *samadhi* (heilige Grab) des Gurus ziehen nicht nur Menschen an, die geistige Führung suchen, sondern auch Bewunderer eines großen Sozialreformators. Zwei Kanäle verbinden die Wasserläufe Trivandrums mit denen Quilons. Varkala ist Kurbad, Wallfahrtsort und – dank seines schönen Strandes – Ferienziel in einem.

Links: Kovalams paradiesische Strände locken Badegäste an. Rechts: Seinen Rausch ausschlafen.

UNCLE SAM'S
CHINESE RESTAURANT
UNCLE SAM'S CHINESE & COOL BAR

KERALAS WASSERWEGE

Ein besonderes Vergnügen sind Bootsfahrten auf Keralas Wasserwegen und Kanälen durch Wälder und schattige Palmenhaine. Man kann vom Boot aus die Schönheit der Landschaft auf sich wirken lassen und an Orten von historischer oder religiöser Bedeutung anlegen. Es gibt einen regelmäßigen Motorbootservice, doch eine Fahrt mit den traditionellen, überdachten Booten ist echter und schöner. Die Form dieser Boote ist von den chinesischen Schiffen beeinflußt, die an dieser Küste anlegten. So kann man die 250 Kilometer von Trivandrum nach Kodungalur oder die 175 Kilometer von Trivandrum nach Kottayam auf dem Wasser zurücklegen. Beide Bootsreisen beginnen in der alten Stadt Quilon (Kollam), 70 Kilometer nördlich von Trivandrum.

Als internationaler Warenumschlagplatz war **Quilon** bereits den Phöniziern, Arabern, Römern und Griechen bekannt, und es ist bis heute eines der Handelszentren Keralas. Mit den beiden ebenfalls bedeutenden Handelsstädten **Alleppey** und **Kottayam** bildet es ein Dreieck, das nicht nur wirtschaftlich floriert, sondern auch unberührte Natur und ein großes kulturelles Erbe zeigen kann.

Inmitten von Kokospalmenhainen, am Südufer des großen **Ashtamundi-Sees** (dem „See der acht Bäche“, mit seinen Ufern aus rotem Laterit und Kaolin) liegt das malerische Quilon, dem man seine kommerziellen Aktivitäten nicht ansieht. Heute wird das größte Geschäft mit Cashewkernen gemacht, doch im Mittelalter kamen die Segelschiffe aus Ost und West wegen Gewürzen, Holz, Tieren, Elfenbein und Stoffen. Bereits im Jahre neun n. Chr. gründeten die Chinesen hier einen Handelsstützpunkt. Gesandte reisten auch zur Zeit Kublai Khans hin und her. Die Chinesen hinterließen an Stangen befestigte Fischnetze, strohgedeckte Lastkähne und Scherben

Fisch – das tägliche Brot.

feinsten Porzellans, die in und um Quilon gefunden wurden.

Chinnakkada, der geschäftige Basar im Herzen Quilons, der **Thirumullavaram-Strand** sowie der Park und der Strand von **Kochupilamoodu** sind die Stellen der Stadt, die mit den Ursprüngen der gegenwärtigen Malayalam-Epoche im Jahr 825 in Verbindung stehen. Das gleiche gilt für die römisch-katholische Kathedrale, die auf die Schaffung des ersten römisch-katholischen Bistums in Indien zurückgeht, als Bruder Jordanus 1530 zum Bischof geweiht wurde.

Drei Kilometer nördlich von Quilon liegt das historische **Thangasseri,** wo man der europäischen Vergangenheit nachspüren oder sich im Schatten eines der ältesten von den Briten errichteten Leuchttürme am Strand vergnügen kann. Die portugiesischen, holländischen und britischen Friedhöfe hier könnten viel erzählen. Die Reste von portugiesischen und holländischen Festungen zeugen von großen Zeiten. Die alte britische Residenz ist heute ein schönes Gästehaus am Ufer des Ashtamudi-Sees.

85 km nördlich von Quilon liegt am Vembanad-See, dem längsten See Indiens, **Alleppey** (heute offiziell **Allapuzha**) das „Venedig des Ostens". Ihren Beinamen verdankt die geschäftige Handelsstadt den vielen Kanälen und Brücken. Alleppey ist bekannt für Kokosfasern und schwarzen Pfeffer. Kokosgarn, Matten aus Kokosgewebe und viele weitere Kokosfasererzeugnisse werden hier produziert.

Von August bis September ist die Zeit des berühmten keralitischen Erntefestes *Onam*. Dieses Fest sollte man am Wasser erleben. Es finden bunte Wasserkarnevals statt, fröhlich gekleidete Frauen zeigen grazile Tänze, es werden aufwendige, bunte Fußbodenbilder (*kolam* und *rangoli*) aus farbigen Pulvern oder Blumen gelegt – kurz: Der Geist *Onams* ergreift um diese Jahreszeit ganz Kerala. Was nun dem Fest am Wasser ein besondere Note verleiht, sind die *Vallam Kallis,* die Bootsrennen. Der Nehru Trophy Boat Race Day findet jedes Jahr am zweiten Samstag im August in Alleppey statt und ist das größte derartige Ereignis in Kerala. Es finden dabei verschiedene Bootstypen Verwendung, doch die Attraktion sind die *chundan vallams*, die großen Schlangenboote. Sie sind über 30 Meter lang, haben einen schlangenartigen Bug, und sind hübsch geschmückt. Für die sich heiser brüllende Menge am Ufer liefern die Mannschaften von über 100 Männern, die im Takt zu alten Bootsliedern rudern, ein unvergeßliches Schauspiel. Nirgendwo sonst kann man derartiges erleben – außer vielleicht bei anderen Bootsrennen in Kerala. Kein Wunder, daß Indiens Sportverantwortliche hier ein Kayak- und Kanuzentrum eingerichtet haben, wo sie ihre jungen Ruderer auf internationalen Standard bringen wollen.

Fünfzig Kilometer südöstlich von Alleppey, nicht weit von Chengannur, liegt **Aranmula,** wo das zweitberühmteste Bootsrennen stattfindet. Aranmula ist ein Wallfahrtsort am Ufer des ruhigen Flusses Pamba. Sein Tempel

Arbeiter auf einer Gummiplantage.

ist Parthasarathy geweiht (Krishna als „Wagenlenker nach Arjuna“), und das Bootsrennen ist ein altes Tempelritual. Am letzten Tag der *Onam*-Woche wird alljährlich die Einsetzung des Gottes gefeiert. An diesem bedeutenden Tag, irgendwann zwischen August und September (der Tag liegt nach dem Malayalam-Kalender jedes Jahr anders) fahren die Schlangenboote auf dem Pamba um die Wette. Tausende von Sängern wirbeln das Wasser mit ihren kurzen Rudern auf, die sie im Takt zu den Liedern bewegen.

Auch in Kottayam finden Bootsrennen statt – in diesem Teil Keralas wird *Onam* fast überall auf dem Wasser gefeiert. Die Rennen von Cochin und Kottayam sind neueren Datums und haben mehr mit Sport als mit Religion zu tun. Doch in Payipad, das drei Kilometer von Haripad entfernt ist, wo der berühmte Tempel Subramaniyas steht, sind die Rennen mit dem Tempelfest verbunden. Das dreitägige Fest beginnt mit dem *Onam*-Tag. An den beiden ersten Tagen finden Schlangenbootprozessionen auf dem Acharkovil statt. Der dritte Tag ist der Tag der Rennen, der Höhepunkt des Festes.

Von Alleppey ins wohlhabende **Kottayam** sind es 25 Kilometer Luftlinie. Kottayam ist übrigens die ersten Stadt Indiens mit einer Alphabetisierungsrate von 100 Prozent. Es ist eines der Handelszentren Keralas, am Fuße der Western Ghats gelegen, mit schönen Wasserstraßen im Westen und reizvollen, grünen Bergen im Osten. Die Stadt ist ein wichtiger Umschlagplatz für Gummi, Tee, Kaffee, Pfeffer, Kardamom (Kerala gilt als Heimat des Kardamom) und anderen Erzeugnissen der Plantagen im Osten. Man sieht dieser Stadt ihren Reichtum an.

So ist Kottayam eine Bildungs- und Verlagsstadt (vor allem für Malayalam), hat schöne Schulen, Geschäftshäuser und öffentliche Einrichtungen. Außerdem wirkt hier die erfolgreichste Schriftstellerkooperative Indiens, deren Ausstoß phänomenal ist. Es gibt hier mehrere Sekten und Konfessionen des Syrischen Christentums, deren Ei-

Thaiyyam-Tänzer, der Chamundi darstellt.

genarten sich hier erhalten haben und die hier ihren Hauptsitz haben.

Die bekanntesten Kirchen sind **Valia Palli** und **Cheria Palli,** deren düstere Innenräume von bunten Fresken aufgehellt werden. Valia Palli aus dem neunten Jahrhundert hat Pahlavi-Inschriften und ein Steinkreuz, das der Heilige Thomas angefertigt haben soll. Das Kreuz, so heißt es, stammt aus der ersten Kirche, die Thomas in Kerala (genauer gesagt: Kodungallur) gründete.

Die 150 Kilometer von Trivandrum nach Kottayam kann man per Straße oder Schiene zurücklegen. Zehn Kilometer westlich von Kottayam liegt **Kumarakom,** das gerade touristisch erschlossen wird. Auf dem Wasserweg von Alleppey aus ist Kumarakom, das am Ostufer des Vembanad-Sees liegt, nur zehn Kilometer von der Küstenstadt entfernt.

Die Inseln im See vor Kumarakom werden von zahllosen Zugvögeln besucht. Man kann sie bequem von Baker's Bungalow oder anderen Aussichtspunkten aus beobachten. Das Anwesen gehört dem Fremdenverkehrsamt Keralas, das sich bemüht hat, seinen nostalgischen Charme zu bewahren. Die *punkahs* hängen noch von der Decke, doch ist es nicht mehr üblich, diese Fächer aus Stoff und Holz bedienen zu lassen. Wie viele Dinge in Baker's Bungalow sind sie nur noch Erinnerung an vergangene Zeiten.

Zehn Kilometer nördlich von Kottayam liegt **Ettumanur** mit seinem berühmten Shiva-Tempel. Schöne Malereien auf Innen- und Außenwänden und ein paar herrliche Skulpturen sind die Merkmale dieses alten Heiligtums. Ausschließlich Hindus dürfen das Tempelgelände betreten.

Nordwestlich von Ettumanur, an der Straße nach Cochin, liegt nach 25 Kilometern **Vaikom;** dort steht ein weiterer Shiva-Tempel. Auch hier dürfen Nicht-Hindus nur bis an die Tempeltore. Vierzig Kilometer hinter Vaikom liegt Cochin-Ernakulam, eines der schönsten Touristenziele. Die Wasserstraßen aber haben ihren ganz anderen, eigenen Charme.

Tempeleingang, Vaikom.

Cochin

Das kosmopolitische **Cochin** (heute offiziell **Kochi**), die Handelshauptstadt Keralas, sonnt sich in dem Titel „Königin des Arabischen Meeres“. Cochin besteht aus Inseln und Halbinseln und besitzt einen herrlichen Naturhafen. Das Stadtzentrum liegt auf dem Festland. Der Hafen wird unter Wasser von den Malabar-Schlammbänken geschützt.

Ein besonderes Vergnügen in Cochin ist eine Inselrundfahrt durch die Wasserstraßen nach Süden und Osten mit anschließender Hafenrundfahrt. Von Ernakulam auf dem Festland fahren Motorboote nach Fort Cochin und Old Cochin auf die Südhalbinsel und um die Inseln.

Auf den Inseln, die in den Ausläufern der riesigen Vembanad-Lagune liegen, machen Kokosfaser-Produkte und Tiefkühlkrabben den Hauptverdienst aus. Die kleinste Insel, **Gundu Island,** schmiegt sich in eine Bucht von Vypeen, der größten Insel. Hier befindet sich eine vorbildliche Kokosfaserkooperative – das einzige Gebäude auf dem 20 000 Quadratmeter-Eiland. Besucher können zuschauen, wie Kokosfasern zu Matten geflochten und zu anderen Haushaltsgegenständen verarbeitet werden.

Vypeen und Vallarpadam: In Narakkal auf **Vypeen** liegt der berühmte **Veliyatta-Parambil-Tempel,** wo bis vor 200 Jahren mit geschmolzenem Metall Gottesurteile gefällt wurden. Auch ein Shiva-Tempel ist in der Nähe, wo besonders schön Shivaratri gefeiert wird. Am anderen Ende der Insel befindet sich die portugiesische Festung Pallipuram, die fast auf Kodungallur blickt. Von hier und von Kodungallur aus wurde dafür gesorgt, daß keine unerwünschten Eindringlinge die Meerenge passierten.

Auf **Vallarpadam,** einer großen Insel im Nordosten Gundus, liegt eine alte Marienkirche. Die Wunder, die hier im Laufe der Jahre geschehen sein sollen, locken die Gläubigen einmal im Jahr in Massen zu dem alten Gotteshaus. Im Osten Vallarpadams liegt das schöne **Bolghatty** mit einem holländischen Palast an seinem Südende, der 1744 im holländisch-keralitischen Stil erbaut wurde. Bis 1947 war er die Residenz des britischen Vertreters am Hofe von Cochin. Der Palast liegt wunderschön und ist heute ein etwas vernachlässigtes, staatseigenes Hotel.

Auf den Lagunen scheint die Zeit still zu stehen.

Südlich von Bolghatty liegt jenseits des Kanals, der in den Hafen von Cochin führt, der wichtigste Teil Cochins: **Willingdon Island.** Diese künstliche Insel wurde Anfang des 20. Jahrhunderts mit Sand aus dem Hafenbecken angelegt. Hier befindet sich das Hauptquartier des südindischen Marinekommandos und – neben einem der bedeutendsten Seehäfen Indiens – auch der Flughafen, die Bahnstation und mehrere Behörden. Landung und Start am Flughafen erinnern an den Kai Tak-Flughafen von Hong Kong. Man rast auf das Wasser zu – mit ungewissem Ausgang, bis man sicher am Boden oder hoch in der Luft ist.

Fast so makellos sauber wie Willingdon Island ist Old Cochin, die Halbinsel, auf der Fort Cochin liegt, und das alte Mattancherry. Seine Geschichte reicht zurück in die Zeit vor den westlichen Besatzern. Hier stehen einige der interessantesten Gebäude Indiens: alte portugiesische, holländische und britische Bausubstanz, die mit den Architekturstilen des übrigen Kerala nichts gemein haben.

Reiches Erbe früherer Zeiten: Old Cochin erkennt man sofort an seiner Skyline – besonders vom Meer aus. Überdimensionale Konstruktionen beherrschen die Küste rund um das Fort: chinesische Fischnetze, die nur in diesem Teil Keralas vorkommen und von den jahrhundertealten chinesischen Einflüssen an dieser Küste zeugen. Die aus Palmblättern geflochtenen, breitkrempigen, konisch geformten Hüte der Fischer sind ein weiterer Hinweis darauf, daß die Chinesen einst eine blühende Siedlung in diesem Teil Indiens unterhielten – und ebenso die Dächer vieler Häuser Keralas, die an den Ecken leicht gebogen sind, die *cheena*-Feuerwerkskörper, die mit einem Höllenlärm explodieren, sowie die Tonkrüge in typisch chinesischem Stil.

Die Attraktion für Besucher, vor allem für solche, die mit Kameras ausgerüstet sind, sind aber die riesigen Fischernetze. Diese Netze sind ebenso spektakulär wie effektiv. Diese genialen Auslegefischfallen mit Plattformen aus Kokospalmenstämmen stehen auf mächtigen Teakfüßen fest auf dem Strand und tragen Teakholzrahmen und Masten, von denen riesige Nylonnetze herabhängen. Das Netz ist über vier Stangen mit Winden und Gegengewichten verbunden und wird durch geschickten Einsatz dieser Steingewichte zu Wasser gelassen und 15 Minuten später von der vierköpfigen Plattformbesatzung wieder eingeholt. Durch die Zugkraft der Gewichte wird das Netz auf Plattformebene gehoben. Dann klettert ein Fischer auf eine der Stangen, an denen das Netz hängt, schöpft mit einem Korb den Fang heraus, und das Netz wird erneut versenkt.

Außer während der Monsunregenzeit von Mai bis August werden die Netze das ganze Jahr über eingesetzt. In Betrieb wirken sie archaisch und wenig effektiv. Doch als Lebensart, als Symbole der Vergangenheit und als Attraktion für die Besucher Cochins sind sie ein fester Bestandteil des Lebens in Kerala, den wenige missen möchten.

Hinter den chinesischen Fischernetzen liegen Gartenhäuser, imposante Bürogebäude und schmale Alleen aus einer anderen Zeit. Zwar hat das eine oder andere Hochhaus in das Straßenbild aus dem 18. und 19. Jahrhundert Eingang gefunden, doch im großen und ganzen hat sich Cochin mit den Jahrzehnten wenig gewandelt.

Älteste Kirche Indiens: Die älteste europäische Kirche Indiens ist **St. Francis's** in Cochin; seine Umwandlung von einer katholischen Kapelle in eine protestantische Kirche ist ein Spiegelbild der Geschichte Cochins. Am Weihnachtstag 1500, zwei Jahre nach Vasco da Gamas Ankunft bei Calicut, gewährte man den Portugiesen das Recht, an der Küste Cochins Handel zu treiben. Drei Jahre später baute Alphonso de Albuquerque an der Stelle des heutigen Forts eine Palisade aus Kokospalmenstämmen, mit Kokosfaserseilen verknüpft. Dort, im Fort St. Emmanuel, bauten fünf Franziskaner-

mönche die Kapelle St Bartholomews. Nachdem Admiral Almeida 1506 einen Vertrag über eine dauerhafte Siedlung ausgehandelt hatte, entstanden Gebäude aus Stein und Mörtel, darunter die St Anthony-Kirche, die 1516 an der Stelle der früheren Kapelle geweiht wurde.

Vasco da Gama, der 1524 als Gouverneur des Malaiischen Archipels nach Asien zurückkehrte, starb am Weihnachtstag desselben Jahres bei einem Besuch in Cochin. Er wurde in der St. Anthony-Kirche begraben. Noch heute zeigt ein Grabstein, wo der große Seefahrer ruhte. Seine sterbliche Hülle kam 1538 nach Lissabon – doch in der Kirche lebt der Mann weiter, der 1497 den Seeweg zu diesen Inseln entdeckte. 1663 fiel St. Anthony's an die Holländer und wurde lutheranisch, was es bis lange nach 1795, der britischen Machtübernahme, blieb. Erst Mitte des 19. Jahrhunderts wurde es eine anglikanische Kirche und bekam den Namen St. Francis's.

Die Kirche verfügt über verschiedene Kunstschätze (darunter zahlreiche Schriftstücke): etwa eine Palmblatturkunde, die der hiesige Raja 1503 den Portugiesen überreichte; das *Doop Boek*, ein holländisches Taufregister bis in die Zeit, als die Kirche protestantisch wurde; und mächtige *punkahs*, alte, handbetriebene Fächer aus Holz und Stoff. Nicht weit von St. Francis's liegt die Kathedrale Santa Cruz, eine römisch-katholische Kirche jüngeren Datums. Besonders schön sind ihre Gemälde.

Der Mattancherri-Palast: Nicht weit von der Kirche liegt im Westen, mit Blick auf Willingdon Island, der Mattancherry-Pier. Daneben eröffnet sich die faszinierende Geschichte des Cochin im 16. Jahrhundert. **Mattancherry Palace** wurde 1555 von den Portugiesen erbaut und dem Raja von Cochin zum Geschenk gemacht. Ursprünglich in einer Mischung portugiesisch-kolonialer und keralitischer Elemente erbaut, wurde er von den Holländern 1663 gründlich im Burgher-Bungalow-Stil renoviert, ein deutliches Zeichen ihrer Achtung für das Königshaus von Cochin. Der Bau hieß von nun an „Holländischer Palast".

Chinesische Fischernetze, Cochin.

Die Rajas von Cochin wurden in der Durbar Hall des Palastes gekrönt. Heute ist sie ihre Ahnengalerie. Die Wandbilder aus dem 17. Jahrhundert erzählen in leuchtenden Farben aus dem Epos *Ramayana*. Sänften, Krönungsgewänder, Möbel, Waffen und die Holzarbeiten im Palast sind bei seiner Besichtigung zu bewundern. Der Komplex umfaßt auch zwei Tempel, in denen die Königsfamilien Cochins beteten: den **Bhagavathi-Tempel** und den runden, stupaähnlichen **Krishna-Tempel,** der den bis ins achte Jahrhundert existierenden buddhistischen Einfluß auf Kerala dokumentiert. An den Krishna-Tempel grenzt einer der interessantesten Teile Cochins: die **Mattancherri-Synagoge** und das Judenviertel **Jew Town.**

Der Sage nach soll Kerala schon zu Zeiten Salomons und Nebukadnezars mit den Juden Handel getrieben haben. Die Geschichten um den Ungläubigen Thomas erzählen von Juden, die mit dem gleichen Wind aus dem Nahen Osten kamen und sich lange vor ihm hier niederließen. Sicher ist, daß es nach der Zerstörung des Zweiten Tempels von Jerusalem im Jahre 70 hier jüdische Siedlungen gegeben hat, und im Jahr 370 lebten in und um Musiris (dem heutigen Kodungallur) über 10 000 Juden.

Es gibt nicht mehr viele dieser asiatischen Juden, die hier „Schwarze Juden" genannt werden, doch in Kerala wird immer noch in drei Synagogen gebetet: in zweien in Ernakulam am Festland und in einer in Parur. Geschlossen sind inzwischen zwei Synagogen in Mattancherri, eine in Chennamangalam und eine weitere in Mala. Eine der beiden Synagogen Ernakulams ist die größte Keralas und beherbergt in einem vergoldeten Kasten ein Exemplar des Alten Testamentes, das angeblich das älteste der Welt ist. Die Synagogen entstanden, als die Schwarzen Juden vor portugiesischer Verfolgung aus Cranganore flohen und Mitte des 16. Jahrhunderts bei den Rajas von Cochin Schutz suchten.

Auf der Flucht vor der Inquisition kamen Anfang des 16. Jh.s aus Spanien und Portugal auch sephardische „Weiße Juden" an die gastfreundlichen Ge-

Ingwerlager in der Gewürzkammer Indiens.

stade Keralas. Gemeinsam mit den Aschkenasim aus Mitteleuropa gründeten sie in Kerala eigene, von den Schwarzen Juden getrennte Siedlungen. Die Trennung blieb bestehen, als sie, von den Portugiesen verfolgt, aus Cranganore flohen und in Cochin Jew Town gründeten. Die meisten Weißen Juden emigrierten nach Israel, doch die knapp 100 verbliebenen versuchen, die Atmosphäre der Siedlung, die sie einst gründeten, in ein, zwei Straßenzügen mit nostalgischen Häusern im holländischen und traditionell keralitischen Stil des 17. Jh.s zu bewahren. Hier steht die besterhaltene Synagoge Indiens, deren kleiner Gemeinde 1997 nur noch knapp 20 Mitglieder angehörten. Die Synagoge wurde 1568 erbaut, 1664 nach der Verwüstung durch die Portugiesen wieder aufgebaut und im 18. Jh. restauriert.

Schöne, handgemalte chinesische Fliesen, darunter nicht zwei gleiche, bedecken den Boden. Die reich verzierte Synagoge ist eines der außergewöhnlichsten jüdischen Gotteshäuser überhaupt. Zu ihren Schätzen gehören alte Schriftrollen mit mosaischen Gesetzen, goldene Kronen von den Maharajas von Travancore und Cochin, Silberlampen, die der erste britische Vertreter am Hofe Cochins spendete, und die Kupferplattenurkunde, die es den Juden erlaubte, Kerala zu ihrer Heimat zu machen. Die Synagoge hat immer noch eine praktizierende Gemeinde, denn wo sich zehn Männer zusammenfinden, kann Gottesdienst gehalten werden. Hier wird der Sabbath gefeiert, Purim, das Passahfest und alle anderen jüdischen Feste. Solche Feiern sind es, die Jew Town und die Synagoge zu einem Symbol für die Toleranz machen, mit der die Malabar-Küste alle Glaubensrichtungen aufnimmt.

Symbol des Glaubens: Nicht weit von der Mattancherry-Synagoge befindet sich das **Coonen-Kreuz,** Symbol eines anderen alteingesessenen Glaubens. An dieses Kreuz banden sich die Thomas-Anhänger, um gegen die Latinisierung ihrer Kirche durch die Portugiesen im Jahre 1653 zu protestieren. Sie leisteten einen Eid auf das Coonen-Kreuz, sich der römischen Kirche zu widersetzen

Gewerkschaftsforderung mit literarischem Anspruch.

und dem antiochischen Patriarchen und den syrischen Riten treu zu bleiben, die sie schon praktiziert hatten, lange bevor die westliche Welt von Christus hörte.

Das interessanteste Museum Cochins ist wohl das **Museum of Kerala History and its Makers** in Edappally an der Straße nach Alwaye. Es beginnt mit dem Menschen der Jungsteinzeit und erzählt in Modellen, Bild und Ton die Geschichte Keralas: vom Heiligen Thomas, Vasco da Gama, den Rajas und den Gelehrten.

Das **Parishath-Thamburan-Museum** in Ernakulam hat eine schöne Gemäldesammlung aus dem 19. Jh., Repliken alter Wandbilder und Skulpturen und Gegenstände aus der Sammlung von Cochins Königshaus. Ergänzt wird dies durch die Sammlung des **Hill Palace Museums** in Tripunithura.

Kathakali (*katha* = Geschichte; *kali* = Bild), die 400 Jahre alte Tanzdramenform, die einst Hindu-Mythen in den Tempeln Keralas zum Leben erweckte, wird heute auf Cochins weltlichen Bühnen gezeigt. Jeden Abend finden allein in Ernakulam mindestens drei Aufführungen statt – im Cochin Cultural Centre, in der See India Foundation und in Art Kerala. Besucher werden mitunter auch hinter der Bühne geduldet, wo sie die Tänzer bei ihrem aufwendigen Make-up beobachten, die bis zu 40 Kilo schweren Kostüme begutachten und die Masken bewundern können. Die von Trommeln und stilisierten Tänzen begleitete Vorstellung ist ein ganz besonderes Erlebnis.

Strände mit Atmosphäre: Cochins Strände gehören nicht zu den schönsten Keralas. Doch sie haben die Atmosphäre einer ruhigeren, liebenswerteren Zeit. Nirgends spürt man dies so stark wie im **Malabar Hotel** auf Willingdon Island. Das altmodische Malabar aus den 30er Jahren (heute gehört es zur Taj-Gruppe) ist trotz aller Modernisierung immer noch ein Hotel aus einer großzügigeren, freundlicheren Epoche. Bolghatty Palace könnte dieselbe Ausstrahlung haben, wurde jedoch durch Verstaatlichung und Gewerkschaftsaktivitäten zu einer seelenlosen Hülle.

Jenseits der Lagune liegt **Ernakulam,** das in seiner Geschäftigkeit mit

Die schön erhaltene Pardesi-Synagoge.

Cochin kontrastiert. Außer seinem Marktplatz hat Ernakulam kaum Sehenswertes zu bieten. **Tripunithura,** Sitz der einstigen Herrscherfamilie Cochins, liegt zehn Kilometer südöstlich von Ernakulam. Hier stehen mehrere Paläste, darunter das heutige **Hill-Palace-Museum.** Eine weitere Attraktion ist der **Sri-Purnathrayeesa-Tempel.**

Sieben Kilometer östlich von Tripunithura liegt **Chottanikkara** mit dem berühmten **Bhagavathi-Tempel.** Sechs Kilometer weiter südlich befindet sich **Mulanthuruthi,** ein Zentrum der jakobitisch-syrischen Christen. Ihre 700jährige Kirche hat mehrere schöne Fresken, die noch aus ihrer Frühzeit stammen.

Von Ernakulam aus führt der National Highway nach Nordosten zu einigen der interessantesten Sehenswürdigkeiten in der Umgebung Cochins – Ziele für Ein- oder Zweitagesausflüge. **Alwaye** ist ein Verkehrsknotenpunkt am Highway und hat (für eine Industriestadt) erstaunlich viel zu bieten. Zur Abkühlung bietet sich ein Bad im Fluß Periyar an, der der Stadt echte Urlaubsqualität verleiht. Das Shivaratri-Fest an seinen Ufern ist ein buntes Ereignis zu Ehren des Shiva-*lingam* auf der Sandbank. Das hiesige Union Christian College ist das erste christliche College, das nicht Missionare, sondern indische Christen gründeten. Das schön am Fluß gelegene Gästehaus ist ein prächtiger alter Palast.

Parur und Kodungallur: Im Nordosten Alwayes liegt **Parur,** eine der Städte des Heiligen Thomas und ein bedeutendes Judenzentrum; und etwas weiter **Kodungallur,** eine interessante, doch wenig beachtete historische Stätte. Bei den Griechen hieß es Musiris, bei den Europäern Cranganore. Die Cheraman Perumal, die hier regierten, nannten es Mahodyapuram. **Cheraman Paramba** in der Nähe des **Thrivanchikulam-Tempels** soll Standort der Residenz der Perumal-Regenten gewesen sein, des **Allal Perumkovilakam.**

Die älteste Moschee Indiens: Zum Bharani-Fest im März/April zieht der nahegelegene **Bhagavathi-Tempel** tausende Besucher an. Die hiesige Moschee, die hinter ihrer modernen Fassade wie

Im Inneren der St. Mary's-Kathedrale.

ein Kerala-Tempel aussieht, ist die älteste Indiens. Ihre Geschichte reicht zurück bis in die Zeit vor den Mughal-Einflüssen auf Deccan und den Norden. Noch älter ist Kodungallurs Verbindung zum Christentum: Im benachbarten **Kottappuram** soll nämlich der Heilige Thomas gelandet sein. Die St. Thomas Church hier gilt als Sehenswürdigkeit. Außerdem hat Kodungallur die Ruinen eines portugiesischen Forts und einen Strand zu bieten. Es ist ein für Touristen noch unerschlossenes, doch lohnenswertes Ziel. Zu seinen Attraktionen zählen auch die Wasserstraßen, da Kodungallur praktisch am äußersten Zipfel des Vembanad-Sees liegt. Eine Bootsfahrt nach Alwaye oder von Cochin nach Kodungallur ist immer ein Erlebnis.

Die Straße von Alwaye Richtung Nordosten führt nach **Kaladi** am Ufer des Flusses Alwaye. Das ist der Geburtsort Sri Shankaracharyas, des großen Advaita-Philosophen und Reformators des achten Jahrhunderts, und daher Ziel vieler Pilger. Einer der beiden Tempel enthält ein Bildnis Sri Adi Shankaracharyas als Dakshinamurthy, der andere ein Bild Saradambas, der Schutzpatronin Sringeri Mutts. In der Nähe des **Saradamba-Tempels** befindet sich ein Tempel mit einem Krishna-Bild, das Shankaracharya selbst aufgestellt haben soll.

Ein neuerer Tempel ist der **Internationale Tempel** Sri Ramakrishnas, dessen *swami* in einer lebensgroßen Statue und in der herrlichen Bibliothek verewigt ist. An der Straße zu den Tempeln liegt das **Sri Adi Sankara Keerthi Sthamba Mandapam,** ein 45,70 Meter hoher, achteckiger Turm mit neun Stockwerken, der in Worten, Symbolen und Bildern aus Sri Shankaracharyas Leben und Wirken erzählt.

Kurz hinter Kaladi liegt in 610 Metern Höhe, auf einem Berg, ein Schrein des Heiligen Thomas. Die Fußabdrücke im Fels von **Malayattur** sollen von ihm stammen. Der Heilige Thomas, der hier meditiert und in der Wildnis einen Schrein gebaut haben soll, wird jedes Jahr von Tausenden von Pilgern angerufen. Das Malayattur-Perumal-Fest im März/April ist eines der größten christlichen Feste in Südindien.

Etwas weiter südlich liegt bei **Perumbavur** ein aus dem Felsen gehauener Tempel, der zwar jainistisch wirkt, doch ein Hindu-Tempel ist. Vom **Kallil-Tempel** führen 120 Stufen zu der aus dem Felsen gehauenen Mahavira-Statue. Wenn man die Straße von Ernakulam nach Munnar fährt, zweigt man bei Kothamangalam zum **Thattekkad-Vogelschutzgebiet** ab. Es ist der einzige Vogelschutzpark Keralas; er umfaßt den Fluß Periyar und Teakpflanzungen – also genau die richtige Umgebung für viele Vogelarten (Hornvögel, Racken, Papageien, Wasservögel und verschiedene Zugvögel).

Durch den Vogelschutzpark, die Heiligtümer verschiedener Glaubensrichtungen, die historischen Denkmäler, die Flüsse, Lagunen und Wasserwege, die Strände, Parks und Museen ist Cochin sozusagen ein Kerala in Miniaturausführung. Doch jenseits von Cochin und Kodungallur liegt Nordkerala – eine ganz andere Welt, die auf Entdeckung wartet.

Links: Kerala hat eine starke marxistische Tradition. Rechts: Zwei Männer trainieren Kalarayipattu, Keralas alten Kampfsport.

Das Hochland

Östlich von Kottayam beginnt das Plantagenland: Hänge mit Tee, Kaffee, Gummi, Kardamom und Pfeffer, unterbrochen von Wäldern und Wildparks. Die Western Ghats bilden nördlich des Flusses Periyar das von den Einheimischen Annamalais („Elefantenberge") genannte Hochland. Hier liegt Anai Mudi, die mit knapp 3000 Metern höchste Erhebung des Südens. Unterhalb des Periyar liegen die Cardamom Hills, die nicht so hoch, doch dicht bewaldet und nur ganz im Süden erschlossen sind.

Ponmudi im Süden der Cardamom Hills ist der einzige bemerkenswerte Gebirgsort in der Nähe Trivandrums. Das Hochland insgesamt ist jedoch interessanter. Hier kann man nicht nur Tagesausflüge ins Grüne machen, sondern seine ganzen Ferien in der Wildnis verbringen. Früher war der Reisende hier ganz auf sich allein gestellt. Heute gibt es zwar neuzeitlichen Komfort, doch ist dies sicher nicht das bequemste und immer noch ein aufregendes Reiseland.

Die Straße von Kottayam nach Osten, in den 120 Kilometer entfernten Periyar-Wildpark, ist schon ein Erlebnis für sich. Sie schlängelt sich bergauf, durch einen Teppich von Teesträuchern, hohe Gummibäume und Felder mit Kaffee, Kardamom und Pfeffer. Als Rastplatz bietet sich unterwegs der hübsche Bergort **Peermade** an, 75 Kilometer hinter Kottayam. Der hiesige Club ist ein malerischer Farbtupfer inmitten grünen Tees, umgeben von welligen Hügeln in allen Grüntönen, verwaschenem Purpur und rauchigem Blau. Jetzt haben Sie das Hochland erreicht und reisen auf durchschnittlich 2100 Metern Höhe und mehr. So hoch sind die höchsten Gipfel der Cardamom Hills.

Südlich von Peermade liegt **Sabarimalai,** Wohnsitz des Gottes Aiyappa. Er ist nur über die Straße von Kottayam nach Süden erreichbar, hinauf bis zum Fluß Pamba. Bis zum Bergtempel in der Wildnis sind es von hier fünf Kilometer Fußmarsch durch Waldesdickicht. Dennoch kommen Gläubige aus ganz Indien.

„Zwei Blätter und eine Knospe" – Teepflückerinnen bei der Arbeit auf Munnars Plantagen.

Während der Festsaison im Dezember/Januar braucht man für die Strecke statt der normalen vier Stunden oft länger, da Menschenmassen den Pfad verstopfen. Die Pilger, meist Männer, legen strenge Gelübde ab, 40 Tage oder mehr asketisch zu leben. Während der Tage vor dem Sabarimalai-Fest sind schwarz- oder safranfarben gekleidete Männer mit Bärten, die verkünden, welche Enthaltsamkeitsgelübde sie sich auferlegt haben, kein seltener Anblick in südindischen Städten. Nur wenige Frauen machen die Wallfahrt. Zu beschwerlich sind die Pflichten, die die Tradition ihnen vorschreibt, wenn sie im Bergtempel beten wollen.

Die Straße von Peermade nach Osten bringt die Reisenden weg vom Tempel in der Wildnis und der ihn umgebenden Heiligkeit. Die Wälder und Bergwiesen um den künstlichen Periyar-See zeugen von einer Hingabe anderer Art. Hier, auf einem Gebiet von 800 Quadratkilometern, in Höhenlagen von 900 bis 1950 Metern, widmet man sich dem Erhalt der Tierwelt.

Die Straße zum Seepalast: Bei Kumili trifft die Straße aus Peermade auf die Straße aus Madurai in Tamil Nadu und schlängelt sich am Ostrand des Parkes nach Thekkady, das am Seeufer liegt. Hier ist das Basislager für Ausflüge ins **Wildschutzgebiet und Tigerreservat von Periyar.** Es gibt Übernachtungsmöglichkeiten von Luxushotel- bis Jugendherbergsstandard. Versuchen Sie, ein Zimmer im **Lake Palace** zu bekommen. Es mag ein wenig spartanisch sein, doch dem stillen Frieden dieses palastähnlichen Ausgucks der Maharajas von Travancore kommt keine der überfüllten Herbergen Thekkadys gleich.

Die Hochsitze in den Bäumen (zur Wildbeobachtung bei Nacht und am Tag) sind rar und weit verstreut im Reservat, doch bekommt man – vor allem in Begleitung eines Forest Rangers – wirklich viel zu sehen. Die üblichere Methode der Wildbeobachtung ist, morgens und abends ein paar Stunden in einem der vielen Boote zu verbringen, die auf dem See treiben.

Die Forstleute weisen Sie bereits aus der Entfernung auf Wild hin, doch meist braucht man keine Hilfe, um im besten Elefantenreservat Indiens eine Elefantenherde zu entdecken. Herden von 20 bis 30 Tieren, die langsam die Hänge auf und ab traben, im Wasser herumtollen oder durch schmale Ausläufer des Sees ans andere Ufer schwimmen, sind kein seltener Anblick. Oft lenken die Ranger das Boot bis auf wenige Meter an eine Herde im Wasser heran. Daß die Tiere sich nicht stören lassen, zeigt wie sicher sie sich in Periyar fühlen. Für Tierfotografen ist dieses Reservat das Paradies.

Axishirsch und Sambar, der indische Bison und zahllose Wasservogelarten kommen ebenfalls häufig vor. Mit ein bißchen Glück sieht man sogar einen Bären oder Leoparden, einen Tiger oder seltenen Vogel. Doch die Bootsfahrt selbst ist bei Sonnenunter- wie -aufgang schon ein tolles Erlebnis. Und daß hinter jeder Kurve unerwartet ein Tier oder eine Herde auftauchen kann, steigert die Spannung ungemein.

Ziele für Tagesausflüge von Thekkady sind Crusoe Island (19 km), Manakavala (10 km), Mullakudy (129 km), Periyar Dam (15 km) und Thannikudy (38 km). Von Kumili aus schlängelt sich die Straße schließlich weiter, noch höher, hinauf zu den größten Plantagen.

Unser Ziel ist Munnar. Es ist nur 70 Kilometer entfernt, durch die vielen Kurven scheint die Strecke aber viel weiter. Vorher steuern wir aber noch **Idukki** mit seiner zerklüfteten Umgebung an. Idukki bedeutet „enge Schlucht“, und durch diese rauscht hier der Periyar westlich der Straße von Kumili nach Munnar. Die Schlucht bilden die Berge **Kuravan** und **Kurathi** die der Sage nach ein liebendes Zigeunerpärchen waren, das durch einen Fluch zu Fels erstarrte. Die Schlucht überbrückt der phantastische Bogen des Idukki-Damms inmitten dichtbewaldeter Hügel und Täler, die reißende Ströme durchfließen. Der Damm ist umgeben von vielfältiger Schönheit: Wildnis, von Menschenhand angelegte Gärten und der Idukki-Wildpark. Flora und Fauna dieses Schutzgebietes ähneln der des Periyar, doch es gibt weniger Möglichkeiten zur Wildbeobachtung. Das Carmelia Resort in Vandanmedu bietet ein exzellentes Restaurant und komfortable Hütten.

In Richtung Munnar schlängelt sich die Straße über **Devikolam,** die nächste Ortschaft, eine Company-Stadt, umgeben von Plantagen. Die meisten der großen Plantagen hier waren in britischer Hand. Nur ein Inder, Kannan Devan, besaß hier bereits in der Blütezeit des Raj Pflanzungen. Heute ist der größte Plantagenbesitz des Hochlandes in den Händen von Tata Tea, das für fast jede öffentliche Einrichtung in der Gegend verantwortlich ist.

Munnar liegt in 1800 Metern Höhe, am Zusammenfluß dreier Ströme. Es ist die höchstgelegene Stadt Keralas und liegt im Herzen des Teelandes. Hier befinden sich ein paar der größten Teeplantagen Keralas und des Hochlandes. Dahinter liegen Anai Mudi und die üppigen Tropenwälder des Annamalai-Schutzgebietes in Tamil Nadu und der **Eravikulam-Nationalpark** in Kerala. Der Zugang zum Park wird jetzt von Tata Tea kontrolliert, das der Wildschutzbehörde Keralas hilft, Flora und Fauna der Region zu erhalten.

Elefantentoilette.

Der Nilgiri-Tahr Eravikulams ist eine der seltensten Bergziegenarten der Welt. Bis vor einigen Jahren kämpfte diese Art verzweifelt gegen den Untergang. Heute sieht man Herden von bis zu 30 Tieren. Im Park und in den Plantagen der Annamalais streifen Elefanten umher. Nilgiri-Languren, Wanderus und andere Affen bevölkern diese Gegend. Auch Sambars lassen sich hier blicken. Regelmäßig trifft man auf jagende Wildhunde. Dank dem in den letzten Jahren wachsenden Umweltbewußtsein gibt es hie und da sogar wieder Tiger oder Leoparden.

Ein Besuch in Munnar lohnt sich doppelt: Der Besucher sieht nicht nur mehr Wild als jemals zuvor, er lernt auch das Leben auf den Plantagen und im High Range Club kennen, wo sich die Pflanzer am Wochenende treffen. Statt Rugby wird im Club heute nur noch Golf gespielt. Außerdem kann man an den kalten, reißenden Flüssen fischen gehen.

Teesträucher in der Wildnis

Wer Gelegenheit zu einem Aufenthalt auf einer Teeplantage bekommt, sollte zugreifen. Hier wird man in großen, komfortablen Bungalows nach Strich und Faden verwöhnt. Draußen dagegen ist das Leben hart. Plantagenarbeit heißt, die Teesträucher zu hacken und zu schneiden, damit sie grün bleiben und wieder Blüten ansetzen. Pflükker entfernen geschickt und schnell „zwei Blätter mit Knospe" und werfen sie in die Körbe über ihren Schultern. Die Blätter kommen in die Fabrik und werden sorgfältig getrocknet. All dies gehört zum Tagwerk auf einer Teeplantage, die sich von städtischen Arbeitsplätzen drastisch unterscheidet. Wer einen Teekoster bei der Arbeit gesehen hat, wie er einen Schluck des Gebräus nimmt und ausspuckt, wieder und wieder, bekommt eine Vorstellung davon, was in der Tasse Tee steckt, die er zuhause vorgesetzt bekommt.

Die Rückkehr von Munnar nach Cochin ist wie die Rückkehr in die Realität – die übrigens so schlecht gar nicht ist, denn die reizvolle Hafenstadt Cochin hat dem Besucher ja auch so einiges zu bieten.

TRICHUR UND CALICUT

Trichur (heute offiziell **Thissur**) am National Highway, 53 km von Alwaye entfernt, ist für viele die Kulturhauptstadt Keralas. Drei staatliche Akademien – die Kerala Sahitya Akademie (Literatur), die Sangeet Natak Akademie (Musik und Drama) und die Lalit Kala Akademie (visuelle Kunst) – haben hier ihren Sitz, die Abteilung Drama der Unversität von Calicut (heute offiziell **Kozhikode**) arbeitet in Trichur, und die Kalamandalam-Kunstakademie, das Nervenzentrum Kathakalis, ist ebenfalls nicht weit.

Trichur ist die anglisierte Version des Malayalam-Namens Trissivaperur, was „Stadt mit dem Namen des Gottes Shiva" bedeutet. Die Stadt wurde um eine Anhöhe herum gebaut, auf der der **Vadakkunnatham-Tempel** steht, mit seinen herrlichen Holzschnitzarbeiten ein Paradebeispiel keralitischer Architektur. Er beherbergt Schreine Ramas, Krishnas und anderer Gottheiten. Der Legende nach soll der Tempel vom Weisen Parasurama gegründet worden sein, der Kerala aus dem Meer zum Vorschein brachte.

Im Tempel von Trichur findet jedes Jahr im April das berühmte *Pooram*-Fest statt, ein großes Spektakel mit einer Prozession von 30 bis 40 schabrakkenbedeckten Elefanten unter den Fanfarenklängen der *Panchavadya,* fünf traditioneller keralitischer Instrumente. Bis zum Morgengrauen findet ein großes Feuerwerk statt. Das *Pooram*-Feuerwerk gilt als das großartigste von Indien, vielleicht sogar von ganz Asien.

Wer sich für darstellende Kunst interessiert, sollte **Kalamandalam,** 30 Kilometer von Trichur, am Highway nach Shoranur, besuchen. Diese Akademie gründete Keralas berühmter Dichter Vallathol Narayana Menon in Cheruthuruthi am Ufer des Bharathapuzha. Hier wird Mohini Attam und Ottam Thullal gelehrt.

Kathakali, traditionell eine Männerdomäne, wird heute auch von Frauen getanzt. Die Themen haben sich ebenfalls gewandelt. Der letzte Schrei ist Shakespeare's „King Lear" in einer Kathakali-Version. Eine Kalamandalam-Truppe zeigte das Stück erst kürzlich bei einer Europatournee und kam damit bei westlichem Publikum gut an.

Etwa 30 Kilometer nördlich von Trichur liegt **Guruvayur** mit seinem berühmten Sri-Krishna-Tempel, der als größtes Hindu-Heiligtum Keralas gilt. Obwohl der Ursprung des Tempels im Dunkeln liegt, muß er im 16. Jahrhundert schon existiert haben. Der Sage nach soll das Bildnis von Guru, dem Lehrer der *devas* (Götter), und Vayu, dem Gott der Winde, geweiht worden sein – daher der Name Guruvayur. Der Tempelgott Krishna ist auch unter der Bezeichnung Guruvayurappa bekannt.

Zu den regelmäßigen *poojas* in der Morgen- und Abenddämmerung eilen die Gläubigen in Scharen herbei. Auch finden hier viele Hindu-Hochzeiten statt. Der Zutritt zum Tempel ist Nicht-Hindus verboten. Die Gläubigen geben Bargeld und Sachspenden wie Getreide, Gemüse und *ghee* (geklärte Butter). Der Tempel hat einen großen Elefantenstall, um die von Frommen gespende-

Links: Majestätischer Einzelgänger. **Rechts**: Silent Valley.

ten Tiere unterzubringen. Das alljährliche Tempelfest **Ulsavom** im Februar/März zieht sich über zehn Tage hin und beginnt mit einem Elefantenrennen. Es findet eine bunte Elefantenprozession statt und eine Darbietung von Krishnattom, dem Vorläufer der Kunstform Kathakalis. Beim zweiten Fest im November/Dezember geben berühmte Musiker auf dem Tempelgelände Konzerte.

Palghat am Fuße der Western Ghats ist eine geschäftige Handelsstadt 79 Kilometer von Trichur entfernt. Es ist Hauptstadt eines Bezirkes, der zu Keralas Reiskammern zählt. Hier steht ein gut erhaltenes Fort aus der Zeit Hyder Alis, des Sultans von Mysore, in dem nun Behörden untergebracht sind.

Von Palghat zur Stauanlage von **Malampuzha** sind es 14 Kilometer. Der Staudamm wurde quer durch den Fluß Bharatapuzha gebaut, kurz vor den ersten Ausläufern der Western Ghats. Der See mit reichem Fischbestand lädt zu Bootsfahrten ein, den Damm selbst zieren Gartenterrassen mit Statuen von Keralas großem Bildhauer Kanai Kunhiraman.

Tierleben im „Stillen Tal": Auf dem Highway von Coimbatore nach Cannanore erreichen Sie in nördlicher Richtung von Palghat aus **Attapadi,** ein Zentrum der Stammeskultur. Anthropologen werden sich für die Lebensweise der Irular, der Mudugar und der Kurumbar interessieren. Zwölf Kilometer weiter liegt **Silent Valley,** wo einer der wenigen übriggebliebenen immergrünen tropischen Regenwälder wächst. Elefanten, Tiger, Wildhunde, Flughörnchen und Wanderus bevölkern dieses Tal, in dem zahllose Pflanzenarten gedeihen. Für das Betreten des Tales ist eine Genehmigung der Forstbehörde erforderlich.

Wenn Sie in Mannarghat wieder auf den National Highway fahren, erreichen Sie nach 60 Kilometern durch ausgedehnte Gummiplantagen **Nilambur.** Nilambur ist Hauptquartier einer wichtigen forstwirtschaftlichen Abteilung Keralas. Hier liegen die schönsten, von Menschen angelegten Teak-Pflanzungen der Welt, fast 100 Jahre alt. Pausieren Sie an einem der malerischen Picknickplätze, z. B. in Nellikuthu.

Ländliches Büffelrennen in Chittali.

Von Nilambur aus können Sie nach Calicut oder durch das Moplah-Land in die Bezirkshauptstadt **Malappuram** reisen. Beide Städte haben alte Moscheen, deren alljährliche *nerchas* (Feste) farbenfrohe Ereignisse sind. Am parallel verlaufenden Highway liegt in **Chelari** im Südosten die Calicut-Universität und das malerische Städtchen Mamburam am Ufer eines kleinen Flusses. Weiter geht es über Feroke mit seiner blühenden Fliesenindustrie am Ufer des Chaliyar entlang nach Calicut.

Calicut (heute wieder **Kozhikode**) liegt zwölf Kilometer von Feroke entfernt. Es war einst der bedeutendste Hafen der Malabar-Küste, von dem aus Phönizier und Griechen Gewürze und Stoffe exportierten. Nach dieser Stadt tauften die Engländer einen Baumwollstoff: *calico*. Der erste koloniale Eroberer aus dem Westen, Vasco da Gama, landete in Kappad, 14 Kilometer nördlich von Calicut. Der Zamorin Raja hieß ihn willkommen und gewährte ihm dieselben Handelsrechte wie anderen Ausländern, doch der Ehrgeiz der Portugiesen mußte schließlich zum Streit führen. Zamorins Seeleute, unerschrockene Moplah-Moslems, leisteten unter ihren fähigen Admiralen, den Kunhali Marakkar, erbitterten Widerstand. Den Portugiesen folgten die Holländer und diesen wiederum die Briten (nach einem kurzen französischen Intermezzo). Sie alle hinterließen entlang der Malabar-Küste ihre Spuren.

Calicut ist eine überfüllte Stadt mit engen Straßen, in denen sich über eine halbe Million Menschen drängen. Bis heute ist sie ein bedeutender Umschlagplatz für Gewürze, Kokosnüsse und anderes. Hier befindet sich das **Pazhassi-Raja-Museum** der staatlichen Archäologiebehörde und auch die **Krishna-Menon-Kunstgalerie** mit **Museum.**

Der Islam in Kerala: Obwohl es in der Frühgeschichte Keralas keine Belege dafür gibt, wird vermutet, daß der Islam bereits im siebten Jahrhundert in das Land kam, mit dem die Araber seit Jahrhundert Handelsbeziehungen unterhielten und das sie Malabar nannten. Viele glauben, daß der letzte Herrscher Keralas, Cheraman Perumal, sich vom Islam angezogen fühlte und nach Jeddah segelte, um den Propheten zu treffen. Er trat zum Islam über, nannte sich Tajuddin und heiratete die Schwester eines großen Seefahrers und Gelehrten mit Namen Malik Bin Dinar. Die erste Moschee wurde in Kodungallur erbaut, und Malik Bin Dinar soll neun weitere noch vorhandene Moscheen gegründet haben, darunter die von **Chaliyam** bei Beyport, die von **Kollam** bei Quilandy, von Madayi bei Cannanore und von Ezhimalai an der Strecke nach **Kasargode** – alles Küstenstädte, was den engen Zusammenhang zwischen dem Seehandel und der Ankunft des Islam belegt. Die Moslemgemeinde Keralas (Moplah genannt) wuchs durch Einheirat arabischer Händler und durch die allmähliche Verbreitung ihres Glaubens, den sie nur vorlebten und verkündeten, nie mit Gewalt aufzwangen. Daher kommt das harmonische Miteinander, das in ganz Kerala zu beobachten ist.

Von Calicut nach Osten bis zum **Wyanad-Plateau** auf 600 m Höhe sind es 55 Kilometer. Wynad ist für seine Kaffee-, Kardamom-, Pfeffer- und Gummiplantagen bekannt. **Lakidi** liegt am Wege – ein ruhiger Flecken von großer Schönheit, mit Bergbächen und dem **Pookote-See,** einem reizvollen Platz für ein Picknick.

Wynaad ist ein eigener Bezirk mit eigener Hauptstadt: **Kalpetta.** Hier steht ein berühmter jainistischer Tempel (Kalpetta war einst Hochburg der Jaina); und im nahen **Edakkal** gibt es natürliche Höhlen mit prähistorischen Schnitzereien. Bei Chundale teilt sich der Highway in die Straßen nach Ooty und Mysore. **Sultan's Battery,** der letzte Ort bevor man Wynaad verläßt, wurde vom Sultan von Mysore erbaut. Ein parallel verlaufender Highway in Wynaad verbindet Mysore mit Tellicherry und Cannanore, durch Manantavady und das weite Landwirtschafts- und Wildschutzgebiet Avalam.

Gar nicht weit von Calicut liegt an der Mündung des Chaliyar der bedeutende Fischereihafen **Beypore.** Beypore war schon den Arabern und Griechen bekannt und wird heute als Hafen wiederentdeckt. Sein ganzer Stolz ist eine

Gewürze des Orients

Abwechslung ist die Würze des Lebens, sagt ein englisches Sprichwort. Und Abwechslung bei Gewürzen macht das Leben noch angenehmer. So dachten offensichtlich auch die Menschen vor über 2000 Jahren. Denn seitdem der Mensch die Meere überquert, ist er hinter den Dingen her, die das Leben angenehm machen. Phönizier und Griechen segelten an Indiens Gestade, um indische Gewürze an Bord zu nehmen. Indischer Pfeffer und Kardamom erzielten hohe Preise. Es wurde hauptsächlich an Vorderindiens Westküste Handel getrieben, besonders mit Kerala. Schon zu Zeiten Salomons waren Musiris (das heutige Kodungallur) und Ophir (jetzt Beypore) bekannte Hafenstädte. Pfeffer, „das schwarze Gold", stand hoch im Kurs – ebenso hoch wie das echte Gold und die Edelsteine, die häufig dafür eingetauscht wurden.

Auch Kardamom war eine kostbare Ware. Heute ist es eine beliebte Zutat zu indischen Currygerichten. Kardamomsamen haben ein kampferartiges Aroma. Die kleinen grünen Früchte gedeihen verschwenderisch in den Wäldern der Cardamom Hills.

Kühne arabische Seeleute besuchten die „Malabar"-Küste regelmäßig, schon lange bevor der Islam kam. Die Strände Keralas waren stark frequentierte Märkte des Gewürzhandels. Dieser Handel wird bis heute fortgesetzt, obwohl die Gepflogenheiten – und auch die Menschen, die dahinter stehen – sich grundlegend verändert haben.

Pfeffer und Kardamom sind zwar die gefragtesten Gewürze, doch auch getrockneter Ingwer, Knoblauch und Kurkuma finden Abnehmer. Weiter unten auf der Beliebtheitsskala rangieren getrocknete Chilis (die aus der Neuen Welt von den Portugiesen eingeführt wurden), Koriander, Kreuzkümmel, Ingwer, Fenchel, Sellerie und Fenum Graecum.

Im Zuge der Einführung moderner Fertiggerichte werden Gewürze heute unter bestimmten Markennamen wie „Indian Curry Powder" gemahlen oder als Gewürzmischung abgepackt. Führende indische Firmen und Tochterunternehmen multinationaler Konzerne haben sich auf solche Fertiggerichte verlegt.

Etwa 80 Prozent der gesamten Kardamomproduktion der Welt kommen aus Indien und davon wiederum 60 Prozent aus Kerala. Pfeffer („schwarzes Gold") ist das lukrativste Exportgut Indiens. Kardamom wie Pfeffer unterliegen starken Preisschwankungen, was den Spielerinstinkt der Spekulanten an den Warenbörsen anregt. So mancher hat hier schon ein Vermögen gemacht – oder verloren. Am wenigsten profitieren jedoch diejenigen Menschen von den Preissteigerungen, die die Gewürze mit ihrer Hände Arbeit anbauen.

Unter den Gewürzen gibt es noch ein anderes gefragtes Produkt – Cashew. Zwar zählen Cashewkerne streng genommen nicht zur Sparte Gewürze, doch sind sie in aller Welt gefragt. Die Geschichte des Cashewanbaues in Indien ist sehr interessant. Eingeführt wurde die Frucht von den Portugiesen, eine der wenigen segensreichen Neuerungen, die sie ins Land brachten. Angebaut wird sie vor allem in Goa, doch auch in Kerala, wo sie die Devisenbilanz aufbessern hilft.

Die Cashewarbeiter Keralas, vor allem in Quilon (heute offiziell Kollam), gehören zu den besten der Welt. Viele Länder lassen Cashewkerne (auch aus Afrika) in Indien verarbeiten und re-exportieren. Cashewnüsse sind eine wichtige Zutat zu vielen vegetarischen Gerichten Südindiens, aber auch für Fleischspeisen. Der Cashewkern liefert ein hochprozentiges Getränk, das *feni* genannt wird, eine Spezialität Goas, die Freunde alkoholischer Genüsse unbedingt probieren sollten.

Indien produziert etwa zwei Millionen Tonnen Gewürze im Jahr, darunter die Hälfte der gesamten Weltproduktion an schwarzem Pfeffer. Der Export an getrockneten Gewürzen ist über die letzten beiden Jahrzehnte, auch durch staatliche Fördermaßnahmen, beständig gewachsen.

Entland den Küsten und auf den küstennahen Bergrücken gedeihen die Gewürze im Überfluß. Die Plantagen geben ein Bild bunter Pracht. ■

Werft, auf der schon vor Jahrhunderten Schiffe für die Araber der Golfstaaten und Kuwaits gebaut wurden.

Der nördliche Highway von Calicut führt durch die Vorstadt West Hill mit ihrer kleinen Kaserne. Etwa 15 km entfernt liegt der **Kappad-Strand,** wo Vasco da Gama landete. Das einst ruhige Dorf verwandelt sich zunehmend in einen modernen Urlaubsort mit Ferienhäuschen, Sauna und Schwimmbad.

Fährt man von Calicut aus nach Norden, kommt man durch **Quilandy.** Hier stößt man auf Familien, die ihren Stammbaum bis auf arabische Siedler zurückverfolgen können – und auf das Handelszentrum **Badagara.** Nicht weit von Badagara liegt **Lokanar Kavu,** Heimat der Kurup, der Helden *Vedakka Pattus*, der Balladen des Nordens. Sie praktizieren die alte Kampfsportart *kalari payattu*, die älter ist als *kung fu*. Mit turnerischem Geschick wehrten sie mit Hilfe von Stöcken, Knüppeln und *urumi* aus dünnem Stahlblech Scharen von Angreifern ab. Nördlich von Badagar erreichen Sie **Mahe,** die einstige französische Enklave, heute verwaltungstechnisch zu Pondicherry gehörig.

Der Charme der Vergangenheit: Fünf Kilometer nördlich liegt **Tellicherry,** eine verschlafene Provinzstadt mit altehrwürdigem Charme. Die von der East India Company im frühen 18. Jh. erbaute Festung liegt direkt am Strand. Von hier aus kann man die Schönheit des Arabischen Meeres auf sich wirken lassen. Das kleine **State Arts Museum** zeigt exzellente Bronzen und Holzschnitzereien. In Tellicherry steht die Wiege des indischen Zirkus. Die herausragendsten Artisten aller indischen Zirkustruppen stammen von hier, wo sie von Kindesbeinen an, dank der Vorarbeit des inzwischen verstorbenen Keelari Kunhikannan Gurukkal, für Höchstleistungen trainiert werden. Tellicherry hat eine Zirkusakadamie und eine Sporthalle nicht weit vom Strand.

Cannanore (heute offiziell **Kannur**) liegt 29 km weiter nördlich und war einst Hauptstadt der Kolathiri Rajas und auch Sitz der Arakkal Rajas, der einzigen muslimischen Herrscherfamilie Keralas. **St. Angelo's Fort**, im 16. Jh. von den Portugiesen erbaut, ist unbedingt sehenswert. Etwa 50 Kilometer im Norden, auf einer Felsnase hoch über dem Meer liegt **Ezhimala.** Hier hat sich die Marineakademie niedergelassen. Am Wege liegt **Taliparamba** mit seiner Schlangenfarm.

Rund 100 Kilometer nördlich von Cannanore liegt am National Highway das Fischereizentrum Kasargode. Die hier ansässigen Moslems gelten als ausgezeichnete Seeleute und sind für ihre Unerschrockenheit und ihren Wagemut bekannt. **Bekal Fort,** zehn Kilometer von Kasargode entfernt, ist ebenfalls einen Besuch wert. Es liegt auf einer weit hinausragenden Klippe, strategisch günstig hoch über der Küste. Die riesige Anlage aus rotem Laterit, die ein Kannada-Anführer erbauen ließ, diente wohl als Ausguck, um marodierende Schiffe auszumachen. Im winzigen Gästehaus des Forts kann man nach vorheriger Anmeldung übernachten. Hinter Kasargode überqueren Sie auf der langen Ullal-Brücke den Netravati und kommen nach Mangalore, zum lebendigen Hafen Karnatakas.

Schankwirt einer *Toddy*-Schnaps-Bar.

DAS LAKSHADWEEP-ARCHIPEL

Sechsunddreißig kleine Inselchen mit einer Gesamtfläche von 3,2 Hektar bilden das Lakshadweep-Archipel, den kleinsten Staat der indischen Union. Die Lagunen einbezogen, umfaßt das Gebiet immerhin eine Fläche von 419 Hektar. Berücksichtigt man noch die zugehörigen Gewässer, kommt man auf stolze 2023 Hektar.

Bis 1956 gehörten die Inseln zum Staat Madras, und nur zehn davon sind besiedelt. Bis 1973 waren sie als Laccadiven, Minicoy- und Amindivi-Inseln bekannt. Besiedelt sind, nach Größe geordnet, Minicoy, Androth, Kavaratti, Kadmat, Agathy, Ameni, Kiltan, Chetlat und Bitral. Viele Inseln dürfen allerdings nur eingeschränkt bereist werden, um das empfindliche Ökosystem aus Lagunen, Land (das nur zwei Meter über dem Meeresspiegel liegt) und Ozean zu schützen. Für den internationalen Tourismus ist nur Bangaram ausgerüstet, das ursprünglich unbewohnt war. Inder können auch Kalpeni, Kadmat, Minicoy und die Hauptstadt Kavaratti besuchen.

Indiens Koralleninseln: Die Inseln liegen zwischen 8° und 12° nördlicher Breite, etwa 340 bis 350 Kilometer vor der Küste Keralas. Die Lakshadweep-Gruppe sind Indiens einzige Koralleninseln. Der Archipel umfaßt 12 Atolle, drei Riffs und fünf unterseeische Korallenbänke. Die Atolle verlaufen fast alle von Nordosten nach Südwesten und bilden Lagunen, die mit dem Meer durch einen oder mehrere Kanäle verbunden sind. Das Klima ist das ganze Jahr über tropisch, mit Höchsttemperaturen von 35 bis 38° C und Tiefstwerten von 17 bis 18° C. Die Monsunregen beginnen im Mai, und dann regnet es bis Ende September. In dieser Zeit sind die Inseln für Touristen gesperrt.

Lakshadweeps hauptsächlicher Reiz liegt in den unberührten, menschenleeren Stränden, den üppigen Kokospalmenhainen und den kristallklaren Lagunen, deren Farbpalette von blassem Aquamarinblau bis zu tiefem Lapislazuli reicht. Die Lagunen sind seicht, friedlich und sicher. Hier gibt es leuchtend bunte Tropenfische in Hülle und Fülle. Abenteuerlustigere können sich bei der Society for Promotion of Recreational Tourism and Sport (SPORTS) Tauchausrüstung leihen und die märchenhaften Korallenriffe aus der Nähe bewundern.

Unberührt und reizvoll: Reizvoll sind die Lakshadweep-Inseln auch deshalb, weil sie zu den wenigen Winkeln der Erde gehören, die vom Fortschritt praktisch unberührt blieben. Hier gibt es weder Luxus noch Freizeitangebote. Als die Inselbewohner vor gar nicht langer Zeit die ersten Fernseher bekamen, schickten sie sie schnell wieder zurück, mit der Bemerkung, ohne wären sie besser dran. Die Inseln sind der ideale Urlaubsort für Leute, die einmal allem den Rücken kehren wollen.

Außer dem Bangaram Tourism Resort, das vom Casino Hotel in Cochin geleitet wird, haben die Inseln nur kärglich möblierte Ferienhütten zu bieten.

Vorherige Seiten: Lakshadweep ist Indiens Korallenschatz. Links: Inselschönheit.

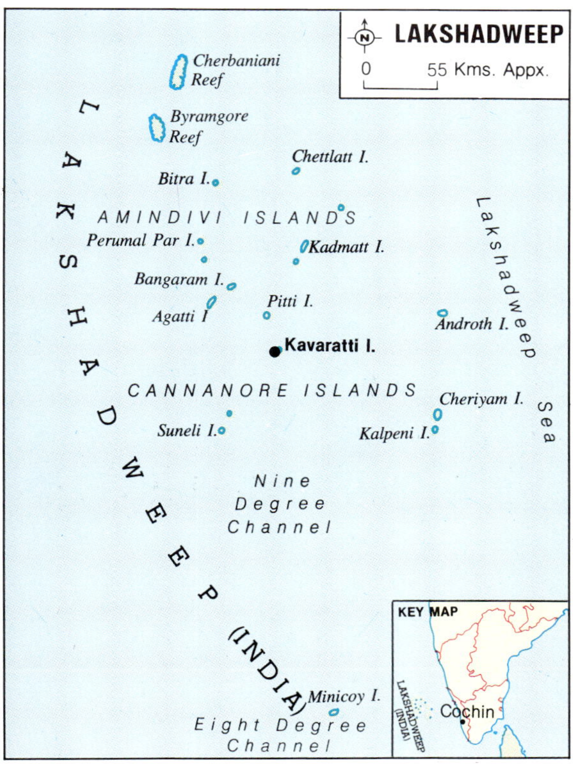

Vielleicht die beste Möglichkeit, die Inseln zu besuchen, ist das Schiff von Bangaram aus. Die neue *M. V. Tippu Sultan,* die von der indischen Schifffahrtsgesellschaft gechartert wurde, bietet ihren Passagieren komfortable Unterkünfte. An Bord gibt es sechs Vierbettkabinen, zwei Zweibettkabinen und preiswertere Unterkünfte in Schlafräumen für bis zu 16 Personen.

Sie können die Inseln auch von Cochin aus besuchen. Die Schiffsreise zum am nächsten gelegenen Kalpeni dauert 15 Stunden. Die Passagiere werden am ersten Tag nach Kalpeni gebracht, am zweiten Tag nach Minicoy und am dritten nach Kavaratti. Am fünften sind sie zurück in Cochin. Vayudoot unterhält eine regelmäßige Flugverbindung nach Agatti, der nächsten bewohnten Insel neben Bangaram. Von hier aus erreichen Sie mit dem Motorboot die Hotelanlagen Bangarams.

Sprache, Menschen und Gebräuche: Das Lakshadweep-Archipel ist mit rund 50 000 Einwohnern relativ stark besiedelt. Die meisten der Insulaner sind keralitischer Herkunft und hinduistisch geprägt, wie das herrschende Kastensystem und die matrilineare Erbfolge belegen. Auf allen Inseln, mit Ausnahme Minicoys, wird ein Malayalam-Dialekt gesprochen. Auf Minicoy spricht man in der Hauptsache Mahl, das mit der auf den Malediven gebräuchlichen Sprache verwandt ist. 96 Prozent der Bevölkerung sind Moslems. Der Islam wurde im siebten Jahrhundert von Hazrat Ubaidullah auf die Inseln gebracht. (Es ist daher auch wenig empfehlenswert, die Inseln während des Ramadan zu besuchen.)

Die Inselbewohner leben hauptsächlich von Kokosnußanbau und Fischfang und sind mit ihrer einfachen Lebensweise im allgemeinen zufrieden. Außer der Herstellung und Verarbeitung von Kokosfasern gibt es praktisch keine Industrie auf dem Archipel. Aus Kokosnußschalen werden noch Handarbeiten und Souvenirs gefertigt. Bis vor kurzem gab es überhaupt keine Bank. Transportmittel sind auf den Inseln nur begrenzt vorhanden und hauptsächlich

Paradiesisches Eiland in der Sonne.

dem Warentransport vorbehalten. Ansonsten bewegt man sich mit dem allgegenwärtigen Fahrrad fort.

Die Menschen der Inseln sind höflich und liebenswürdig, ihr Bildungsstand einer der höchsten in Indien. Kriminalität ist hier gänzlich unbekannt. Selbst kleine Kinder laufen ohne Angst vor Diebstahl mit goldenen Halsketten herum. Kurz, das Leben der Insulaner ist zwanglos und einfach – wie das Paradies, in dem sie leben.

Kavaratti: Kavaratti ist der Verwaltungssitz des Lakshadweep-Archipels. Hier leben viele Festlandsinder, die hauptsächlich für die Regierung tätig sind. Sehenswert ist hier die Ujro-Moschee sowie das Aquarium mit seiner schönen Sammlung verschiedener Fisch- und Korallenarten.

Kalpeni: Kalpeni ist das erste Anfahrtsziel für Pauschaltouristen. Es hat eine herrliche Lagune und eine schöne Bucht. Die beiden unbewohnten Nachbarinseln sind mit Booten zu erreichen.

Kadmat: Diese Insel Kadmat bietet paradiesische Bademöglichkeiten in einer wunderschönen Lagune. Die Ferienhütten hier sind besser ausgestattet als die der Nachbarinseln.

Minicoy: Minicoy, die südlichste Insel des Archipels, ist den Malediven geographisch und kulturell am nächsten. Sehenswert ist hier der vor über hundert Jahren erbaute Leuchtturm. Thunfischfang und Bootsbau sind die wichtigsten Erwerbsquellen der Einwohner.

Bangaram: Diese unbewohnte Insel hat sich zu einem internationalen Ferienparadies entwickelt. Wer einen längeren Aufenthalt auf dem Archipel plant, sollte sich für Bangaram entscheiden. Von Cochin (Kochi) erreicht man per Flugzeug Agatti Island, von wo ein Schiff nach Bangaram ablegt.

Der Tourismus brachte unweigerlich Veränderungen nach Lakshadweep, und der Druck auf Umwelt und Gesellschaft wird noch zunehmen. Die zuständigen Behörden sind sich dieser Probleme jedoch bewußt und planen bereits umfangreiche Kontrollmechanismen zum Schutz der Schönheit und Ruhe dieses Naturparadieses.

Unten: Vier kleine Fräuleins aus Lakshadweeps Schule. Nächste Seite: Gangaikondacholapuram-Liebespaar.

APA GUIDES

Reisetips

Landeskunde

Regierung & Wirtschaft

Indien ist eine Union halbautonomer Staaten und Territorien. Jeder Staat hat seine eigene Regierung, allerdings mit eingeschränkten Kompetenzen. Auch die Territorien haben eigene Regierungen, sind aber in ihren Machtbefugnissen noch weiter reduziert. Die zentrale Regierungsgewalt wird vom Parlament (Lokh Sabha) und vom Oberhaus (Rajya Sabha) in Delhi ausgeübt.

Südindien, soweit es in diesem Buch behandelt wird, besteht aus vier Unionsstaaten und zwei Territorien. Die Namen der Unionsstaaten sind Tamil Nadu, Kerala, Karnataka, Andhra Pradesh. (Bevor Indien unabhängig wurde, faßte man diese Staaten unter dem Namen Madras Presidency (Provinz Madras) zusammen, hinzu kamen noch die „Princely States" (Fürstentümer) von Hyderabad, Mysore, Travancore und Kochi (Cochin). Die zwei Unionsterritorien sind Pondicherry und Lakshadweep (früher Laccadiven). Heute gehören noch die früheren französischen Enklaven Mahe (Kerala), Yanam (Andhra Pradesh) und Karaikal (Tamil Nadu) zum Territorium Pondicherry. Die Laccadiven, ein zwischen 300 und 500 km vor der Malabarküste gelegener Archipel, erhielten ihren Namen Lakshadweep von den indischen Ausdrücken für 100 000 = lakh und Insel = dweep.

Die vier Unionsstaaten sind dicht bevölkert, jeder von ihnen besitzt etliche Städte mit mehr als 100 000 Einwohnern. Auch das Territorium Pondicherry ist dicht besiedelt, es hat nur eine größere Stadt, ebenfalls Pondicherry genannt. Nur Lakshadweep ist relativ dünn besiedelt und besitzt keine größeren Städte. Die Hauptstadt Kavaratti liegt auf der gleichnamigen Insel und hat nur wenige Einwohner.

Madras, die Hauptstadt von Tamil Nadu, ist die einzige wirkliche Metropole des Südens, aber Bangalore, die Hauptstadt von Karnataka und Hyderabad, Hauptstadt von Andhra Pradesh, wachsen ebenfalls sehr schnell, und haben beide über drei Millionen Einwohner. Thiruvananthapuram (Trivandrum), die Hauptstadt von Kerala, wo mehr und mehr Dörfer ineinanderwachsen, besonders in der Gegend von Thiruvananthapuram-Kochi (Trivandrum-Cochin), erreicht diese Zahl noch nicht, an der Küste hat sich jedoch eine zusammenhängende Urbanisation entwickelt. Insgesamt hat der kleine Bundesstaat Kerala mit annähernd 1000 EW/km^2 die höchste Bevölkerungsdichte Indiens. Interessant ist dies im Hinblick auf die vielzitierte Überbevölkerung des Subkontinents, denn trotz der Einwohnerdichte ist Kerala ein wohlhabendes Land ohne Slums und Hungersnot.

Andere wichtige Städte in Tamil Nadu sind: Coimbatore, Erode, Madurai, Salem, Tiruchchirappalli, Thanjavur und Tuticorin; in Kerala wurden die größeren Städte inzwischen wieder in die ursprünglichen indischen Namen umbenannt (Kolonialnamen in Klammern): Allapuzha (Alleppey), Kozhikode (Calicut), Kannur (Cannanore), Kochi (Cochin), Kottayam, Kollam (Quilon) und Thrissur (Trichur). Die größeren Städte in Karnataka sind: Bellary, Gulbarga, Hubli-Dharwad, Mangalore und Mysore, und in Andhra Pradesh: Guntur, Kakinada, Nellore, Rajamundry, Vijayawada, Vishakhapatnam und Warangal. Sie alle sind durch ein effektives Netz von Straßen, Bahnlinien und Flugrouten verbunden, in dieser Hinsicht ist man dem übrigen Indien weit voraus.

Zeitzone

Im gesamten Süden herrscht indische Standardzeit, die der MEZ im Sommer um 5 1/2, sonst um 4 1/2 Stunden vorauseilt. Ab Oktober wird es gegen sechs Uhr abends sehr schnell dunkel, ab April bleiben die Abende ein wenig länger hell. Der Morgen graut ab April früher (gegen 5 Uhr) und ab Oktober später.

Klima

Das Klima ist das ganze Jahr über warm, außer in den Nilgiri-Bergen, den Annamalais, den Cardamom-Bergen, den Western Ghats und den Shevaroys. Es kann sehr feucht werden, besonders wenn der Monsun stark ist.

Die durchschnittlichen Temperaturen bewegen sich in Tamil Nadu und Pondicherry zwischen 23 und 32 °C, in Kerala und Lakshadweep zwischen 23 und 29 °C, in Karnataka zwischen 19 und 31 °C und in Andhra Pradesh zwischen 21 und 33 °C. In den Bergen liegt die durchschnittliche Temperatur zwischen 10 und 18 °C.

Von April bis Juni ist es am heißesten, dies sind die Monate vor dem Südwestmonsun. An manchen Tagen werden dann in Tamil Nadu und Andhra Pradesh Temperaturen bis zu 40 °C und in Karnataka und Kerala über 36 °C gemessen. Besonders in Kerala und Tamil Nadu ist es sehr feucht. Der Monsun beginnt um den 10. Juni und kann bis Oktober dauern. Kerala, Lakshadweep und die Küste von Karnataka sowie die westlichen Hügel von Tamil Nadu sind hiervon besonders betroffen. Im übrigen Süden gibt es nur häufige Schauer oder kleinere Regengüsse, oft bei strahlendem Sonnenschein.

In vielen Teilen des Südens ist es von Oktober bis Februar/März trocken, die Temperaturen bewegen sich zwischen 18 und 24 °C. In Bergorten wie Ooty und Kodaikanal herrschen oft nur vier Grad. In der trockenen Zeit regnet es höchstens an der Küste von Kerala, Tamil Nadu und Andhra Pradesh. Der Nordostmonsun ist zwischen Mitte Oktober und frühem Dezember aktiv.

Kerala, Lakshadweep und Tamil Nadu sind in der Monsunzeit eine besondere Erfahrung – in dieser Zeit ist es allerdings wegen der hohen Wellen nicht möglich, im Meer zu baden. Zwischen Oktober und Dezember treten an der Küste von Tamil Nadu und Andhra Pradesh Wirbelstürme auf. Dennoch ist die beste Zeit für eine Reise zur Südküste von Oktober bis März, für jene, die Hitze vertragen, bis in den Mai hinein. Die Berge und die hochgelegenen Städte Bangalore, Mysore und Hyderabad und Umgebung sind übers ganze Jahr als Reiseziele geeignet.

Sitten & Gebräuche

Viele Hindus besitzen *pooja*-Räume, in denen auf Altären und an den Wänden die Bildnisse und Skulpturen der vielen Götter und Göttinnen ihren Platz finden und täglich verehrt werden. In diesen Räumen sind Nichthindus meist unwillkommen, besonders bei der Andacht oder wenn morgens und abends das

CAMEL
BAGS
FEEL THE ADVENTURE.
J.M.D.

heilige Licht entzündet wird. Auch in zahlreichen christlichen Häusern, besonders in Kerala und dem südlichen Tamil Nadu, gibt es solche Räume der Andacht.

Die Schwelle zum Hause eines Hindus wird jeden Morgen gewaschen und mit Zeichen versehen, die dem Sonnengott geweiht sind. Man nennt diese Muster *kolam* oder *mandalam,* sie werden mit Mehl, manchmal auch farbigem Puder gestreut, oft auch mit Blumen oder Blütenblättern. Das Haus zu verlassen, ohne dieses Ritual ausgeführt zu haben, bringt Unglück.

Wenn Sie etwas verschenken oder Geld geben, benutzen Sie immer die rechte Hand. Wenn Sie wie Ihre Gastgeber mit den Händen essen – ein Brauch, der in den meisten Häusern gepflegt wird – gilt dies ebenfalls. Die rechte Hand ist die „reine" Hand. Auch in weniger luxuriösen Restaurants benutzt man meist kein Besteck. Im Normalfall geht man vor und nach dem Essen zu den Waschgelegenheiten, wo neben dem Händewaschen auch der Mund gründlich gespült wird. Nach dem Essen werden gelegentlich Wasserschalen gereicht. Als Teller werden in einfachen Gaststätten traditionell Bananenblätter benutzt, privat auch bei formellen Anlässen mit vielen Gästen. Allerdings kommen Metall- und Porzellangeschirre mehr und mehr in Mode.

Die traditionelle Reistafel *(thali),* bei der riesige Reisportionen in einer bestimmten Reihenfolge mit anderen Speisen vermischt werden, ist ein in vielen indischen Häusern geübter Brauch, besonders in Kerala. Als erstes vermischt man den Reis mit *dhal* (Linsen mit Curry) und *ghee* (klarer, zerlassener Butter), dann mit *getti kolambu* (einer dicken Soße), dann einer dünneren Soße namens *sambar,* dann mit einer sehr scharf gepfefferten Suppe namens *rasam* und schließlich mit Joghurt oder Buttermilch.

Der Süden lebt traditionell vegetarisch und selbst Nichtvegetarier essen nur selten Fleisch: Hühnerfleisch, mutton (trotz des Namens *mutton* = Hammelfleisch handelt es sich hauptsächlich um Ziege) oder Fisch, meist am Freitag. In den meisten Hindufamilien wird kein Schweine- oder Rindfleisch gegessen, Moslems essen selbstverständlich nichts vom Schwein.

Auch wenn die Zeiten sich ändern, in vielen Läden und den meisten Häusern erwartet man vom Besucher, daß er seine Schuhe am Eingang läßt. Dies wird auch in christlichen Häusern so gehalten. Orientieren Sie sich am Verhalten der Inder – auch vor dem Eingang abgestelltes Schuhwerk signalisiert, daß dieser Brauch auch hier gepflegt wird. Das Betreten ohne Schuhe ist an religiösen Stätten absolutes Gebot (Socken sind meistens gestattet und auf sonnenbestrahlten Flächen auch nützlich).

Wenn Sie einen Laden früh am Morgen betreten und ihn als erster Besucher wieder verlassen, ohne etwas zu kaufen, so bringt das dem Ladenbesitzer Unglück. Der erste Verkauf entscheidet über das Tagesgeschäft. Der Preis ist in diesem Fall Nebensache, daher kann man, wenn man zu handeln versteht, am frühen Morgen manch gutes Schnäppchen machen. In größeren Geschäften, Handelsketten und bei Waren des täglichen Bedarfs stehen die Preise fest, besonders bei Markenartikeln. Auf Märkten jedoch und bei Waren, die keiner speziellen Marke zuzuordnen sind, wird man immer mehr oder weniger zu handeln versuchen. Bei Souvenirs, Handarbeiten und dergleichen kann man den Preis mit etwas Verhandlungsgeschick gewaltig reduzieren.

Sauberkeit ist im Süden fast ein Fetisch – ein tägliches morgendliches Bad ist allgemein üblich. Einmal in der Woche badet man in Öl, dies wird vom Besucher nicht unbedingt erwartet, wohl aber das morgendliche Bad.

Die meisten Frauen im Süden tragen noch immer den üblichen Sari, geöltes und geflochtenes, mit Jasminblüten geschmücktes, langes Haar und reichlich Goldjuwelen. Studentinnen und Karrierefrauen mögen zwar häufig westlich gekleidet sein, aber man wird selten etwas „Enthüllendes" sehen. Verabredungen zwischen den Geschlechtern sind nicht üblich, die meisten Besucher werden schon mit dem Versuch auf Ablehnung stoßen.

Nur eine winzige Minderheit von Frauen geht zu Bällen und Tanzveranstaltungen, die indische Gesellschaft steht diesem Verhalten ablehnend gegenüber. Und von dieser Minderheit dürfte wiederum nur ein ganz geringer Teil gelegentlich Alkohol trinken. Unter diesen Umständen ist es nicht verwunderlich, daß Hochzeiten wie seit eh und je von den älteren Familienmitgliedern arrangiert werden.

Der *pottu* – der traditionelle (früher meist zinnoberrote) Punkt, wird auch heute noch von fast allen Frauen Südindiens jeden Tag auf die Stirn aufgetragen und neuerdings auch -geklebt. Dieser ehedem hinduistische Brauch ist heute traditionelles Schönheitssymbol und wird auch von Nichthindus gepflegt. Er bedeutet nicht mehr unbedingt, daß die Frau verheiratet ist. Die Hindu-Ehefrau des Südens wird ihren Status eher durch silberne Ringe an den Zehen und einer goldenen Kette um den Hals anzeigen.

„Bitte", „Danke", „Entschuldigen Sie" und ähnliche Äußerungen der Höflichkeit wird man im Süden selten hören. Man sollte dies nicht als Ausdruck von Ungehobeltsein auffassen, es ist hier einfach nicht üblich, derartige Worte zu gebrauchen. Man sagt hier zur Begrüßung: „Komm herein" und zum Abschied „Ich gehe und komme wieder", was mit „Geh' und komm zurück" beantwortet wird. Hierbei werden die Handflächen wie beim Gebet zusammengelegt – die übliche Geste bei Begrüßung und Abschied.

Man sollte wissen, daß der Süden wahrscheinlich der toleranteste, höflichste und freundlichste Teil ganz Indiens ist. Unter diesen Umständen ist es nicht verwunderlich, daß Fehler und selbst schwerwiegendere Verstöße von Ausländern schnell wieder vergessen sind bzw. mit einem Lächeln übergangen werden. Es gibt keinen Platz in Indien, wo der Fremde besser verstanden wird und der Inder ein perfekterer Gastgeber ist.

Reiseplanung

Allgemeines

Die Ortsnamen wurden in den Reisetips der aktuellen Namengebung in Indien angepaßt. Schon immer war die Schreibweise besonders bei kleineren Städten der Ortsnamen uneinheitlich; zum Teil weil sich indische Namen selten präzise in lateinischen Buchstaben darstellen lassen. Zusätzlich verwirrt den Besucher seit Anfang der Neunziger, daß Indien sich nun verstärkt vom Ballast der Kolonialzeit löst und die ursprünglichen indischen Städtenamen wieder einführt.

Was in der Kolonialzeit halbwegs gut aussprechbar war, wird nun zu wahren Zungenbrechern wie z. B. Thiruvananthapuram, Keralas Hauptstadt, die noch vor kurzem schlicht „Trivandrum" hieß. Internationale Verwirrung ergab sich, als die Weltstadt Bombay ihren Namen 1996 offiziell in „Mumbai" umwandelte.

Wir verwenden in den *Reisetips* bevorzugt die nun geltenden Städtenamen, setzen aber anfangs noch die früheren Bezeichnungen in Klammern. Dies dient der besseren Kompatibilität mit weniger aktuellen Büchern und Karten (siehe auch unter „Karten").

Anreise

Mit dem Flugzeug

Die meisten Indienbesucher landen am Flughafen Indira Gandhi International Airport in Delhi oder am Mumbai International Airport in Bombay (heute wieder Mumbai) und fliegen dann mit Indian Airlines (größtes Streckennetz) oder einer der neuen privaten Gesellschaften zu ihrem Bestimmungsort weiter. Die Privaten sind in vielen Dingen zuverlässiger, haben sich aber erst Anfang der Neunziger etabliert und bauen ihr Streckennetz noch aus. Eine moderne Flotte mit hohem Sicherheitsstandard hat zur Zeit Jet-Airways.

Alle vier Hauptstädte des Südens sind mit mehreren Flügen pro Tag mit Delhi oder Bombay verbunden. Falls Sie wegen Verspätung um Ihren Anschlußflug fürchten: Auch die Abendflüge im Inland neigen zu Verspätungen.

Zwischen den vier Hauptstädten verkehren mindestens zweimal täglich Maschinen, zu vielen der größeren Städte wird jeweils mindestens ein Flug von Indian Airlines angeboten. Es bestehen Verbindungen zu den folgenden Städten:

Tamil Nadu: Coimbatore, Madras (heute offiziell Chennay), Madurai, Tiruchchirappalli, Neyveli und Thanjavur.

Karnataka: Bangalore, Belgaum, Bellary und Mangalore.

Kerala: Kozhikode (Calicut), Kochi (Cochin) und Thiruvananthapuram (Trivandrum)

Andhra Pradesh: Hyderabad, Vijayawada, Rajahmundruy, Ramagundam, Tirupati, Vishakhapatnam und Warangal.

Pondicherry: Pondicherry.

Madras (heute offiziell Chennay) hat sich mittlerweile zum „Tor zum Süden" entwickelt; seine Flughäfen gehören zu den modernsten des Landes. Die Lufthansa fliegt täglich abwechselnd über Bombay und Delhi nach Madras, mehrmals in der Woche fliegt Air India die Strecke Frankfurt-Delhi-Madras. Die Strecken Bombay-Madras und Delhi-Madras werden täglich von Air India bedient. Des weiteren gibt es tägliche Flüge von Kuala Lumpur und Singapur, die von Malaysia Airlines System, Singapore Airlines, Air India und Indian Airlines abgewickelt werden. Malaysian Airlines System fliegt einmal pro Woche nach Penang. Air Lanka und Indian Airlines verbinden Colombo und Madras mit einem täglichen Flug.

Die anderen Städte des Südens mit internationalen Flugverbindungen sind Thiruvananthapuram (Trivandrum) und Kozhikode (Calicut), wo Maschinen aus Abu Dhabi, Colombo, Dhahran, Dubai, Kuwait, Mali, Ras-al-Khaima und Sharjah (Indian Airlines und Air India) landen, Tiruchirapalli, mit Landungen aus Colombo (Indian Airlines und Air Lanka) sowie Hyderabad, mit Verbindung nach Jeddah (Air India). Die indische Regierung hat ihre strengen Regeln für Charterflüge gelockert, so daß Madras, Bangalore und Thiruvananthapuram (Trivandrum) sowie Dabolim Airport in Goa jetzt auch von Chartermaschinen angeflogen werden. Weitere internationale Gesellschaften kommen nach und nach hinzu.

Anmerkung: Goa, die Andamanen und Niccobaren werden zwar in diesem Buch nicht behandelt, gehören aber flugtouristisch zum Süden. Dabolim Airport in Goa ist mit Bangalore und Kochi (Cochin) durch Direktflüge der Indian Airlines verbunden, ebenso mit Delhi und Bombay. Port Blair auf den Andamanen ist durch Indian Airlines direkt mit Madras, Kalkutta und Neu Delhi (über Bhubaneshwar) verbunden. Außerdem gibt es einen Weiterflug von Port Blair nach Car Nicobar.

Warnung: Passagiere nach Port Blair können unverhofft (trotz ordnungsgemäßer Buchung) in ihrem Transitflughafen sitzenbleiben. Dies kommt daher, daß es in Port Blair keine Tankmöglichkeit gibt, und die Flugzeuge je nach Wetterbedingungen nur ein bestimmtes Fluggewicht haben dürfen.

Verglichen mit internationalen Preisen ist Indian Airlines recht günstig; die Stornogebühren kurz vor einem geplanten Flug sind allerdings recht hoch.

Die Tickets der Indian Airlines gelten für sechs Monate. Indian Airlines hat Sonderpreise für ausländische Touristen und bietet spezielle Pässe wie Discover India (500 US-Dollar für 15 Tage, 750 US-Dollar für 21 Tage, unbegrenzte Zahl von Bestimmungsorten, aber nur ein Halt pro Stadt), India Wonderfare – South (300 US-Dollar für 7 Tage nach 11 Städten Südindiens – Port Blair ausgeschlossen – unbegrenzte Zahl von Bestimmungsorten, aber nur ein Halt pro Stadt).

Air India, Indiens internationale Fluglinie, ist für ihren guten Service bekannt. Die Stewardessen sind freundlich und sprechen englisch, das Essen ist gut, und meist gibt es drei verschiedene Gerichte, darunter auch vegetarische. Diese eignen sich besonders als Einführung in die einmalige indische Küche – denken Sie aber daran, bei der Buchung ihren Wunsch kundzutun. Die nationale Gesellschaft, Indian Airlines, hatte noch vor kurzem einen schlechteren Ruf, die Stewardessen sprechen ebenfalls englisch, galten aber als eher unfreundlich. Die an Bord servierten Snacks und Gerichte waren eher karg und hatten keinen guten Standard. Auch hier bessert sich der Standard unter dem Konkurrenzdruck der neuen Privatlinien. Auf Inlandsflügen ist das Gepäck auf 30 kg

begrenzt. Ein Stück Handgepäck ist erlaubt – man tendiert aber dazu, ein Auge zuzudrücken, sowohl was das Gewicht des Gepäcks als auch die Zahl der Gepäckstücke betrifft.

Visum & Paß

Jeder Indienreisende benötigt einen gültigen Paß. Außerdem braucht man eines der möglichen Visa:

Das Business-Visum ist für Geschäftsleute gedacht und Menschen, die in Indien arbeiten.

Das Touristen-Visum gilt für drei oder sechs Monate und muß innerhalb von sechs Monaten nach seiner Ausstellung benutzt werden. Es kann bis zu weiteren drei Monaten verlängert werden, und zwar bei folgenden Stellen: Foreigners' Registration Office in Neu Delhi, Mumbai (Bombay), Kalkutta und Madras; oder bei den Polizeihauptquartieren.

Visa werden von den indischen Botschaften, Konsulaten und Hochkommissariaten in den jeweiligen Ländern ausgestellt. Ausländer, die aus geschäftlichen Gründen länger als drei Monate in Indien bleiben werden, müssen sich innerhalb von sieben Tagen nach ihrer Ankunft mit dem nächsten Foreigners' Registration Office in Verbindung setzen. Vor der Ausreise muß man sich dort einen Ausreisestempel holen. Beim Transit- und Touristenvisum ist das nicht notwendig.

Wer die Andamanen oder Niccobaren besuchen möchte, benötigt eine besondere Erlaubnis – je nach Reiseziel muß der Besuch zusätzlich vom Chief Secretary's Office, A & N Administration, Port Blair, genehmigt werden. Eine besondere Erlaubnis ist auch für die Lakshadweep-Inseln nötig: Bangaram darf auch von Ausländern besucht werden, das Betreten der Inseln Kadmat, Kalpeni, Kavaratti und Minicoy ist nur für indische Staatsangehörige erlaubt. Ansonsten ist in Südindien nur für den Besuch der tibetischen Kommunen und Klöster nördlich von Mysore eine besondere Erlaubnis vonnöten.

Zoll

Wer nichts zu verzollen hat, geht am Flughafen durch den Green Channel. Das heißt aber nicht, daß man nicht von einem eifrigen Zollinspektor angehalten werden kann. Sollten Sie in diesem Falle mit zu verzollenden Waren erwischt werden, kann die Geldbuße recht empfindlich sein. Wenn Sie also etwas zu deklarieren haben oder nicht sicher sind, benutzen Sie lieber den Red Channel und informieren Sie den Inspektor, was Sie alles mitführen. Bei kleinen Mengen, die offensichtlich nicht zum Weiterverkauf dienen, wird man häufig ein Auge zudrücken, auch wenn eigentlich Zoll fällig wäre.

Wer Wertgegenstände oder größeres Gepäck bei sich hat, muß stets den Red Channel benutzen. Wertvolle Kameras, Schreibmaschinen, Computer, Juwelen, Videokameras, mußten bis vor kurzem auf einer Tourist Baggage Re-export Form (TBRE) deklariert werden; bei der Ausreise wurde nachgeprüft, ob Sie alles noch mit sich führen. Falls nicht, ist Zoll fällig. Diese Praxis wurde besonders auf den größeren Flughäfen deutlich liberalisiert. Gelegentlich wird noch ein Wertobjekt in den Reisepaß eingetragen.

Folgende Gegenstände dürfen ein- und wieder ausgeführt werden:

Persönlicher Schmuck, eine Kamera, eine Filmkamera, ein tragbares Radio und/oder Rekorder, ein Musikinstrument, eine Schreibmaschine, ein Hörgerät, Berufsausrüstung, ein Kinderwagen, Sportausrüstung und Geschenke im Wert von bis zu 500 Rupien. Die Einfuhr von 200 Zigaretten oder 50 Zigarren oder 250 g Tabak ist zollfrei sowie Alkohol bis 0,95 Liter.

Der Import von Drogen und lebenden Pflanzen ist streng verboten.

Sie dürfen Souvenirs, Handarbeiten, Kleidung usw. ausführen. Antiquitäten und Kunstobjekte, die älter als 100 Jahre sind, sowie Tierhäute, insbesondere von Reptilien, (auch in Form von Schuhen, Handtaschen usw.) dürfen nicht ausgeführt werden. Auch die Ausfuhr von alten Autos ist nicht erlaubt.

Geldangelegenheiten

Die Währungseinheit in ganz Indien ist die Rupie (Rs.), die in hundert Paisa unterteilt ist. Die Einfuhr nach Indien ist strengstens verboten, die Kurse im Lande sind jedoch sowieso günstiger. Im Februar 1997 erhielt man für 1 DM etwa 21 Rs. Wir empfehlen Travellers Cheques in US-Dollar; in den meisten Großstädten werden auch DM-Schecks akzeptiert.

Es gibt Münzen zu 5, 10, 20, 25 und 50 Paisa sowie ein, zwei und fünf Rupien. Scheine gibt es mit den Werten 1, 2, 5, 10, 20, 50, 100 und 500 Rupien. Von fast allen Werten sind mehrere verschiedene Münzen und Scheine im Umlauf – das kann anfangs irritieren. Immer wieder wird geschrieben, daß man keine beschädigten Banknoten annehmen darf. Hier muß aber differenziert werden: Schon ein winziger Einriß am Rand des Scheins kann reklamiert werden. Schlimmstenfalls wird man derart beschädigte Banknoten nicht mehr los. Andererseits werden Geldscheine mit großen Löchern im Bereich des Wasserzeichens jederzeit angenommen – diese Löcher entstehen durch die Unsitte der Banken, die dicke Geldbündel mit starken Klammern zusammenheften. Man braucht anfangs die Hilfe eines Einheimischen, um diese Bündel unfallfrei zu trennen.

Kreditkarten der größeren Gesellschaften werden im ganzen Land in besseren Hotels, Restaurants und größeren Geschäften akzeptiert. Dort werden auch Travellerschecks angenommen. Dies kann aber in kleineren Städten viel Zeit in Anspruch nehmen, ebenfalls in den Banken, daher sollte man stets den für einige Tage benötigten Betrag eintauschen. Die Wechselstuben an den Flughäfen in Mumbai sind mit Computern ausgestattet und der Tausch dauert nur wenige Minuten.

Einfuhrbeschränkungen für ausländische Geldmittel gibt es nicht, die Deviseneinfuhr im Wert von mehr als 2500 US-Dollar soll jedoch bei der Einreise deklariert werden. Sofern man die Currency Declaration Form sowie die Umtauschbescheinigungen bei der Ausreise vorlegt, darf man den Restbetrag auch wieder in harte Währung zurücktauschen. Der Geldumtausch darf nur von autorisierten Geldwechslern und Banken vorgenommen werden – das Wechseln auf dem günstigeren Schwarzmarkt ist verboten. Indische Währung darf nicht ausgeführt werden, außer in Form von Reiseschecks.

Ausländische Banken erstatten für Rupien nur etwa die Hälfte dessen, was man beim Ankauf bezahlt hatte.

Inder und Ausländer, die länger als 90 Tage in Indien gelebt oder gearbeitet haben, benötigen bei der Ausreise ein *Income tax clearance exemption certificate* vom Income tax Department in Delhi, Bombay, Kalkutta oder Madras.

Gepäckträger

An allen Bahnhöfen und Flughäfen gibt es offizielle Gepäckträger, pro Gepäckstück bis 20 kg zahlt man 3–10 Rupien, zusätzlich wird ein Trinkgeld erwartet. In größeren Städten hat man kostenlose Gepäckwagen *(Trolleys)* eingeführt.

An Busstationen gibt es keinen Gepäckservice, doch überall bieten sich inoffizielle Träger an – Vorsicht ist angebracht. Die offiziellen Träger sind zuverlässig.

Gepäckaufbewahrung

Die meisten großen Eisenbahnstationen, Busbahnhöfe und Flughäfen haben sichere Gepäckaufbewahrungen zu vernünftigen Preisen. Wenn Sie Hotelgast waren, können Sie den dortigen Service ebenfalls nutzen.

Reservierungen

Flugreservierungen werden per Computer vorgenommen, zumindest in den größeren Büros. In den großen Städten reserviert man Bahnreisen ebenfalls per Computer, in kleineren Städten können Bahnreservierungen Glückssache sein. Busreisen sollten Sie an den großen Stationen reservieren – es ist gut, die Hilfe von bekannten Reiseagenturen in Anspruch zu nehmen und mindestens eine Woche im voraus zu buchen.

Führende Agenturen, wie Thomas Cook, Travel Corporation of India, SITA Travels, Cox & Kings, Mercury Travels, PL Worldways, Diner's Travel Service, haben Büros in allen Hauptstädten des Südens sowie in den meisten größeren Städten und an Touristenplätzen. Auch die meisten Hotels sind bei Reservierungen behilflich.

Bei der Abreise

Für internationale Flüge checkt man zwei Stunden vor Abflug ein, bei nationalen Flügen genügen ein bis eineinhalb Stunden vor der jeweiligen Abflugszeit.

Sicherheitskontrollen können streng sein. Die meisten Flughäfen haben Röntgengeräte, oft wird zusätzlich per Hand kontrolliert. Bei manchen Airlines muß das eingecheckte Gepäck am Flugzeug noch einmal identifiziert werden, nicht identifiziertes Gepäck bleibt zurück. Allerdings versucht man meist, den Eigentümer zu finden. Pfeffer, Chilipulver, Trockenbatterien und Knopfzellen dürfen nicht im Handgepäck transportiert werden – sie werden vom Personal in Verwahrung genommen.

Ausländer zahlen am Flughafen und in den Häfen bei der Ausreise eine Steuer. Sie beträgt 150 Rs. bei der Ausreise in ein asiatisches Land, sonst 300 Rs.

Trinkgeld

Trinkgelder sind üblich, auch wenn in Hotels und Restaurants der Service extra berechnet wurde. Üblich sind fünf bis zehn Prozent des Gesamtbetrages. Wenn bereits zehn Prozent Service berechnet wurden, kann das Trinkgeld geringer ausfallen, es wird aber stets ein Trinkgeld erwartet.

Zur Zeit ist das Mindeste, was man erwartet, 5–10 Rupien, bei Gepäckträgern pro Gepäckstück. Vorsicht: Vom Fremden werden für geringste Leistungen oft enorme Summen verlangt

In Häusern, in denen Sie zu Gast sind, müssen Sie bei der Abreise dem Hauspersonal ein Trinkgeld geben. Wenn Sie unsicher sind, wieviel das sein sollte, fragen Sie am besten Ihre Gastgeber.

Kleidung

In Südindien ist es das ganze Jahr über warm – leichte Baumwollkleidung und Sandalen sind für das Klima am geeignetsten. Am Abend zieht man sich nicht sehr förmlich an, einige Klubs und Restaurants bestehen aber auf festen Schuhen und Krawatte. Von November bis März wird es am Abend und frühen Morgen ein wenig frisch sein, eine leichte Strickjacke ist hier angebracht. In den Bergen kann es im Winter recht kalt werden.

Gesundheit

Sollten Sie aus Gelbfiebergebieten kommen, brauchen Sie ein Internationales Impfzeugnis, um nach Indien einzureisen, ansonsten sind keine Dokumente nötig. Tiere und Pflanzen kommen in Quarantäne.

Will man länger in Indien bleiben, kann ein Aids-Test oder ein negatives Aids-Zeugnis verlangt werden.

Alle guten Hotels servieren abgekochtes oder gefiltertes Wasser. Auch in Privathäusern ist dies üblich. Im Zweifelsfall sollten Sie ausschließlich Mineralwasser, Soda und abgepackte Fruchtsäfte trinken, und auch diese nur von den bekannteren Marken. Bevorzugen Sie gekochtes Essen, schälen Sie Früchte selbst und vermeiden Sie frische Salate.

Wissenswertes

Maße & Gewichte

Gramm, Kilogramm und Liter sind die offiziellen Maßeinheiten, aber man benutzt auch noch die aus der englischen Besatzungszeit stammenden *pounds* und *ounces*.

Ebenso verhält es sich mit dem offiziellen Meter und Kilometer – in Gesprächen hört man ebensooft miles und yards und gelegentlich wird sogar der fast vergessene englische furlong (Achtelmeile = ca. 201 m) gebraucht.

Trotz Einführung des metrischen Systems ist man bei Gold und Silber bei der *tola* geblieben, etwa 11,5 g. Edelsteine werden in Karat gewogen, ein Karat entspricht 0,2 g.

Wenn die Inder über große Summen sprechen, benutzen sie häufig das Wort *lakh* = 100 000. Geschrieben wird es meist als 1,00,000 – was bei flüchtigem Hinsehen leicht mit einer Million verwechselt werden kann. Ebenso oft liest und hört man das Wort *crore* = 100 *lakhs* oder 10 Millionen. Es wird in Zahlen als 100,00,000 geschrieben, was ebenfalls Verwirrung stiftet, wenn man nicht genau hinschaut. Eine *billion* entspricht 100 *crores* = 1000 Millionen = 1 Milliarde (!). Diese großen Zahlen werden auch im Alltag wegen des geringen Wertes der Rupie relativ häufig benutzt.

Elektrizität

Die Stromspannung in Indien beträgt 230 Volt, die Frequenz 50 Hz. Beides kann jedoch sehr stark schwanken, so daß für empfindliche und teure Geräte (wie Computer) eine elektronische Stabilisierung erforderlich ist. Rasierapparate oder Föns benötigen dergleichen natürlich nicht. Große Hotels stellen evtl. Stabilisatoren zur Verfügung.

Schukostecker sind unbekannt, man benutzt flache Stecker mit zwei Polen, deren Abstand sich minimal von dem in Europa üblichen unterscheidet. Die meisten europäischen Stecker sind flexibel genug, sich daran anzupassen, wenden Sie aber keine Gewalt an – indische Steckdosen sind nicht sehr stabil.

Man darf sich nicht wundern, daß in Hotels häufig Schilder hängen, man solle so wenig Strom wie möglich verbrauchen – Indiens Stromerzeugung hat nicht mit dem ökonomischen Wachstum Schritt gehalten, so daß häufig Engpässe auftreten, woraus auch regelmäßige Abschaltungen resultieren.

Große Hotels, Büros und Industrieanlagen haben häufig eigene Generatoren, die automatisch anspringen, wenn der Strom lokal abgeschaltet wird. Die Unterbrechung ist spürbar und kann für bestimmte Geräte z. B. Computer, Telefax usw. fatal sein.

Ähnliches muß man über die Wasserversorgung sagen, dies trifft natürlich besonders im Sommer zu.

Madras ist für seine Probleme sowohl bezüglich der Elektrizität als auch seiner Wasserversorgung leider besonders bekannt und berüchtigt.

Öffnungszeiten

Die Geschäftszeiten variieren je nach Gegend, aber Läden, Märkte und Büros in Industriebetrieben öffnen gewöhnlich morgens um neun, Ämter meist eine Stunde später. Büros schließen meist zwischen 16 und 17.30 Uhr, je nach Öffnungszeit. Die Inder arbeiten normalerweise acht Stunden am Tag bzw. 45 Stunden pro Woche. An Samstagen wird halbtags, manchmal auch ganztags gearbeitet. Sonntag ist allgemeiner Feiertag. Regierungsämter haben meist nur eine Fünftagewoche – sie sind samstags und sonntags geschlossen. Schalter der Banken sind meist ab 9 Uhr geöffnet, schließen aber schon um 13 oder 14 Uhr!

Zahlreiche Läden schließen um ein Uhr und sind dann von 16 bis 20 Uhr geöffnet.

Kinovorstellungen beginnen zu festen Zeiten, meist um 10, 15.30, 18.30 und 21.30 Uhr. Restaurants schließen gewöhnlich um 23.30 Uhr. Bars schließen noch früher, gewöhnlich zwischen 21 und 22 Uhr!

Feiertage

Im ganzen Süden ist der Sonntag offizieller Feiertag, in manchen privaten Einrichtungen ist der Freitag Feiertag.

Weitere Feiertage sind: 26. Januar, Tag der Republik; 1. Mai, Tag der Arbeit; 15. August, Unabhängigkeitstag; 2. Oktober, Mahatma Gandhis Geburtstag.

Weitere Feiertage variieren je nach Bundesstaat, an diesen Tagen sind aber viele Geschäfte geöffnet.

Längerdauernde Festlichkeiten sind: Pongal-Sankranthi, eine Woche Mitte Januar; Dussera, zehn Tage im September/Oktober; Diwali, einige Tage im Oktober/November.

Feste

In den besonders religiösen Teilen des Landes mag es scheinen, als werde fast jeden Tag irgendein Fest begangen. Nicht alle haben religiösen Charakter. Wer seinen Aufenthalt so plant, daß bestimmte Feste in die betreffende Zeit fallen, kann so manches einmalige Schauspiel erleben.

Die vielleicht glanzvollste Veranstaltung in ganz Südindien ist die *Dussera*-Feier in Mysore, die sich über zehn Tage im September/Oktober hinzieht. Einst ein von der Herrschern veranstaltetes Fest, handelt es sich inzwischen um eine Touristenattraktion und Volksbelustigung. Prozessionen, die von farbenprächtig aufgeputzten Elefanten angeführt werden, klassische und Volksmusik, Tänze, Feuerwerk und wundervoll mit Lampen geschmückte Parks in Mysore und am Brindavandamm gehören zu diesem glanzvollen Fest, der Umzug auf den Chamundi Hill ist einer der Höhepunkte.

In vielen anderen Landesteilen wird dieses Fest als *Navaratri* (Neun Nächte) begangen: In den Häusern werden Puppen *(golu)* aufgestellt; oder als *Ayutha Pooja:* Man schmückt und verehrt zu Hause und im Betrieb alle Werkzeuge und Arbeitsgeräte, die dann beim *Vijaya Dasami* wieder in Betrieb genommen, bzw. zum ersten Mal benutzt werden. Vijaya Dasami ist ein günstiger Beginn für neue geschäftliche Unternehmungen.

Das *Festival für klassische Musik und Tanz* in Madras (Chennay) im Dezember/Januar ist ein vielleicht noch schöneres, wenn auch nicht so farbenprächtiges Ereignis, die glitzernden Saris der Frauen brauchen jedoch einen Vergleich mit dem Glanz des Dussera in Mysore nicht zu scheuen.

Das Mitte Januar in Tamil Nadu stattfindende *Pongal*, bzw. *Sankranthi* in Karnataka und Andhra Pradesh sind Erntedankfeste; man opfert den Göttern zum Dank für deren Gaben. Pongal in Tamil Nadu ist eher rustikal und hat viel Atmosphäre – es wird fast eine Woche lang gefeiert. Man richtet sein Heim schön her und verbrennt alles, was man nicht mehr braucht; man kocht Reis mit Milch und braunen Zukker im Freien und bietet es als *pongal* den Göttern an; Kühe werden geschmückt und verehrt; man besucht Freunde und Verwandte. Im tiefen Süden, in der Nähe von Madurai, finden Haustiermärkte statt, in vielen Dörfern veranstaltet man Rennen mit Viehwagen und Rindern oder gar richtiggehende Kämpfe.

Beim dreitägigen *Makara Sankranthi* Mitte Januar in Andhra Pradesh werden in den Häusern Puppen aufgestellt.

Auch das *Onam*-Fest in Kerala im August/September ist ein Erntedankfest. Überall sieht man festlichen Blumenschmuck – aber der Höhepunkt sind der Elefantenaufmarsch in Thrissur, die Schlangenbootrennen und andere Wassersportereignisse an Orten wie Allapuzha, Kochi, Payipad und Aranumula. Volkstänze, Musikveranstaltungen, kulturelle Darbietungen sind ebenfalls Teil dieses fröhlichen Festes.

Als besondere Attraktion gilt der *Great Elephant March* oder *Elephant Marathon* in Kerala. Er beginnt mit dem Aufmarsch von über 100 prächtig geschmückten Elefantenbullen Anfang Januar in Thrissur. Im Rahmenprogramm treten Tänzer in phantastischen Kostümen auf, Trommler und Bläser verbreiten einen Höllenlärm. In den Folgetagen bewegt sich etwa die

Hälfte der Elefanten in bunter Karawane nach Süden in Richtung Thiruvananthapuram, wobei in den Backwatergebieten die Schlangenbootrennen Allapuzhas veranstaltet werden.

Paraden sind allseits beliebt – sie finden in den südlichen Hauptstädten jeweils am 26. Januar, dem Tag der Republik, und am 15. August, dem Unabhängigkeitstag statt. Besonders sehenswert sind die hierbei veranstalteten Volkstänze und Umzüge.

Zur Zeit des *Deepavali*, das im Norden *Diwali* heißt, ein Sari-Geschäft zu besuchen ist wegen der Vielfalt an phantasievollen Designs und Seidenstoffen etwas ganz Besonderes. Im Süden ist Deepavali ein eher religiös geprägtes Fest, man besucht Tempel und Freunde und tauscht Süßigkeiten und Leckerbissen aus. Während der zweitägigen Feeierlichkeiten finden auch Feuerwerke statt. Wo viele aus dem Norden stammende Inder leben, feiert man mit Tanz, Feuerwerk und vielen Süßigkeiten.

Die Feier zu Ehren des Gottes Ganesh im September/Oktober ist im Süden ebenfalls ein wichtiges Fest. Die Statue des Elefantengottes wird in Prozessionen durch die Straßen gefahren und dann im Meer, in Flüssen oder Reservoirs ins Wasser getaucht. In Hyderabad ist dieses Fest am farbenprächtigsten, dort findet während des ganzen vorhergehenden Monats ein Erntedankfest statt.

Weihnachten und Neujahr wird in Kerala von den dortigen Thomas-Christen (syrische Malabar-Kirche) gefeiert. Hier erleben sie ein mit hinduistischen Einflüssen durchwobenes Weihnachten ohne Geschenke, dafür jedoch mit Feuerwerk, Fackelzügen, Krippenspielen und schönen Gesängen bis in den frühen Morgen hinein.

Weitere Feste in den Staaten:

Andhra Pradesh

Chitra Festival, Araku Valley (März/April). – Volkstänze.
Muharram and Ramzan, Hyderabad und Secunderabad.
Ugadi – Telugu-Neujahr – (März/April).

Karnataka

Banashankari Temple Fair, Badami (Januar/Februar) – zwanzigtägiges Fest.
Gomateswara Festival (Mahamastakabhisheka), Sravana Belagola – es findet nur alle zwölf Jahre statt und ist das größte Fest der Jainas des Südens, einer religiösen Sekte. Das nächste wird 2005 stattfinden.
Groundnut Fair, Bangalore (November/Dezember) – Höhepunkt der Erdnußsaison.
Karaga Festival, Bangalore (April) – die Teilnehmer einer Prozession balancieren große Töpfe auf ihren Köpfen.
Purandaradasa Music Festival, Hampi (Januar/Februar) – zu Ehren des berühmten Begründers der Musik von Karnataka.

Kerala

Arat Festivals, Thiruvananthapuram (Trivandrum) (März/April und Oktober/November) – zehntägiges Tempelfest, das in einer Prozession geschmückter Elefanten zum Strand und einem Feuerwerk seinen Höhepunkt findet.
Malayattoor Festival, Malayattoor (März/April) – Feier und religiöse Gelübde am Schrein des hl. Thomas.
Aana Pooram Festival, Trichur (April/Mai) – eine Prozession geschmückter Elefanten, Feuerwerk, Tanz- und Musikvorführungen sind Teile dieses Tempelfestes.
Ulsavoms, Ernakulam (Januar/Februar) und Thiruvananthapuram (Trivandrum) (März/April, Oktober/ November) – zehntägiges Tempelfest.

Pondicherry

Feuerlauf-Festivals – sie werden mehrmals im Jahr an verschiedenen Tempeln abgehalten, die Gläubigen laufen über glühende Kohlen um ihre heiligen Gelübde zu erfüllen.
Masi Magam, Pondicherry (Februar/März) – Gottheiten aus 38 Tempeln werden bei Vollmond zum Meer gebracht .

Tamil Nadu

Arupathumoovar Festival, Madras (März) – um den Kapaleeswarar-Tempel werden die 63 Heiligen von Tamil Nadu herumgetragen. Elftägiges Fest.
Float Festival, Madras (Januar/Februar) – Fest um den Tempelteich in Mylapore mit Tempelkutsche und Umzug. Solche Feste sind im ganzen Süden in den Tempeln üblich.
Kanduri Festival, beim islamischen Schrein in Nagore und römisch-katholisches Festival of Our Lady of Health in Velankanni, beides in der Nähe von Thanjavur, sie werden von Menschen aller Religionen besucht, die sich Wunderheilungen erhoffen.
Meenakshi Temple Festivals, Madurai – dekorierte Boote mit Statuen von Göttern schwimmen auf dem Mariamman-Teich (Januar/Februar); der Gott Sundareswarar und die Göttin Meenakshi mit Festumzug und Prozession (April/Mai); und das Fest Arani Moolam (August/September) feiern die Krönung des Gottes Shiva als Sundareswarar.
Rajaraja Chola's Birthday, Thanjavur (Oktober) – eine Feier zum Gedenken des großen Königs.
Sommerfeste, Ooty, Coonoor und Kodaikanal (April/Mai) – Feste mit Musik- und Tanzvorführungen, Schauspielen, Hundeausstellungen, Blumen-, Früchte- und Gemüseausstellungen, Regatten und festlich geschmückten Booten.
Andere wichtige Tempelfeste sind:
Chidambaram: Juni/Juli und Dezember/Januar
Kanchipuram: Februar, März/April, Mai, Juni und November
Rameshwaram: Februar/März (zehn Tage), und Juli/August
Srirangam: Dezember/Januar
Srivilliputtur: Juli/August und Dezember/Januar
Thiruvaiyaru Music Festival, Thiruvaiyaru (Januar). – Mit Gesang wird die heilige Trinität der Musik von Karnataka gefeiert.

Gottesdienste

Hindutempel sind gewöhnlich vom frühen Morgen bis zum Einbruch der Dunkelheit geöffnet. In den Moscheen versammelt man sich zum Freitagsgebet, auch am Tag ruft der Muezzin zum Gebet.

In allen Hauptstädten findet man die *gurudwaras* der Sikhs.

In der Gegend von Kochi (Cochin) in Kerala stehen mehrere Synagogen, regelmäßige Gottesdienste finden aber nur in Mattancherry statt.

In christlichen Kirchen ist sonntags regelmäßig Gottesdienst, zu besonderen Gelegenheiten auch während der Woche. Die Zeiten werden in den englischsprachigen Zeitungen aufgeführt. In Kerala gibt es neben katholischen und protestantischen Kirchen noch eine Reihe anderer christlicher Glaubensrichtungen. Madras besitzt auch eine armenische Kirche, es finden dort allerdings keine Gottesdienste statt.

Bevor Sie einen Hindutempel, eine Moschee oder eine *gurudwara* betreten, müssen Sie ihre Schuhe am Eingang zurücklassen. Christliche Kirchen verlangen dies ebenfalls.

Fotografieren ist an den vielen Orten der Gottesverehrung verboten. Denken Sie daran, stets ein wenig Geld in den Opferstock zu tun.

Zeitungen & Zeitschriften

Die über 100 Jahre alte englischsprachige Zeitung *The Hindu* wird in fünf gleichzeitig erscheinenden Regionalausgaben verkauft und ist im ganzen Süden erhältlich. Es handelt sich um ein ernsthaftes, gut gemachtes Blatt, das sein Hauptaugenmerk auf nationale Nachrichten richtet. *The Hindu* ist eine der besten englischsprachigen Zeitungen Asiens. Regionale Nachrichten finden dort weniger Raum, aber die Zeitung enthält jeden Tag eine Liste mit lokalen Veranstaltungen.

Im vierzehntägigen Rhythmus erscheinen Magazine mit Namen *Frontline* und *Sportstar,* beide reich bebildert; sie gehören zu den landesweit populärsten Publikationen ihrer Art. Der ausländische Besucher wird an *Frontline* besonders die farbig bebilderten Berichte über wichtige Orte und Plätze zu schätzen wissen.

Der *Indien Express,* ein ebenfalls in den vier südlichen Staaten erscheinendes Organ, ist unterhaltsamer geschrieben als *The Hindu* und nicht so konservativ. Es enthält auch mehr örtliche Nachrichten, ist aber nicht unbedingt überall erhältlich.

Obwohl beide Zeitungen auch in Regionalausgaben erscheinen, sind sie hauptsächlich Tamil-Nadu-Publikationen, deren Redaktionen in Madras sitzen. In Madras erscheint auch eine weitere englische Abendzeitung mit Namen *News Today,* die sich auf Lokalpolitik spezialisiert, aber sonst nur wenig Nachrichten bringt.

Besser aufgemacht und mit viel Lokalem versehen sind der sehr populäre *Deccan Herald* aus Bangalore sowie Andra Pradeshs *Deccan Chronicle* und *Newstime* (beide aus Haiderabad). Bombays führendes Blatt *The Times of India* hat auch eine besondere Ausgabe für Bangalore. In Kerala, dem Teil Indiens mit den meisten des Lesens kundigen Einwohnern, erscheint seltsamerweise keine englische Zeitung. Seine anderssprachigen Tageszeitungen gehören aber zu den meistgelesenen des ganzen Landes.

Die einzigen erwähnenswerten englischsprachigen Wochenmagazine heißen *The Week,* das in Kochi (Cochin) erscheint, *Heritage,* ein Monatsmagazin aus Madras, das sich mit Kultur und allgemeinen Themen beschäftigt, sowie *Madras' Aside,* das sich zum ersten „Stadtmagazin" des Landes entwickelt hat; es erscheint alle vierzehn Tage und beschäftigt sich mit Politik und Film und bietet viele Informationen über die Stadt Madras. *City Tab,* ein Boulevardblatt aus Bangalore, versucht sein Bestes, ist aber weit von jeder Professionalität entfernt.

Hello Madras, ein wöchentlich erscheinendes Magazin für die Westentasche, das sich besonders für Besucher eignet, wird in manchen Hotels neben den Buchläden verkauft. Es bietet nicht viel Lesestoff, enthält aber sehr viele Informationen, die ein Besucher der Stadt wünschenswert findet.

Das sehr populäre Indienmagazin *India Today* (Indiens Version des Time-Magazins und vielleicht das beste Magazin ganz Südasiens) gibt es im Süden überall ebenso wie *Illustrated Weekly of India, Sunday, The India Magazine, Discover India, Destination Traveller* (alle über Reisen) und *Business India* sowie *Business World* (Magazine für die Geschäftswelt).

Radio & Fernsehen

Sowohl Radio als auch Fernsehen waren staatlich und für denjenigen, der nicht eine der regionalen Sprachen sprach, von wenig Interesse. Doch mit der Einführung privater Programme steht eine umfassende Auswahl an Sport, Nachrichten und Unterhaltung, vorwiegend in Englisch, zur Verfügung.

Selbst qualitativ weniger gute Hotels bieten Radio und Fernsehen in ihren Räumen, Kabelanschlüsse und Staellitenantennen ermöglichen es, daß man auch viele amerikanische und englische Filme sehen kann.

Post

Fast alle Städte und große Dörfer im Süden haben Post- und Telegrafenämter. Der Service ist gut, man versucht sogar Post nachzusenden. Trotzdem beklagen viele Reisenden, daß insbesondere internationale Post nicht ankommt; daß Sendungen aus dem Ausland geöffnet werden. In diesem Zusammenhang raten wir, kein Bargeld per Brief oder Päckchen nach Indien zu senden. Es wird vom Zoll beschlagnahmt und die Empfänger können darüber hinaus mit Bußgeldern belegt werden. In vielen größeren Städten gibt es zusätzliche Möglichkeiten, wie z. B. den Quick Mail Service (QMS), der keine besondere Gebühr verlangt, sowie Speed Post, ein Dienst zwischen den größeren Städten, der günstiger ist als vergleichbare Kurierdienste.

Poste restante (postlagernde Sendungen) ist ziemlich zuverlässig und in den meisten größeren Postämtern möglich. Es ist aber wichtig, Adressen sehr deutlich, am besten in Blockbuchstaben zu schreiben. Der Absender sollte darauf achten, daß er den Nachnamen zuerst schreibt: ein Brief, der an Armin Degenhardt adressiert ist, mit dem Zusatz „Poste restante, Madras", wird nämlich wahrscheinlich eher unter A als unter D abgelegt!

Briefe, die mit vielen teuren Marken beklebt sind, sollte man besser am Schalter eines Postamtes abgeben, damit sie sofort gestempelt werden: Das ist sicherer, als einen Briefkasten zu benutzen.

Die zur Zeit geltenden Gebühren:
Inlandbriefe: Rs. 2 bis zu 10 g, Zuschläge für jede weiteren 10 g
Luftpost ins Ausland: Rs. 11 für die ersten 20 g nach allen Orten.
Aerogramme: Rs. 6,50
Luftpostkarten: Rs. 6

Wer **Pakete** ins Ausland schicken will, muß schwierige Prozeduren über sich ergehen lassen. Viele regierungseigene Läden und große Geschäfte bieten einen besonderen Service, indem sie bei ihnen gekaufte Waren auch versenden. Dieser Dienst ist normalerweise sehr zuverlässig und sollte in Anspruch genommen werden. Wenn Sie selbst ein Paket packen, müssen Sie es in billigen Baumwollstoff einwickeln, vernähen und mit Siegellack versiegeln (vor großen Postämtern gibt es oft Leute, die diesen Service anbieten). Desweiteren muß man zwei Formulare ausfüllen. Wenn das Paket gewogen ist und die Marken aufgeklebt sind, achten Sie darauf, daß sie abgestempelt werden und daß man Ihnen eine

Bestätigung aushändigt. Wichtige bzw. wertvolle Gegenstände sollten registriert werden. Ein normales Paket ist nur bis zu einem geringen Wert versichert, und man muß bei der Aufgabe unterschreiben, daß der Inhalt diesen Wert nicht übersteigt. Da der Wert in fast allen Fällen höher ist, erfolgt der Versand unregistrierter Pakete auf Ihr eigenes Risiko. Ein Sea-Land-Paket kann übrigens mehrere Monate unterwegs sein.

In vielen großen Städten gibt es Telegrafenämter, die rund um die Uhr geöffnet sind. Wenn sie mit normalen Postämtern verbunden sind, richten sich die Öffnungszeiten nach den normalen Geschäftszeiten. Der Service ist recht zuverlässig und nicht teuer. Expreßtelegramme kosten doppelt soviel wie normale Telegramme. Es gibt auch einen besonderen Tarif für Brieftelegramme ins Ausland, die nur zu bestimmten Zeiten ausgetragen werden.

Telefon & Fax

Das Telefonnetz wird stetig verbessert, aber die Telex- und neuerdings die Faxdienste sind besser. Von und zu den größeren Städten in Indien und ins Ausland gibt es einen Selbstwähldienst. Ferngespräche können auch durch den Operator gebucht werden, alle drei Minuten fragt er, ob Sie noch weitersprechen wollen. Auch ein Weckdienst sowie ein Auftragsdienst sind erhältlich, allerdings zu recht hohen Preisen.

Telefonzellen „Telephone Booths" sehen anders aus als bei uns. Erkenntlich an den Kürzeln „STD" (nur nationale Verbindungen) und „ISD" (Internationale Verbindungen) werben kleine Shops mit dem Zusatz „full computerized". Hier braucht man meist nicht einmal selbst zu wählen; man gibt dem Boy die gewünschte Nummer, und er wählt so lange, bis die gewünschte Verbindung zustande kommt. Die Gebühren für eine Verbindung nach Europa betragen etwa 6 DM pro Minute.

Auch Faxdienste sind günstig und arbeiten gut. Eine Faxseite nach Europa kostet etwa 7 DM. In den meisten großen Städten gibt es gute Kurierdienste, sowohl lokal als auch international. DHL Skypack, Federal Express (in Indien Blue Dart genannt), UPS und IML haben in den großen Städten Südindiens ihre Büros.

Sicherheit & Kriminalität

Der Süden ist einer der sichersten Teile des Landes, und Gewaltverbrechen sind fast unbekannt. Selbst in den Städten ist es nicht gefährlich, spät in der Nacht auf der Straße zu sein. Diebstähle sind schon eher ein Problem, achten Sie also auf Ihr Eigentum. Dinge, die in Indien nicht so leicht zu bekommen bzw. sehr teuer sind, wie Kameras, teure und modische Jacken und anderes, sind bei Dieben beliebt; Handtaschen, Geldbörsen, Brieftaschen sind im Vergleich dazu relativ sicher. Wer alle Eventualitäten ausschließen möchte, mag alle Wertsachen inklusive Pässe und Reiseschecks im Hotelsafe verschließen und nur bei Bedarf hervorholen.

Wenn man Ihnen etwas stiehlt, melden Sie es sofort der Polizei. In vielen Fällen bekommen Sie Ihr Eigentum unversehrt zurück. Die Polizei ist im Süden ziemlich ordentlich und effizient. Besonders die Polizei von Madras rühmt sich einer ausgezeichneten Aufklärungsrate.

In allen größeren Städten gibt es einen Polizeinotruf, der schnelle Aktionen ermöglicht. Die Polizei bemüht sich besonders auch um Ausländer, aber die Kommunikation, selbst in englisch, ist bei den unteren Rängen ein größeres Problem. Wenn Sie es schaffen, sich an einen Assistenten des Superintendenten der Polizei oder einen noch höheren Rang zu wenden, besonders auf dem Lande, werden Sie wahrscheinlich besser kommunizieren können.

Trotz relativer Sicherheit ist es immer gut, wenn man seine Wertsachen versichert, es gibt etliche Versicherungsgesellschaften in Indien, die alle dem Staat gehören. Falls Sie in Ihrem Heimatland eine Versicherung abschließen, vergewissern Sie sich, daß diese auch einen Verlust in Indien oder auf der Durchreise durch Indien abdeckt. Falls Sie etwas verloren haben, lassen Sie sich einen Durchschlag des First Information Report (F. I. R.) geben, damit Sie den Verlust Ihrer Versicherung gegenüber glaubhaft machen können.

Medizinische Versorgung

Die meisten größeren Städte und Distrikthauptstädte besitzen staatliche Krankenhäuser. Auch in den kleineren Städten befinden sich regierungseigene Krankenhäuser, die allerdings nicht allzu gut ausgerüstet sind. Nirgendwo in Indien ist die Versorgung von Kranken gefährdet.

In Notfällen sind die großen Krankenhäuser in Madras, Bangalore, Hyderabad und Thiruvananthapuram (Trivandrum) am besten geeignet. Wegen der Überbelegung ist allerdings der Standard bezüglich Hygiene und Reinlichkeit nicht überwältigend. Für Patienten mit Herzproblemen ist das Railway Hospital in Madras besonders geeignet.

Die privaten Krankenhäuser und Pflegeheime sind meist sauberer, viele davon von internationaler Qualität; die Tagessätze rangieren zwischen billig bis sehr teuer. Die besten von ihnen sind: Die Hospitäler Vijaya, Apollo und K. J. in Madras, das international renommierte CMC Mission Hospital in Vellore (160 km von Madras entfernt), St. John's und St. Martha's Hospital in Bangalore und die Apollo Hospitals in Bangalore und Hyderabad werden empfohlen.

Es gibt im Süden jede Menge weiterer guter privater Krankenhäuser, und der Arzt Ihres Hotels wird Ihnen Adressen nennen können. Die meisten der besseren Hotels haben Vertragsärzte.

Die meisten Apotheken schließen zwischen 8 und 9 Uhr abends und öffnen morgens ab 10 Uhr. Apotheken mit 24-Stunden-Service sind selten, aber in den meisten größeren Städten gibt es einige. Das Hotelpersonal wird Ihnen diesbezüglich behilflich sein.

Alle größeren staatlichen Krankenhäuser haben ausgezeichnete Notfallstationen. Einige größere private Krankenhäuser in den vier Hauptstädten haben von der Regierung ebenfalls die Erlaubnis bekommen, Notfälle zu behandeln und Opfer von Unfällen zu versorgen. Hotels, Polizei und Touristenbüros kennen die Adressen von Notfallkrankenhäusern, aber bei Unfällen auf der Straße ist es meist sicherer, das nächste staatliche Krankenhaus anzufahren.

Medizinische Hilfe ist in Südindien relativ leicht erhältlich, dennoch sollten Sie eine kleine Reiseapotheke mit sich führen, die die folgenden Mittel enthalten sollte: Mittel gegen Durchfall, ein oder zwei Antibiotika, Aspirin, eventuell ein Asthmamittel, ein Desinfektionsmittel, Pflaster und Verbände, Insektenmittel, Wasserreinigungstabletten und im Sommer Mineralstofftabletten gegen Salzverlust.

Fotografieren

Alles, was mit dem Fotografieren zusammenhängt, ist in Indien nicht teuer. Filme, Batterien und anderes Zubehör sind in den größeren Städten erhältlich und kosten etwas weniger als bei uns zu Hause. Die Labors sind recht gut und auch nicht zu teuer; Kodak, Fujichrome und Ektachrome sind erhältlich, der dazugehörige E6-Prozeß wird in den großen Städten mit unterschiedlicher Qualität angeboten.

Schützen Sie Ihre Kamera vor Staub, Hitze und Luftfeuchtigkeit, und lassen Sie sie nicht im Auto liegen; sowohl wegen der extremen Wärmeentwicklung als auch, um Diebe nicht anzuregen. Denken Sie daran, daß belichtetes Material am Flughafen geröntgt wird. Zwar steht auf fast allen Röntgengeräten „Filmsafe" – viele Reisende wollen aber sicher gehen und geben ihre wertvollen Erinnerungen vorsichtshalber in entsprechende Sicherheitsboxen oder -beutel.

Das Fotografieren auf Flughäfen, in Seehäfen und in der Nähe von Militäreinrichtungen ist streng verboten; auch Bahnhöfe, Brücken, Bettler usw. dürfen nicht aufgenommen werden.

In den meisten Tempeln, Palästen, Museen und archäologisch interessanten Plätzen ist das Fotografieren nur gegen eine relativ hohe Gebühr gestattet. Oft gilt auch hier Fotografierverbot; man muß die Kameras gegen eine kleine Gebühr in Schließfächer geben.

In manchen Gegenden mit Stammesangehörigen ist das Fotografieren ebenfalls verboten, besonders, wenn diese sich nur spärlich kleiden – aber auch in vielen Tempeln, Moscheen und *gurudwaras*.

In vielen Flughäfen werden Batterien aus Kameras, Taschenlampen und sonstigen Geräten herausgenommen. Am besten verstauen sie diese von vornherein in Ihrem Koffer.

Sprache

Tamilisch wird in Tamil Nadu gesprochen, Telugu in Andhra Pradesh, Kannada in Karnataka und Malayalam in Kerala und auf den Lakshadweep-Inseln. (Laccadiven). Hindi versteht man meist in den Städten, um so eher, je weiter man nach Norden kommt. Tamil wird in den vier Südstaaten am ehesten verstanden, besonders in städtischen Gegenden.

Englisch versteht man in den meisten Hotels, Touristenbüros, öffentlichen und kommerziellen Einrichtungen. Die Variationsbreite reicht vom reinsten Oxford bis zu einem gutturalen Gebrabbel, das zum Teil aus der lokalen Sprache besteht, aber immerhin noch zu verstehen ist. In Pondicherry und seinen drei Enklaven ist Französisch noch verbreitet.

Nützliche Adressen

Informationen und Broschüren erhält man beim **Indischen Fremdenverkehrsamt,** Baseler Str. 48, 60329 Frankfurt/M., Tel.: 069/24 29 490, Fax: 24 29 49 77.

Reiseveranstalter

Eine interessante Alternative zu den gängigen Angeboten an Rundreisen bietet der Reiseveranstalter **Kerala Discovery Bernd Symons,** Mittelstr. 7, D-41564 Kaarst, Tel.: 02131/667 464, Fax: 668 429. Wer den engen Kontakt zur indischen Bevölkerung sucht, kann als *paying guest* abseits der Touristenzentren bei südindischen Familien Urlaub machen; Jeep- und Bootsausflüge werden organisiert. Bernd Symons veröffentlicht mehrmals im Jahr eine interessante kleine Broschüre mit Reiseberichten und Informationen.

Die **Touristenbüros** der indischen Regierung finden Sie in allen vier Hauptstädten – sie haben jeweils Stände auf den Flughäfen und in den größeren Bahnhöfen. Die ITDC Indian Tourism Development Corporation ist vertreten in Madras, Madurai, Thanjavur, Tiruchchirappalli, Mamallapuram und Kanchipuram in Tamil Nadu, in Kovalam und Thiruvananthapuram in Kerala, in Bangalore, Mysore und Hassan in Karnataka, und in Hyderabad in Andhra Pradesh sowie in Pondicherry. An ihren Schaltern können Touristen Hilfe und Information erhalten. Jeder Staat hat außerdem Departments of Tourism, die ebenfalls in den Hauptstädten Informationsschalter unterhalten. Die Tourism Development Corporations führen auch Unterkünfte für Touristen.

Führende Reiseagenturen, wie Thomas Cook, Travel Corporation of India, SITA, Mercury, Cox & Kings, Diners und PL Worldways haben Büros in den Städten und sind stets hilfsbereit, auch wenn man nicht bei ihnen bucht.

Weitere gute Informationsquellen sind die Büros der Universitäten, Büchereien und Zeitungen.

Für Auskünfte in deutscher Sprache können oft die Max Muller Bhavans weiterhelfen, die mit den Goethe-Instituten verbunden sind und in allen vier Hauptstädten Filialen unterhalten.

Konsularische Vertretungen

In Südindien sind keine Botschaften eingerichtet, sie befinden sich alle in Delhi. Nur Frankreich unterhält ein Generalkonsulat in Pondicherry. Ansonsten gibt es nur in **Madras (Chenney)** Büros der jeweiligen Konsulate bzw. Hochkommissariate:

Deutschland: 22 Commander-in-Chief Road

Österreichisches Handelsbüro: 114 Nungambakkam Road

Unterwegs

Karten

Die TTK-Karten (Stadtpläne, Straßenkarten und Straßenatlanten) von TT.Maps in Madras sind für Besichtigungen und Rundfahrten geeignet.

In einigen größeren Buchläden finden Sie gelegentlich die Karten Survey of India, aber sie enthalten für den durchschnittlichen Interessenten zu viele Details und sind eher verwirrend. Auch Maps and Agencies hat eine Reihe von Karten der Unionsstaaten herausgebracht und beginnt nun mit Stadtplänen. Die Regierungen der Unionsstaaten und die Touristenorganisationen der Zentralregierungen bringen regionale Staatskarten und Karten der Hauptstädte heraus, manchmal umsonst oder zu günstigen Preisen.

Lassen Sie sich durch unterschiedliche Schreibweisen der Ortsnamen nicht verwirren. Der gleiche Ort mag in diesem Buch und in diversen Karten immer wieder anders lauten: Was in der einen Landkarte Feroke heißt, liest sich in der nächsten Faruk, und am Ortseingang steht dann ein Schild mit Namen Ferokabad.

Vom Flughafen

Die meisten indischen Flughäfen sind nicht weiter als 15 bis 25 km von der jeweiligen Stadt entfernt. Dies ist zumindest der Fall im Süden; in Kochi (Cochin) landet man buchstäblich in der Stadt, auf der Insel Willingdon direkt am Hafen. Die Zufahrt zu und von den Flughäfen ist nicht problematisch. Es gibt sowohl offizielle als auch private Taxis an beiden Enden der Strecke. Die meisten Flughäfen haben auch einen Busdienst, der Passagiere zu einem Festpreis zu und von den größeren Hotels, den Zentren der Städte und den Bahnhöfen fährt.

In allen vier großen Flughäfen des Südens gibt es weitere Transportmöglichkeiten neben diesem Busdienst. Es gibt private Taxis und Wagen, die man nicht nur für eine Fahrt, sondern für einen ganzen Tag mieten kann. Taxis und sogenannte autos (motorisierte Rikshaws) gibt es ebenfalls, sie sind recht sicher, allerdings muß man handeln. Um der Geldschneiderei vorzubeugen, wurden an den meisten Flughäfen Pre-paid Taxi Counter eingerichtet. Man entrichtet dort einen festgelegten Fahrpreis und bekommt eine Quittung mit der Nummer des Taxis, das gerade an der Reihe ist. So entfällt auch die Balgerei der Driver, die sich früher zu Dutzenden auf einen Passagier stürzten. Achten Sie aber auf Ihr Gepäck: Kulis schnappen sich Ihre Koffer und Taschen wie selbstverständlich und traben los. Hier sollte man vorher deutlich machen, daß man je 20-kg-Gepäckstück nicht mehr als 5–10 Rs zahlen wird.

In Madras (Chenney) wurden öffentliche Taxis eingeführt. Der öffentliche Busverkehr berührt ebenfalls alle Flughäfen. In Madras gibt es zusätzlich noch eine Straßenbahn, die während der Hauptverkehrszeiten alle 5 und ansonsten alle 20 Minuten bis 22 Uhr Züge zum Flughafen schickt. Die Straßenbahn von Madras ist schnell und recht bequem, wenn man die größeren Bahnhöfe und einige der Geschäftszentren in der Stadt erreichen will – sie fährt allerdings nicht zur „Hauptstraße“ Mount Road (Anna Salai).

Viele große Hotels schicken ihre Repräsentanten zu allen Flügen der internationalen und nationalen Flughäfen und sorgen auch für den Transfer der Reisenden, die bei ihnen gebucht haben oder buchen möchten.

Mit dem Schiff

Die großen Tage der Schiffsreisen sind zwar vorbei, aber zwischen Oktober und März gibt es viele Kreuzfahrten, die oft Marmagao in Goa, Kochi (Cochin) und Madras anlaufen. Wenn Sie aber einmal in Indien sind, ist die Reise auf dem Meer oder den Flüssen ziemlich anders, als Sie es vielleicht gewöhnt sein mögen. Außer während des Monsuns zwischen April/Mai bis Oktober gibt es regelmäßige Verbindungen zwischen Madras und Port Blair, Kochi (Cochin) und Kavaratti sowie Bombay und Marmagao.

Während der Saison werden häufige Fahrten nach Lakshadweep (Laccadiven) angeboten, sie beginnen in Kochi (Cochin) und bieten Übernachtungen auf dem Schiff. Die Strecke Bombay – Marmagao entlang der Küste ist eine seltene Erfahrung mit Gesang, Tanz und traditioneller Küche – ein Spiegel der Lebensfreude der Goanesen.

Ein Erlebnis von unvergeßlicher Romantik in Kerala ist eine Reise mit den alten, sehr langsamen Kettuvallams aus vergangener Zeit. Gestakt von zwei kräftigen Männern mit bis zu 7 m langen Bambusstangen gleitet man durch das vielverzweigte Netz aus Lagunen, Kanälen und Flüssen: die berühmten Kerala-Backwaters. Diese Boote dienten früher als Lastkähne (bis zu 50 Tonnen Kapazität!) – nun hat man sie mit neuen Aufbauten aus trad. Bambusgeflecht bestückt, und mit 3 bis 4 Mann Besatzung stehen die Kettuvallams dem Reisenden heute mit Doppelzimmern, Toilette und Vollpension für beliebig lange Reisen zur Verfügung. Schnellere Dieselkutter können privat gemietet werden. Da auch der tägliche Personennahverkehr fast ausschließlich zu Wasser stattfindet, kann man sehr preiswerte Tagesfahrten machen. Beispielsweise von Quilon nach Kochi (Cochin) und Kodungalur.

Der Buckingham Canal, der bis zum nördlichen Madras reicht und durch die südliche Hälfte von Andra Pradesh bis nach Kakinada führt, wird von sehr langsamen Frachtschiffen befahren, die gegen geringe Gebühr eine Passage anbieten. Teile des Flusses Kaveri in Karnataka und Tamil Nadu werden ebenfalls von Schiffen befahren.

Mit dem Zug

Wohin auch immer Sie im Süden reisen, es ist stets ein Bahnhof in der Nähe; alle Bahnhöfe sind mit den Hauptstädten der Unionsstaaten verbunden und diese wiederum mit Delhi und Bombay. Auf den meisten Nebenstrecken kann man zwischen erster und zweiter Klasse wählen; auf den Hauptstrecken und langen Übernachtrouten wird erste Klasse mit Air Condition angeboten, zweite Klasse mit Air Condition sowie Wagen mit Air Condition und Sesseln. Der Höchstpreis in der ersten Klasse mit Air Condition beträgt auf 160 km 175 Rs.

Es gibt auch einen sogenannten Ind-Rail-Paß. Er kann zwischen sieben und 90 Tagen benutzt werden und erlaubt unbegrenzte Reisen während seiner Gültigkeit. Der Paß gibt keinerlei Garantie für einen Sitzplatz oder einen Schlafwagen, eine Reservierung muß separat vor jedem Schritt der Reise vorgenommen werden. Ausländer werden bevorzugt und bekommen deshalb solche Reservierungen leichter. Speziell zusammengestellte Angebote können im voraus gebucht werden.

Der Süden hat nicht die schnellen Züge, die im Norden angeboten werden, und auch nicht den Luxus des „Palastes auf Rädern“. Aber auch im Süden ist ähnliches geplant, und einige Züge, wie der Brindavan-Express zwischen Madras und Bangalore, der Vaigai-Express zwischen Madras und Madurai und der Blue Mountain Express zwischen Madras und Koimbatore, sind recht gut. Eine besondere Erfahrung kann der Bergzug zwischen Mettupalayam (Coimbatore) nach Ooty bieten; zwei Lokomotiven ziehen und schieben ihn über eine kurvenreiche Strecke zur Spitze des Gebirges.

Erkundigen Sie sich genau, in welchem Bahnhof Ihr Zug abfährt. Madras z. B. hat Züge, die Richtung Süden fahren und von Egmore abfahren. Andere Bahnlinien beginnen am Hauptbahnhof

(Central Station). Reservierungen werden heutzutage per Computer vorgenommen und sind daher zuverlässiger als früher. Dessenungeachtet sollten Sie mindestens eine halbe Stunde vorher am Bahnhof sein, damit Sie den Ihnen zugedachten Sitz oder das Schlafabteil finden. Die Liste der Reservierungen wird eine Stunde vor Abfahrt sowohl auf den Bahnsteigen als auch an den Eisenbahnabteilen befestigt, aber die Bahnhöfe sind überfüllt und die Züge lang, und es mag schwierig sein, das entsprechende Abteil zu finden, wenn Sie in Eile sind. Abteil und Nummer werden auch auf den Tikkets vermerkt, aber es ist sicherer, dies am Bahnsteig noch einmal zu überprüfen.

In den meisten Fernzügen wird Essen serviert, aber der Speisewagen wurde durch einen Küchenwagen ersetzt, so daß man Ihre Bestellungen im Abteil serviert. Die meisten großen Bahnhöfe haben Erfrischungsstände. Außerdem gibt es Ruheräume, die sehr billig sind, aber Sie müssen vorher reservieren. In den meisten größeren Bahnhöfen können Sie Bettzeug für einen bestimmten Betrag mieten, in den Schlafwagen erster Klasse mit Klimaanlage wird Bettzeug gestellt.

Mit Bus & Auto

Der Süden besitzt eines der besten Straßennetze des ganzen Landes: Tamil Nadu hat die besten Schnellstraßen, im Kerala finden Sie die hübschesten schmalen, palmgesäumten Straßen, Lakshadweep besitzt keine erwähnenswerten Straßen und in Karnataka und Andhra Pradesh herrschen die größten Unterschiede – von sehr gut bis zu äußerst vernachlässigt. Aber es gibt keinen Ort im Süden, der nicht durch öffentliche Verkehrsmittel bzw. über Asphaltstraßen erreichbar wäre.

Die innerstaatlichen Transportmöglichkeiten, besonders zwischen den Hauptstädten und den größeren Städten, sind gut, aber in Tamil Nadu sind besonders um Madras herum die Busverbindungen am allerbesten. Auch Kerala hat einen guten Busdienst, obwohl die Fahrzeuge nicht in so gutem Zustand sind wie in Tamil Nadus staatseigenen Transportgesellschaften. Karnataka und Andhra Pradesh haben Busgesellschaften, die besser sind als in den meisten anderen Teilen Indiens, aber an jene in Tamil Nadu kommen sie nicht heran, weder was die Häufigkeit der Fahrten, noch den Komfort, noch die Qualität der Fahrzeuge betrifft.

Mehrere private Luxuslinien befahren die Hauptrouten und bieten komfortables, z. T. klimatisiertes Reisen zu günstigen Preisen. Es mag den einen oder anderen etwas stören, daß die Videoprogramme in diesen Reisebussen stets laut aufgedreht sind.

Die Gesellschaften zur Tourismusentwicklung in allen südlichen Staaten und Pondicherry ebenso wie die lokalen Büros der Indian Tourism Development Cooperation (ITDC) bieten Reisen durch Städte und ganz Südindien an, und zwar in Luxusbussen mit Führer.

Taxis mit Taxameter und motorisierte Rikshaws (genannt „autos") sind in den meisten Städten verfügbar. Allerdings ist die Benutzung des Taxameters eher die Ausnahme. Nur wenige Taxis sind in gutem Zustand und für kurze Strecken bevorzugt man die autos; sie sind oft schneller als Taxis, man wird nicht mehr durchgeschüttelt als in einem Taxi, und die Preise sind viel niedriger. Private Taxis, die man an der Hotelrezeption oder bei Reiseagenten bucht, sind zuverlässiger und sehr komfortabel, allerdings wesentlich teurer. Die meisten Taxifahrer sprechen ein wenig englisch.

Mietwagen

Es gibt Mietwagen überwiegend nur mit Fahrer, was bei der völlig anderen Verkehrspsychologie Indiens auch das Sicherste für den Europäer ist.

In größeren Städten kann man billig Fahrräder mieten. Es ist nicht schwierig, den eigenen Wagen mitzubringen, vorausgesetzt alle Dokumente sind in Ordnung, und Sie nehmen ihn mit zurück, wenn Sie das Land verlassen.

Sie können ein Fahrzeug zollfrei bis zu sechs Monaten ins Land bringen, wenn Sie ein triptyque oder carnet von einer internationalen Automobilgesellschaft oder einem -klub wie dem ADAC mitbringen, der Mitglied der Alliance Internationale Tourisme in Genf ist. In Indien fährt man links oder sollte dies wenigstens tun; Autos, die links gesteuert werden, sind erlaubt, sie müssen allerdings hinten ein Schild haben, das auf englisch sagt: „Left Hand Drive". Wer in Indien selbst fährt, sollte sich mit der besonderen Verkehrspsychologie vertraut machen. Besonders für deutsche Fahrer/innen, die gewohnt sind, in jedem anderen Fahrer einen potentiellen „Gegner" oder „Fahrlehrer" zu erkennen, ist die agressionsfreie und kooperative Fahrweise im südindischen Verkehrsgewühl ein völlig neues Erlebnis.

Die meisten Straßenverkehrsbestimmungen unterscheiden sich nicht vom internationalen Standard. Im Süden sind die Straßenschilder und Entfernungsbezeichnungen normalerweise sehr klar, besonders in Tamil Nadu; im Norden von Andhra Pradesh sind sie allerdings dürftig. Die meisten Schilder sind in englisch gehalten, allerdings nicht überall. Allerdings regelt sich der Verkehr zumeist nicht nach diesen Regeln, sondern nach der jeweiligen Situation. So scheint immer die lauteste Hupe Vorfahrt zu haben, und wer nur eine sehr schwache Hupe hat, kommt nur schwer vorwärts. Indische Verkehrsteilnehmer rechnen damit, daß man mit der Hupe auf sich aufmerksam macht. Wenn in unseren Breiten die Hupe oft Aggressionen weckt – hier heißt das Hornsignal lediglich „Hier komme ich, hier bin ich!". Indische Fahrer benutzen den Rückspiegel auch dann kaum, wenn er ausnahmsweise einmal vorhanden ist. Sie fordern den nachfolgenden Verkehr mit einem verschnörkelt handgepinselten „Sound Horn!" auf, sich mit der Hupe bemerkbar zu machen.

Von Europa nach Indien über Land zu reisen, ist eine abenteuerliche Sache. Trotz der oft sehr schwierigen Bedingungen gibt es einige englische und deutsche Gesellschaften, die Busreisen nach Indien anbieten. Und dann gibt es natürlich noch die Autoabenteurer, die diesen Weg bevorzugen.

Gute Motels auf den Fernstraßen sind selten und liegen weit auseinander. Es gibt allerdings Pläne, alle 100 km und auf allen größeren Straßen im Süden je ein Motel zu errichten. Es gibt regierungseigene Bungalows und Rasthäuser ungefähr alle 50 bis 60 km; sie bieten Möglichkeiten, die von sehr gut bis zu vernachlässigt reichen, aber – sofern nicht ausgebucht – ist ein Bett und ein Dach vorhanden, Essen kann normalerweise bestellt werden. Auf Tankstellen trifft man etwa alle 50 km, Diesel ist meist leichter zu bekommen als Benzin.

Die Automobile Association of South India führt Büros in den meisten größeren Städten. Motorisierte Helfer, leisten die bei Pannen Hilfe.

Da auf den zum Teil veralteten Straßen viele Ochsengespanne, Motorradfahrer, freilaufende Rinder und streunende Hunde unterwegs sind, und der Bus- und Lastwagenverkehr ständig zunimmt, muß man vorsichtig fahren und die Geschwindigkeit den Verhältnissen anpassen. Meist sind auf den Fernstraßen 50 bis 60 km/h vernünftig; auf den kleineren Straßen kann man etwas schneller fahren.

Wenn Sie in Indien unterwegs sind, denken Sie daran, einen gültigen internationalen Führerschein oder einen indischen Führerschein aus einem der Unionsstaaten mitzuführen. Ebenso sollten Sie eine Versicherung abschließen, deren Gesellschaft entweder in Indien registriert ist oder durch eine Gesellschaft in Indien garantiert wird.

Die Nationalstraßen 2, 7 und 25 bringen Sie von Delhi bis zum südlichsten Punkt nach Kanniyakumari über Agra, Jhansi, Nagpur, Hyderabad, Bangalore und Madurai. Die Nationalstraßen 9 und 5 verbinden Madras mit Bombay über Hyderabad. Die Nationalstraße 4 verbindet Bombay und Madras über Bangalore. Die Nationalstraßen 17 und 47 verbinden Bombay mit Thiruvananthapuram (Trivandrum).

Zu Fuß

Man hat die Bettler und Massen der Personen, die irgendwelche Dienste anbieten, immer wieder auf ziemlich drastische Weise vertrieben, aber nicht ganz von den Straßen verbannen können. Dennoch ist es weder schwierig noch unangenehm noch gefährlich zu Fuß unterwegs zu sein. Trottoirs werden langsam unüblich, und mit der wachsenden Bevölkerung in den Städten ist es mehr und mehr zur Gewohnheit geworden, mitten auf der Straße zu gehen. Dies ist insbesondere auch in Gegenden mit Slums nötig, wo die Straßenränder und Trottoirs als offene Latrinen benutzt werden.

In den überfüllten Zentren der Städte und auf Märkten zu laufen – wie in George Town, Madras und der Gegend Charminar in Hyderabad – ist eine Sache für sich, aber relativ sicher. Im Süden herrschen am ehesten Gesetz und Ordnung, aber dessenungeachtet ist es gut, wenn man sein Eigentum im Auge behält, besonders im Gewühl. Wie überall lauern natürlich geschickte Taschendiebe.

Auch nachts sind die Straßen relativ sicher, aber auch hier sollte man eine gewisse Vorsicht walten lassen. Weibliche Reisende brauchen aber nicht unbedingt zu befürchten, daß sie auf der Straße belästigt werden. In jedem Fall sollten Sie eine Taschenlampe mitführen. Straßen sind nicht überall beleuchtet, es kommt zu Stromabschaltungen und ein paar Schritte abseits von beleuchteten Läden kann es plötzlich stockfinster sein.

Per Anhalter

Allgemein liest man immer wieder, in Indien sei das Trampen nicht üblich. Tramper haben es zwar schwer, vor allem, wenn sie schmuddelig aussehen, trotzdem ist es normal, daß Jeeps und *lorries* (Lastwagen) Passanten gegen eine kleine Gebühr mitnehmen. Wer mitgenommen werden möchte, streckt den Arm aus und winkt mit der flachen Hand auf und ab – das bei uns übliche Winken mit dem Daumen in Fahrtrichtung wird hier nicht verstanden. Ein hellhäutiger Fremder hat besonders abseits der Touristenorte gute Chancen, mitgenommen zu werden. Die Einheimischen freuen sich über jeden Kontakt mit Ausländern, und es hat auch schon Leute gegeben, die beim Trampen sogar eine kostenlose Übernachtungsmöglichkeit bekamen.

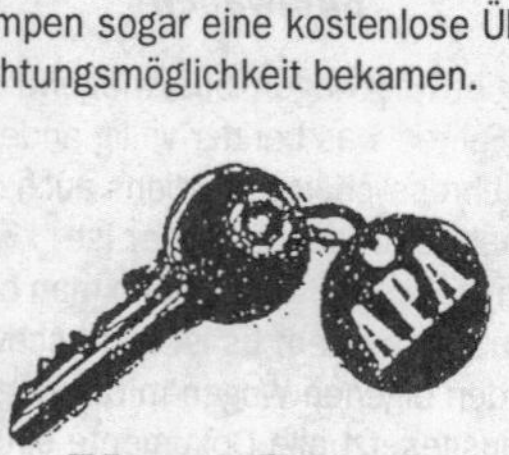

Unterkunft

Wie in anderen Teilen Indiens stehen auch im Süden Hotels zwischen luxuriös „deluxe" bis billig und schlecht geführt zur Verfügung, aber die besten von ihnen sind günstiger als ihre Äquivalente in Bombay und Delhi.

In den Deluxe- und Fünf-Sterne-Kategorien variieren die Preise zwischen 900 und 3000 Rs. für einen Raum. Die meisten mittleren Preisklassen haben Klimaanlage und verlangen zwischen 400 und 800 Rs., in der dritten Kategorie zahlen Sie zwischen 200 und 350 Rs., hier hängt der Preis hauptsächlich davon ab, ob Sie mit oder ohne Klimaanlage buchen.

Dies sind nur ungefähre Werte, sie gelten für Doppelzimmer. Die meisten Räume haben zwei Betten, und der Preis ist um 20 % niedriger, wenn Sie den Raum allein benutzen. Für den Komfort, den sie bieten, sind sie recht günstig. Viele Hotels bieten außerhalb der Saison niedrigere Preise, in den Bergen zahlen Sie je nach Saison mehr oder weniger, und Gruppentarife sind erheblich günstiger.

Die State Tourism Development Corporation besitzt mehrere kleine Hotels und Touristenbungalows, besonders außerhalb der großen Städte und an touristischen Orten. Die Unterbringung hier ist ziemlich günstig, um Rs. 100 für ein Doppelzimmer, aber die Qualität ist sehr unterschiedlich. Auch tendiert der Service dazu, wie auch in den besseren Hotels der Regierung, ein wenig langsam zu sein oder gar nachlässig.

Mehrere staatliche Touristenhotels bieten Unterbringung in Schlafsälen. Einige Unionsregierungen besitzen auch Jugendherbergen mit Schlafsaalunterbringung. An manchen Orten kostet ein Bett für die Nacht nur um 10 Rs. Für Gruppen von jungen Leuten mögen die Probleme einer solchen Unterbringung erträglich sein, aber wer einen gewissen Standard gewöhnt ist, sollte in Einzelzimmern wohnen. Die Christlichen Vereine junger Männer und Frauen (YMCA und YWCA) besitzen Jugendherbergen in den meisten größeren Städten. Die Jugendherbergen der YBCA sind normalerweise in besserem Zustand.

Man erwartet vielerorts von ausländischen Gästen, daß sie ihre Hotelrechnung in ausländischer Währung begleichen, vorzugsweise mit Traveller-Schecks.

Die meisten Hotels bieten Wäscherei, chemische Reinigung und Telefonservice, aber in den billigeren Hotels wird man nur selten ein Restaurant finden – besonders in denen, die als Lodges bezeichnet werden – und auch in vielen Hotels der mittleren Preisklasse wird man Bars vermissen. Im Süden bezeichnet das Wort *hotel* in erster Linie ein Restaurant, und ein *military hotel* ist ein meist billiges nichtvegetarisches hotel, das einer bestimmten Volksgruppe zuzuordnen ist.

Zentrale Klimaanlagen sind in Indien immer noch selten. So bieten die meisten kleineren Hotels Zimmer mit Klimaanlage und ohne Klimaanlage (A/C. und Non A/C.). In den klimatisierten Zimmern ist ein kleines Gerät am oder unterm Fenster eingelassen. Viele Hotels, die keine Klimaanlagen besitzen, mögen aber sehr wohl einen Fernseher in den Zimmern bereitstellen, oft sogar mit Kabelanschluß.

Neben all diesen Unterbringungsmöglichkeiten findet man im ganzen Süden ungezählte staatliche *traveller's bungalows*. Sie dienen hauptsächlich Regierungsbeamten, nehmen aber gerne auch andere Gäste auf, wenn etwas frei ist. Für die religiösen Pilger werden von Tempeln und verschiedenen Hilfsorganisationen sogenannte *choultries* (Schlafsäle ohne Betten) angeboten. Die Unterbringung in solchen Räumen ist unglaublich billig, aber für Ausländer sind eher die staatlichen Betriebe, wo die Unterbringung zwischen ausgezeichnet und zumindest tolerierbar variiert, geeignet.

Die Reiseschalter der Regierung sind stets dienstbereit und bieten Informationen über Unterbringungsmöglichkeiten. Unglücklicherweise haben die wenigsten der Bediensteten eine Ahnung davon, was ein ausländischer Besucher erwartet. In dieser Hinsicht sind Reiseveranstalter zuverlässiger.

Die Unterkünfte in den Naturschutzgebieten finden Sie im entsprechenden Kapitel.

Anmerkung: Dies ist nur eine Auswahl der empfohlenen Unterbringungsmöglichkeiten unter den vielen Hunderten, die es in jedem Staat gibt. Informieren Sie sich stets an den Schaltern der Touristeninformation, bevor Sie sich auf den Weg machen. Insbesondere Vorwahl- und Telefonnummern können sich schnell ändern!

Hotels

Andhra Pradesh

Fünf Sterne

Ashok Bhaskar Palace, Road No 1, Banjara Hills, Hyderabad 500034, Tel.: 396 141, Fax: 397 992.

Oberoi Krishna, Banjara Hills, Hyderabad, Tel.: 392 323, Fax: 040/379 079. Das herrliche Hotel fügt sich in die Landschaft. Ladenpassage, sehr komfortabel.

Park Hotel, Beach Road, Vishakhapatnam, Tel.: 0891/554 448, Fax: 554 181. Bestes Haus der Stadt, alle Annehmlichkeiten, Restaurant, Bar und Zugang zum Strand.

Mittlere Preisklasse

The Dolphin, Daba Gardens, Visakhapatnam 530020, Tel.: 567 000, gutes Preis-Leistungsverhältnis.

Kandhari International, M G Road, in Vijayawada, Tel.: 471 311, Fax: 425 251, guter Service.

Rock Castle Hotel, Road No 6, Banjara Hills, Hyderabad 500034, Tel.: 33541/3, inmitten großer Gärten, stammt noch aus der Raj-Ära, der Service läßt zu wünschen übrig.

Royal Lodge, Nampally High Road, Hyderabad, Tel.: 201 020. Nicht weit vom Bahnhof, gutes Preis-Leistungsverhältnis.

Günstig

sind das **Ashoka** und **Dwarka** in Hyderabad, **Baseraa** in Secunderabad, **Bhima's Deluxe** in Tirupati, alle vegetarisch, die luxuriösen **VIP Cottages** auf dem Berg in Tirumala und das **South Eastern Railway Rest House** in Waltair.

Karanths, 33-1-55 Patel Marg, Vishakpatnam, Tel.: 69 347; am Bahnhof, sauberes Haus mit *Thali*-Restaurant

Karnataka

Fünf Sterne

Gateway Hotel (Taj-Gruppe), 66 Residency Road, Bangalore 560025, Tel.: 080/558 4545, Fax: 0812/573 382, zentral gelegen, gutes Preis-Leistungsverhältnis.

The Holiday Inn, 28 Sankey Road, Bangalore 560052, Tel.: 080/226 2233.

Taj Residency, 41/3 Mahatma Gandhi Road, Bangalore 560001, Tel.: 080/558 4444, Fax: 0812/563 548.

Das **Taj's West End,** Race Course Road, Bangalore 560001, Tel: 080/225 5055, Fax: 0812/27 610, ist ein schönes altes Hotel mit Garten, ideal für Besucher, die einen beschaulichen Urlaub verbringen möchten (die „cottages" werden hier empfohlen).

Welcomgroup Windsor Manor Sheraton, 25 Sankey Road, Bangalore 560052, Tel.: 080/226 9898, Fax: 0812/74 941.

ITDC's Lalitha Mahal Palace, Mysore 570 011, Tel.: 082/571 265; Leben wie im Schloß, guter Service und antike Badezimmer.

Mittlere Preisklasse

Harsha, No 11, Venkataswamy Naidu Road, Shivajinagar, Bangalore 560051 Tel.: 565566; sauber, gutes Essen.

Ritz Metropole, 5 Jhansilakshmibai Road, Mysore 570005 Tel.: 082/520 681. Einladendes Haus im viktorianischen Stil.

Welcomgroup Manjarun, Old Port Road, Mangalore 575001, Tel.: 0824/420 420; nicht der beste Service.

Valley View International in Manipal 576119, Tel.: 20 285; mit Fitness-Einrichtungen.

Günstig

Valishnavi Lodging, Harsha Mahal Road, Hassan, Tel.: 01872/67 413; saubere Unterkunft, vegetarisches Restaurant.

Malligi Tourist Home, 6/143 Jambu Natha Road, Hospet, Tel.: 8101; nahe der M. G. Road. Beliebtes und komfortables Haus mit netter Bar, Restaurant und Garten.

Sri Krisna Tourist Home, nahr Government Hospital, Hospet. Gutes Preis-Leistungsverhältnis, veget. Café.

Hassan Ashok (ITDC), Bangalore-Mangalore Road, Hassan, Tel.: 01872/68 731; Restaurant und Bar.

Kerala

Fünf Sterne

The Taj Malabar, Willingdon Island, Kochi (Cochin) 682009, Tel.: 0484-666 811; vielleicht das beste Haus im ganzen Staat. Im alten Stil renoviert.

Kovalam Ashok Beach Resort (ITDC), Vizhinjam, Koyalam, nahe Trivandrum, Tel.: 0471/480 101; wunderbare Lage, sehr phantasievoll gestaltet, besonders seine „cottages" haben ein folkloristisches Flair. Der Service ist allerdings sehr lahm, die Installation fällt öfter aus, und das Essen ist nicht von bester Qualität – aber all das kann angesichts der herrlichen Lage und des Strandes zur Not toleriert werden.

Mittlere Preisklasse

The Alleppey Prince, A S Road, NH 47, Allapuzha (Alleppey) 688 007, Tel.: 0477/243 752.

The Casino, Willingdon Island, Kochi (Cochin) 682003, Tel.: 04824/ 668 221.

Coconut Lagoon, Kumarakom, Tel.: 92 491; hübsche Anlage mit freundlichem Service.

Sealord, Shanmugham Road, Ernakulam, Kochi (Cochin) 682031, Tel.: 0484/352 682.

Luciya Continental, Trivandrum, Tel.: 0471/463 443; prima Essen, sauber.

Für den etwas anderen Urlaub empfehlen wir den **High Range Club** in Munnar, seine „cottages" in dem Bergort Ponmudi, sein Garden House in Malampuzha Dam und das Aranya Nivas (alles KTDC) am Periyar-See innerhalb des Schutzgebietes – sind allesamt empfehlenswert.

GÜNSTIG

Basoto Lodge, Press Club Road, Kochi, Tel.: 0484/352 140; beliebtes Haus, einfach und sauber.

Luciya (KTDC), Kochi (Cochin), Tel.: 0484/355 003, gute Lage aber wenig Komfort.

Government Guest House, Sultan's Battery, Kochi; wunderbare Lage.

Seaside Cottages, Lighthouse Beach, Kovalam; einfach und sauber.

The Tourist Bungalow in Quilon, Tel.: 76 456; einst britische Residenz, wird besonders empfohlen, seine Parks sind herrlich.

Pondicherry

MITTLERE PREISKLASSE

Ashram International Guest House, Gingee Salai, nahe der Post, Pondicherry, Tel.: 0413/336 699; zentrale Lage, gut geführt, vegetarische Kost.

The Pondicherry Ashok, Chinnakalapet, Pondicherry 605104, Tel.: 0413/ 65 160; neu und um seine Gäste sehr bemüht.

Seaside Guest House, 10 Goubert Salai, Pondicherry, Tel.: 0413/ 36 494; sehr sauber, guter Ausblick.

Tamil Nadu

FÜNF STERNE

Carlton, Lake Road, Madras (Chenney), Tel.: 04542/400 56/7. Bestes Haus der Stadt. Gebäude im Kolonialstil am See, Unterkunft in Bungalows, sehr komfortabel.

Taj Fisherman's Cove, Chingleput Distr., Madras (Chenney) 603112, Tel.: 04114/6268, Fax: 044/470070, am Covelong Beach auf dem Weg nach Mammallapuram ist ein ideales Hotel – der Strand ist herrlich, das Essen ist gut, die Dependance volkstümlich und der Service ist zufriedenstellend.

The Taj Coromandel, 17 Nungambakkam High Road, Madras (Chenney) 600034, Tel.: 044/827 2827, Fax: 044-470070; luxuriös, guter Service und Essen haben.

The Trident, 1/24 G S T Road, Madras (Chenney) 600027, Tel.: 044/ 234 4747, Fax: 044/434 743 (in der Nähe des Flughafens) legt Wert auf seine Parkatmosphäre und ist ebenso schick, modern und effizient wie das **Welcomgroup Park Sheraton,** 132 TTK Road, Alwarpet, Madras (Chenney), Tel.: 044/499 4101, Fax: 044/ 455 913. Beide kämpfen, was das Essen betrifft, um den Spitzenplatz. Das Trident prunkt mit seinem „coffee shop", das Park Sheraton mit seinem Buffet, vielleicht dem besten im Land, aber mit Sicherheit dem größten.

Taj Savoy, Ootacamund, Nilgiris Dist 643001, Tel.: 0423/44 143; erinnert in seiner Pracht an die große alte Zeit.

MITTLERE PREISKLASSE

The Sree Annapoorna, 47 East Arokiaswamy Road, R S Puram, Coimbatore 641002, Tel: 0422/441 741; renommiert für seine vegetarische Küche, alles andere ist eher bescheiden.

Taj Connemara, Binny Road, Madras (Chenney) 600002, Tel.: 044/ 852 0123, Fax: 044/860 193.

Ambassador Pallava, 53 Montieth Road, Egmore, Madras (Chenney) 600008 Tel.: 044/855 4476, Service und Essen halten nicht mit dem Prunk der allgemeinen Räume Schritt.

New Victoria, 3 Kennet Lane, Egmore, Madras (Chenney) 600008, Tel.: 044/ 825 3638; preisgünstig, sehr sauber, guter Service und Essen.

Madurai Ashok (ITDC), Alagarkoil Road, Madurai 625002, Tel.: 0452/ 42 431.

The Pandyan, Race Course Road, Madurai 625002, Tel.: 0452/42 470.

The Sangam, Collector's Office Road, Tiruchipalli 620001, Tel.: 0431/ 467 700.

Fernill Palace, Ootacamund 643004, Tel.: 0423/43 910; ein alter, in Ehren ergrauter Palast.

GÜNSTIG

Ashby, 17a Junction Road, Trichy (Tiruchirapalli), Tel.: 0431/460 652; große Zimmer mit Terrassen um eine Innenhof, Restaurant und Bar.

The Ritz, Orange Grove Road, Coonoor 643101, Tel.: 6242; einfache Unterkunft, gutes Essen.

Hampton Manor, Church Road, Coonoor 645101, Tel.: 6244; eher altmodisches Haus.

Parishutham, 55 Grand Anicut Canal Road, Thanjavur (Tanjore), Tel.: 04 362/31 801. Komfortable und preisgünstiges Haus mit Kabel-TV, Restaurant, Swimmingpool, Geldwechsel.

The Femina, 14c Williams Road, Cantonment, Tiruchipalli 620001, Tel.: 0431/461 551. Bequeme Zimmer, z. T. mit Balkon, gutes Restaurant, Café 24 h geöffnet.

Rajali in Tiruchi und die TTDC-Motels in Ulundurpet, Ranipet und Krishnagiri sind alle gut in Schuß und haben vernünftige Preise.

Lakshadweep

In Kavaratti und in Minicoy gibt es kaum Unterkunftsmöglichkeiten für Touristen.

Essen & Trinken

Küche

Die südindische Küche kennt eine Vielzahl ethnischer Richtungen, die von der eher mild gewürzten vegetarischen Küche Udupis bis zur überaus scharfen, nichtvegetarischen Küche von Andhra Pradesh, von den auf Milch und Kokosnuß basierenden Currys von Kerala bis zum reichlich gewürzten Nawabi-Essen in Hyderabad reichen.

Die südindischen Küche beruht auf vegetarischen Rezepten; Reis wird von einer Vielzahl von Gemüsen begleitet sowie einem ganzen Reigen von „Currys", Soßen, die den Reis schmackhaft machen. Nichtvegetarier fügen lediglich etwas Fleisch oder Fisch zu diesen Gerichten hinzu. Rind wird nur in christlichen oder mohammedanischen

Häusern gegessen und Schweinefleisch nur in den christlichen.

Wenn Sie am typischen Essen des Landes interessiert sind, können Sie die sogenannten „vegetarian hotels“ aufsuchen, für nichtvegetarische Speisen sind die sogenannten „non-vegetarian hotels“ zuständig. Sie nennen sich zwar Hotel, aber es handelt sich in Wirklichkeit um Restaurants. Das typische Frühstück des Südens – *idlis* (gedämpfte Reiskuchen), *dosas* (dünne Pfannkuchen, knusprig oder weich) und *vadas* (Krapfen, teils mit Gemüsefüllung, teils süß) mit den *chutneys* und *curries* – all das schmeckt besser, wenn es in einem Udupi-„hotel“ serviert wird; und mit dem Reis mit *ghee*, verschiedenen *curries* und Joghurt, die alle zusammen mit verschiedenen Gemüsesorten serviert werden, ist es ebenso. Bedenken Sie aber die besondere Form der Hygiene in diesen typisch indischen „hotels“. Obwohl sie oft schmuddelig wirken, folgt die Zubereitung von Speisen für die einheimische Bevölkerung strikteren Reinheitsgeboten als dies manchmal in den vordergründig sauberen „internationalen“ Häusern der Fall ist. In den rußigen Garküchen wird auf offenem Feuer schmackhaft gekocht.

In Tamil Nadu, Pondicherry und Karnataka wird ähnliches vegetarisches Essen zubereitet, aber in Andhra Pradesh wird es scharf mit Pfeffer gewürzt; in Kerala werden die meisten Gerichte mit Kokosraspel und Kokosmilch angereichert. Das Frühstück in Kerala ist ein wenig anders, es besteht aus *idiappam* (dünne Nudeln aus Reismehl, die zu Auflauf verarbeitet sind), *appam* (ein mit Kokosnußmilch zubereiteter Pfannkuchen, der in der Mitte dick und weich ist) und *puttu*, ein in Bambus gedämpftes Reisgericht. Im Süden von Tamil Nadu und an der Küste von Karnataka sind diese Gerichte ebenfalls sehr beliebt, und werden ebenso wie die Udupi-Frühstücksgerichte rund um die Uhr serviert.

Die nichtvegetarischen Gerichte unterscheiden sich sehr stark von Gegend zu Gegend, das überaus scharfe Andhra-Hühnchen und die Ziegenfleischgerichte unterscheiden sich sehr von den zart gewürzten, suppenähnlichen *milligatawnys*, dicke Soßen, trockene *curries* und *kurumas* von Chettinad.

Getränke

Was den Tee angeht, kommen viele Reisende mit hohen Erwartungen nach Indien. Schließlich kommen von hier die besten Teesorten der Welt. Sie sollten aber wissen, daß die besten Qualitäten für den Export reserviert sind. Der normale Inder bekommt hier oft nur den Staub ins Glas, der bei der Teeproduktion zu Boden fällt. Exzellenten Tee bekommt man nur in den Luxushotels mit internationalem Standard. Trotzdem sollten Sie nicht verzweifeln und auch den Tee probieren. Er ist vielleicht gerade deshalb beliebt, weil man diese „Qualitäten“ eben nur in Indien bekommt.

Es gibt nichts, was sich mit dem südindischen Kaffee vergleichen ließe. Die frisch gerösteten Bohnen werden zuhause gemahlen und dann gefiltert. Sodann kommen drei Teile Milch auf einen Teil Kaffee. Der Tee wird ebenso zubereitet. Sowohl Tee als auch Kaffee werden an jeder Straßenecke in winzigen *tea stalls* angeboten. Probieren Sie es ruhig auch dort einmal – es ist immer eine kleine Show: Geschickt gießt der Teekoch das milchig-süße Gebräu im meterlangen Bogen von einem Gefäß ins andere. Dabei kühlt das kochendheiße Getränk etwas ab und die schaumige Mischung schmeckt meist besser als in den feinen Hotels, wo heißes Wasser, Milch, Teebeutel und Zucker getrennt auf den Tisch kommen.

Bei kalten Getränken wählen Sie Markenprodukte in Flaschen mit unversehrten Kronenkorken. Dies gilt besonders abseits der Touristengebiete. Speziell Sodawasser wird oft selbst zubereitet und in Markenflaschen gefüllt. Verschlossen sind diese Produkte mit erkennbar gebrauchten Kronenkorken. Mineralwasser wird in Kunststoffflaschen fast überall angeboten. Auch hier achten Sie besser auf unversehrte Siegel.

Als guter Durstlöscher empfiehlt sich *fresh lime soda:* Frische Limonen werden ins Glas gepresst und mit Sodawasser aufgefüllt; je nach Geschmack werden Zucker oder Salz beigegeben. Wenn Sie es sauer mögen, verlangen Sie *plain lime soda.* Eine breite Auswahl von Soft Drinks steht zur Verfügung.

Lassie (Joghurt-Shake) ist in vielen schmackhaften Varianten erhältlich. Gegen den Durst empfiehlt sich *plain lassie* oder *lassie* mit Gemüse und Chili – aber auch mit allerlei Früchten ist es sehr beliebt.

Das indische Bier wird in großen Flaschen (0,7 Liter) serviert und ist nicht überall erhältlich. Alkohol unterliegt strengen Regierungskontrollen und der Ausschank bedarf einer Lizenz, die sehr teuer ist. Natürlich ist auch das Bier teuer – für den Preis einer Flasche bekommen Sie 2-3 reichliche Mahlzeiten. In Touristengebieten bekommen Sie jedoch überall Ihr Bier – kaum ein Wirt möchte ausländische Gäste verlieren. Vielleicht serviert man es Ihnen manchmal mit dem Hauch des Verbotenen – in Zeitungspapier verpackt unter dem Tisch oder in unverfänglichen, undurchsichtigen Gefäßen.

Was ansonsten als Foreign Liqueur oder Vine angeboten wird, ist ausnahmslos aus indischer Produktion – das „foreign“ bezieht sich hier lediglich auf die ausländischen Bezeichnungen „Whisky“, „Rum“, „Brandy“ etc. – wobei manche behaupten, daß sich diese indischen Spirituosen lediglich durch ihre Etiketten unterscheiden: der Inhalt schmecke immer gleich. Wenn Sie also bessere Qualität suchen: In den Luxushotels bekommt man wirklich internationale Weine und Spirituosen.

Indiens traditionelle Alkoholika sind *toddy* und *arrak.* Der Palmwein *toddy (kalle)* wird aus der Blüte der Kokospalme hergestellt und direkt aus der Palmkrone gewonnen. Gelegentlich brennt man *toddy* zu *arrak* – meistens aber wird dieser Branntwein aus Zukkerrohr-Melasse hergestellt. Südindiens *toddy-* und *arrak-shops* bedürfen ebenfalls einer Regierungslizenz – sind aber meistens schmuddelige Bretterbuden. In Kerala wurde 1996 der *arrak* verboten und alle shops geschlossen.

Restaurants

Andhra Pradesh

GULBARGA

Partwar, Station Road – hier gibt es gute Udupi-Gerichte.

HYDERABAD

Banjara, Banjara Hills – die Mughlai-Grillgerichte sind die besten der Stadt.
Kamat's – es gibt etliche vegetarische Udupi-Restaurants dieser Kette in der

Stadt; die beste Filiale ist in Ravindrapati. Nicht teuer.
Medina, in der Nähe von Charminar – gute Hyderabad- Küche zu günstigen Preisen.
Palace Heights, gehobene Küche mit Standard-Auswahl. Die Sicht über die Stadt ist großartig und das Ambiente gediegen.

TIRUPATI

Bhima's, günstige Udupi-Gerichte, das Frühstücksmenu ist exzellent.

Karnataka

BANGALORE

Casa Piccola, Residency Road – eines der wenigen echten Fast-food-Restaurants im amerikanischen Stil. Ausgezeichnete Pizzas, Hamburger und Milchshakes – große Portionen zu kleinem Preis.
Chalukya, in der Nähe der Pferderennbahn – Udupi-Gerichte von guter Qualität, das Ambiente besser als üblich.
Chinese Hut, Palace Road – exzellentes chinesisches Essen, hauptsächlich kantonesisch. Die „Drums of Heaven" sind exquisit.
Coconut Grove, Spencer's Oakshott Place, (Hinter der M G Road) – ausgezeichnete Malabar-, Konkan-, Coorg- und Chettinad-Gerichte, mit gezapftem Bier!
Kamat's, hier nahm die Restaurant-Kette ihren Anfang.
Mavalli Tiffin Rooms, Lalbagh Road – MTR darf man nicht versäumen. Die beste Udupi-Küche im Süden – zu bestimmten Zeiten darf man soviel essen wie man möchte. Allerdings muß man evtl. in der Schlange warten. Das Frühstück – besonders vor sieben Uhr – ist sehr gut.
Memories of China, Taj Residency, M G Road – das chinesische Mittagsbuffet ist möglichweise das beste im ganzen Land.
Prince's, Brigade Road, in einer Stadt des Südens, wo man in traditionell kosmopolitischer Atmosphäre gerne ausgeht, und gute Restaurants einer entsprechenden Nachfrage auch Genüge tun können, steht das gehobene Prince's für Qualität, ein gutes Preis-Leistungs-Verhältnis, Service und ein königliches Ambiente. Die Steaks gehören zu den besten des Landes. Tischbestellung ist angeraten. Die Gäste – aber nur Paare – haben in der Diskothek nebenan freien Eintritt.
Topkapi, M G Road – war mit seiner hervorragenden Aussicht stets eine erste Adresse – über die Jahre hat die Küche (international) allerdings etwas nachgelassen. Die Atmosphäre und die wunderbare Aussicht lassen einen Besuch aber immer noch empfehlenswert erscheinen.
Tycoons, Copper Arch, Infantry Road – gute kontinentale Küche.
West End, in der Nähe der Pferderennbahn – der Grill am Swimmingpool unter Bäumen wird empfohlen.

MYSORE

Kamat's, Jhansi Laxmibai Road – gleichbleibende Qualität in dieser Filiale der vegetarischen Kette.
Dasprakash, J. Gandhi Square und Yadavagiri Road – Udupi-Küche, die dosais sind eine Spezialität.
Metropole, Jhansi Laxmibhai Road – westliches Essen, noch aus der Zeit der britischen Herrschaft. Hier werden alte Standards noch hochgehalten.

Wenn Sie nichts falsch machen wollen, dann gehen Sie ins **Parklane** oder **Shilpashri** – beide nicht ohne Grund Treffpunkt für Traveller aus aller Welt. Alle Rikshafahrer kennen die Adressen. Es gibt eine breite Auswahl indischer und internationaler Gerichte. In beiden Restaurants kann man im Freien essen, im Shilpashri auf der Dachterrasse. Wegen der Beliebtheit sind beide gut besucht – besonders zum Abendessen sind Reservierungen zu empfehlen.

Kerala

KOZHIKODE

Alakapuri, neben dem bunten Früchte- und Gemüsemarkt. Hier gibt es gute südindische Thalis – auf internationale Gerichte muß man allerdings lange warten.
Malabar Palace, klimatisiertes Restaurant mit breitem indischen und internationalem Angebot.
Beach Road, hier gibt es etliche kleine Restaurants, von Fast-food bis eher formal, sie servieren eine Reihe nicht-vegetarischer Gerichte aus Kerala bis zu südindischer und mehr internationaler Küche.
Indian Coffee House, Kallai Road und Indira Gandhi Road – eine Kette, die den besten südindischen Kaffee und leckere Snacks serviert.

KOCHI

Bharat, Darbar Hall Road – vegetarische Udupi-Gerichte von guter Qualität.
Ceylon Bake House, M G Road, Ernakulam – gute lokale Speisen.
Dwaraka, M G Road, Ernakulam – vegetarische Udupi-Küche und nordindische Gerichte, die letzteren von besserer Qualität.
Sealord, Shanmugam Road, Ernakulam – das Dachrestaurant bietet eine sehr schöne Sicht über den Hafen, aber das Essen ist bescheiden. Gehen Sie hierher zum Tee – zum Essen aber besser nebenan ins:
South Star, Shanmugam Road. Hier sitzt man bequem in der ersten Etage und bekommt gutes Essen und einen ausgezeichneten Service.

Ein guter Tip ist der Besuch bei den **Chinese Fishing Nets** in Mattancherry. Hier kann man sich köstliche Meeresfrüchte frisch aussuchen und gleich an Ort und Stelle zubereiten lassen. Auch die vielen verschiedenen *vaddas* (gefüllte Krapfen mit diversen Füllungen, fritiert in Kokosöl) an kleinen Imbißständen sind preiswert und köstlich.

KOTTAYAM

Aanjali, das Karimeen-Curry (Frischfisch) ist ausgezeichnet.

THIRUVANANTHAPURAM

Luciya Continental, das beste Hotelrestaurant in der Stadt (internationale Küche).

PONDICHERRY

Aurobindo Ashram Guest Houses, Goubert Avenue, Gingee Salai und Rue Romain Rolland – eher milde, aber nahrhafte vegetarische Gerichte, üppige Portionen (Cafeteria-Stil).
Grand Hotel d'Europe, Rue Suffern – einst für seine französische Küche berühmt, Rudimente davon sind noch vorhanden.
Transit, Rue Romain Rolland – ein ausgezeichnetes neues Restaurant mit multinationaler Küche in einer Gegend, wo mehrere kleine vietnamesische Restaurants „selbstgekochte" Gerichte servieren. Es gibt eine Reihe französische Gerichte; wenn Sie 24 Stunden im Voraus bestellen, bekommen Sie ein Festmahl, das an die guten alten Tage des Grand's heranreicht.

Tamil Nadu

COVELONG

Fisherman's Cove; die Buffets, besonders an Samstagen, sind bezüglich Meeresfrüchten besonders gut, aber die Preise sind recht gehoben.

COIMBATORE

Annapoorna; ausgezeichnete vegetarische Udupi-Küche, besonders das Frühstück.

MADRAS (CHENNEY)

Amaravathi, Cathedral Road; Andhra-Küche, sehr scharf und schmackhaft, die Hygiene läßt zu wünschen übrig.
Bahar, Cathedral Road – die Grillgerichte sind die besten der Stadt.
Cascade, Nungambakkam – das beste chinesische Essen der Stadt, gepfefferte Preise.
Dasa, Anna Salai; Udupi-Fast-food in noblem Ambiente, moderate Preise.
Dynasty, Anna Nagar – günstiges chinesisches Essen, besser als üblich.
Dasaprakash, Poonamallee High Road – das Flaggschiff einer weiteren Udupi-Kette; die *dosai* sind sehr gut.
Maratha, Trident Hotel, in der Nähe des alten Flughafens – der beste Coffeeshop der Stadt; sowohl Thai- als auch westliche Gerichte und die südindischen *thalis* sind ihr Geld wert.
Raintree, Taj Connemara, Binny Road – das Ambiente im Freien ist herrlich in diesem Restaurant der gehobenen Klasse.
Residency, Park Sheraton, TTK Road – gehoben, das tägliche Buffet ist einmalig; vielleicht das größte Indiens.
Sagari, Chola Sheraton, Cathedral Road – die nächtliche Aussicht ist superb, es gibt Musik, und das chinesische Essen in diesem gehobenen Dachrestaurant ist entsprechend.
Tic-tac – schmackhaftes chinesisches und nordindisches Fast-food.
Woodlands Drive-in, Cathedral Road. Dieses Gartenrestaurant ist weniger gut bei seinen eigenen traditionellen Udupi-Gerichten, aber deutlich besser bei *channa-bhatura* (nordindische Küche mit Kichererbsen und großen, dick aufgeplusterten poris).

MABALIPURAM

Silver Sands – ausgezeichnete Meeresfrüchte im Gartenrestaurant.

MADURAI

Railway Refreshment Room – nicht ganz so gut wie in Tiruchi, aber immer noch empfehlenswert.
Harvey Mills Club – hervorragendes Essen aus der Kolonialzeit – wenn Sie eine Einladung ergattern.

OOTY

Taj Savoy – gutes Preis-Leistungs-Verhältnis bei den mittäglichen und abendlichen Buffets.

TRICHY

Sangam, Cantonment – die südindischen, nichtvegetarischen Gerichte werden besonders empfohlen.
Femina, Cantonment – vegetarisches Essen von guter Qualität, ausgezeichneter Service.
Railway Refreshment Room – in den Tagen der britischen Herrschaft war dies eines der besten Restaurants mit westlicher Küche und der damaligen Version von „Curry mit Reis".

ULUNDURPET

Motel Emerald – Auf dem Highway Madras-Madurai. Eines der wenigen regierungseigenen Häuser mit einer überraschend guten Küche – falls die Speisekammer nicht leer ist.

Sehenswertes

Nationalparks & Reservate

Die folgende Liste enthält Informationen über die wichtigsten Reservate in den vier Staaten Südindiens. Sie umschließen die wichtigsten Gebiete, in denen noch wilde Tiere leben, wo es noch Urwald gibt und wo vom Aussterben bedrohte Tier- und Pflanzenarten geschützt werden.

Andhra Pradesh

Der größte der vier südindischen Staaten, Andhra Pradesh, ist in mehreren Gebieten mit einer großen Artenvielfalt an Vögeln und anderen Tieren ausgestattet. Er hat zwar 16 Reservate, das große Gebiet des Nagarjunasagar Tiger Reserve eingeschlossen, aber keines hat den Status eines Nationalparks. Die meisten Reservate bieten Unterkunft, aber die touristische Infrastruktur ist begrenzt, und der Besucher muß in den meisten Fällen selbst Vorsorge treffen. **Information:** The Chief Wildlife Warden, Saifabad, Hyderabad, AP 500004.

Andhra besitzt eine lange, abwechslungsreiche Küste mit zwei großen Flüssen (Godavari und Krishna), die nach Osten in die Bucht von Bengalen fließen. An den Flußmündungen gibt es Mangrovensümpfe, weiter im Inland trockene Laubholzwälder und ausgedehntes, offenes Buschland, das sich bis ins Deccan-Hochland erstreckt. Die südliche Hälfte des Staates, unterhalb des Krishna, ist in weiten Teilen mit Dornengestrüpp bewachsen, im nördlichen Teil herrschen Teakholzbäume vor. Der See Pulicat ist eine der größten Lagunen Südasiens und ein wichtiges Gebiet für die dort lebenden oder durchziehenden Wasservögel.

CORINGA SANTUARY

Eingerichtet im Jahre 1978, beherbergt dieses 235 km² große Gebiet im Delta des Godavari Otter, fischende Katzen, Flußkrokodile (Crocodylus porosus) und viele Wasservögel.

Beste Besuchszeit: November–März (Sommertemperaturen bis 36 °C). Unterkunft: Rasthäuser. Kontakt: DCF (WL Management), Rajahmundry. Nächstgelegene Stadt: Kakinada (20 km) mit Bahnhof, Unterkunft und Transportmöglichkeiten.

ETUNARAGARAM SANCTUARY

Eingerichtet im Jahre 1953, bedeckt dieses große Reservat 812 km², mit einem Kernstück von 219 km², das als Nationalpark vorgesehen ist. Der trokkene Laubmischwald in der Nähe der Grenzen zu Maharashtra, Madhya Pradesh und Andhra ist Lebensraum für viele Säugetiere (Tiger, Leopard, Lippenbär, Vierhornantilope oder Chousingha, Gaur oder Dschungelrind, Indische Echtgazelle, Zwergböckchen, Hirschziegenantilope und Bengalkatze) und Vögel. Die Verwaltung verfügt sowohl über Hochsitze als auch Fahrzeuge für die Tierbeobachtung.

Beste Besuchszeit: Mai–März (bis 46 °C); von November bis März ist es kühler und angenehmer. Unterkunft: 8

Gäste-Häuschen (22 Betten); Rasthäuser in Salvai, Tadavai, Eturnagaram. Kontakt: DFO, Warangal, AP 560 010. Nächstgelegene Stadt: Eturnagaram (17 km). Bahnhof: Warangal (90 km). Flughafen: Hyderabad (225 km).

KAWAL SANCTUARY

Dieses Reservat mit einer Fläche von 893 km^2 wurde im Jahre 1965 eingerichtet. In den unwegsamen trockenen Laub- und Teakwäldern leben unter anderem Tiger, Leoparden, Lippenbären, Gaur oder Dschungelrinder und Vierhornantilopen oder Chousinghas.

Beste Besuchszeit: Februar–Mai (bis 44 °C). Unterkunft: 2 Rasthäuser. Kontakt: DFO (WL), Jannaram, Adilabad Distr., AP 504 205. Nächste Stadt: Jannaram (1 km). Bahnhof: Mancherial (60), Hyderabad (280 km).

KINNERSANI SANCTUARY

Das Schutzgebiet wurde im Jahre 1977 eingerichtet, die Kernzone ist 222 km^2 groß, darum herum gibt es eine weitere Schutzzone von 413 km^2. Die üppigen Mischwälder um den Kinnersani-Stausee bieten Lebensraum für zahlreiche Säugetier- und Vogelarten: Tiger, Rotwolf, Leopard, Roter Ibis, Wildbüffel und Lippenbär.

Beste Besuchszeit: November-Juni (im Sommer maximal 49 °C, im Januar etwa 10 °C). Unterkunft: 7 kleine Rasthäuser. Kontakt: Wildlife Warden, Poloncha, Khamman Distr., AP. Nächste Stadt: Paloncha (12 km). Bahnhof: Bhadrachalam Road (24 km). Flughafen: Vijayawada (170 km).

KOLLERU SANCTUARY

Dieses 900 km^2 große Vogelreservat erstreckt sich um den Kolleru-See zwischen den Mündungsgebieten des Krishna und des Godavari. Es besteht überwiegend aus Sumpflandschaft, nach dem Monsun sind 600 km^2 mit Wasser bedeckt. Viele Entenvögel, überwinternde Wasservögel und die berühmten Pelikane von Aredu finden hier ihre Nahrung.

Beste Besuchszeit: später Oktober–Februar. Unterkunft: 5 Hütten; PWD-Rasthaus in Eluru. Kontakt: DCF (WL), Rajahmundry, AP. Nächste Stadt und Bahnhof: Eluru (20 km). Flughafen: Vijayawada (63 km).

MANJIRA SANCTUARY

Die Gesamtfläche dieses 1978 gegründeten kleinen Fleckchens Uferwald am Manjira beträgt nur 20 km^2. Es leben dort zahlreiche Wasservögel, Sumpfkrokodile und zwei Arten von Süßwasserschildkröten.

Beste Besuchszeit: November-Februar (kühl) und März-Juni. Unterkunft: ein kleines Rasthaus. Kontakt: DFO (W. L.), Medak, AP. Nächstgelegene Stadt: Sangareddy (5 km). Bahnhof: Ramachandrapuram (24 km). Flughafen: Hyderabad (55 km).

NAGARJUNASAGAR SRISAILAM SANCTUARY (TIGER-RESERVAT)

Dieses Areal wurde 1978 zum Schutzgebiet erklärt und ist mit 3560 km^2 Gesamtfläche (Kernzone: 1200 km^2) das größte Tigerreservat in Indien. Ein Staudamm über den Krishna bildet den Nagarjunasagar-Stausee. Die Gegend ist von tiefen Schluchten durch die Mallamalai-Berge hindurch zerfurcht. Im Westen und Süden ist die Ebene von trockenem Buschland und Laubmischwäldern bewachsen, in den Tälern im Osten gibt es Bambus und tropische Hartlaubgewächse. Nachdem das Schutzgebiet 1983 unter das Project-Tiger-Abkommen fiel, bemüht man sich um die Wiederansiedlung der Dörfer innerhalb der Kernzone. Wenn es gelingt, die Eingriffe durch den Menschen und die Nutzung von Viehweiden einzuschränken, könnte das Schutzgebiet bald zu einem Naturpark erklärt werden. Zu den dortigen Tierarten zählen: Leopard, Lippenbär, Palmenroller (eine Marderart), Wolf, Streifenhyäne und Tiger, ferner Bellhirsch, Nilgai-Antilope, Chinkara oder Indische Echtgazelle, Chousingha (Vierhornantilope), Sambar (Pferdehirsch), Axishirsch, Langur (eine Halbaffenart), Hutaffe und das Indische Schuppentier.

Beste Besuchszeit: Oktober–Juni (Höchsttemperatur im Sommer: 43° C). Unterkunft: 3 Gästehäuser innerhalb des Schutzgebietes, in Tempelnähe. Kontakt: Field Director, Project Tiger, Srisailam Dam East, AP 512102. Nächstgelegene Stadt und Bahnhof: Machesla (13 km). Flughafen: Hyderabad (150 km).

NEELAPATTU SANCTUARY

Dieses kleine Wasservogel-Schutzgebiet bei der Küstenortschaft Neelapattu wurde 1976 gegründet und hat eine Gesamtfläche von 4,5 km^2. Mittelpunkt ist der Dorfweiher, an dem im Winter eine große Reiherkolonie lebt.

Beste Besuchszeit: November-März. Unterkunft: PWD Rasthaus bei Sulurpetta. Kontakt: ACF (W.L.M), Sulurpetta, Nellore Distr., AP. Nächstgelegene Stadt: Sulurpetta (16 km). Bahnhof: Dorawai Satram (1 km). Flughafen: Madras (120 km).

PAKHAL SANCTUARY

1952 gegründet, 878 km^2 Gesamtfläche aus Wald und einem großen See. Es leben dort interessante Vogelarten und zahlreiche Säugetierarten.

Beste Besuchszeit: November–Juni. Unterkunft: 2 Gästehäuser. Kontakt: DFO (WLM), Warangal, AP 506010. Nächste Stadt: Narsampet (12 km). Bahnhof: Warangal (45 km). Flughafen: Hyderabad (180 km).

PAPIKONDA SANCTUARY

Das Gebiet wurde 1978 unter Schutz gestellt und erstreckt sich mit seinen Mischwäldern am Ufer des Godavari entlang durch die Eastern Ghats. Gesamtfläche 590 km^2, davon macht die Kernzone 221 km^2 aus. Die steilen Hänge des Papikonda-Gebirgszuges gaben dem Schutzgebiet seinen Namen. Zu den dort lebenden Tierarten gehören Tiger, Leopard, Vierhornantilope und Wolf sowie viele Wasservögel.

Beste Besuchszeit: November–Juni. Unterkunft: 2 Rasthäuser. Kontakt: DCF (WLM), Rajahmundry, AP. Nächstgelegene Stadt, Bahnhof & Flughafen: Rajahmundry (80 km).

POCHARAM SANCTUARY

Dieses Schutzgebiet um den Pocharam-See wurde im Jahre 1952 eingerichtet und ist 129 km^2 groß, mit Buschland und Mischwäldern. Es leben dort Leopard, Lippenbär, Wolf, Wildschwein und Vierhornantilope, Flamingos und andere Wasservögel.

Beste Besuchszeit: Ende Oktober-Mai. Unterkunft: 2 Bungalows. Kontakt: DFO (WLM), Medak, AP. Nächstgelegene Stadt: Medak (9 km). Bahnhof: Akkannapet (15 km). Flughafen: Hyderabad (115 km).

PRANAHITA SANCTUARY

1980 gegründet. Das Schutzgebiet erstreckt sich über 136 km^2 an den Ufern des Pranahita entlang. In den Teak-Mischwäldern leben vereinzelt

Gaur (Dschungelrind), Tiger, Leopard, Lippenbär, Vierhornantilope sowie einige Wasservogelarten.

Beste Besuchszeit: November–Mai. Unterkunft: 2 Rasthäuser. Kontakt: DCF (WLM), Rajahmundry, AP. Nächstgelegene Stadt, Bahnhof & Flughafen: Rajahmundry (80 km).

PULICAT SANCTUARY

Die südöstliche Einmündung dieser 1976 zum Schutzgebiet bestimmten großen Lagune liegt in Tamil Nadu. Von den 580 km² Gesamtfläche gehören etwa 500 km² zu Andhra. Es lassen sich dort Flamingokolonien, sowie zahlreiche Zug- und Standvogelarten beobachten. Frühmorgens können Boote gemietet werden.

Beste Besuchszeit: später Oktober–März. Unterkunft: ein kleines Gästehaus. Kontakt: ACF (WLM), Sulurpetta, Nellore Distr., AP. Nächstgelegene Stadt und Bahnhof: Sulurpetta (8 km). Flughafen: Madras (100 km).

ROLLAPADU SANCTUARY

Ein kleines, nur 4 km² großes Reservat mit sanft gewelltem Grasland im Norden der Erramala-Hügel. Es wurde eingerichtet im Jahre 1985, um die hier anzutreffende Große Indische Trappe zu schützen. Man plant eine Pufferzone, die allerdings z. Zt. noch von Menschen bewohnt wird, die viele Haustiere halten. Ein weiterer seltener Vogel hier ist die Kleine Bengalische Barttrappe. Außerdem gibt es in diesem Reservat und seiner Pufferzone Hirschziegenantilopen, Wölfe, Schakale, Füchse und Schwarznackenhasen.

Beste Besuchszeit: Mai–Juni – kleine Brutzeit, August–Dezember – große Brutzeit. Unterkunft: Keine, aber ein ein Besucherzentrum ist geplant. Kontakt: Forester, Rolapadu Village, Nandikotkur Taluka, Kurnool Distr., AP 518 508. Nächstgelegene Stadt und Bahnhof: Kurnool (40 km). Flughafen: Hyderabad (248 km).

SRI VENKATASWARA SANCTUARY

Ein Reservat von 507 km², von denen 300 km² als Nationalpark vorgesehen sind. Eines der wenigen Laubwaldgebiete in gutem Zustand mit vielen Pflanzen wie Sandelholzbäumen und Tieren wie Geckos.

Beste Besuchszeit: November–Februar. Nächste Stadt, Bahnhof & Flughafen: Tirupati.

SIWARAM SANCTUARY

Dieses kleine, im Jahre 1978 gegründete Schutzgebiet am Fluß Godavari, unweit der Grenze zum Bundesstaat Madhya Pradesh, dient vielen Säugetierarten und Vögeln als Lebensraum.

Beste Besuchszeit: November–März. Unterkunft: 3 Rasthäuser. Kontakt: DFO (WLM), Jannaram, Adilabad Distr., AP 504205. Nächstgelegene Stadt: Manthani (5 km). Bahnhof: Paddalpalli (30 km). Flughafen: Hyderabad (300 km).

Anfang 1989 wurden weitere Gebiete zu zukünftigen Reservaten und bestehende Reservate zu zukünftigen Nationalparks erklärt. Viele der neuen Naturschutzgebiete liegen in den Eastern Ghats in der Nähe der Grenze zu Orissa.

Donubhavi National Park and Sanctuary. Ein Gebiet von 300 km² und weiteren 700 km² mit Salbäumen und Teakholz. Im Distrikt Srikakulam im nördlichen Teil der Eastern Ghats in der Nähe der Grenze zu Orissa gelegen, ist dieses Areal ein Durchzugsgebiet für Elefanten.

Der **GBM National Park and Sanctuary** bedeckt 300 km² bzw. weitere 962 km² in den Nallamallai-Bergen des Distrikts Kurnool. Hier wächst hauptsächlich trockener Laubmischwald mit Teak und Bambus. Entwicklungsfähige Tierwelt mit Tiger, Leopard, Wildhund, Lippenbär, Vierhornantilope und Pferdehirsch.

Gudem-Marripakala National Park und Sanctuary. Ein weiteres großes Gebiet von 341 km² bzw. 700 km². Der Höhenunterschied beträgt 100 m bis 1000 m, der eher feuchte Laubwald ist reich an Pflanzen und den charakteristischen Vögeln der Eastern Ghats.

Lankamalai Sanctuary. Ein Reservat von 300 km² ist im Lankamalai-Gebirgszug der Eastern Ghats im Distrikt Cuddapah geplant. Am 14. Januar 1986 entdeckte die Bombay Natural History Society hier den Indischen Zweibinden-Rennvogel *(Cursorius bitoraquatus)* wieder, der zuletzt um 1900 gesichtet worden war.

Sriharikota Island Sanctuary. Dieses 22 km² große Biotop ist als Reservat für Meereskrokodile vorgesehen. Hier starten auch die Raketen des indischen Raumfahrtprogramms.

Karnataka

Süd-Karnataka, der ehemalige Staat Mysore, ist seit langem für seinen außerordentlichen Artenreichtum an Pflanzen und Tieren bekannt. Die bis heute verbliebenen großen Wälder sind ein Vermächtnis der umsichtigen Herrscher von Mysore und beheimaten vor allem Elefanten, Gaur und etliche andere Großsäuger.

Elf der 23 geschützten Gebiete liegen innerhalb der reichen (und empfindlichen) Western Ghats, die vielen Tieren und Pflanzern eine Heimat bieten. Im Norden leben in den trockenen Hartlaubwäldern ganz andere Tierarten als in der trockenen Buschlandschaft von Ranebennur, wo die Hirschziegenatilope und eine immer größer werdende Population der Großen Indischen Trappe zu Hause sind. Letztere findet nun auch im Buschland nördlich von Bijapur, unweit der Grenze zu Maharashtra, wieder einen Lebensraum.

BANDIPUR NATIONAL PARK & TIGER RESERVE

Der Park wurde Anfang 1930 mit einer Gesamtfläche von 60 km² eingerichtet, 1974 auf eine Fläche von 690 km² erweitert, inzwischen beträgt die Gesamtfläche 874 qm². Eine weitere Vergrößerung nach Nordosten hin ist bereits in Planung. Im Nordwesten, Westen und Süden grenzt das Areal an die Parks Nagarahole (Rajif Gandhi Nationalpark), Wynad und Mudulamai.

Das Straßennetz gehört zu den am besten ausgebauten in indischen Parks und ermöglicht hervorragende Wildtierbeobachtungen, insbesondere von Elefanten. Seit der Rinderpest im Jahre 1968 hat sich auch die Gaur-Population wieder erholt, und die Bestände nehmen zu. Die Straße von Mysore nach Ootacamund unterteilt den Park in Nord und Süd, die Berglandschaft im Schatten der Western Ghats ist von Flüssen und Bächen durchzogen. Fahrzeuge können gemietet werden.

Beste Besuchszeit: März–Juli; September bis Oktober. Unterkunft: Waldhütten, Häuschen, Rasthäuser in Kakanhalla, Mulehole, Kalkere und Gopalaswamy (Betta). Kontakt: Field Director-Project Tiger, Bandipur Tiger Reserve, Mysore 570004. Nächstgelegene Stadt: Gundlupet (20 km). Bahnhof &

Flughafen: Mysore (77 km), Bangalore (217 km).

Bannerghatta National Park

Diese 104 km² große Hügellandschaft, nur 28 km südlich von Bangalore, wurde 1974 zum Nationalpark erklärt. Die Bestände an Säugetierarten sind nicht besonders groß – hin und wieder sieht man einen Leoparden, Axishirsche, Wildschweine und Lippenbären, vereinzelt ziehen auch Elefanten durch das Gebiet. Die Landschaft ist interessant, und es gibt zahlreiche Vogelarten. Besonders an Wochenenden ist der Park sehr gut besucht.

Beste Besuchszeit: September–Juni (ganzjährig zugänglich). Unterkunft: Waldrasthaus. Kontakt: ACF, Bannerghatta N. P., Bangalore 83. Nächstgelegene Stadt, Bahnhof & Flughafen: Bangalore (28 km). Die Busse 365, 366 und 368 fahren von Bangalore zum Park.

Bhadra Sanctuary

Das Schutzgebiet wurde 1974 gegründet und erstreckt sich über 490 km² entlang des Flußtales des Bhadra, im Gebiet Bababudan. Der Großteil des Tales ist von feuchten Laubwäldern bewachsen. Die Straßen sind schlecht, man braucht einen Jeep. Es gibt zahlreiche Gaur-Populationen, einige Elefanten, Tiger, Axishirsch und Pferdehirsch. Fahrzeuge und Führer können in Muthodi gemietet werden. Es gibt Bestrebungen, das Gebiet zum Nationalpark zu erkären.

Beste Besuchszeit: Oktober–Mai. Unterkunft: Waldrasthäuser in Sukhalathi, Seegekan und Kesave – Buchung durch den Range Officer, Muthodi, via Mallandur PO, Chickmangalur Distr. PWD Bungalow und Circuit House in Lakkavalli Dam können über den Asst. Executive Engineer, B R Project, Lakkavalli, gebucht werden. Kontakt: ACF, Wildlife Preservation Subdivision, 50 Jayanagar 1st Cross Lane, Jayanagar, Shimoga, Karnataka 577 201. Tel.: 2983. Nächstgelegene Stadt: Shimoga (30 km). Bahnhof: Tarikere (20 km). Flughafen: Belgaum (242 km), Bangalore (255 km), Mangalore (218 km).

Biligiri Rangasamy Temple Sanctuary

Ein südlich von Mysore gelegenes Schutzgebiet (1974 geschaffen) von 324 km² Gesamtfläche, 1987 auf 540 km² erweitert. Das Reservat schützt einen südlichen Ausläufer der Eastern Ghats und stellt eine Verbindung zu den Wäldern der Western Ghats dar. Zu sehen sind durchziehende Elefanten, Axishirsch, Pferdehirsch, gelegentlich auch Tiger. Ein Stamm mit dem Namen Soliga lebt in den benachbarten Wäldern.

Beste Besuchszeit: Oktober–Mai. Unterkunft: Ein Camp mit Luxuszelten wurde eingerichtet von Jungle Lodges & Resorts, 2. Stock, Shrungar Shopping Centre, MG Road, Bangalore 560001. Tel.: 575195. Rasthäuser in K Gudi, B R Hills, Seematti & Bedaguli können über den Deputy Conservator of Forests, Chamrajnagar, Distr. Mysore, 571313 gebucht werden. Tel.: 59. Kontakt: ACF Wildlife Preservation, SD, Mysore 4 (Tel.: 21159). Nächstgelegene Stadt & Bahnhof: Chamarajanagar (60 km). Flughafen: Mysore (120 km), Bangalore (250 km).

Brahmagiri Sanctuary

Das Areal in Süd-Coorg, nahe der Grenze zu Kerala, wurde 1974 unter Schutz gestellt und grenzt im Osten direkt an den Nagarahole-Nationalpark. Das Gebiet (z. Zt. 181 km²) ist hügelig, mit feuchten Laubmischwäldern. Es ist geplant, das Reservat nordwärts auf 281 qkm zu erweitern und ihm Nationalparkstatus zu verleihen. Vorkommen von Elefant, Gaur, Tiger, Kautschil oder Zwergböckchen, Axishirsch und Pferdehirsch.

Beste Besuchszeit: Oktober-Mai. Unterkunft: keine. Kontakt: ACF Wildlife Preservation, SD, Vanivilas Road, Mysore 4 (Tel.: 21159). Nächstgelegene Stadt: Virajpat (39 km). Bahnhof: Cannanore (Kerala, 75 km). Flughafen: Mysore (135 km).

Dandeli Sanctuary

Ein 1975 eingerichtetes Schutzgebiet von 834 km² mit überwiegend feuchtem Laubmischwald, Teak und Bambus. Das Gebiet gehört zu den östlichen Ausläufern der Western Ghats. Relativ gutes Straßennetz. Vorkommen von Großsäugern wie Elefant, Tiger, Pferdehirsch, Axishirsch und einigen Wölfen.

Beste Besuchszeit: Dezember–Mai. Unterkunft: 6 Rasthäuser. Kontakt: ACF Wildlife Preservation Subdivision, Dharwad, Karnataka. Tel.: 40302. Nächstgelegene Stadt: Dandeli (2 km). Bahnhof: Dharwad (50 km). Flughafen: Belgaum (120 km).

Ghataprabha Sanctuary

Ein kleines, seit 1974 bestehendes Vogelschutzgebiet mit 29 qkm überwiegendem Feuchtgebiet, direkt am Fluß Ghataprabha, nördlich von Belgaum.

Beste Besuchszeit: Oktober–Januar. Unterkunft: Rasthäuser. Kontakt: ACF, Wildlife Preservation Subdivision, Dharwad, Karnataka. Tel.: 40302. Nächste Stadt & Bahnhof: Gokak Falls. Flughafen: Belgaum (82 km).

Kudremukh National Park

Ein großer Park von 600 km², der im Jahre 1988 errichtet wurde, um den nördlichsten Teil der Shola-Wälder mit seiner wichtigen Population des Bartaffen (Wanderu) zu schützen. Weitere Säugetiere sind Tiger, Leopard und Gaur. Das geplante Ammedikal-Reservat (100 km²) wird den Park mit dem neuen Pushpagiri Sanctuary (108 km²) im Distrikt Coorg (Kodagu) zum Süden hin verbinden.

Beste Besuchszeit: September–Mai. Kontakt: Chief Wildlife Warden, Aranya Bhavan, 18th Cross, Malleswaram, Bangalore 560003. Tel.: 341993. Nächstgelegene Stadt: Kudramukh. Bahnhof /Flughafen: Mangalore (100 km).

Mookambika Sanctuary

Das Areal am Rande der Western Ghats wurde 1974 gegründet und besteht aus zum Teil immergrünem Laubwald und tropischem Wald in den hohen Lagen. Z. Zt. 247 km², man möchte es aber mit dem Someswara-Reservat verbinden und damit auf 367 km² vergrößern. Ab Juni setzt eine kräftige Regenzeit ein. Vorkommen von Tiger, Lippenbär, Bartaffe und Axishirsch.

Beste Besuchszeit: November–April. Unterkunft: 2 Bungalows (10 Betten). Kontakt: ACF Wildlife Preservation Subdivision, Jayanagar 1st cross, Shimoga, Karnataka 577201, Tel.: 2983. Nächstgelegene Stadt: Bindur (25 km). Flughafen & Bahnhof: Mangalore (90 km).

Nagarhole National Park (Rajif Gandhi National Park)

Der Park wurde 1955 eingerichtet und seit Mitte der Siebziger auf seine heutige Größe von 721 km² erweitert. Die

Landschaft mit dem Panorama der Brahmagiri-Berge ist ausgesprochen reizvoll. Der Kabini wurde zu einem schönen und großen See aufgestaut, der den Park vom Bandipur-Nationalpark im Südosten trennt. Die Möglichkeiten zur Wildtierbeobachtung an der Kabini River Lodge sind hervorragend. Zu sehen sind große Herden von Gaur, Elefanten, gelegentlich Tiger und Leoparden, Axishirsche und Pferdehirsche sowie über 250 Vogelarten. Fahrzeuge können gemietet werden.

Beste Besuchszeit: Oktober–April. Unterkunft: 2 Waldrasthäuser (Information: ACF-Mysore) und Hütten in Nagarahole (Buchung: Range Forest Officer, Nagarhole. Tel.: Kutta 21); Kabini Jungle Lodge 14 Doppelzimmer mit sehr guter Ausstattung. Gute Küche, Bar. Ausgebildetes Personal und Zoologen bzw. Biologen. Reservierung über Jungle Lodges & Resorts Ltd, 2. Stock, Shrungar Shopping Centre, MG Road, Bangalore 560001. Tel.: 575195. Kontakt: Deputy Conservator of Forests, Wildlife Preservation, Aranya Bhavan, Ashokpuram, Mysore 570008. Tel.: 21159. Nächstgelegene Stadt: Kutta (7 km). Bahnhof: Mysore (96 km).

Ranganatittu Bird Sanctuary

Das Vogelschutzgebiet besteht seit 1940 und befindet sich unweit der Hauptstadt Sultan Tippus, Srirangapatnam, auf sechs winzigen Inseln im Kaveri-Fluß, 16 km nördlich von Mysore. Es gibt einen Bootsverleih. Die Brutzeit beginnt für zahlreiche Vogelarten schon im März; zudem sind Krokodile, Ottern und Flugfüchse (Riesenfledermau) zu beobachten. Sehr schöne Landschaft.

Beste Besuchszeit: März–November. Unterkunft: 3 „Riverside Cottages" mit jeweils zwei Räumen, die gebucht werden können bei: KSTDC, Badami House, Opp City Corporation Offices, Bangalore 560002 Tel.: 221299. Kontakt: ACF, Wildlife Preservation Subdivision, Aranya Bhavan, Ashokpuram, Mysore 570008 Tel.: 21159. Nächste Stadt, Bahnhof: Mysore (16 km).

Ranebennur Blackbuck Sanctuary

Das 119 km² große Terrain wurde 1974 unter Schutz gestellt, um die sich rapide verringernde Population der Hirschziegenantilope in Nordkarnataka unter Kontrolle zu bekommen. Außerdem Vorkommen von Wölfen, Füchsen, Schakalen und Indischen Trappen. Die Landschaft besteht überwiegend aus trockenem Busch- und Weideland sowie Eukalyptus.

Beste Besuchszeit: Mai-Dezember für die Indische Trappe; ganzjährig geöffnet. Unterkunft: Rasthäuser in Gangajal und Ranebennur. Kontakt: ACF, Wildlife Preservation Subdivison, Dharward, Karnataka Tel.: 40302. Nächste Stadt & Bahnhof: Ranebennur (4 km). Flughafen: Belgaum (199 km), Bangalore (298 km).

Sharavathi Valley Sanctuary

Ein Schutzgebiet (seit 1974) von über 431 km² Gesamtfläche in den Western Ghats mit tropischen immergrünen und teilweise laubwerfenden Wäldern. Das Reservat schließt im Süden an das Mookambika-Reservat an. Ab Juni setzt eine heftige Regenzeit ein. Die Artenliste umfaßt Axishirsch, Lippenbär, Makaken und wenige Tiger.

Beste Besuchszeit: November–Mai. Unterkunft: 4 Rasthäuser (34 Betten). Kontakt: ACF, Wildlife Preservation Subdivision, 1st Cross Lane, Jayanagar, Shimoga, Karnataka 577201. Tel.: 2983. Nächstgelegene Stadt: Kagal (1 km). Bahnhof: Talguppa (15 km). Flughafen: Mangalore (180 km), Bangalore (369 km).

Shettihally Sanctuary

Das Schutzgebiet aus 395 km² Misch- und laubwerfendem Wald wurde 1974 eingerichtet. Vorkommen von Tiger, Elefant, Axishirsch und Pferdehirsch.

Beste Besuchszeit: November–Mai. Unterkunft: 4 Rasthäuser (20 Betten). Kontakt: ACF, Wildlife Preservation Subdivision, 1st Cross Lane, Jayanagar, Shimoga, Karnataka 577201. Tel.: 2983. Nächste Stadt und Bahnhof: Shimoga (5 km). Flughafen: Mangalore (190 km), Bangalore (273 km).

Weitere Schutzgebiete in Karnataka sind: Anshi National Park (250 km², Distr. Uttara Kannada); Adi Chunchanagiri Sanctuary (Distr. Mandya); Arabititu Sanctuary (14 km², Distr. Mysore); Cauvery Sanctuary (510 km², Distrikte Mandya & Bangalore); Melkote Temple Sanctuary (50 km², Distr. Mandya); Nagu Sanctuary (30 km², Distr. Mysore); Someshwara Sanctuary (88 km², Distr. Dakshina Kannada); und Talakaveri Sanctuary (105 km², Distr. Kodagu). Informationen, auch über weitere geschützte Gebiete, sind erhältlich über: The Chief Wildlife Warden, Arnya Bhawan, 18th Cross, Malleshwaram, Bangalore 560003. (Tel.: 31993).

Tamil Nadu

Die Parks in Tamil Nadu sind nicht besonders bekannt, obwohl sie sich innerhalb außerordentlich vielfältiger Landschaftsformen befinden – Laubmischwälder in den Western Ghats, heiße Trockenlandschaften und Küstengebiete. Zwei Biotope sind neuerdings hinzugekommen: eines am Golf von Mannar und eines in den Nilgiri-Bergen. Tamil Nadu ist beiden Monsunen ausgesetzt, hierdurch wird die Tierbeobachtung erheblich erschwert. Von November bis Februar ist das Reisen im gesamten Staat aber sehr angenehm.

Anamalai Wildlife Sanctuary

Dieses Schutzgebiet wurde 1976 eingerichtet. Es erstreckt sich über 840 km² über die nördlichen Ausläufer der Cardamom Hills und grenzt im Westen an Kerala. Sicherlich ist es eines der schönsten Reservate von Tamil Nadu – das Kerngebiet von 700 km² soll einmal Nationalpark werden. Top Slip ist der Mittelpunkt des Schutzgebietes und mit Übernachtungsmöglichkeiten ausgestattet. Die Landschaft ist geprägt von üppigen Laubmischwäldern mit hohen Rosenholz- und Teakbäumen, die in größeren Höhen in Grasland übergehen. Hauptattraktion sind der Bartaffe und der Nilgiri-Langur, für die der immergrüne Wald einen idealen Lebensraum bietet. In der Nähe des Flusses Srichalippallam sind Gaur, Elefanten, Axishirsche, Pferdehirsche, Zwergböckchen und Hirschziegenantilope zu sehen. Auch die Vogelwelt ist sehr vielfältig. Reitelefanten und Kfz können gemietet werden.

Beste Besuchszeit: Februar–Juni. Unterkunft: 5 Rasthäuser und Holzhütten, Lebensmittel und Bettzeug sind erhältlich. Kontakt: Wildlife Warden, 5 Round Rd., Mahalinga Puram, Pollachi, Distr. Coimbatore, Tamil Nadu 642001. Nächste Stadt und Bahnhof: Pollachi (25 km). Flughafen: Coimbatore (65 km).

Kalakad Mundanthurai Tiger Reserve

Im Jahre 1987 wurden die Reservate Kalakad und Mundanthurai miteinander verbunden, um unter dem Project Tiger ein einziges Gebiet von 800 km² zu schaffen. Das Tiger-Reservat liegt in den südlichsten Bergen Indiens und hat eine außergewöhnliche Artenvielfalt zu bieten. Trockene Teakwälder gehen in feuchten Laubwald über, in tieferen Lagen in immergrüne tropische Vegetation. Die jährliche Niederschlagsmenge kommt auf 300 cm, und es gibt noch kleine Areale unberührten Regenwaldes. Im gesamten Schutzgebiet sind Hutaffen und Languren zu sehen, Nilgiri-Languren in Taruvattampaarai und Bartaffen auf dem Valaiyar-Berg. Daneben kommen auch Tiger, Leopard, Lippenbär, Pferdehirsch, Gaur, Lori, Wildhund und Axishirsch vor. Das Reservat soll in Richtung Süden erweitert werden.

Beste Besuchszeit: Januar–März. Unterkunft: 2 Rasthäuser (eines davon mit Blick über den Fluß Tambaravarani). Kontakt: The Field Director, Kalakad-Mundanthurai Tiger Reserve, 64-B2-Vijayah Complex, TP Miles Road, Rajapalyam, Kamraja Distr., Tamil Nadu 626117. Nächstgelegene Stadt: Nanguneri (15 km), Ambasamudram (10 km). Bahnhof: Tirunelveli (40 km). Flughafen: Thiruvananthapuram (Kerala, 140 km).

Mudumalai Sanctuary

Dieses Schutzgebiet wurde 1938 gegründet und inzwischen auf 322 km² Gesamtfläche erweitert. Es besteht aus feuchtem Laubmischwald, durch den die Straße von Mysore nach Ootacamund verläuft, und grenzt im Norden an den Bandipur-Nationalpark in Karnataka und im Westen an das Wynad Sanctuary in Kerala. Das Reservat soll bis nach Barbetta im Osten erweitert werden, damit die Wanderrouten der Elefanten ins Biligiri Sanctuary in Karnataka geschützt sind – der Nationalpark-Status wird für das Kerngebiet angestrebt. Gute Wildtierbeobachtung und Unterbringung. Reitelefanten und Fahrzeuge können gemietet werden. Ausgezeichnte Möglichkeiten für die Vogelbeobachtung am Fuße der Nilgiris bei Masinagudi.

Beste Besuchszeit: März–Juni, September-Oktober. Unterkunft: Rasthäuser in Masinagudi, Theppakadu, Abhayaranyam und Kargundi; Jungle Hut, 5 km von Masinagudi, bietet sehr gute Übernachtungsmöglichkeiten und Verpflegung in freundlicher Umgebung. Schreiben Sie an Mr. und Mrs. Joe Mathias, Jungle Hut, Bokkapuram, Masinagudi, Nilgiris, Südindien 643223 Tel.: Masinagudi 40 (via Ooty). Bamboo Banks Farm, 18 km vom Schutzgebiet entfernt, bietet eine komfortable Unterbringung und gute Küche. Wenden Sie sich an Mrs. S. T. Kothawala, Bamboo Banks, Masinagudi, Nilgiris, 643223. Tel.: Masinagudi 22. Kontakt: Wildlife Warden, Mahalingam Building, Coonoor Rd., Ootacamund 643001. Nächstgelegene Stadt: Gudalur (16 km). Bahnhof: Ootacamund (64 km). Flughafen: Coimbatore (164 km).

Point Calimere Sanctuary

Dieses 17 km² große Areal wurde 1967 zur Erhaltung von Küste und Hinterland einer Salzwasserlagune unter Schutz gestellt. Es besteht teilweise aus gezeitenabhängigem Sumpfland. Vereinzelt sind Delphine in der Lagune zu sehen, außerdem zahlreiche Küsten- und Wattvögel, Gruppen großer und kleiner Flamingoarten sowie Hirschziegenantilopen, Axishirsche, Wildschweine und Hutaffen.

Beste Besuchszeit: November–Januar. Unterkunft: Waldrasthaus (14 Betten), bei Voranmeldung ist Verpflegung erhältlich. Kontakt: DFO, 281/1846 West Main Street, Thanjavur, Tamil Nadu 613009. Nächste Stadt: Vedaranyam (11 km). Bahnhof: Kodikkarai. Flughafen: Tiruchirappalli (165 km).

Vedanthangal Sanctuary

Dieses Schutzgebiet besteht seit über 200 Jahren, bereits 1798 wurde dort die Jagd verboten. Das Areal ist extrem klein, nicht viel mehr als ein Teich mit einem kleinen Wäldchen. Zu sehen sind zahlreiche heimische Wasservögel, die dort brüten, sowie Zugvögel. Tagesausflug von Madras (Chenney).

Beste Besuchszeit: Oktober–Februar. Unterkunft: Rasthaus mit Verpflegung. Kontakt: Wildlife Warden, 50 IVth Main Road, Gandhi Nagar, Madras 600020. Nächstgelegene Stadt: Maduranthakam (15 km). Bahnhof: Maduranthakam. Flughafen: Madras (Chenney) (80 km).

Es gibt noch ein kleines Schutzgebiet (2,7 km²) in Guindy in der Innenstadt von Madras mit einem Zoo im Madras Snake Park. Im Golf von Mannar soll ein Meeres-Nationalpark eingerichtet werden. Weitere Schutzgebiete: Karikilli (Chengalpattu Distr.), Nilgiri Tahr Sanctuary, Pulicat (Chengakpattu Distr.) und Vettangudi (Ramanathapuram Distr.). Weitere Informationen sind erhältlich über: The Chief Wildlife Warden, 50 IVth Main Rd, Gundhi Nagar, Madras 600020.

Kerala

Kerala wird im Westen vom Arabischen Meer, im Osten von den Western Ghats umschlossen und ist reich gesegnet mit einer üppigen Vegetation, die wiederum Lebensraum für zahlreiche Tierarten bietet. Noch immer sind 24 % des Staates mit Wald bedeckt, davon sind 5,9 % geschützt (3 Nationalparks und 12 Reservate).

Das Straßennetz innerhalb des Staates ist recht gut ausgebaut, und von den beiden Hauptflughäfen in Thiruvananthapuram (Hauptstadt) und Kochi bestehen Verbindungen zu sämtlichen größeren Städten Indiens. Thiruvananthapuram und Kochi haben außerdem je einen großen Bahnhof. Das Klima ist das ganze Jahr über sehr angenehm, die Monsunzeit beginnt Ende Mai und dauert bis Oktober.

Eravikulam National Park

Dieses Areal wurde 1978 zum Nationalpark erklärt, hatte jedoch vorher schon zur Erhaltung des Nilgiri Tahr (der einzigen Wildziegenart südlich des Himalaya – 1988 zählte man 550 Exemplare) den Status eines Schutzgebietes. Der Park besteht aus 97 km² hügeligen Graslandes und Waldflächen in den Tälern, zudem ist hier auch noch der höchste Gipfel Südindiens zu finden: der Anaimundi mit 2695 Metern. Man möchte das Gebiet mit Eravikulam, gemeinsam mit dem nahegelegenen Chinnar Reservat, den Kudakkadu- und Pooyankutty-Wäldern zusammenlegen, so daß hieraus ein Nationalpark von 507 km² entsteht. Dies wiederum verbunden mit Annamalai in Tamil Nadu und Peechi Vazhani-Chimony-Parambikulam-Reservat in Kerala würde ein zusammenhängendes geschütztes Gebiet von nicht weniger als 2007 km² ergeben). Die Wildziegen sind in der Nähe des angrenzenden Teeanbaugebietes Rajamalai anzutreffen. Weitere Tierarten sind Elefant, Tiger, Leopard, Nilgiri-Langur, Bartaffe und das Indische Riesenhörnchen.

Beste Besuchszeit: November–April. Unterkunft: Rasthaus in Rajamalai (Verpflegung nur nach Vereinbarung). Kontakt: DFO Munnar Division PO Devi Kolam, Kerala (Tel.: 37). Nächstgelegene Stadt: Munnar (16 km). Bahnhof & Flughafen: Kochi (143 km).

Idikki Sanctuary

Ein 1976 eingerichtetes, oberhalb des Idikki-Staudammes gelegenes Schutzgebiet von 70 km² Gesamtfläche. Die Artenliste umfaßt Sambar oder Pferdehirsch, Elefant, vereinzelt auch Tiger, Lippenbär und Gaur.

Beste Besuchszeit: November–Mai. Unterkunft: Bungalows in Kulamaur und Vazhathope. Kontakt: Asst. Field Director, Idikki Sanctuary, Vazhathope, Idikki, Kerala. Nächstgelegene Stadt: Vazhathope (169 km). Bahnhof & Flughafen: Kochi (164 km).

Neyyar Sanctuary

Das Schutzgebiet wurde 1958 gegründet und hat eine Gesamtfläche von 128 km², von denen der Neyyar-Stausee etwas über 9 km² ausmacht. Zur Erkundung der kleinen Flüßchen, Kanäle und Inseln können Boote gemietet werden. Der überwiegende Teil des Schutzgebietes besteht aus tropischem immergrünem Wald, in höheren Lagen aus Grasland, wo sogar Wildziegen vorkommen. Höchster Punkt ist Agasthyadoodam mit 189 Metern. Zur Fauna gehören ein vielfältiger Artenreichtum an Vögeln und Insekten, Bartaffe, Nilgiri-Langur, Gaur, Lippenbär und Wildschwein, auch einige Tiger.

Beste Besuchszeit: ganzjährig. Unterkunft: Bungalow in Neyyar; 2 Gästehäuser. Kontakt: Wildlife Warden, Forest Headquarters, Thiruvananthapuram, Kerala 695014 (Tel.: 60674). Nächstgelegene Stadt: Kattakada (10 km). Bahnhof & Flughafen: Thiruvananthapuram (32 km).

Parambikulam Sanctuary

Dieses Terrain wurde 1962 als kleines Schutzgebiet ausgewiesen und 1973 auf die heutige Größe von 285 km² erweitert. Eine Vergrößerung auf 405 km² ist geplant, dann würden die immergrünen Wälder auf dem Nelliampathy-Plateau bis zum Fluß Sholayar im Norden und eine kleine Verbindung zum Anamalai Sanctuary in Tamil Nadu hinzukommen. Das jetzige Gebiet erstreckt sich um die Stauseen Parambikulam, Thunacadavu und Peruvaripallan, in denen jeweils ein stabiler Bestand an Krokodilen lebt. Dichte Laubwälder und eine alte Teakanpflanzung prägen das Bild. Kerala hat die größte Population von Urwaldrindern (Gaur). Außerdem Vorkommen von Pferdehirsch, Axishirsch, Bartaffe und vereinzelten Tigern und Leoparden. Fahrzeuge und Boote können gemietet werden.

Beste Besuchszeit: Februar–April. Unterkunft: Rasthäuser in Thunacadavu, Thelikkal und Elathode. Kontakt: DFO, TP Division, Thunacadavu Post, Via Pollachi (Tel.: Pollachi 33). Nächste Stadt und Bahnhof: Pollachi (48 km). Flughafen: Coimbatore (100 km).

Peechi Vazhani Sanctuary

Das 125 km² große Einzugsgebiet um die beiden Staudämme Peechi und Vazhani wurde 1958 unter Schutz gestellt. Aufgrund der Siedlungsnähe sind die Wildtierbestände recht gering. Vorherrschend sind feuchte Laubwälder mit interessanten Vogelarten. Falls es gelingt, das nahe Chimony Sanctuary von 90 km² auf 130 km² zu erweitern, wird das Peechi-Vazhani-Chimony-Parambikulam-Reservat eine Einheit von 660 km² bilden, die auch mit dem 840 km² großen Annamalai Sanctuary in Tamil Nadu verbunden ist.

Beste Besuchszeit: November–April. Unterkunft: Rasthaus (4 Betten) in Peechi. Kontakt: DFO, Ayyanthol, Thrissur, Kerala (Tel.: 23268). Nächstgelegene Stadt und Bahnhof: Thrissur (15 km). Flughafen: Kochi (100 km).

Peppara Sanctuary

Dieses 1983 gegründete Schutzgebiet von 53 km² Gesamtfläche in den Western Ghats hat eine überwiegend hügelige Landschaft mit Mischwäldern und eine faszinierende Vogelwelt. Vorkommen von Elefant, Pferdehirsch, Bartaffe und vereinzelten Leoparden.

Beste Besuchszeit: ganzjährig. Unterkunft: ein Gasthaus mit vier Betten, Touristen-Dorf in Ponmude (11 km; Tel.: Vithura 30). Kontakt: DFO, Thiruvananthapuram Forest Division, Thiruvananthapuram, Kerala 695014 (Tel.: 60637). Nächstgelegene Stadt: Vithura (10 km). Bahnhof & Flughafen: Thiruvananthapuram (48 km).

Periyar Tiger Reserve & National Park

Dieser Park wurde 1934 als Nelliampatty-Schutzgebiet eingerichtet und 1950 vergrößert. Er erstreckt sich heute über 777 km² und ist Indiens südlichstes Tigerreservat. Der See ist 31 km lang. Die Landschaft ist überwiegend hügelig. Elefanten lassen sich sehr gut beobachten, allerdings sind nur wenige Exemplare den Elfenbeinjägern entkommen. 1983 hatte es noch 932 Elefanten im Schutzgebiet gegeben. Tiger lassen sich nur selten sehen, die zahlreichen Waldvogelarten dafür um so häufiger. Boote und Kanus können gemietet werden.

Beste Besuchszeit: September–Mai (ganzjährig geöffnet). Unterkunft: Waldrasthäuser in Mankauala, Mullakudi und Thannikudy, Buchung über das Forest Department. Am Parkeingang und bei der Hauptverwaltung in Thekkady gibt es ebenfalls Unterkünfte. Im Park hat das Kerala Tourism Department drei Lodges errichtet, zu buchen über KTDC, PB No 46, Behind Secretariat, Thiruvananthapuram 695001; Tel.: 64705, 64261); Aranya Nivas Hotel (Tel.: Kumily 23); Edapalayam Lake Palace (Tel.: Kumily 24); Periyar House (Tel.: Kumily 26) – nur indische Küche und Unterkunft in Schlafsälen. Kontakt: The Field Director, Project Tiger – Periyar Tiger Reserve, Balarama Buildings, Erayil Kadavu, Kottayam, Kerala 686001 (Tel.: Kottayam 8409). Nächstgelegene Stadt: Kumili (4 km). Bahnhof: Kottayam (114 km). Flughafen: Madurai (TN) (145 km) oder Kochi (190 km).

Silent Valley National Park

Dieser Nationalpark wurde 1984 gegründet, nach einer nationalen Kampagne zum Schutz des letzten ursprünglichen Regenwaldes auf dem Subkontinent, und bietet nun auf 90 km² Lebensraum für seltene Pflanzen und Kräuter. Ein benachbartes Gebiet von 225 km² (Höhe 300 m bis 1554 m) ist unter dem Namen Karimpuzha Sanctuary zum Reservat vorgesehen. Zur Fauna gehören Elefant, Bartaffe und Tiger.

Beste Besuchszeit: September–März. Unterkunft: Rasthaus (4 Betten).

Kontakt: DFO, Palghat, Kerala, 678009 (Tel.: Palghat 8156). Nächstgelegene Stadt: Mannarghat (32 km). Bahnhof: Palghat (75 km). Flughafen: Coimbatore (TN, 155 km).

Thattekkad Bird Sanctuary

Dieses erste Vogelschutzgebiet Keralas wurde 1983 geschaffen. Das 25 km² große Areal liegt zwischen den Nebenarmen des Flusses Periyar und besteht überwiegend aus feuchtem Laubmischwald. Vorkommen zahlreicher seltener Wasservögel wie Eulenschwalbe und die Rotschnabelracke. Zu sehen sind auch Bartaffen und Flughörnchen.

Beste Besuchszeit: September-März. Unterkunft: 1 Waldbungalow. Kontakt: DFO, Malyathur Forest Division, Kodanad Post, über Perumbavoor, Kerala. Nächste Stadt: Kothamangalam (20 km). Bahnhof: Alwaye (50 km). Flughafen: Kochi (70 km).

Wyanad Sanctuary

Dieses Terrain steht schon seit den zwanziger Jahren unter Naturschutz, wurde aber erst 1973 offiziell als Schutzgebiet ausgewiesen. Das 344 km² große Areal grenzt an Nagarhole (Rajif Gandhi National Park) und Bandipur in Karnataka und Mudumalai in Tamil Nadu. Die bemerkenswerten, abwechslungsreichen Wälder beheimaten eine große Vogelwelt. Vorkommen von Elefant, Axishirsch, Gaur, Pferdehirsch und Lippenbär. Gut ausgebaute Straßen.

Beste Besuchszeit: Dezember-April. Unterkunft: Rasthäuser in Manantody und Sultan's Battery. Kontakt: DFO, Wynad, PO Manantody, Kerala (Tel.: 33). Nächste Stadt: Sultan's Battery (1 km). Bahnhof: Kozhikode (110 km). Flughafen: Mysore, Bangalore (je 250 km).

Museen & Galerien

Wer sich für Kunst und Museen interessiert, dem hat Südindien eine Menge zu bieten. In den meisten größeren Städten gibt es gut geführte Museen und Kunstgalerien. Die meisten Museen sind am Montag geschlossen – archäologische Fundstätten schließen an Freitagen.

Hier die empfehlenswerten Museen und Kunstgalerien des Südens:

Tamil Nadu

Madras (Chenney)

Adyar Library – asiatische Manuskripte auf Palmblättern und Pergament.
Development Centre for Musical Instruments, Mylapore – alte und neue Musikinstrumente.
Fort Museum, Fort St George – eine gute Sammlung von Ausstellungsstükken aus der Zeit der East India Company in Madras. Alte Drucke und Memorabilien über Robert Clive.
Gandhi Illam, Rajaji Hall – eine Sammlung um Mahatma Gandhi.
Government Museum, Pantheon Road – hervorragende Bronzen, feine Waffen und buddhistische Kunst.
Science Museum and Planetarium, Kotturpuram (hinter dem Leather Research Institute) – Demonstration wissenschaftlicher Expermente und Filme.
Cholamandal Artists' Village, Injambakkam – eine Künstler-Cooperative mit moderner Kunst und Kunsthandwerk.
College of Arts and Crafts, Poonamallee High Road – Ausstellung mit Werken von Studenten.
Crafts Council of India, Archbishop Mathias Avenue – Kunsthandwerk.
Lalit Kala Akademi, Greams Road – regelmäßig Ausstellungen moderner indischer Kunst.
Kumararajah Muthiah School of Traditional Art and Crafts, Chettinad Palace – Thanjavur-Malerei und Metallarbeiten.
Modern Art Gallery, Pantheon Road – indische Kunst der letzten hundert Jahre.
National Art Gallery, Pantheon Road – alte Malerei und Kunsthandwerk.

Mamallapuram

Ein archäologisches Freiluftmuseum und Schule der Sculpture's Gallery.

Poompuhar

Art Gallery – die Geschichte des Epos Silappathikaram, erzählt in Form von Flachreliefs.

Madurai

Gandhi Museum – Erinnerungen an Mahatma Gandhi.
Government Museum – Tamilische Ausstellungsstücke.
Meenakshi Temple Museum – Skulpturen und Fotos.
Palace Museum – Tirumalai Nayak.

Padmanabhapuram

Palace Museum – aus der Zeit der Herrscher von Travancore.

Thanjavur

Saraswathi Mahal – Manuskripte auf Palmblättern und Pergament, Kunstgalerie.
Palace (Rajaraja) Museum – Bronzen und Skulpturen.
Temple Museum – Schnitzereien und Dias.

Tiruchchirappalli

Museum – Skulpturen & Kunsthandwerk.

Kodaikanal

Shennbaganur Museum – Naturmuseum und Orchideenzucht.

Udagamandalam (Ooty)

Botanical Gardens – Fossilien.

Thiruvakkarai

Geological Park – Fossilien.

Wellington, Coonoor

Regimental Museum (Erlaubnis notwendig).

Pondicherry

Botanical Gardens and Aquarium
Museum – Skulpturen, Bronzen.
French Institute – Karten.

Kerala

Thiruvananthapuram

Napier Museum – Bronzen, Leben in Kerala.
Science and Technology Museum
Children's Museum
Sri Chitra Art Gallery – Originale von Ravi Varma und Roerich.

Kochi

Parishaath Tamburan Museum, Ernakulam – Stücke aus der Zeit der Kochi-Könige, Ölgemälde.
Hill Palace Museum, Tripunithura – Waffen und königliche Memorabilien.
Museum of Kerala History and its Makers, Edappally – Ton-Licht-Schauen.
Thrissur
Art Museum – alter Schmuck, Skulpturen und Holzarbeiten.
State Museum
Town Hall Chitralayam – Wandmalereien aus Kerala.

Calicut (Kozhikode)

Pazhassiraja Museum – archäologische Funde, alte Wandmalerei und Bronzen.
Krishna Menon Museum – Memorabilien von Krishna Menon.
Art Gallery – Sammlung Ravi Varmas.

Karnataka

Bangalore

Planetarium – tägliche Vorführungen.
Museum, Kasturba Park – Skulpturen, Malerei.
Visvesvaraya Industrial & Technological Museum, Kasturba Road – populärwissenschaftliche Ausstellung.
Venkatappa Art Gallery, Kasturba Road – die Arbeiten des Hofmalers K. Venkatappa sind die Hauptattraktion.

Bijapur

Archaeological Museum – Skulpturen, moslemische Funde.

Mysore

Folklore Museum, Mysore University – Nachbildungen.
Museum of Art and Archaeology, Mysore University – Malerei, archäologische Funde.
Rail Museum – Eisenbahn der königlichen Familie von Mysore.
Jaganmohan Palace Art Gallery – Malerei von Ravi Varma, königliche Möbel und Porzellan, Skulpturen und Musikinstrumente.

Halebid

Archaeological Museum – Steinskulpturen.

Hampi

Archaeological Museum – Steinskulpturen.

Srirangapatnam

Museum – Ausstellungsstücke aus der Zeit von Haider Ali und Tippu Sultan.

Andhra Pradesh

Hyderabad

Ajanta Pavilion, Public Gardens – Kopien der Fresken von Ajanta und andere Wandgemälde.
Archaeological Museum, Public Gardens – Skulpturen, Malerei, Waffen.
Birla Museum, Prince Asman Ghad Palace – historische Ausgrabungen.
Birla Planetarium – tägliche Vorführungen.
Khazana Museum, in der Nähe von Golconda – Steinskulpturen.
Salar Jung Museum – eine bemerkenswerte Ein-Mann-Sammlung vom Außergewöhnlichen bis zum Alltäglichen. Memorabilien von Tippu Sultan und Mughalherrschern.
Yelleshwaram Museum, Gun Foundry – Kunstobjekte.

Nagarjunakonda

Archaeological Museum – Inselmuseum buddhistischer Kunst und Religion.

Amravati

Archaeological Museum – Buddhistische Skulpturen und Objekte.

Vijayawada

Archaeological Museum

Koloampuka

Archaeological Museum – Chalukyan- und Kakatiyan-Tempelarchitektur.

Tirupati

Sri Venkateshwara University Museum

Musik & Tanz

Kein Musik- und Tanzfestival in Indien ist so populär wie das „Season" in Madras. Es stammt aus der Zeit vor 65 Jahren, als die Madras Music Academy gegründet wurde und jährliche Konferenzen über die verschiedenen Aspekte der klassischen Musik von Karnataka und Bharata Natyam zu organisieren begann. Die ernsthaften Diskussionen wurden von Programmen begleitet, die einen Tag lang Tänze, Gesang und Instrumentalmusik brachten, alles absolut klassisch.

Die dreiwöchige Veranstaltung von Mitte Dezember bis zum frühen Januar wird immer noch an der Akademie durchgeführt. Zu einem dieser Konzerte eingeladen zu werden, ist immer noch der krönende Moment im Leben vieler Künstler. Die Liebhaber der klassischen südindischen Musik und des Tanzes kommen jedes Jahr aus ganz Indien, um diese Konzerte zu besuchen. Inzwischen gibt es mehrere Parallelveranstaltungen.

Verschiedene andere Gesellschaften, die die Künste in Madras fördern, haben sich gebildet, und inzwischen veranstalten sie alle „Seasons" während dieser Zeit. Einige dieser Gesellschaften sind: Tamil Isai Sangam, Brahma Gana Sabha, Narada Gana Sabha, Krishna Gana Sabha und Mylapore Fine Arts Club.

Einer der Höhepunkte der „Season" sind die jährlichen Tanzdramen des Kalakshetra-Instituts, einer Ausbildungsstätte, die die traditionellen schönen Künste fördert. Am Kalakshetra werden die besten Bharata-Natyam-Tänzer Indiens ausgebildet.

Später im Januar gibt es das beste klassische Musikfest des Südens. Es findet am Ufer des Flusses Kaveri in einem Dorf namens Tiruvaiyaru statt. Das Thyagaraja Music Festival ist dem größten Komponisten der Musik Karnatakas und zwei anderen großen Komponisten, die aus den benachbarten Dörfern stammen, gewidmet. Alle großen Instrumentalisten und Sänger der Musik Karnatakas kommen zu diesem Festival.

Die Akademien und Gesellschaften von Madras sind das ganze Jahr über tätig und bieten ihren Mitgliedern Konzerte, Tanzvorstellungen und sogar Theater- und Filmvorführungen an, bei denen jedermann willkommen ist. Am Eingang werden überzählige Eintrittskarten verkauft, schauen Sie in die Zeitung. Fast jeden Abend kann man klassische Musik oder Bharata-Natyam-Vorführungen in Madras besuchen, aber während der „Season" ist das Programm am reichhaltigsten.

Kathakali – die alte Tradition des Tanzdramas mit Masken – ist Keralas wichtigster Beitrag zu den Kunstformen. In Kochi und Thiruvananthapuram kann man täglich Aufführungen sehen. Falls Sie einen kleinen Eindruck von dieser Tanzform erhalten wollen, schauen Sie ins Durbar Hall Ground in Ernakulam (Kochi), dort wird Ihre Neugier ohne großen finanziellen Aufwand befriedigt. Wenn Sie eine ganze Show sehen wollen, fragen Sie im Hotel oder in den Touristenbüros. In Cheruthuruthi, 110 km nordwestlich von Kochi und in der Nähe von Thrissur, werden am Kerala Kala Mandalam Kathakali, Mohini Attam und andere Tanz- und Musikformen gelehrt.

Was für Madras die Musikakademie ist, ist in Bangalore die Chowdiah Halle und für Hyderabad die Rabindra Bharati Hall. Falls Sie sich für hindustanische Musik interessieren, schauen Sie in Hyderabad in die Zeitung nach Ankündigungen von ghazal-Konzerten. In Mysore sind die sabhas (schönen Künste) erwähnenswert. Schauen Sie wegen der diversen Programme in die Zeitung. In Madurai veranstaltet die Satguru Sangeetha Samajam regelmäßig Tanz- und Musikvorführungen.

In den meisten kleineren Städten gibt es nur gelegentlich Musik- oder Tanzaufführungen, aber die größeren Hotels veranstalten regelmäßig Vorführungen während des Abendessens. Wer sich für die Musik Karnatakas und die südindischen Tanzformen interessiert, muß sich in den vier Hauptstädten umschauen.

In allen Gegenden werden mehrere Formen von Volkstänzen aufgeführt, besonders während der Festivals. Tanzformen wie Karagam (bei der große Krüge auf dem Kopf getragen werden) oder Kavadi (bei der große Bögen aus Federn an den Schultern befestigt sind), Poikkaal Kuthirai (bei der die Tänzer sich als Pferde verkleiden) und Kolattam (ein rhythmischer Tanz, bei dem Stöcke zusammengeschlagen werden) sind die bekanntesten im Süden. Interessante Volkstänze kann man im Arakku-Tal im Norden von Andhra Pradesh sehen, Balakkatu auf Coorgi-Hochzeiten in West-Karnataka und andere rituelle Tänze in Karnataka, wie den Dollu kunitha (Trommeltanz) und Pata kunitha (Pfahltanz). Karnataka und Kerala sind auch für die Teufelstänze von Exorzisten berühmt.

Selbst wenn Sie das breite Spektrum der Volkstänze auf Tempelfesten oder bei anderen festlichen Gelegenheiten nicht sehen können, gibt es noch immer die Möglichkeit, auf einer der gelegentlichen Vorführungen der örtlichen Touristenorganisationen einen Blick darauf zu werfen. In Madras (Chenney) wurde ein kleines Theater eingerichtet, Sittrarangam. Es zeigt gelegentlich Volkstänze und Musikaufführungen, klassisches Tanzdrama und tamilisches Avantgarde-Theater.

Im Tirumalai-Nayak-Palast in Madurai gibt es jeden Abend eine Ton- und Lichtvorführung in englisch.

Theater

Obwohl Südindien eine lange Tradition besitzt, was Straßentheater und wandernde Theatergruppen betrifft, gehört das Theater nicht zu seinen Stärken. Das heißt aber nicht, daß es überhaupt kein Theater im Süden gäbe. Fast jeden Tag finden in den Hauptstädten und einer ganzen Anzahl der größeren Städte (schauen Sie in die Zeitung) Vorstellungen von einfachen Komödien und klassischen Tragödien in den lokalen Sprache, gewöhnlich von halb-professionellen Gruppen oder engagierten Amateuren statt.

Ernsthafteres Kannada-Theater wird in Bangalore und Mysore gemacht. In Thiruvananthapuram und Kochi gibt es ein gutes Malayalam-Theater. Aber gutes Theater auf Tamilisch oder Telugu ist eher selten, am aktivsten ist in dieser Hinsicht Tamil Nadu.

Englisches Theater wird nur von Amateuren betrieben, die gelegentlich ein Stück für ein paar Nächte aufführen. In den vier Hauptstädten sind Broadway-Komödien und Westend-Theater oder Kriminalstücke populär, aber zumindest einmal pro Jahr wird eine der Gruppen in jeder Stadt etwas ernsteres einstudieren. Die professionelleren Bombay-Theatergruppen besuchen gelegentlich die Hauptstädte, um eine ihrer Produktionen zu zeigen.

Film

Madras (Chenney) ist inzwischen nicht nur die Filmhauptstadt von Südindien, sondern auch die Filmhauptstadt ganz Indiens, wenn man bedenkt, daß mehr als die Hälfte aller indischen Filme hier gedreht werden. Indien hat, was den Ausstoß an Produktionen betrifft, die größte Filmindustrie der Welt, von daher kann Madras von sich sogar behaupten, die absolute Filmhauptstadt der Welt zu sein.

Tamil Nadu war der erste Staat Indiens – wenn nicht der ganzen Welt – bei der Filmstars in der Politik eine Rolle spielten; sie brachten es gar bis zum Premierminister von Tamil Nadu. Viele Politiker sind mit der Filmindustrie verbunden, und auch in Andhra Pradesh und Karnataka und Kerala gibt es Verbindungen der Politiker zur Filmwelt.

In den vier südlichen Staaten und Pondicherry gibt es mehr Kinos als im ganzen übrigen Indien. Jede Stadt hat mehrere Kinos, einige davon sind Paläste des 20. Jh.s. In den ländlichen Gegenden gibt es kleinere permanente Filmtheater oder strohgedeckte Hütten, und wenn diese nicht verfügbar sind, ist es wahrscheinlich, daß der Platz, auf dem der wöchentliche Markt stattfindet *(shandy)*, von wandernden Filmtheatern in Beschlag genommen wird. In der letzten Zeit haben die religiösen und mythologischen Filme sowie die Actionfilme à la Robin Hood nachgelassen und „Sozialdramen" mit Gesängen, Liedern, Tanz und Kämpfen sowie Musical-Filme die Oberhand gewonnen. Fachleute weigern sich allerdings, den südindischen Film in solche Genres einzuteilen. Ein erfolgreicher Film muß alles bieten: Action, Abenteuer, Krimi, Liebe, Musik und Tanz. Für Leute, die Hollywood- oder europäische Filme mögen, sind die indische Filme wahrscheinlich nicht interessant, aber es lohnt sich schon, wenigsten einmal einen populären Film dieses Genres zu sehen, allein schon um die Begeisterung des Publikums zu erleben, besonders, wenn der Held ein Superstar ist (nur wenige weibliche Stars erreichen deren Popularität).

In letzter Zeit hat es Anstrengungen gegeben, ernsthaftere Filme herzustellen. Das Kino bewegt sich von der reinen Unterhaltung weg. In dieser Hinsicht ist der Malayalam-Film aus Kerala besonders erfolgreich. Tatsache ist, daß selbst durchschnittliche Malayalam-Filme gewöhnlich eine ganze Klasse besser sind als der Rest der südindischen Produktion. Das Kannada-Kino von Karnataka produziert gelegentlich sehr gute ernsthafte Ware, die viel Beifall gefunden hat, wohingegen die tamilischen und Telugu-Filmemacher nicht so erfolgreich waren. Fragen Sie in Ihrem Hotel oder bei den Touristenorganisationen, welches die erfolgreichsten bzw. ernsthaftesten Produktionen sind, und schauen Sie sich von beiden ein Beispiel an.

Englischsprachige Filme bestehen meist nur aus uralten Hollywoodimporten oder Kung-Fu-Filmen aus Hong Kong bzw. billigen Softpornos.

Es gibt sowohl luxuriöse als auch sehr einfache Kinos, aber die meisten haben Air condition. Die Filme beginnen zu festen Zeiten – gewöhnlich viermal am Tag, die Zeiten entnehmen Sie der Presse. Meist kann man zwischen drei oder vier Preisgruppen wählen, Balkon ist das teuerste (etwa Rs. 8).

Es macht Spaß, bei Dreharbeiten zuzuschauen, aber am schönsten ist es in den großen Studios, wie z. B. Vijaya, Prasad, AVM – alle in der Gegend von Kodambakkam in Madras.

Nachtleben

Je nach aktueller politischer Tendenz unterliegt in Südindien der Alkoholkonsum mehr oder weniger strengen Restriktionen. Das geht gelegentlich bis zur Prohibition (in Andhra Pradesh), aber sehr viel wird man davon nicht merken. Es ist ganz leicht, eine Sondererlaubnis zu erhalten, und trotz Restriktionen ist es nicht besonders schwierig, soviel Alkohol zu bekommen, wie man möchte. Allerdings, das Gesetz unterstützt nicht das Trinken in der Öffentlichkeit. Daher werden nur in einigen Bars, besseren Hotels und bestimmten Restaurants alkoholische Getränke serviert. (Touristen können zusammen mit ihrem Visum von den Botschaften im Ausland oder von den Touristenbüros eine besondere Erlaubnis für Alkohol bekommen.)

In den südlichen Staaten findet man Tavernen, die sich auf die lokalen Alkoholika spezialisieren, aber sie schließen relativ früh. Bangalore ist die einzige Stadt des Südens mit Pubs und Bars, wie wir sie aus dem Westen kennen. Die Pubs, es mag etwa ein halbes Dutzend geben, sind gemütlich, freundlich und wirken eher wie Klubs, in denen sich Freunde treffen.

Glücksspiel ist verboten, außer Pferdewetten. Viele private Klubs erlauben aber ihren Mitgliedern das Kartenspiel. Kasinos gibt es keine – das heißt aber nicht, daß kein illegales Glücksspiel betrieben würde.

Einkaufen

Seit Jahrhunderten wird an den Küsten von Malabar und Coromandel Handel mit den Reichtümern Südindiens getrieben. Seit den Zeiten Vasco da Gamas waren Abenteurer, Kaufleute und Eroberer aus dem Westen an Indiens Textilien, Gewürzen, Elfenbein, Schmuck und Hölzern interessiert. Auch heute noch ist der Süden ein Einkaufsparadies für Touristen.

Noch immer sind handgewebte Stoffe aus Seide und Baumwolle die Favoriten, aber es gibt auch eine Menge Kunsthandwerk aus Holz, Stein, Metall und Pappmaché. Spezialitäten des Südens sind der traditionelle Goldschmuck, Perlen, Gewürze, Tee und Kaffee, Rosenholz- und Sandelholzschnitzereien, exotische Musikinstrumente und Parfums.

Am sichersten kaufen Sie in staatlichen und genossenschaftlichen Kaufhäusern, größeren Läden und Spezialgeschäften. Hier können Sie zwar nicht handeln, und in den staatlichen Häusern ist die Bedienung schlecht, aber Sie können sicher sein, daß Sie gute Qualität erhalten. Sie können mit Reiseschecks bezahlen, und man wird Ihnen die Waren ganz sicher zusenden. Das heißt nicht, daß kleine Läden nicht zuverlässig wären – die meisten sind es. Sie können dort, besonders in Basargegenden, handeln soviel Sie wollen und manches Schnäppchen machen; aber behalten Sie stets im Hinterkopf, daß man übers Ohr gehauen werden kann.

In allen vier Staaten findet man kunsthandwerkliche Kooperativen, die von der Regierung betrieben oder unterstützt werden, sie alle haben in vielen Städten ihre Läden mit den spezifischen Erzeugnissen des jeweiligen Staates: In Andhra Pradesh haben diese Läden den Namen LEPAKSHI, in Kerala KAIRALI, in Karnataka KAVERI und in Tamil Nadu POOMPUHAR. Außerdem gibt es in allen Bundesstaaten Khadi Gramodyog Bhavans und Khadi Kraft Shops, die Kunsthandwerk und handgefertigte Gegenstände verkaufen, die nach der Philosophie Mahatma Gandhis hergestellt wurden, der dem ländlichen Indien eine zusätzliche Einnahmequelle verschaffen wollte.

Was & Wo

Andhra Pradesh

Hyderabad ist die Perlenhauptstadt Indiens, und Perlenschmuck und Silberfiligranarbeiten kann man hier am besten kaufen. Hyderabad ist auch für seine Glas- und Lackarmreifen bekannt, sowie für den Silberschmuck der Banjara-Lambadi-Stämme. Handgewebte Venkatagiri- und Pochampalli-Saris, Dharmavaram-Seidenstoffe, die berühmten bemalten Kalamkaris und seidene Teppiche aus Warangal und Eluru sind die interessantesten Textilien von Andhra Pradesh. Grell bemalte, hölzerne Kondapalli-Spielsachen, Nirmal-Malereien auf Holz und eingelegte Metallarbeiten sind Andhras bekannteste Kunsthandwerksprodukte und überall in Hyderabad erhältlich.

Der Perlenmarkt ist auf der Petherghati Road in der Nähe von Charminar in Hyderabad; nicht weit davon auch die berühmten Armreifenläden. In dieser Gegend finden sich ebenfalls zahllose Silberschmiede und Spezialisten für die charakteristischen Metalleinlegearbeiten *(bidriware)*.

Saris aus Andhra Pradesh kaufen Sie am besten in den Lepakshi-Shops oder im APCO Handloom House, während Co-optex Handgewebtes aus Tamil Nadu und allen anderen Staaten des Südens verkauft. Sehr viele private Textiliengeschäfte bieten ihre Waren an, erkundigen Sie sich vor Ort nach den besten. Eine Faustregel ist, daß die Größe des Ladens auch für seine Zuverlässigkeit bürgt.

Nirmal Industries in Khairatabad ist auf Nirmal-Malerei spezialisiert, das Handicrafts Sales Emporium in Warangal auf Teppiche und Messingwaren.

Kerala

Produkte aus Kokosfaser sind die Spezialität des Landes, das meiste davon ist allerdings mehr für den Haushalt gedacht. Eher in Richtung Kunsthandwerk gehen Schnitzereien aus Rosenholz. Es lohnt sich auch, Gewürze und Cashew-Kerne zu kaufen.

Die staatlichen Kairali-Läden sind in Kozhikode, Kochi und die Zentrale SMSM Handicrafts Emporium in Thiruvananthapuram. Neben den Kairali-Läden sind Kerala Handloom und Handicrafts Emporium in Kochi und Surabhi in Kozhikode für Kunsthandwerkliches zu empfehlen. Dort finden Sie auch die farbigen hölzernen Kathakali-Masken und den dazugehörigen Schmuck. Alle führen auch Handgewebtes, hierauf besonders spezialisiert sind allerdings Handloom House und National Textiles in Kochi. Das Coir Board (Kokosfaser) und Spices Board (Gewürze) haben in den größeren Städten Ausstellungsräume, in denen man auch kaufen kann.

Gute Viertel zum Einkaufen in Thiruvananthapuram sind die Gebiete Secretariat und Chalai Bazaar, die M G Road, das Judenviertel mit seinem Antiquitätenbasar in Mattancherry (Kochi) und die Viertel Big Bazaar und Kallai Road in Kozhikode.

Karnataka

Karnataka ist ein Einkaufsparadies für Touristen. Handgewebte Seide – besonders jene aus Mysore – und andere Webwaren, Rosenholz- und besonders Sandelholzschnitzereien, Messingwaren, Parfums und Räucherstäbchen sind nur einige der vielen Möglichkeiten in Bangalore oder Mysore.

Brigade Road, M G Road und Kempegowda Road sind die besten Einkaufstraßen in Bangalore. Die besten Geschäfte für Saris liegen in der Kempegowda Road; das Unity Building auf der J. C. Road und das Public Utility Building auf der M G Road sind Einkaufszentren, wo es viele Geschäfte gibt, die Saris und handgewebte Stoffe verkaufen. Zu den staatlichen Etablissements gehören Handloom House, Mysore Silk mit einem Ausstellungsraum auf der M G Road und der Ausstellungsraum von Karnataka Silk auf der Kempegowda Road.

Kaveri führt einen riesigen, prächtigen Laden auf der M G Road, und auch die anderen Staaten haben hier ihre Geschäfte für Kunsthandwerk. Das private Cottage Industries Emporium hat einen gehobenen Standard und wird für Kunsthandwerkliches besonders empfohlen. Noch mehr teures Kunsthandwerk finden Sie bei Natesan's Antiquarts auf der M G Road.

Andere Gegenden, in denen Sie sich umschauen sollten, sind Commercial Street – jede Menge Baumwoll-Konfektionsware und Silberschmuck – und Avenue Road für Schmuck, Gewürze und Räucherwerk.

Spencer's ist das beste Warenhaus und Nilgiri der größte Supermarkt der Stadt; beide gehören zu den besten Einkaufsmöglichkeiten in ganz Indien. Die Government Silk Factory auf der Mananthody Road und der KSIC Showroom im Viertel KR Circle bieten günstig Seide aus Mysore an.

Mysore ist auch für sein Kunsthandwerk aus Sandelholz berühmt sowie für Sandelholzöl und Seife – eine staatliche Fabrik stellt beides her und verkauft es zu Sonderpreisen an Besucher. Neben Kaveri sollten Sie auch das Chamarajendra Technical Institute besuchen, es verkauft antikes Kunsthandwerk und Geräte.

Auf der M G Road in Bijapur findet man Handgewebtes und Seide in guter Qualität, den schweren Zigeunerschmuck der umherwandernden Lambadi-Stämme und Spielzeug aus Ton.

Pondicherry

Die ehemals französische Stadt hat eine ganze Menge sehr guter handgewebter Textilien zu bieten, insbesondere aus Leinen. Aber noch interessanter sind die hier hergestellten Gegenstände aus Pappmaché.

Der Aurobindo-Ashram – die berühmteste Institution der Stadt – ermutigt jene, die dort leben und meditieren, sich kunsthandwerklich zu betätigen. Hieraus entstand der reichhaltige Laden des Ashrams. Er verkauft eine große Auswahl handgemachtes Papier, Parfum, Keramik, Kleider und kunsthandwerkliche Gegenstände. Die M G Road ist das Haupteinkaufszentrum.

Tamil Nadu

Madras (Chenney) bietet nicht nur eine große Auswahl an Kanchipuram-Seiden und handgewebten Baumwollstoffen zu bieten, sondern auch – neben dem gewöhnlichen Kunsthandwerk des Südens – jede Menge Messingarbeiten, Bronzen und Arbeiten aus Glokkenmetall. Der Madras-Schmuck, ob traditionell oder modern, ist exquisit. Außerdem finden Sie hier eine große Palette klassischer südindischer Tanzkostüme und Musikinstrumente.

Madras ist die einzige größere Stadt im Süden, die keine M G Road (M G steht für Mahatma Gandhi!) besitzt und die als Hauptstraße fungiert. Stattdessen gibt es hier eine Mount Road, die inzwischen Anna Salai genannt wird. Andere gute Gegenden sind der Rattan Bazaar in Georgetown, der Panagal Park in T'Nagar, Mylapore – rund um den Tempel – und Nungambakkam High Road, mit seinen zahllosen Einkaufszentren.

Seide und Handgewebtes findet man im Co-optex-Laden in der Pantheon Road, mit dem größten Ausstellungsraum Indiens und exzellenter Bedienung, sowie in den Handloom Houses, ebenfalls staatlich. Weitere gute Einkaufsmöglichkeiten sind Nalli's und Kumaran's im Panagal-Park und Radha's und Sardha's im Dhun-Gebäude, Mount Road.

Kunsthandwerk kauft man am besten in einem der vielen staatseigenen Läden. Metall- und Steinarbeiten sind besonders gut bei Poompuhar in der Mount Road – aber das Victoria Technical Institute besitzt den größten und besten Laden der Stadt. Die Cottage Industries Exposition in Nungambakkam ist gut, aber teuer; Cane and Bamboo in der C-in-C Road ist billiger.

Madras ist auch berühmt für seine Lederwaren; alle größeren Hotels haben einen entsprechenden Laden. Aber den besten Kauf macht man in Periamet, wo die „Lederkönige" Indiens in einer allerdings wenig einnehmenden Umgebung sitzen.

Spencer's ist noch immer das beste Warenhaus der Stadt, auch wenn die jahrhundertealten Traditionen dieses Hauses dringend der Erneuerung bedürfen. Inzwischen ist die Konkurrenz nicht nur in der Innenstadt, sondern auch in den Vorstädten größer geworden. Nilgiris ist eine Kette von Supermärkten, die regierungseigenen Kamadhenu-Filialen sind ihr hart auf den Fersen.

Auf der M G Road in Kanchipuram finden Sie die besten Einkaufsmöglichkeiten für die reichen und farbenprächtigen Kanchipuram-Seidenstoffe – der Preis geht nach Gewicht der Seide und der Menge der eingewebten Goldfäden. Hier finden Sie auch die größte Auswahl handgewebter Baumwollstoffe. In Erode gibt es erstklassiges handgewebtes Leinen, in Madurai finden Sie gute Textilien (die Läden befinden sich rund um den Tempel).

Mamallapuram und Rameswaram sind gut für Kunsthandwerk. In Mamallapuram (besonders gut für Steinarbeiten) ist das Einkaufszentrum beim Shore-Tempel, in Rameswaram (Geflochtenes aus Palmblättern) in der Middle Street.

In der Gegend des Big Bazaar in Trichy gibt es die besten Zigarren Indiens (Churchills Trichinopoly cheroots), Knochenschnitzereien und Handgewebtes. In der benachbarten Stadt Srirangam ist Messing die Spezialität, und in Thanjavur gibt es die berühmten Tanjore-Teller – Einlegearbeiten mit Messing, Kupfer und Silber. Musikinstrumente, Gegenstände aus Pappmaché und Glockenmetall sowie Seidenteppiche kann man hier ebenfalls gut kaufen. Das Tamil Nadu Handicrafts Development Sales Emporium auf der M G Road ist der beste Platz für diese Thanjavur-Spezialitäten.

Auch in Ooty läßt es sich gut einkaufen, besonders Tee, Gewürze und Eukalyptusöl. Bazaar Road und der Cooperative Super Market sind hier die besten Einkaufsgelegenheiten. Halten Sie Ausschau nach dem massigen Toda-Silberschmuck und den bunten Schals, die hier gewoben werden.

Sport

Inder lieben Sport, und besonders in Südindien versammeln sich große Menschenmengen zu den entsprechenden Anlässen.

Das fußballverrückte Kerala ist in dieser Hinsicht besonders hervorzuheben; hier spielt man auch Volleyball und betreibt Leichtathletik. In den anderen drei Staaten wird Kricket favorisiert, besonders in Madras und Bangalore, aber auch Football, Hockey und Volleyball sind beliebt. Weitere populäre Sportarten des Südens sind Tennis, Tischtennis, Basketball, Schwimmen und Schach.

Tamil Nadu – und besonders Madras – ist die **Tennis**- und **Schach**hochburg Indiens, von hier kommen Jahr für Jahr die besten Spieler Asiens. Besuchern steht immer ein Klub offen, nicht nur in Madras, wo der Standard am höchsten ist, sondern im ganzen Süden. Im Tal-Klub in Madras in der Kasturiranga Road kann man immer einen guten Schachpartner finden.

Pferderennen laufen in Bangalore über acht Monate im Jahr und in Madras über fünf Monate im Winter; sie sind damit die größten Rennen Indiens. In Hyderabad und Mysore finden von Juli bis Oktober und in Ooty im April und Mai Rennen statt. Man kann am Totalisator oder bei Buchmachern in allen Zentren wetten.

Es gibt etliche **Golfklubs** mit guten Plätzen im Süden. Besucher können eine zeitweilige Mitgliedschaft erwerben und werden von den örtlichen Golfern mit offenen Armen empfangen. Madras hat zwei Plätze, und die anderen Haupstädte haben je einen Platz; in Coimbatore und Kochi gibt es ebenfalls Plätze, aber die besten finden Sie in den Bergorten Ooty, Kodaikanal und Wellington (Coonoor).

In den Bergorten ebenso wie in Munnar, Ponnudi, Yercaud, Coonoor und Horsley Hills kann man auch sehr gut **angeln.** Für Forellen und Karpfen sind Ooty und Munnar am besten. Zum Angeln brauchen Sie eine Lizenz, die Sie über die lokale Touristenorganisation oder einen Angelklub bekommen.

Trekking ist von allen Bergorten aus möglich – sowohl von den bereits erwähnten als auch von Kemmangudi, Madikeri, Kotagiri, Sultan's Battery und Nandi Hills aus. Aber auch in den weniger bekannten Bergregionen, wie in den Javadi- und Elagiri-Bergen in Tamil Nadu, im Araku-Tal in Andhra Pradesh, in der Region Idukki in Kerala (Silent Valley) und in der Gegend Chikmagalur in Karnataka, gibt es sehr interessante Trekkingmöglichkeiten.

Literaturhinweise

Empfehlungen

Eine Reise zu den indischen Palmblattbibliotheken, Ute York, Knaur TB, 1995.

Südindien; Landeskundlicher und kunstgeschichtlicher Führer, Robert Strasser, Indoculture, 1984.

Südindien; HB Bildatlas Special, HB-Verlag, 1997.

Indien Süd; Sri Lanka, Malediven u. Andamanen (Kartenmaterial), World Länderkarte, 1993.

Videos

Indien, Hyderabad, Bangalore, Mysore, Madras, (Spielzeit 30 Min.), Komplett Video.

Südindien, (Spielzeit 45 Min.), Komplett Video.

Visuelle Beiträge

Aditya Patankar 137
Ajay Khullar 229, 236, 239
Ajay Sud/FOTOMEDIA 138, 139
Alok Kavan 18/19, 49, 272/273
Arvind Chenji 122, 130, 132, 148
Ashwin Mehta 116/117, 128, 131, 133, 231, 234, 255, 271
B. N. S. Deo 308
C. H. Basapannavar 104/105
Clare Arni 3, 26, 43, 140L, 144, 146, 154, 162, 164, 168, 194, 248, 286L, 306
David Beatty 38, 40/41, 42, 47, 58, 85R, 141L, 161, 190, 243, 244, 246L, 246R, 247, 249, 262, 292, 294, 298, 299, 302
Dhiraj Chawda 33, 60/61, 71, 81, 82, 83, 92, 98, 118/119, 160, 172, 188, 201
E. Hanumantha Rao 111
Fayaz A. Mir 27, 288, 307, 316, 318
Geeti Sen 72L, 72R, 238
Hashim Tyabji/FOTOMEDIA 110
Hemen C. Sanghvi 129
K. Prabhakar/Resource Foto 54, 70, 134, 141R, 149L, 149R
K. T. Ravindran 74, 182, 183, 276, 279, 289, 300, 319
Kamal Sahai 14/15, 34, 50/51, 66, 88, 90L, 90R, 127L, 127R, 142, 147, 185L, 185R, 189, 192, 193, 237, 251, 253, 303
Larry Tackett 314/315
Lyle Lawson 2, 12
Mahesh Bhat M. 145, 157, 158, 163, 166, 167, 197
Mala Mukerjee 9
Malini Saran 31
M. Amirtham 263, 264, 285L, 285R
Meera Chatterjee 165, 226, 257
Nirmal Ghosh 109, 270
P. S. Rao/Resource Foto 136
Pallava Bagla 309
Pankaj Shah 20/21, 44, 46, 78, 84, 85L, 86/87, 170, 178, 233, 304
Pepita Seth 22, 73, 204, 209L, 209R, 240, 297
Pramod Mistry 97, 100, 103, 140R, 143, 224, 225, 227, 230, 232
R. Dev 169
R. Lingeshwar 93
Ravi Kaimal 223, 228
Roberto Meazza 200
Rupinder Khullar 274, 278R
Shalini Saran 32R, 52, 94, 112/113, 206, 207, 210, 211, 212, 214, 216, 217L, 258, 286R, 287, 290, 291, 293, 313
Sharad Bhandari 106
Subhash Bhargava 265, 269
Sudhir Ramchandran 150/151, 181
Sujoy Das/FOTOMEDIA 174
T. A. Jayakumar 108, 254
T. S. Satyan 57, 64/65, 76/77, 89, 96, 171, 175, 177, 179, 184, 186, 187, 195, 199, 202, 203, 215, 217R
T. N. A. Perumal 196, 198, 208
Toby Sinclair 35, 36, 159, 173, 176, 191
Uzra Bilgrami 29, 32L, 95
V. K. Rajamani 55, 68, 69, 80, 91L, 91R, 245, 256
V. Muthuraman 16/17, 24/25, 56, 99, 114/115, 218/219, 242, 250, 259, 260, 266, 275, 277, 278L, 280/281, 301, 310, 320
Vijay/FOTOMEDIA 45

Karten Berndtson & Berndtson

Design Konzept Hans Höfer / V. Barl

Register

A

B

C

D

E

G

H

I

J

K

L

M

N, O

P